U0899281

联合经营石油勘探开采会计和审计实务

高一鸿　主编

石　油　工　业　出　版　社

内容提要

本书主要介绍了20世纪80年代初改革开放以来，海洋石油工业对外合作20多年来积累的有关国际合作的会计核算、财务管理和审计监督的实际案例和经验，从理论和实践结合、从国际惯例和中国国情结合并与国际接轨的要求上，对联合经营石油作业的“联合账簿”的会计和审计做了全面的论述。本书可以作为我国石油工业对外合作财会和审计人员的培训教材。

图书在版编目（CIP）数据

联合经营石油勘探开采会计和审计实务/高一鸿主编.
北京：石油工业出版社，2008.8
ISBN 978-7-5021-6720-2

Ⅰ.联…
Ⅱ.高…
Ⅲ.①海上石油开采-国际会计
②海上石油开采-国际合作-审计
Ⅳ.F416.22

中国版本图书馆CIP数据核字（2008）第116925号

出版发行：石油工业出版社
（北京安定门外安华里2区1号　100011）
网　址：www.petropub.com.cn
编辑部：（010）64523524
发行部：（010）64523620
经　销：全国新华书店
印　刷：保定彩虹印刷有限公司

2008年8月第1版　2008年8月第1次印刷
787×1092毫米　开本：1/16　印张：26
字数：465千字

定价：120.00元
（如出现印装质量问题，我社发行部负责调换）

《联合经营石油勘探开采会计和审计实务》编辑委员会

❶ 中国海洋石油总公司现任总会计师。

❷ 原中国海洋石油总公司第一任总会计师，特邀高级顾问。

序

中国海洋石油工业是在对外合作的大背景下发展起来的，并在对外合作中不断发展壮大。

在海洋石油对外开放的20世纪80年代初期，审计对中国来说还是一个非常陌生的领域，我们国家既无审计机构，亦无审计法规。就是在这一几近苍白的领域里，为了适应对外开放的需要，中国海洋石油总公司不断探索和实践，逐步建立并完善了自己的审计机构和审计制度、运行程序，使其成为公司管理的一个重要方面，至今一直发挥着非常重要的作用。审计管理是中国海洋石油总公司创新管理的重要举措之一。

1981年至2000年末，在这20个审计年度中，中国海洋石油总公司审计部门对数十个石油作业者100多个石油合同、协议进行了250多次例行审计或专项审计，提出各类审计异议2500多项，涉及金额近13000万美元，其中作业者同意接受并从联合账簿中剔除的金额计7500多万美元，有力地维护了中方的合法权益与利益。

中国海洋石油总公司原审计部总经理高一鸿同志，是老一辈的海洋石油人和资深审计专家。退休之后他仍十分关心公司的发展，近期，他将几十年积累起来的对外合作工作经历和经验进行了系统地整理和总结，并结合公司目前实际的工作情况，编写成了本书。

要成为国际一流的能源公司，就要求我们进一步提高对外合作会计和审计等管理人员的素质，适当增加财会、审计人员的数量，深入地与国际审计制度接轨，加强对外合作的财务管理和审计监督的深度和力度，从而更好、更有效地维护国家和企业的合法经济权益。

通过20多年的对外合作实践，海洋石油对外合作财务管理、会计核算和审计监督工作已经形成了大量生动、现实的案例，熟悉了联合经营石油作业国际合作有关的惯例、程序和公认的准则与规定，积累了大量与国际接轨的实战经验。高一鸿同志把上述这些实际案例、执行《石油合同》实际形成的惯例和经验，以及公认的会计和审计准则，从理论和实践的结合上加以系统地整理、归纳和总结，是中国海油的一笔财富。

希望这一笔财富，可以为石油工业的对外合作，乃至在落实中央“走出去”的发展战略中进一步发扬光大。

同时，借此向高一鸿同志等老一辈海洋石油人表示致敬！

中国海洋石油总公司总经理

2008 年 5 月

序

从1978年起，中国海洋石油工业在党中央和国务院的领导下，按照党的十一届三中全会提出的对内改革，对外开放的方针，经过大量调查研究，参照国际惯例，结合中国的实际情况，先后采取双边谈判，签订了渤海湾中日、中法合同，北部湾中法合同及莺歌海中美合同。1982年后以标准合同多次公开的国际招标和多次双边谈判，大规模地引进国外资金，以及先进技术和先进的管理经验，海洋石油工业取得了突飞猛进的发展、较高的发展质量和经济效益。到2006年底，中国海洋石油总公司当年油气当量已经达到4033×10^4t，实现利润481亿元，上缴税费及留成油327亿元，总资产达2474亿元，净资产1356亿。

中国海洋石油总公司从成立之日起，对海洋石油工业的改革开放和对外合作的经济效益十分重视，十分关心，把对外合作的合同管理，包括财务会计工作和审计工作作为一个重要工作来抓，从组织出国考察、对外合同谈判、人员培训、机构的建立和人员配备、规章制度的建立和完善等各个方面都一个问题、一个环节地加以落实。20多年的实践证明，越是改革开放，越是大规模地引进外资，越要加强合同区的管理工作，包括财务会计工作和审计工作，才能促进对外合作取得更好的经济效益。

《联合经营石油勘探开采会计和审计实务》一书从国际上对外合作的历程到中国海洋石油总公司的实践、发展，由开创的一般规定到一步、一步地经验总结，由浅到深，运用各种生动的实际案例，系统、全面、深入地介绍了中国海洋石油总公司20多年来联合经营石油勘探开采会计和审计工作的规定、具体做法、历史背景，总结了20多年来的审计成果和基本经验，提出了一些进一步加强对外合同区管理工作的建议和意见。我认为，这本书的出版反映了中国海洋石油总公司各级财务部门、审计部门人员和联合管理委员会中方代表辛勤努力工作的丰硕成果，是中国海洋石油总公司的一项宝贵财富，也是高一鸿同志担任中国海洋石油总公司审计部总经理期间（1984～

1998 年）勤勤恳恳、努力工作、开拓奋进、锐意进取所创造的工作成果和积累的经验总结。

历史是永远向前推进的，长江的后浪永远推向前浪。一个时代的丰碑，在另一个时代将主动躺成了一块铺路的基石。我衷心地希望，也坚定地相信，这本书的出版，必将成为现在正在或将来参加中国海洋石油对外合作财务和审计战线的同志们和中方联管会同志们进一步深入学习研究和进一步提高工作水平的重要参考文献。同时，也将进一步创造更多的、更好的经验，促进中国海洋石油工业更好更快地发展。

徐会祥

2007 年 11 月

目　录

第一部分　概　　论

第二部分　联合经营石油勘探开采会计

第三部分　联合经营石油勘探开采审计

第一部分

概　　论

第一章　我国对外合作开采石油资源的历史背景

石油是工业的“血液”，是全球性流动的重要商品，渗透到全世界每一个需要实现现代化的国家，也是每个国家的重要战略物资。但石油又是不能再生的地下资源，搞石油资源的勘探开发需要巨额投资，尤其是海上的石油勘探开发，需要投资更多（根据我国海域油气田开发建设的统计，建设一个年产 100×10^4t 原油生产能力的油田大约要投资 3～4 亿美元，比我国陆上东部地区油田的开发投资高出 2～5 倍），技术复杂，风险极大，当今世界大部分国家都采用了由多国石油公司参加的国际合作的方式来进行。我国的石油工业在 20 世纪 70 年代末，遵照党中央、国务院的决定，海上石油资源的勘探开发实行对外合作，1978～1980 年期间，由当时的石油工业部组织牵头，积极做好对外合作的准备，以中国石油天然气勘探开发公司的名义，先后与美、英、法等 9 家石油公司（参与者共 13 个国家 48 家外国石油公司）签订了 8 个地球物理勘探协议，在我国的黄海、南海等海域进行了地球物理勘探普查工作，共完成采集与处理地震测线十余万千米，利用外资一亿多美元，初步搞清了开放海域的地下构造情况，做出了早期油气远景评价，为以后开展的对外招标、合作提供了基本数据和地质资料；与此同时，还进行了探索性的实践，通过双边谈判，按国际上通行的风险合同方式，于 1980 年 5 月分别与法国 TOTAL 和 ELF 公司、日本石油公团、1982 年 9 月与美国 ARCO 石油公司共签订了 5 个石油合同。1982 年 1 月国务院发布了《中华人民共和国对外合作开采海洋石油资源条例》，为海洋石油的对外开放提供了法律依据，同年 2 月国家专门组建了中国海洋石油总公司，作为对外合作的国家石油公司。从此，海洋石油工业成为我国工业行业率先实行全方位对外开放和改革的“特行”。自 80 年代初起，至 2004 年底，中国海洋石油工业以开展国际合作为主，先后进行了四轮招标和多次不断的双边合作谈判，共与 19 个国家和地区的 72 家国际石油公司签订了 163 个石油合同和协议，按照联合经营开发石油资源国际合作的惯例，大规模地引进海外资金（自 80 年代初起，近 25 年来海洋石油累计利用外资超过 100 亿美元），以及联合石油作业的先进科学技术和现代企业的管理经验，海洋石油工业取得了突飞猛进的发展速度和较高的发展质量。油气年度总产量从 9×10^4t 上升到 4，033 $\times10^4$t 油当量（2006 年度），到 2010 年国内和海外的油气总产量规划将达到 1×10^8t 油当量；销售总额从 4 亿元上升到 1,324 亿元（2006 年度）；利润从 4,000 万元上升到 490 亿元（2006 年度）；2006 年度向国家缴纳税金及留成油共达到 321 亿元；资产总值从 28 亿元上升到 2,507 亿元，资产净值从 22 亿元上升到1，371亿元（2006 年末）。1985 年 2 月，国务院批准石油部关于对外合作开采陆上石油资源的报告，随后，于 1990 年我国与新西兰和美国签订了第一个陆地对外合作勘探开发合同（湖南洞庭湖盆地石油合同）。在海洋石油对外开放和合作取得了丰硕成果获得国家肯定之后，1992 年国家又决定加强陆上石油资源勘探开放的对外合作，1993 年 10 月国务院发布了《中华人民共和国对外合作开采陆上石油资源条例》，中国政府决定在已开放南方 11 个省区的基础上，进一步把陆上石油资源的勘探开发扩大到北方 10 个省区。

进入 21 世纪以来，中国石油工业的开放之门越开越大，除了油气资源的对外合作之外，石化项目的对外合作也加大步伐，中国石化集团与一些跨国石油公司在沿海地区投资大型石化项目，投资动辄数十亿美元计；中国海洋石油总公司与英荷壳牌（Shell）国际石油公司合作的惠州南海石化项目，经过 12 年的艰苦谈判，于 2000 年 10 月 28 日签字拍板兴建，2006 年 2 月建成投产，年产 80×10^4t 乙烯和 40×10^4t 丙烯，年生产石化产品共约 230×10^4t，总投资 43 亿美元（中方占 50%），是当今的世界级规模。与此同时，我国石油工业还实行了“走出去”的战略，加强石油资源开采的国际合作，目前已经与 19 个国家签订了石油开发计划，走出去，在国外与外国石油公司合作，联合勘探开发外国的石油资源。例如，中国石油天然气集团公司已经积累了 10 多年向外探索发展的经验，现在在海外有几十个投资项目，分布于世界四大洲十几个国家，已基本形成了北非、中亚、南美和亚澳四个地区的海外油气生产基地。2005 年 10 月中国石油集团以 41. 8 亿美元全额收购了哈萨克斯坦 PK 石油公司，在哈萨克斯坦将形成年产 2000×10^4t 原油生产规模；同年 12 月中国石油集团和哈萨克斯坦国家石油公司共同投资（双方各占 50% 股份），建成投产中哈原油管道，全长 962km，一期输油能力达到 1000×10^4t。到 2006 年末，中国石油天然气集团公司已在 25 个国家和地区有 65 个合作项目，2006 年在海外的石油作业产量达到 5400×10^4t，其中权益产量 2800×10^4t；天然气产量 $57\times10^8m^3$，其中权益产量 $35\times10^8m^3$。中国海洋石油总公司在 2002 年初斥资 5.85 亿美元收购了西班牙 RepsolYPF 公司在印尼的海上油田，可获得每年 4000×10^4bbl 原油的工作权益产量，成为印尼最大的海上石油生产公司；2003 年 5 月与 澳大利亚西北大陆架项目签订了资产购买协议，斥资收购西北大陆架天然气项目的上游产品及储量权益，同时，可获得新建中国液化天然气合资企业 25% 的股权；中海油还在 2006 年 1 月与尼日利亚南大西洋石油公司签订了最终协议，以 22.68 亿美元现金收购尼日利亚 130 号海上石油开采许可证所持有的 45% 的工作权益。尼日利亚是世界第五大原油出口国，130 号许可证所在地区尼日尔三角洲是世界上油气资源最丰富的地区之一。截止到 2006 年末，中海油的海外业务遍及十多个国家，拥有海外权益可采储量约 16.9×10^8bbl 油当量，勘探区块 45 个，可勘探面积约 $40\times10^4\text{km}^2$。2006 年 5 月中石化与非洲安哥拉的石油公司签订了 14 亿美元的新油田开采合同（安哥拉是非洲仅次于尼日利亚的第二个产油大国），开采安哥拉的三个离岸油田的合同区块，三个区块的总储量估计将超过 30×10^8bbl，预计 2007 年开采后原油日产量可达到 10×10^4bbl。现在，我国的三大石油集团公司都相继在海外建立了石油开发基地。

第二章　石油资源勘探开采国际合作的方式和合同模式

第一节　联合开采石油资源的国际合作方式

20世纪初以来，世界上各个石油资源国家所采用的国际合作的方式大体有以下几种：

（1）租让制。租让制是国际间合作开采石油资源的最初体制。这种合作方式是外国石油公司从资源国政府租借一块由政府划定的面积，政府授予采矿权，石油公司负责全部勘探、开发和生产投资，所生产的原油由石油公司处置，但要缴矿区使用费和所得税。有些国家为限制外国石油公司取得暴利，征收特别税或暴利税；有些国家为限制原油的出口额，还规定了必须在国内销售原油的数量。采用这种合作方式的国家，一般对租让区块采用招标或拍卖方式，利用各石油公司之间的竞争，从一开始就能收入一笔数额可观的定金（Bonus），租让的区块还根据勘探、开发和生产的不同阶段提高年租金。由于这种合作方式对资源国并无财政风险，而且保证有收益，因此，目前这种合作方式仍然为许多国家广为采用，如美国、英国、挪威、加拿大、法国、意大利、澳大利亚、利比亚、尼日利亚、阿尔及利亚、土耳其和泰国等国家仍在采用。

（2）产品分成。这种合作方式是由外国石油公司负责全部勘探、开发和生产投入的资金，并作为资源国的国家石油公司的代理人实施石油作业，其勘探、开发和生产的计划和预算要报资源国的国家石油公司批准。每年生产的原油划分为两个部分，一部分是费用油，用来回收外国石油公司的勘探、开发投资和生产作业费，另一部分是利润油，按签订合同时确定的比例由合同双方分成。这种合作方式比较简单明确，近十几年来已被许多产油国家所采用，如印度尼西亚、利比亚、马来西亚、菲律宾、埃及、安哥拉和利比里亚等都采用这种合作方式。

（3）风险服务。这种合作方式是由外国石油公司负责全部勘探、开发和生产投入的全部资金，有了商业性发现后，所生产的原油归资源国所有，资源国一般以现金偿还外国石油公司的投资，并按合同规定支付一定的报酬，也有按合同规定在事先确定原油价格的前提下，以原油作为补偿。采用这种合作方式的国家比较少。

（4）纯技术服务。这种合作方式是由外国石油公司提供资金和技术，对某一指定地区进行勘探，所取得的资料无偿提供给资源国。外国石油公司得到的补偿是在有利地区具有签订石油开发和生产合同的同等优先权。

（5）联合经营。在国际间合作开采石油资源的合作方式中，联合经营协议方式出现的时间较其他方式晚，在国际上并不作为一种独立的方式看待。最早为意大利埃尼集团所采用，曾于20世纪50年代与伊朗签订了联合经营协议，规定由双方共同组建一个合资经营的新公司，并由双方参与一定比例的股份，按参股比例进行利润分成，并共同承担勘探风险。

第二节　石油合同的种类

世界各国的石油合同，几乎是没有完全相同的，在同一个国家也因时间、地区和标的（合同性质）的不同而不同，大体可以归纳为四类：

（1）租让合同（Concession）。第一个租让合同早在1872年伊朗把石油开采权租让给一家法国石油公司（BARON JULIUEDE REUTER）。这种合同形式沿用至1920年后就比较多地为伊朗和伊拉克等一些中东国家所采用。当时的租让合同比较简单，资源国授予外国石油公司在租让区内勘探、开发、生产、加工以及出口的权利，资源国政府收取矿区使用费或租金等。租让区的面积比较大，期限也比较长，外国石油公司处于支配地位。第二次世界大战后，许多不发达国家政治上要独立，经济上要自由，通过颁布法令，把石油收归国有，或者强行参股，提高税收，纷纷成立国家石油公司参与经营管理，资源国的地位明显提高，收入增加。这种新租让制合同有了本质的变化。

（2）联合经营合同（Joint Venture）。联合经营的合同形式起源于伊朗，1951年伊朗把石油工业国有化，1954年完成了国有化，并成立了伊朗国家石油公司，1957年伊朗与意大利埃尼集团签署了世界上第一个50/50的联合经营协议。

（3）产品分成合同（Production Sharing）。产品分成的合同形式起源于印尼。1964年印尼政府颁布了第44号法令，明确规定外国石油公司今后不能担当承租人，只能担当承包人。同年，印尼国家石油公司（Pertamina）和

KOBAYASHI 公司签订了第一个产品分成合同。

（4）国家拥有和控制（State Ownership and Control）。这种合同有的国家也叫服务合同。服务合同比较典型的是在巴西。1973 年中东石油危机，石油价格猛涨，巴西政府急于寻求利用外国资金和技术来加快石油资源的勘探开发步伐，但巴西早在 1953 年就颁布了 2004 号法令，即所谓石油经营垄断法，规定了巴西的石油只能由巴西自己经营，不允许外国石油公司参与。在当时已有的租让制、联合经营和产品分成等合同形式，都不符合巴西的法令规定。因此，在不与垄断法抵触的前提下对石油合同做了某些修改，名义上称作服务合同。第一，政府不参与投资；第二，油田建成投产以后由国家石油公司接管生产操作。1975 年政府宣布国际招标，实行带服务性的风险合同。勘探、开发费用由外国石油公司先垫付，油田投入生产出油之后，除了补偿外国石油公司所垫付的勘探、开发费用之外，还按照油田产量大小付给不同的报酬（包括勘探风险、投资和技术服务等）。其名曰“服务合同”，实质上就是“产品分成”，当然，为适应垄断法的要求，对合同结构做了适当修改。

上述四类合同除旧的租让制外，各有特点，都是可以采用的。20 世纪 50 年代国际上石油合同的形式都是采用租让制合同形式；60 年代出现了一小部分联合经营和产品分成合同的形式；到了 70 年代后，产品分成合同形式发展成为主要的形式。下面是 20 世纪 70 年代世界各国所采用不同形式合同的统计数据：

合同形式(Contract Type)	20 世纪50 年代(Fifties)	20 世纪60 年代（Sixties）	20 世纪70 年代(Seventies)
租让制合同(Concession)	100%	88.2%	18.8%
联合经营合同(Joint Venture)			29.1%
产品分成合同(Production Sharing)			41.7%
服务合同(State Ownership & Control)			10.4%

从以上可以看出产品分成类是占主导的合作方式。

第三节 标准合同

我国石油资源勘探开发对外合作的方式是经过广泛的调查研究（包括到国外考察），深入分析和实际探索（从国务院批准对外合作开采我国海上石油资源至大规模的第一轮国际招标，大体上用了 3 年时间，完成了包括利用外资进行了勘探前物探普查、国家立法和组建机构培训人才等大量准备工作。），并权衡了当今国际上各种合作方式的利弊，结合我国国情，在 80 年代初，由当时的石油工业部组织起草了海上石油对外合作第一轮招标的《标准合同》，先后两轮听取了十多家国际石油公司的意见，最终由国家外资委组织18个部委审查批准。这个《标准合同》吸取了各国石油合同的精华，依据我国主权和法规，体现了平等互利原则，受到国际石油界的普遍赞同，也就是现在中国石油、中国石化、中国海油三大石油集团公司所采用的对外合作的石油合同基本模式。

《标准合同》总的原则是：外国石油公司独承勘探风险，中外双方共同联合经营开发油田，限额回收投资，依法缴纳税费，余额分成。

因此，《标准合同》具有联合经营和产品分成混合型性质。就经营管理和参与投资而言，标准合同是联合经营性质的，经营管理采用了由双方组成联合管理委员会的形式；参与投资方面，中方在任何一个油（气）田，有权参与0%～51%的开发投资。就产品分配方式而言，标准合同是产品分成性质的，即对扣除了费用回收油之后的余额油进行分成，而不是按参股比例对产量进行分配。

我国的对外合作开采石油资源在采用《标准合同》之前，曾进行了探索，通过双边谈判签订的5个石油合同，都是风险合同的方式，以巴西的合同模式为基础，吸收挪威和印度尼西亚合同的一些作法，并结合我国的实际情况，其总的原则是：低风险，合作开发，原油补偿，中方固定留成。

另外，中国海洋石油总公司为了进一步推动对外合作开采海上石油资源，吸引外商，在1985年第二轮招标之后，采取了一些灵活的办法，如与外国石油公司签订物探协议和联合研究协议等。所谓物探协议，就是为了减少外国石油公司的勘探风险，外国石油公司可与国家石油公司签订具有排他性的地球物理勘探协议。协议期为1～2年，协议终止时外国石油公司有权选择是否进入石油合同。工作量一般包括采集、处理和解释地震测线和/或再处理和解释现有地震资料。协议区发生的费用，在协议终止2年内，经国家石油公司审计确认为合理的费用，可以在新签订的石油合同中作为勘探费用回收。所谓联合研究协议，是外国石油公司和国家石油公司对共同感兴趣的海域联合进行区域地质研究（包括对以往的地质资料进行重新处理和解释）而签订的排他性协议，以使外方在以后选择是否进入石油合同。其期限一般不超过1年。通常是利用作业者的先进技术再处理中外双方选定的地震资料，国家石油公司在规定的时间内向作业者提供资料，并派员参加联合研究。联合研究的费用（包括国家石油公司的人员费用）全部由作业者承担，作为合同者的单方费用，是不可回收的投资费用，但可以作为合同者的税务列支。

第三章　我国对外合作开采石油资源的有关法规

第一节　有关国际合作开采石油资源的法律、法规体系

一个有石油资源的国家，对外合作开采石油资源，涉及国家的政治、外交、军事、经济和法律等领域，为了保护国家利益，在实施对外开放与合作之前，就必须把涉及开采石油资源的方方面面，政府都要以法律和法规的形式把其明确地规定，并予以发布，参与合作开采石油资源的所有中外企业、公司都必须严格遵守和执行。在中国政府决定对外合作开采海上石油资源之后，首先于1982年初颁布了《中华人民共和国对外合作开采海洋石油资源条例》，随后，陆续颁布了有关对外合作的配套法律和法规，如《中华人民共和国外商投资企业和外国企业所得税法》（1981年12月首次颁布时称《中华人民共和国外国企业所得税法》，后于1991年4月修改由全国人大通过公布了《中华人民共和国外商投资企业和外国企业所得税法》之后，该法同时废止。2008年1月1日起将统一执行2007年3月全国人大通过的《中华人民共和国企业所得税法》，原1991年4月由全国人大通过公布了的《中华人民共和国外商投资企业和外国企业所得税法》和1993年12月国务院发布的《中华人民共和国企业所得税暂行条例》两个法律合二为一，外商投资企业和外国企业与国内企业执行同一企业所得税法。）、《中华人民共和国海关总署、财政部关于中外合作开采海洋石油进出口货物免征关税和工商统一税的规定》（1982年4月1日财政部、海关总署发布）、《中华人民共和国石油工业部关于对外合作开采海洋石油资源资料管理的规定》等。1993年10月国务院又发布了《中华人民共和国对外合作开采陆上石油资源条例》。这些法律文件与我国已经颁布生效的其他30多个通用法律文件一起，形成了适用于

并管辖对外合作开采海上和陆上石油资源的法律、法规体系。当然，这些法律文件也是对外合作开采石油资源的会计和审计工作的重要依据。现将历年来沿用的有关重要法律、法规列示如下，以供参考。

（1）《中华人民共和国对外合作开采海洋石油资源条例》（1982 年 1 月 30 日国务院发布；2001 年 9 月 23 日国务院又修订颁布）。

（2）《中华人民共和国对外合作开采陆上石油资源条例》（1993 年 10 月 7 日国务院发布；2001 年 9 月 23 日国务院又修订颁布）。

（3）《中华人民共和国石油工业部关于对外合作开采海洋石油资源资料管理的规定》（1983 年 4 月 19 日）。

（4）《中华人民共和国海洋石油勘探开发环境保护条例》（1983 年 12 月 29 日国务院发布）。

（5）《中华人民共和国企业所得税法》（2007 年 3 月 16 日人大通过，同日中华人民共和国主席令第 63 号公布，2008 年 1 月 1 日起施行）。

（6）《中华人民共和国企业所得税法实施条例》（2007 年 11 月 28 日国务院发布，2008 年 1 月 1 日起施行）。

（7）《中华人民共和国外商投资企业和外国企业所得税法》（1991 年 4 月 9 日人大通过，同日中华人民共和国主席令第 45 号公布，1991 年 7 月 1 日起施行，2008 年 1 月 1 日废止）。

（8）《中华人民共和国外商投资企业和外国企业所得税法实施细则》（1991 年 6 月 30 日国务院发布，1991 年 7 月 1 日起施行，2008 年 1 月 1 日废止）。

（9）《中华人民共和国外国企业所得税法》（1981 年 12 月 13 日人大通过，1982 年 1 月 1 日起施行，1991 年 7 月 1 日废止）。

（10）《关于中外合作开采石油用原油缴纳工商统一税和矿区使用费的规定》（1982 年 4 月 3 日财政部发布，1993 年后本规定已由新的法规替代）。

（11）《中华人民共和国海关总署、财政部关于中外合作开采海洋石油进出口货物免征关税和工商统一税的规定》（1982 年 4 月 1 日财政部、海关总署发布。在此之后，财政部、海关总署和国家税务总局于 1997 年 4 月财税［1997］第 42 号文、2001 年 12 月财税［2001］第 186 号文和 2006 年 10 月财税［2006］第 10 号文；以及 2007 年 7 月 4 日发布的《财政部、海关总署对中外合作开采海洋石油的外国合同者按合同规定所得原油出口税收政策进行调整的公告》，相继做出了一些补充规定）。

（12）《中华人民共和国增值税暂行条例》（1993 年 12 月 13 日国务院发布）。

（13）《中华人民共和国增值税暂行条例实施细则》（1993 年 12 月 25 日 财政部颁布）。

（14）全国人大常委会关于外商投资企业和外国企业适用增值税、消费税、营业税等税收暂行条例的决定（1993 年 12 月 29 日）。

（15）国务院关于外商投资企业和外国企业适用增值税、消费税、营业税等税收暂行条例有关问题的通知（1994 年 2 月 22 日）。

（16）国家税务局关于中外合作开采石油资源增值税有关问题的通知（1994 年 4 月 28 日）。

（17）开采海洋石油资源缴纳矿区使用费的规定（1989 年 1 月 1 日财政部发布）。

（18）中外合作开采陆上石油资源缴纳矿区使用费暂行规定（1990 年 1 月 15 日财政部发布）。

（19）《中华人民共和国个人所得税法》（1980 年 9 月 10 日人大通过；1993 年 10 月 31 日人大第一次修正；1999 年 8 月 30 日人大第二次修正；2005 年 10 月 27 日人大第三次修正；2007 年 6 月 29 日人大第四次修正）。

（20）《中华人民共和国个人所得税法实施细则》（2005 年 12 月 19 日国务院发布，2006 年 1 月 1 日起施行）。

（21）《中华人民共和国外汇管理条例》（1997 年 1 月 14 日国务院发布，原于 1980 年 12 月 18 日国务院发布的中华人民共和国外汇管理暂行条例同时废止）。

（22）《中华人民共和国车船使用税暂行条例》（1986 年 9 月 15 日国务院发布）。

（23）《地质矿产部关于确认在中国海域开采海洋石油资源不重复征收矿产资源税的复函》（1994 年 6 月 14 日地质矿产部给中国海洋石油总公司的复函）。

为了便于在实际工作中，尤其是在联合账簿审计工作中运用上述与对外合作勘探开发石油资源有关的法规、条例，现将上述法规的英语名称再列示如下：

Policies and Regulations for the Exploitation of Offshore and Onshore Petroleum Resources in Cooperation with Foreign Enterprises:

(1) The Regulations of the People's Republic of China on the Exploitation of Offshore Petroleum Resources in Cooperation with Foreign Enterprises.

(2) The Regulations of the People's Republic of China on the Exploitation of Onshore Petroleum Resources in Cooperation with Foreign Enterprises.

(3) Provisions of the Ministry of Petroleum Industry of the People's Republic of China for the Control of Data Concerning the Exploitation of Offshore Petroleum Resources in Cooperation with Foreign Enterprises.

(4) Regulations of the People's Republic of China Concerning Environmental Protection in the Oil Exploration and Exploitation.

(5) The Law of the People's Republic of China on Enterprise Income Tax.

(6) The Release of Regulations on the Implementation of Enterprise Income Tax Law of the People's Republic of China by the State Council.

(7) Income Tax Law of the People's Republic of China for Enterprises with Foreign Investment and Foreign Enterprises.

(8) Rules for the Implementation of the Income Tax Law of the People's Republic of Chi-

na for Enterprises with Foreign Investment and Foreign Enterprises.

(9) Income Tax Law of the People's Republic of China for Foreign Enterprises.

(10) Regulations of the Ministry of Finance Concerning the Consolidated Industrial and Commercial Tax and Royalty for the Chinese – Foreign Cooperative Exploitation of Petroleum shall be Collected in Kind.

(11) Rules of the Ministry of Finance and the General Administration of Customs Concerning the Levy and Exemption of Customs Duties and Consolidated Industrial and Commercial Tax on Imports and Exports for the Chinese – Foreign Cooperative Exploitation of Offshore Petroleum.

(12) Provisional Regulations of the People's Republic of China on Value Added Tax.

(13) Detailed Rules for the Implementation of the Provisional Regulations of the People's Republic of China on Value Added Tax.

(14) Resolutions of the Standing Committee of the National People's Congress Regarding the Application of Provisional Regulations on Value Added Tax, Consumption Tax, Business Tax, etc. , to Foreign Investment Enterprises and Foreign Enterprises.

(15) Notice of the State Council on the Tentative Regulations Concerning the Application of VAT, Consumer Tax and Business Tax to Foreign Investment Enterprises and Foreign Enterprises.

(16) Notice of the State Administration for Taxation Concerning VAT to the Exploitation of Petroleum Resources in Cooperation with Foreign Enterprises.

(17) Regulations of the Ministry of Finance on the Payment of the Royalty Concerning the Exploitation of Offshore Petroleum Resources .

(18) Provisional Regulations of the Ministry of Finance on the Payment of the Royalty Concerning the Exploitation of Onshore Petroleum Resources in Cooperation with Foreign Enterprises.

(19) Individual Income Tax Law of the People's Republic of China.

(20) Regulations for the Implementation of the Individual Income Tax Law of the People's Republic of China.

(21) Regulations of the People's Republic of China on the Management of Foreign Exchanges.

(22) Provisional Regulations of the People's Republic of China on Vehicle and Vessel Usage Tax.

(23) Replied Letter of MGMR Concerning the Confirmation of the Free of Royalty for the Exploitation of Offshore Petroleum Resources within the Sea Area of the People's Republic of China.

第二节 与财务、会计和审计密切相关的重要法规条款

为了便于在实际工作中运用，现从有关法律、法规中摘录与财务和审计紧密相关的一些条款。

一、中华人民共和国对外合作开采海洋石油资源条例》（以下简称《条例》）中的有关条款

（1）《条例》第 7 条：前款石油合同，经中华人民共和国对外贸易经济合作部批准，即为有效。

（The petroleum contracts referred to in the preceding paragraph shall come into force after approval by the Ministry of Foreign Trade and Economic Cooperation of the People's Republic of China.）

注：外国石油作业者往往把石油合同生效前发生的费用计入联合账簿。按照石油合同规定和惯例，从石油合同生效之日起才能将石油作业发生的费用计入联合账簿。石油合同生效前发生的费用，一般情况都是为作业者的母公司准备签订石油合同而服务的，只能作为外国合同者的单方费用，不能计入联合账簿。上述条款就是明确的法律依据。

（2）《条例》第 8 条：石油合同中的外国企业一方（以下称外国合同者）应投资进行勘探，负责勘探作业，并承担全部勘探风险；发现商业性油（气）田后，由外国合同者同中国海洋石油总公司双方投资合作开发，外国合同者并应负责开发作业和生产作业，直至中国海洋石油总公司按照石油合同规定在条件具备的情况下接替作业者。外国合同者可以按照石油合同规定，从生产的石油中回收其投资和费用，并取得报酬。

（The foreign enterprise that is one party to the petroleum contract（hereafter "foreign contractor"）shall provide the investment to carry out exploration, be responsible for exploration operations and bear all exploration risks; after a commercial oil（gas）field is discovered, both the foreign contractor and CNOOC shall provide the investment for its cooperative development, and the foreign contractor shall be responsible for the development operations and production operations until CNOOC takes over the production operations when conditions permit as provided in the petroleum contract. The foreign contractor, in accordance with the provisions of the petroleum contract, may recover its investment and expenses and receive remuneration out of the petroleum produced.）

《条例》第 9 条：外国合同者可以将其应得的石油和购买的石油运往国外，也可以依法将其回收的投资、利润和其他正当收益汇往国外。

（The foreign contractor may export the petroleum due to it and the petroleum it purchases, and may also remit abroad, in accordance with the law, the investment it recovers, its profits and its other legitimate income.）

《条例》第 10 条：参与合作开采海洋石油资源的中国企业、外国企业，

都应依法纳税，缴纳矿区使用费。

前款企业的雇员都应依法缴纳个人所得税。

(All Chinese enterprises and foreign enterprises participating in the cooperative exploitation of offshore petroleum resources shall pay taxes in accordance with the law and shall pay mining royalties.

All employees of the enterprises referred to in the preceding paragraph shall pay individual income tax in accordance with the law.)

注：《条例》第8条，第9条，第10条是我国对外合作开采石油资源的《标准合同》中有关产品分成和投资回收等经济条款的主要法律依据。

二、《中华人民共和国外商投资企业和外国企业所得税法实施细则》（以下简称《细则》）中的有关条款❶

（1）《细则》第48条：从事开采石油资源的企业所发生的合理的勘探费用，可以在已经开始商业性生产的油（气）田收入中分期摊销，不得少于一年。

外国石油公司拥有的合同区，由于未发现商业性油（气）田而终止作业，如果其不连续拥有开采油（气）资源合同，也不在中国境内保留开采油（气）资源的经营管理机构或者办事机构，其已投入终止合同区的合理的勘探费用，经税务机关审查确认并出具证明后，从终止合同之日起，十年内又签订新的合作开采油（气）资源合同的，准予在其新拥有合同区的生产收入中摊销。

[Reasonable exploration expenses incurred by enterprises engaged in the exploitation of petroleum resources may be amortized against income from oil (gas) fields that have already commenced commercial production. The amortization period shall not be less than one year.

Where operation of a contract filed owned by a foreign oil company is terminated due to failure to find commercially viable oil (gas), and where ownership of the contract for the exploitation of petroleum (gas) resources is not continued and management organizations or offices for carrying on operations for the exploitation of petroleum (gas) resources are no longer maintained in China, reasonable exploration expenses already incurred in respect of the terminated contract

---

❶ 编者注：2008年1月1日起施行的由国务院发布的《中华人民共和国企业所得税法实施条例》第六十一条规定："从事开采石油、天然气等矿产资源的企业，在开始商业性生产前发生的费用和有关固定资产的折耗、折旧方法，由国务院财政、税务主管部门另行规定。"由于在本书出版之前国务院财政、税务主管部门尚未发布此项新的规定，因此，为了便于读者了解，在本节中仍引用在2008年1月1日之前有效的《中华人民共和国外商投资企业和外国企业所得税法实施细则》中的有关的规定。

field shall, upon examination and confirmation and the issuance of certification by the tax authorities, be permitted to be amortized against production income of a newly owned contract field when the new contract for cooperative exploitation of oil (gas) resources is signed within 10 years from the date of the termination of the old contract.]

(2)《细则》第 32 条：从事开采石油资源的企业，在开发阶段的投资，应当以油（气）田为单位，全部累计作为资本支出，从本油（气）田开始商业性生产月份的次月计算折旧。

[All investments made during the development stage by enterprises engaged in the exploitation of oil resources shall, taking the oil (gas) field as a unit, be aggregated and treated as capital expenditures; the computation of depreciation shall begin in the month following the month in which the oil (gas) field commences commercial production.]

《细则》第 36 条:从事开采石油资源的企业在开发阶段及其以后的投资所形成的固定资产,可以综合计算折旧,不留残值,折旧的年限不得少于六年。

(Depreciation of fixed assets in the nature of investments during the development stage and subsequent stages of an enterprise engaged in the exploitation of oil resources may be computed in a consolidated basis without retaining salvage value; the period of depreciation shall not be less than 6 years.)

注:《细则》第 32 条，第 36 条，第 48 条是国家石油公司和外国石油公司各自缴纳所得税的法律依据，也是在合同区发现油（气）田，进入开发阶段前进行经济评价的法律依据。

(3)《中华人民共和国外商投资企业和外国企业所得税法》第十六条：外商投资企业和外国企业在中国境内设立的从事生产、经营的结构、场所应当在每次预缴所得税的期限内，向当地税务机关报送预缴所得税申报表，年度终了后四个月内，报送所得税申报表和会计决算报表。

(Any enterprise with foreign investment and any establishment or place set up in China by a foreign enterprise to engage in production or business operation shall file its quarterly provisional income tax returns in respect of advance payments with the local tax authorities within the period for each advance payment of tax and shall file an annual income tax return together with the final accounting statements within 4 months from the end of the tax year.)

《细则》第 95 条：企业在纳税年度内无论盈利或者亏损，应当依照税法第十六条规定的期限，向当地税务机关报送所得税申报表。在报送会计报表时，除国家另有规定外，应当附送中国注册会计师的查账报告。

(Enterprises shall file their income tax returns and final accounting statements with the local tax authorities within the time limit as prescribed in Article 16 of the Tax Law, irrespective of making profits or sustaining losses in the tax year. Unless otherwise provided by the State, enterprises shall submit at the same time audit reports signed by a certified public accountant registered in China upon submission of the final accounting statements.)

注：由于作业者并非独立法人，因此，国家石油公司和外国合同者（外国石油公司）都应根据上述《税法》第十六条和《细则》第 95 条的规定，在规定的期限内，各自分别向当地税务机关报送所得税申报表和会计报表，同时，应当附送中国注册会计师的查账报告。

三、关于中外合作开采石油资源的税收问题

（1）全国人大常委会关于外商投资企业和外国企业适用增值税、消费税、营业税等税收暂行条例的决定(1993 年 12 月 29 日)：中外合作开采海洋石油、天然气,按实物征收增殖税,其税率和征收办法由国务院另行规定。

(Value - Added Tax for the Chinese - foreign co - operation exploitation of offshore oil and natural gas shall be collected in kind. The tax rates and collection measures shall be separately formulated by the State Council.)

（2）国务院关于外商投资企业和外国企业适用增值税、消费税、营业税等税收暂行条例有关问题的通知（1994 年 2 月 22 日）：中外合作油（气）田开采的原油、天然气按实物征收增值税，征收率为 5%，并按现行规定征收矿区使用费，暂不征收资源税。在计征增值税时，不抵扣进项税额。原油、天然气出口时不予退税。

(3)《开采海洋石油资源缴纳矿区使用费的规定》（1989 年 1 月 1 日财政部发布）第三条：矿区使用费按每个油（气）田日历年度原油或者天然气总产量计征，矿区使用费费率如下：

1）原油：

年度原油总产量不超过 100×10^4t 的部分，免征矿区使用费；

年度原油总产量超过 100×10^4t ~ 150×10^4t 的部分，费率为 4%；

年度原油总产量超过 150×10^4t ~ 200×10^4t 的部分，费率为 6%；

年度原油总产量超过 200×10^4t ~ 300×10^4t 的部分，费率为 8%；

年度原油总产量超过 300×10^4t ~ 400×10^4t 的部分，费率为 10%；

年度原油总产量超过 400×10^4t 的部分，费率为 12.5%。

2）天然气：

年度天然气总产量不超过 $20\times10^8m^3$ 的部分，免征矿区使用费；

年度天然气总产量超过 $20\times10^8m^3\sim35\times10^8m^3$ 的部分，费率为1%；

年度天然气总产量超过 $35\times10^8m^3\sim50\times10^8m^3$ 的部分，费率为2%；

年度天然气总产量超过 $50\times10^8m^3$ 的部分，费率为3%。

《中外合作开采陆上石油资源缴纳矿区使用费暂行规定》（1990 年 1 月 15 日财政部发布）第三条：原油和天然气的矿区使用费，均用实物缴纳［《开采海洋石油资源缴纳矿区使用费的规定》（1989 年 1 月 1 日财政部发布）第四条］。

（4）矿区使用费按每个油（气）田日历年度原油或者天然气总产量计征，矿区使用费费率如下：

1）原油：

年度原油总产量不超过 5×10^4t 的部分，免征矿区使用费；

年度原油总产量超过 $5\times10^4t\sim10\times10^4t$ 的部分，费率为1%；

年度原油总产量超过 $10\times10^4t\sim15\times10^4t$ 的部分，费率为2%；

年度原油总产量超过 $15\times10^4t\sim20\times10^4t$ 的部分，费率为3%；

年度原油总产量超过 $20\times10^4t\sim30\times10^4t$ 的部分，费率为4%；

年度原油总产量超过 $30\times10^4t\sim50\times10^4t$ 的部分，费率为6%；

年度原油总产量超过 $50\times10^4t\sim75\times10^4t$ 的部分，费率为8%；

年度原油总产量超过 $75\times10^4t\sim100\times10^4t$ 的部分，费率为10%；

年度原油总产量超过 100×10^4t 的部分，费率为12.5%。

2）天然气：

年度天然气总产量不超过 $1\times10^8m^3$ 的部分，免征矿区使用费；

年度天然气总产量超过 $1\times10^8m^3\sim2\times10^8m^3$ 的部分，费率为1%；

年度天然气总产量超过 $2\times10^8m^3\sim3\times10^8m^3$ 的部分，费率为2%；

年度天然气总产量超过 $3\times10^8m^3\sim4\times10^8m^3$ 的部分，费率为3%；

年度天然气总产量超过 $4\times10^8m^3\sim6\times10^8m^3$ 的部分，费率为4%；

年度天然气总产量超过 $6\times10^8m^3\sim10\times10^8m^3$ 的部分，费率为6%；

年度天然气总产量超过 $10\times10^8m^3\sim15\times10^8m^3$ 的部分，费率为8%；

年度天然气总产量超过 $15\times10^8m^3\sim20\times10^8m^3$ 的部分，费率为10%；

年度天然气总产量超过 $20\times10^8m^3$ 的部分，费率为12.5%。

《中外合作开采陆上石油资源缴纳矿区使用费暂行规定》（1990 年 1 月 15 日财政部发布）第四条：原油和天然气的矿区使用费，均用实物缴纳。

注：上述关于中外合作开采石油资源应缴纳的增值税和矿区使用费的各项规定都是中外合作油（气）田进入生产阶段后纳税的法律依据。

第四章　石油合同及其主要附件会计程序
(Petroleum Contract and its Annex II – Accounting Procedure)

第一节　我国对外合作开采石油资源采用的《标准合同》的主要内容（Model Contract）

石油合同（Petroleum Contract）是属于中外合作勘探开发自然资源合同，受《涉外经济合同法》的管辖。在《中华人民共和国对外合作开采海洋石油资源条例》（以下简称条例）中明确指出，“石油合同是指中国海洋石油总公司同外国企业为合作开发中华人民共和国海洋石油资源，依法订立的包括石油勘探、开发和生产的合同”。在《条例》第 7 条中又明确规定，石油合同需经对外贸易经济合作部（原为外国投资管理委员会）批准才能有效。所谓标准合同（Model Contract）就是作为资源国，为了适应对外合作勘探开发石油资源招标工作的需要而发布的一种中外双方谈判签订石油合同的基础文本，是由资源国确定并设计的一种规范的合同模式。它含有广泛可以接受的一般常规性条款，但并不是一成不变的，每一轮次或各个时期的双边谈判都有各自不同的标准合同。上述在 20 世纪 80 年代初由原石油部组织起草后经国家外资委批准的基础文本，一直延用至今，当然有不断的适量修改。

标准合同由一个主体、四个附件组成，总共约计八九万字。主体，即所谓主合同（Main Contract）共 30 条，包括技术、经济、管理和法律四个方面的条款。以下为标准合同的主要内容：

（1）合同区的面积。

在《条例》第 26 条定义中指出，合同区是指在石油合同中为合作开采石油资源以地理坐标圈定的海域面积。国际上海上的合同区面积一般都比较大，20 世纪 80 年代的统计资料表明，合同区面积平均为八千多平方千米，最大的有三万多平方千米。我国海上石油合同区的面积大体在3，000km² 左右。每一个合同区由若干个基本区块组成，每个基本区块（Block）为经度10°和纬度10°面积大约300km² 左右。我国陆上的合同区面积可能要更小些。

（2）合同的期限。

合同期限分为勘探期、开发期和生产期三个阶段：

1）勘探期。在不同地下资源条件下，面积大小和期限长短决定着勘探风险的程度。因此，又把勘探期划分为若干个小阶段。目前，海上石油合同区的勘探期限一般为7年，并又分为三个小阶段，即3+2+2=7年或4+2+1=7年；小于2000km² 的合同区的勘探期一般为5年，并又分为两个小阶段，即3+2=5年。在海洋石油对外合作的第二轮、第三轮、第四轮招标的石油合同一律为7年。

2）开发期。这是指自油（气）田总体开发方案（ODP）经中国政府主管部门批准之日起，至开发作业全部完成之日止的期间。这个时间是随着开发的油（气）田的规模大小、施工的环境条件和开采的工艺不同而定。

3）生产期。这是指自油（气）田商业性生产之日起的原油（天然气）的生产期限。合同双方的投资回收和利润分配都与生产期有直接关系，因此，外国石油公司要求尽可能地长些，国际上多数国家定为20~40年，最短的定为15年。海洋石油对外合作的《标准合同》中一般定为15年。

整个合同期一般不超过30年。

（3）最低限度勘探义务工作量及合同面积的撤销。

最低限度勘探义务工作量是通过竞争性招标来确定的。在合同中是把最低限度勘探义务工作量分阶段规定的，工作量包括地震测线千米数量（分为二维地震和三维地震）、初探井口数。在合同中还规定：评价井不能代替初探井；各勘探小阶段之间的勘探义务工作量可以调剂，即多完成的可以冲减下阶段，少完成的应加到下阶段。完不成的工作量要折合现金交给中方。

合同面积的撤销在合同的英文原本中一词为“relinquish”，在最初的中文文本中译为“归还”，最后改为“撤销”。实质上就是合同区面积的归还，即在勘探期各个小阶段，如果完成了合同规定的勘探义务工作量并期满后，没有发现，则要陆续向中方归还合同勘探面积。在标准合同中合同面积的归还一般规定为：

勘探第一阶段末：归还合同面积的25%；

勘探第二阶段末：归还除开发区和（或）生产区以外的第二阶段剩余面积的25%；

勘探第三阶段末：归还除开发区和（或）生产区以外的全部面积。

（4）油田商业性价值的确定。

在合同中规定了在合同区内如有任何石油发现，作业者应立即向联合管理委员会报告。所谓商业性价值，在这里是指勘探阶段中被发现的油（气）田是否具备开采的商业性价值。油田商业性价值的确定之前，作业者必须向联合管理委员会提交详细的评价报告和油（气）田总体开发方案。总体开发方案由国家石油公司确认后提交政府主管部门批准。如果外国石油公司认为没有商业性价值而国家石油公司认为有商业性价值，国家石油公司可以单独投资开发，开发期外国石油公司可以参加（参股比例最大为49%），但要按所定参股比例向国家公司支付所花费的开发投资及其利息的分额，以及相当于该分额的3倍的罚金。该罚金是不可回收的。凡是外国石油公司单独认为有商业性价值的可以单独开发，由国家石油公司决定，可以不参与股份，也可以参与股份。

（5）经济条款。

经济条款是石油合同的核心部分，即包括中方的参股出资比例、资金筹措和费用回收，以及原油的生产和分配等，都是极为重要的部分。

1）资金筹措和费用回收。

①勘探费：100%由合同者（外国石油公司）提供，并且100%是合同者的自有资金，不计合同利息。如果没有发现商业性油田，投资全部沉没；有了商业性油田生产，则以合同区为篱笆圈进行回收投资。

②开发费：原则上中方参股51%，合同者参股49%。但根据开发油田的不同情况，中方有权选择不参与或小于51%的参股比例参与开发（即自由选择0~51%的参股比例）。油田投产后以本油田为篱笆圈回收投资，合同利息固定为年复利9%。

③生产费：由合同各方按照参与开发投资的比例来分担。并以本油田为篱笆圈回收生产费。

2）原油产量的分配。以单个合作油田为单元，任一日历年的总产量为100%，分成以下三个部分：

第一部分为5%，缴纳增值税（Value Added Tax）［原为工商统一税（Consolidated Industrial and Commercial Tax），1993年国家税制改革后称为增值税，但原税率不变］。第二部分为62.5%，作为缴纳矿区使用费和“费用回收油”部分（Cost Recovery Oil）：

①矿区使用费（Royalty）：

对外合作开采海洋石油资源在1998年之前的第一轮、第二轮招标和双边谈判签订的石油合同，合同区应缴纳的矿区使用费（Royalty）一律为12.5%。

1998 年 7 月，从第三轮招标起，执行财政部新颁布的《开采海洋石油资源缴纳矿区使用费的规定》，改为滑动阶梯，即为 0%，4%，6%，8%，10%，12.5% 共 6 个阶梯。就是年度原油总产量不超过 100×10^4t 的部分，免征矿区使用费；超过 100×10^4t ~ 150×10^4t 的部分，费率为 4%；超过 150×10^4t ~ 200×10^4t 的部分，费率为 6%；超过 200×10^4t ~ 300×10^4t 的部分，费率为 8%；超过 300×10^4t ~ 400×10^4t 的部分，费率为 10%；年度原油总产量超过 400×10^4t 的部分，费率为 12.5%。

年度原油总产量的 62.5% 中扣除实际缴纳的矿区使用费之后的剩余部分，全部作为“费用回收油”。

② 费用回收油（Cost Recovery Oil）：

首先用于回收生产作业费（Operating Costs）；

扣除回收生产作业费之后剩余的部分称为“投资回收油”（Investment Recovery Oil），回收步骤为：

a. 优先回收勘探费（Exploration Costs）；

b. 勘探费回收完后，按照开发投资参股比例回收合同各方开发费投资及其合同利息（Development Costs and Deemed Interest）。

第三部分为 32.5%，作为余额油部分（Remainder Oil）。原油分配的余额油部分在实际执行中应为一个合作油田每日历年原油总产量的 32.5%，再加上回收完所有全部投资（包括勘探费和开发费及其合同利息）之后“费用回收油”的剩余部分。“余额油”又分为两小部分。

①中方留成油（Share Oil of the Chinese Side）：

$$中方留成油 = 余额油 \times (1 - X)$$

②分成油（Allocable Remainder Oil）。按合同各方参股比例分配：

$$分成油 = 余额油 \times X$$

其中：X 为分成率。传统的产品分成，分成率是固定的。如印度尼西亚就是税后的 85:15。按照原油产量分阶梯是向巴西学的，他们只有 3 个档次，而我们的标准合同则分为 8 个档次，以单个油田为单元，按油田分别计算。

综上所述，我国所采用的《标准合同》的经济模式如图 1 和图 2 所示。在勘探费、开发投资及其合同利息未回收完之前的情况如图 1 所示。在包括勘探费、开发投资及其合同利息回收完之后的情况如图 2 所示。

（6）原油的质量、数量和价格。

1）平台（井口）交货。海上油田生产的原油的交货点是平台，一般都是在浮式采油、储油和卸油系统（FPSO）（floating production, storage and offloading）上交货。

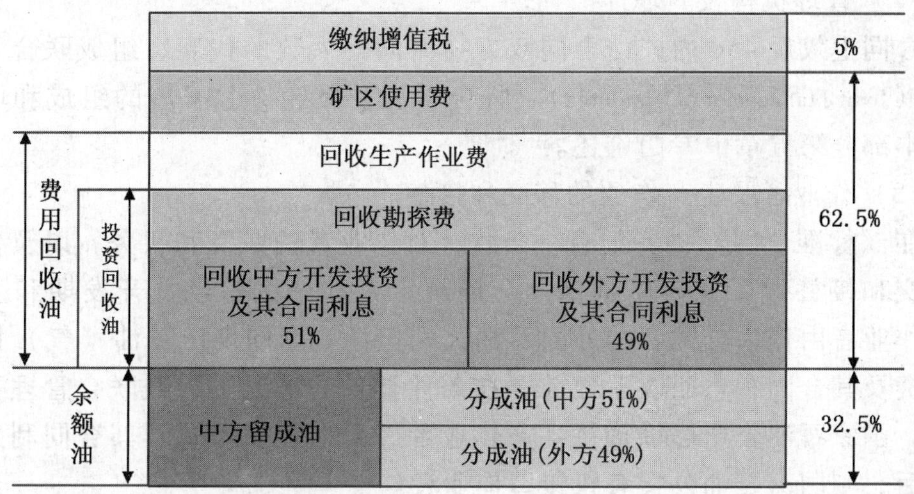

图1　勘探费、开发投资及其合同利息未回收完之前的经济模式

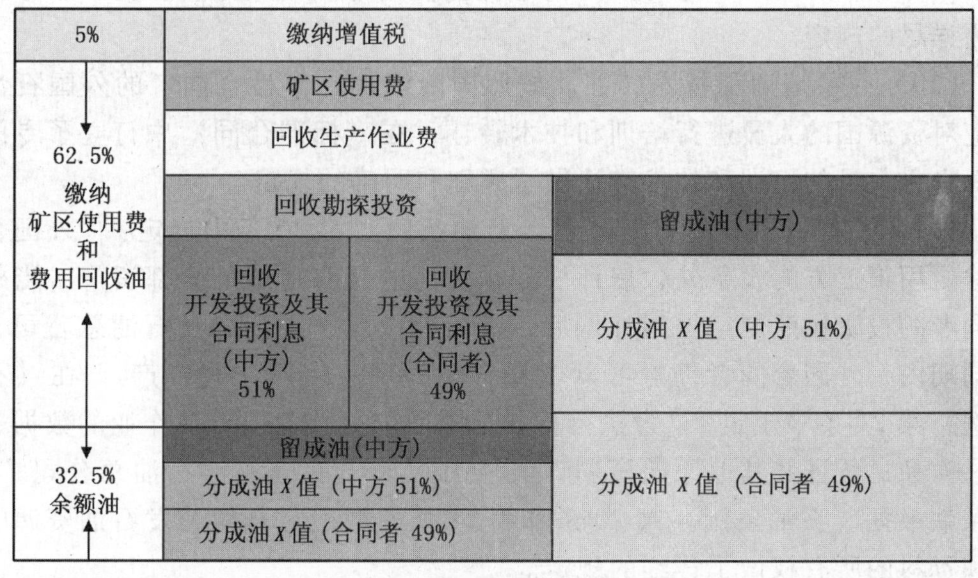

图2　各投资费用回收完之后的经济模式

2）海上油田生产的原油销售的计量和质量检验工作，合同中规定应是在装船时进行的，交付的原油质量和数量均应按中国商品检验局出具的商品质量检验证书和重量检验证书为依据。

3）原油价格确定的程序。海上油田生产的原油价格合同中规定应是在海上交货点离岸价格（FOB）。合同中规定的确定程序是本条款的核心问题，在合同中有详尽的规定，《标准合同》中对原油价格的确定，不是采取独立成交价的办法，而是采取协商定价的办法。

(7) 管理机构及其职能。

合同生效后45d内，由合同双方委派同等人数的代表，组成联合管理委员会（Joint Management Committee）。联合管理委员会（JMC）的组成和职责等将在本部分第五章中专门论述。

(8) 作业者及生产作业的移交和接替。

在《标准合同》中专门有一条款，对作业者的职责和义务，以及作业者的移交和接替做了详尽的规定。合同规定在整个勘探期、开发期和生产初期，作业者由作为合同者的外国石油公司担任。合同规定在油（气）田的开发投资及其合同利息回收完之前，在条件具备的情况下，经联合管理委员会同意，国家石油公司可以接替生产作业者。而在开发投资及其合同利息回收完之后，则国家石油公司有权接替作业者。

(9) 优先使用中国的人员、物资和服务。这项条款是为了贯彻《石油条例》中第13条、第18条等规定而对优先使用中国的人员、物资和服务做了较为详尽的规定。

(10) 人员培训和技术转让。按照国际惯例，作为合同者的外国石油公司应对资源国的人员进行培训和技术转让，在《标准合同》中订立了专门条款对中方人员的培训和技术转让做了详细和明确的规定。

(11) 资产和资料所有权。在《石油条例》第20条中规定："外国合同者除租用第三方的设备外，按计划和预算所购置和建造的全部资产，当外国合同者的投资按照规定得到补偿后，其所有权属于中国海洋石油总公司，在合同期内，外国合同者仍然可以依据合同的规定使用这些资产。"在《石油条例》第21条中规定："为执行石油合同所取得的各项石油作业的数据、记录、样品、凭证和其他原始资料，其所有权属于中国海洋石油总公司。"这项条款根据《石油条例》第20条和第21条的规定对合作开发石油资源的资产和资料的所有权做了详细的规定。

(12) 税收。《石油条例》第10条规定："参与合作开采海洋石油资源的中国企业、外国企业都应当依法纳税，缴纳矿区使用费。"税收条款由于在1982年2月海上石油对外合作第一轮招标时起，国家颁布了《外国企业所得税法》（在以后曾做过几次修改，现在执行的是《外商投资企业和外国企业所得税法》），并修订颁发了有关的其他税法。因此，标准合同中的税收条款就十分简洁。

(13) 工作文字和语言。合同中对工作文字和语言做了明确规定。大体是：合同用中、英两种文字，两种文本具有同等效力。工作语言为中、英两种语言。但是在执行合同中的技术文件、资料采用英文；行政性会议或文件，配备翻译，用中、英两种语言；现场报表，印刷时中、英文对照，填写时由填写人员自己选择。

（14）合同的生效和执行日。合同获得中华人民共和国对外贸易经济合作部（现为商务部）批准之日为合同生效日，合同者接到国家石油公司通知之后的下一个月的第一天为合同执行之日。

合同的三个附件是：

附件 1：合同区地理位置及其边界线折点坐标

附件 2：会计程序（Accounting Procedure）

附件 3：人员费用（Personnel Expenses）

第二节　石油合同的主要附件《会计程序》（Accounting Procedure）

一、制定会计程序的重要意义

《会计程序》是石油合同中的一个主要文件。在石油合同中明确规定会计程序是石油作业者进行记账和财务核算的准则。为了准确反映在合同区内实施石油作业所发生的勘探费用、开发费用及其合同利息、生产作业费用，以及原油和天然气生产、分配的数量和相应的金额，作业者应按照石油合同附件 2 会计程序的规定，对合同区的全部财务活动进行记账和核算，保存好会计账簿，并向联合管理委员会和合同各方（包括国家石油公司和合同者）以及中国的国家税务机关等有关单位提供详细的会计报表和有关书面报告。

制定会计程序的目的就是根据《石油条例》和石油合同的有关规定，建立一套适用于合作开发石油资源的石油作业的有关收入和支出的公平管理方法，包括资金管理、物资管理、资金筹措和会计记录等方面，是进行会计核算和编制会计报表的准则［在美国石油协会（American Petroleum Institute）财务与会计部（Division of Finance and Accounting）颁发的国际合作联合经营石油作业会计程序（International Joint Operations Accounting Procedure）的标准格式中对会计程序的目的是这样写的：会计程序的目的是为了建立公平与公正的方法，以便确定联合石油作业发生的全部支出和收入是符合合同规定的。（The purpose of the Accounting Procedure is to establish equitable methods for determining charges and credits applicable to operations under the Agreement.）］。因此，《会计程序》是石油合同不可分割的重要组成部分。当然，《会计程序》也是进行联合账簿审计的主要依据。在中外双方会谈签约期间，拟订《石油合同》的同时，就要拟订《会计程序》，一般双方都要委派财务会计专家讨论协商制定。

我国石油合同中会计程序的模式，是以北美石油会计师协会（COPAS）颁发的标准会计程序为基础，主要参照了挪威北海油田国际合作开发石油资源石油合同的文本并结合我国石油工业对外合作的实际情况拟订的，在签订石油合同的谈判中，经过无数次的讨论、协商和论证，外国石油公司接受认可了，现在也就成了国际惯例。

二、国际石油工业联合经营石油作业的会计程序

当今，世界各国的跨国石油公司在国际间合作开采石油资源有关会计专业知识标准的权威，应该首推的是北美石油会计师协会理事会［Council of Petroleum Accountants Societies of North America（COPAS）］，这是各国的跨国石油公司的会计专业人士所公认的。COPAS 创建于 1961 年，这是一个石油工业的会计专业论坛，通过熟悉石油工业的会计专家们的研讨，结合实际情况，不断地以公报等形式专门为石油工业的会计专业颁布一些指南、标准、准则、行业规定和惯例等指导性文件。1987 年，为教育培训、鉴证“注册石油会计师［Accredited Petroleum Accountant（APA）］”，专门颁发了“石油会计师专业知识标准［Petroleum Accountants Standards of Knowledge（PASOK）］”，1995 年后改进为“注册石油会计师纲要（Accredited Petroleum Accountant Program）”。作为合作开采石油资源的会计核算准则的会计程序，早在 1962 年，COPAS 就颁发了“联合经营石油作业会计程序（Accounting Procedure Joint Operations）”的建议版本，以后又做了不断的修改，COPAS 于 1984 年修订颁发的版本“联合经营石油作业（陆上）会计程序（Accounting Procedure Joint Operations – Onshore）”和 1986 年修订颁发的版本“联合经营海上石油作业会计程序（Accounting Procedure Offshore Joint Operations）”，是目前参考应用的现行标准版本。1995 年 COPAS 还修订颁发了一份上述两者间可供选择的版本“’95 Alternative Model Form Accounting procedure”（This Model Form Accounting Procedure was created as an alternative to the 1984 onshore and the 1986 offshore accounting procedures）。北海油田的资源国英国和挪威等国家所应用的合作开发石油资源的会计程序的模式，也是参照了 COPAS 颁发的模式，但有不少变化，更有其独到之处，有些条款尤其强调保护资源国的利益。

现将 COPAS 和北海油田应用的会计程序实际案例列举如下。

（一）北美石油会计师协会理事会（COPAS）颁发的《联合经营石油作业会计程序》

北美石油会计师协会理事会（COPAS）颁发的《联合经营石油作业会计

程序（1984 Onshore）》共分为五章，包括总则、直接费用、上级管理费、材料的采购、转移和处理的计价以及存货，主要章节为：

（一）总则

1. 定义

2. 报表和结算账单

3. 非作业者的预付款项和支付款项

4. 调整

5. 审计

6. 非作业者的批准

（二）直接费用

1. 生态和环保

2. 租赁和矿区使用费用

3. 人员费用

4. 雇员福利

5. 材料

6. 运输

7. 各种服务

8. 作业者提供的设备和设施

9. 联合资产的损害和损失

10. 法律费用

11. 税金

12. 保险

13. 废弃和修复

14. 通讯

15. 其他支出

（三）上级管理费

1. 上级管理费——钻井和生产作业

（1）上级管理费——固定费率

（2）上级管理费——百分率

2. 上级管理费——大型建设

3. 灾难（处理）的上级管理费

4. 费率的修改

（四）联合账簿材料的采购、转移和处理的计价

1. 采购

2. 转移和处理

（1）新材料（条件 A）

（2）已使用材料（条件 B）

(3) 其他已使用的材料

(4) 陈旧材料

(5) 计价条件

3. 以高价计价

4. 作业者提供器材的保证

(五) 存货

1. 定期盘点，通知和声明

2. 实物盘点的调节与调整

3. 特种盘点

4. 进行盘点的费用

(二) 北海（North Sea）油田（挪威）应用的参考文本

联合经营石油作业会计程序（北海油田）

1. 总则

如果本会计程序条款和主合同条款有抵触时，应以主合同条款为准。

合同任一方都不能从其他各方在收取费用上获得赢利或遭受损失。

如果本会计程序中任一条款出现对任一方的不公平或不平等时，合同各方可以会谈协商修改调整任一不公平或不平等的条款。

1.1 定义

主合同中的定义应同样适用本会计程序。除此之外的定义还有：

1)“联合作业”是指根据合同规定为合同各方进行的全部作业活动。

2)“联合账簿”是指由作业者建立的记录与联合作业有关的全部支出和收入的账簿。

3)“联合财产”是指根据合同规定获得的用于为联合作业的不动产、设备和材料。

4)“非作业者”是指本合同的除了作业者以外的合同各方。

5)“物资”是指合同区拥有并需要使用于联合作业的全部设备和用品。

6)“可控物资”是指通常在石油工业中应记录、控制和存储的那些物资。

7)“内部记账汇率”就是由合同各方使用的将外国货币折算成挪威克朗的折算比率。

1.2 现金需用量和预付款

作业者应在每个月初之前的至少15天向非作业者提交3个月的现金需求预测，并应将其按月通知。

非作业者应该按照预付款的要求，预付下一个月的按照其份额计算的估计需求现金。作业者应该在支付日之前至少15天为该项预付款编制书面的预付款请求。支付日应该由作业者指定，但不应早于预付款请求之月的第一个工作日。作业者应努力避免预付款超过实际累计需要，造成过大的现金余额。

为了避免增大现金余额，大量的现金预付款应该在与支付金额相符的条件下被分成两笔或者更多笔来支付。

预测和预付款请求的货币应该指明需求的币种，作业者应将那些主要支付款项需要的货币作为要求预付款的币种。

如果预付款被证实不足时，作业者可以编制书面的追加预付款请求。这种追加的现金请求应该说明是哪些无法预料的支出款项。其支付日期应由作业者指定，但不应该早于收到书面现金请求之后的5个工作日。

如果实际支出被证明远远小于预付款，作业者应尽快退回多筹的现金，但不应晚于第5个工作日。

作业者应每月按照不同的币种，编制预付款和实际开支的差异情况报表，并应在下一次现金筹款请求中做出相应调整。

如果作业者没有提交预付款的筹款通知，非作业者应在收到作业者的账单后15天以内，按照该月度实际支付款项总额，按其应支付的份额付款。

在指定的支付日之后的付款，应该按照16%至12%或挪威银行的银行利率承担利息，以较大者为准。在作业者预付款筹款通知中规定的支付日期之后到达作业者的银行账户的情况，应被视为是延迟付款。

1.3　会计报表和账单

合同各方自己的会计核算都要遵守挪威的法律和法规，作业者的账单和会计报表应具备足够的详细资料，以符合这种需要。

作业者应该向各非作业者提供一张会计科目一览表及其会计程序的简要说明。并应将与其相关的重大修改通知各非作业者。

联合账簿应以挪威克朗记账货币。其目的是使合同任何一方都不能在货币的汇率或货币兑换中得到任何收益或者损失，或者从另一方获得利益。

对于用外国货币的支出折算为挪威克朗，作业者有权使用内部记账汇率。内部记账汇率由作业者提出建议，可以使用挪威首都奥斯陆证卷交易市场或其他证卷交易市场发布的外汇汇率。但应取得各非作业者的批准。

当作业者收取外国货币的筹款时，内部记账汇率应使用于该种外国货币的收取和支付。当内部汇率变化时，以挪威克朗反映的外国货币账面余额应做相应的调整。为了便于管理和控制，内部记账汇率的调整应仅限于发生在月末。

当作业者没有筹取外国货币而发生外币付款时，则应以银行付款的实际汇率来记账。如果支付的款项是由作业者自有的现金账户付出，该笔支付款项应使用在起息日之前两个工作日奥斯陆证卷交易市场发布的卖出汇率记账。

根据内部记账汇率的入账的以挪威克朗支付的费用支出和以外国货币支付折算为挪威克朗之间的汇兑差异，作业者应将其贷记或者借计入联合账簿的汇兑损益账户中。

在每月底后的30天内，作业者应向各非作业者提供：

1）联合账簿的反映全部借项和贷项的总支出报表，并按照支出性质进行适当的分类和总结，其中应包括：分别反映预付款总额和应计未付款总额。该报表还应该包括年度累计数和年度预算的对比；

2）反映联合账簿的负债和应收账款的会计报表；

3）合同各方不同币种的预付款及其相应的应分担的支付款额；

4）非正常的费用支出和收入的明细报表及其说明；

5）有关所采用的汇率的信息资料。

作业者的进度报告（会计程序第5条第5款）应该包括预算进度报告和A.F.E的总结与说明。

1.4 审计

非作业者有权在每个会计年度结束后的24月内审计联合账簿。作业者有义务向审计人员提供全部会计记录、文件和其他必要的资料，以便审查和评估计入联合账簿的全部支出和收入。

审计人员有权进一步介入和审查、评估用于合同和采购程序的记录和设施。

审计方应在审计前不少于30天内向作业者和其他非作业者提供书面的通知。

非作业者在进行审计时，应尽可能地减少对作业者的不便。如果各非作业者同意可以组织联合审计。

作业者不承担非作业者进行审计而发生的费用，除非得到了作业者的同意。

2. 计入联合账簿的成本费用

为进行联合作业发生的全部费用支出，应计入联合账簿。这些计入联合账簿的支出的性质和用途应是与联合作业有关的、合理的，并应有适当的单据和文件。

作业者每个月都应编制对已发生的成本费用但未入账的临时性的借项会计记录。这种临时性的会计记录应于下一个月给予冲回。

这些成本费用支出应该包括但不限于以下内容：

2.1 直接费用

2.1.1 合同区费用等

为取得生产许可证而发生的费用。

2.1.2 材料费和服务费

由第三方为联合作业提供的采购材料和各种服务。应按照扣除折扣和优惠补贴之后的发票净额计入联合账簿，包括至联合作业区域的运输和其他相关的成本费用，例如：装卸，码头、保险、税和运费等。

2.1.3 人员费及其相关的费用

1）作业者及其关联公司的雇员，直接从事于联合作业的无论是临时的还是永久的工作人员的工资，以及法定的社会费用、其他的个人费用和根据石油工业惯例的各种津贴。

2）雇员在联合作业中所需的交通费用。

3）雇员为了迁移至联合作业地点从事作业任务的迁移费用。雇员回到基地的迁移费用，但不包括按照惯例可由其他联合作业承担的迁移费用。

这种迁移费用，根据作业者的惯例应包括：雇员家庭的交通、他们个人的动产和全部其他的迁移费用。

2.1.4　由作业者和非作业者及其关联公司提供的材料和各种服务

a）材料

从库存或者其他作业转来的新材料（条件“1”）应按照平均采购成本计价。不用修理可以再使用的已使用的材料（条件“2”），应按照条件“1”材料的75%的价格计价。不能被分类为条件“1”或条件“2”的已使用的材料，应按照相称于其使用价值的计价。

材料的平均采购成本应包括采购和储存材料的成本及相关的利息。

b）各种服务

技术和其他服务例如（但不限于）：试验分析、制图、地质和地球物理解释、工程设计、数据处理和使联合作业直接受益的会计工作，以实际成本计入联合账簿，这些服务如果由外面的服务公司承揽，则其成本不应超过现行市价。

c）设备和设施

设备和设施的使用应按照费率计入联合账簿，这种费率应包括维修和修理、其他作业费用、合理的折旧和投资利息。该费率不应超过联合作业区域的现行市价。应根据需要提供该费率的计算依据和文件。如果该设备和设施为其他作业使用，则应根据实际使用时间来分摊成本费用。

2.1.5　联合财产的损坏和损失

联合财产的损坏或损失的修理或者更换所需的全部费用应计入联合账簿，并应按照费用的性质分类入账。该联合财产的损坏和损失的保险理赔应相应地贷记该项费用。

对任何一项重要的损坏和损失，作业者应向各非作业者提供切合实际情况的书面说明。

2.1.6　保险

1）计入联合账簿的净保险费用，应依据法律和法规或管理委员会的批准。

2）从保险公司或者其他公司收到的保险赔偿应贷记联合账簿。但如果合同任一方未参加保险，则他将不能分享任何的保险赔偿。

3）由于保险理赔结算发生的实际费用是不可从保费中补偿的。

2.1.7　法律费用

包括与联合作业相关的处理索赔和纠纷而发生的全部成本、费用。即法律顾问费用和评估该项索赔和纠纷的其他协助费用，例如调解委员会的活动和案件的处理。作业者的法律人员为处理一件案件服务的费用超过50，000挪威克朗或者管理委员会规定的限额时，必须事前取得各非作业者的同意和批准。限额的修改可以由管理委员会确定。

2.1.8　税和关税

被挪威政府征收的全部的税、关税、费用和各种类型和性质的政府评估费用，但不包括所得税和资本税。

2.1.9　办公室、基地和其他设施

专门服务于联合作业的任何办公室、附属办公室、作业基地、仓房、住房和其他设施的维修和作业的净成本。如果这些设施服务于联合作业以外的其他作业，则应以公平合理的方法将该项净成本在各作业间进行分摊。

2.2 间接费用

作业者的行政管理和监督管理办公室的成本费用，以及为联合作业勘探和生产活动提供支持的作业者关联公司的行政管理和监督管理办公室的成本费用，应以每月实际成本分析为基础，以一个总费率计入联合账簿。

上述通过成本分析为基础来确定的总费率，应每年进行审查，以核实是否公平地补偿了作业者应包含的成本费用。

当一个油田宣布为具有商业性价值后，其作业者的行政管理和监督管理办公室的成本费用，以及作业者关联公司的行政管理和监督管理办公室的成本费用，应分配计入开发阶段的成本，比如：平台、管线建设和开发钻井项目；以及分配计入生产阶段的生产作业和主要的设施建设项目。

为了便于上述审查，作业者应向管理委员会和非作业者提供现行的组织机构图及其计入联合账簿的成本费用的计费基础；以及提供一份鉴定说明，说明哪些是根据本程序2.1.3，2.1.4b和2.1.9款规定可以直接计入联合账簿部分的成本费用和哪些是根据本条款规定已包括在间接费用（Indirect Charges）内的成本费用。

上述这种已包括在间接费用内的作业者及其关联公司各类费用，现列举如下：

公司管理部门；

信息资料部门；

经济和财务部门；

法律部门；

人事组织部门；

公共服务部门；

还有为联合作业受益的一般性研究，技术知识和经验支持服务的有关部门。

但由上述各部门和公司其他部门直接派人为联合作业提供的服务，应根据本程序2.1.4b款规定，作为直接成本计入联合账簿。

3. 联合账簿的收入

有关联合作业的全部收入，应以实际净收到的数额贷记联合账簿。

3.1 材料的销售

作业者应有权处理剩余材料，但如果处理剩余材料的原始价值总额为150000挪威克朗或者高于150000挪威克朗时，作业者应事先取得各非作业者的同意。上述这个总额的变更应由管理委员会确定。

作业者没有义务采购属于各非作业者份额的新的剩余材料或已使用的剩余材料。

当材料被退回给作业者、非作业者或者关联公司时，应根据2.1.4a款规定的新材料现行平均采购价格的百分比，贷计入联合账簿。能够修理的已使用的材料，应作为条件“3”材料，按照条件“1”材料价格的50%，贷计入联合账簿。废料应以现行价格贷计入联合账簿。

3.2　设备和设施

如联合作业所拥有的设备和设施被任一合同方使用于其他作业时，应根据本程序2.1.4c款规定的费率计费。

4. 参与权益的调整

4.1　报告

合同各方应在每年的3月1日之前互相通报上年度的折旧、累计折旧和年底的账面价值。

4.2　决算

除非另有约定，否则应以挪威克朗作为记账货币编制决算。如果重新分配债务是决算的一部分，合同各方应达成一致协议。每个合同方应计算和开列已支付款额的账单。在指定到期日之后的付款应承担利息，按年利率16%，或者按高于挪威国家银行发布的银行利率8%的年利率计算，取其较大者为准。

5. 其他规定

5.1　库存

作业者应对全部库存控管材料进行定期的实物盘点，每年至少一次。作业者应在实物盘点的30天前向各非作业者发出书面通知，允许他们派代表参加。如果非作业者不派代表参加盘库，则应视为同意接受库存的结果。

作业者应向各非作业者提供盘盈和盘亏的报告清单，并对联合账簿的库存数量进行调节处理。联合账簿应尽快对其做出相应的调整。

如果根据合同17条的规定发生权益转让，作业者应进行专门的库存实物盘点，并由出售者和/或采购者承担全部的有关费用。

作业者应向各非作业者提供一张控管物资明细分类的一览表。

5.2　独承风险作业

根据主合同第8条规定进行独承风险作业发生的支出和收入，应单独核算，记录在单独的账簿中。

本会计程序的规定应同样适用于独承风险作业。

（三）北海（North Sea）油田（英国）应用的参考文本

英国国家石油公司（British National Oil Corporation）在1977年为北海地区第四轮许可证招标颁发的《联合开发协议》[Joint Operating Agreements（相当于我国的《标准合同》）]的附件会计程序（“Accounting Procedure” of Joint Operating Agreements）共分为六章，包括总则、成本费用项目、收入、预算管理、成本控制和会计报告格式。其主要章节是：

1. 总则

（1）定义

（2）银行账户，筹集资金（筹款 Cash Call）

（3）会计记录

(4) 结算账单

(5) 月度筹款调节

(6) 存货

(7) 调整

(8) 审计

(9) 预算，预测报告

(10) 成本控制

(11) 本程序有关规定的修订

2. 计入联合账簿的成本、费用项目

(1) 获取许可证费用

(2) 人员工资及福利费用

(3) 行政管理费用

(4) 差旅费用

(5) 材料

(6) 运输费

(7) 各种服务费

a. 由第三方提供的各种服务费

b. 由作业者及其关联公司提供的各种服务费

(8) 联合财产的损坏和损失（由于火灾、水灾、风暴、事故而引起的）

(9) 法律费用

(10) 税金

(11) 保险费

(12) 基地、仓库等费用

(13) 其他

3. 收入

(1) 材料的处理

(2) 其他联合资产的处理

4. 预算管理

(1) 预算的编制

(2) 预算的批准

(3) 预算的审查与修改

(4) 预算的批准与预算支出授权批准书

(5) 分部门预算的授权批准与控制

(6) 预算支出授权批准书［Authorizations for Expenditure (A. F. E)］

(7) 预算执行情况报告

(8) 筹款使用预测

(9) 成本控制报告

(10) 结算账单

(11) 资金调节

5. 成本控制程序

(1) 成本控制的目的

(2) 成本控制系统包括的内容

6. 会计报表及预算执行情况、筹款使用预测等各种会计信息资料报告的格式

三、我国对外合作开采石油资源采用的《会计程序》标准格式

(一) 会计程序的主要内容说明

在我国石油工业对外合作使用的《标准合同》中的会计程序包括总则、定义、筹款、物资管理和核算、费用核算、费用和合同利息回收、会计报告、审计以及联合账簿交接程序等共九条。

(1) 总则中主要就会计核算方法，采用借贷记账法（Double - entry method)；会计核算货币单位采用美元为记账货币单位（The U. S. dollars shall be the unit of currency for accounting in the Joint Account）；货币折算的原则；外币业务和会计记录、会计报表等问题做了原则规定。

(2) 筹款条款中规定了为执行石油合同筹款的原则和筹款程序。

(3) 物资管理和核算条款中主要规定了物资采购要按采办程序办理；合同者及其关联公司供应给石油作业使用时的计价原则；残旧物资、废料、剩余材料的处理原则，以及物质的会计核算的一些原则规定。

本条款中特别规定了库存物资应视为勘探费用、开发费用或生产费用支出，但必须实行“永续盘存制（Perpetual Inventory Methods)”。材料的计价原则是：库存物资按实际采购成本计价，库存物资发出时的计价可以选用先进先出法（FIFO）或加权平均法（Weighted Average Method）或移动平均法（Moving Average Method)。还规定了每年必须进行一次实物盘点（Physical Inventory)，出现的盈亏必须报经联合管理委员会批准后才能做会计处理。

(4) 费用核算条款主要规定了费用的分类建账原则；费用项目的划分；计取作业者上级管理费的比例、方法；经营管理费等共同费用分摊的原则和方法。

(5) 费用和合同利息条款规定了合同利息的计算方法；以及勘探费用、开发费用及其合同利息和生产作业费用如何回收的原则。

(6) 会计报表条款规定了合同区会计报表的报送期限和报送对象。

(7) 审计条款主要规定了审计的权限、审计期限等原则；以及审计费用应由谁来负担。

（8）联合账簿的交接程序条款规定了合同区开发或生产阶段时要办理财产和账目的盘点和核算工作；中方担当作业者后或合同终止时，外国作业者应向国家公司移交有关联合账簿的全部会计记录。

（二）我国对外合作开采石油资源采用的《会计程序》标准格式实际案例（中文版、英文版）

对外合作联合经营石油作业会计程序（中文本）：

会计程序

第一条　总　　则

1.1　本会计程序是本合同的不可分割的组成部分。

本合同第一条所规定的定义适用于本会计程序。本程序中的定义和规定与本合同的定义和规定具有同样效力。如本程序规定与本合同的规定有抵触时，则以本合同的规定为准。

1.2　目的：本会计程序的目的是根据《石油条例》和本合同的有关规定，建立一套适用于确定石油作业有关借项和贷项的公平管理方法，包括资金、物资管理、资金筹措和会计记录等方面进行会计决算以及编制会计报表的准则。

作业者不应由于担任作业者的原因而在与合同其他各方关系中获利或亏损。

1.3　会计核算方法：本会计程序采用借贷记账法。

1.4　工作文字：根据本合同第二十九条的规定，联合账簿的会计记录和财务情况分析，使用中文或英文作为工作文字，由作业者选择。

1.5　会计核算货币：联合账簿以美元为会计核算货币单位。美元将是本合同的投资和偿还所使用的货币。用美元以外的货币进行经营活动时，有关的银行账户和其他流动资产和流动负债账户应同时用美元和实际使用的货币记账。

1.6　货币折算：为了会计核算的目的，凡计入联合账簿的货币折算，应按以下准则进行。筹款收到的人民币折算为美元使用的兑换率应是收到筹款之日上午11时中国银行公布的适用于任何个人或商业性单位的买进价与卖出价的算术平均数。如有关日期中国银行不营业，则以中国银行前一个工作日公布的兑换率为准。

计入联合账簿的用人民币进行的任何交易应按上个月最后一个工作日公布的兑换率折算为美元入账；采用除人民币和美元以外的其他币进行的交易，应按进行交易的实际美元成本以美元入账。

国家石油公司和组成合同者的各公司都不应在合同另一方蒙受损失或获得利益的情况下，在货币汇价上获得利益或蒙受损失。

作业者应尽其最大的努力把兑换损失减少到最小。

由于货币兑换或折算产生的损益，应计入联合账簿。

1.7 外汇业务：与石油作业有关的外汇业务，应遵照《中华人民共和国外汇管理暂行条例》和《对侨资企业、外资企业、中外合资经营企业外汇管理施行细则》办理。

1.8 会计记录和报表：

1.8.1 作业者应在中华人民共和国境内建立并保存全部有关石油作业会计记录。

1.8.2 所有会计凭证、账户、账簿和报表，应按国家石油公司制定的石油作业会计制度执行。

1.8.3 年度会计报表和重要会计账簿，包括资产记录、银行现金存款的日记账、总账和明细账、资产负债表和石油总产量分配报表应按照合同第4.7款规定的合同期限保存，如中华人民共和国的有关法律和条例另有规定，则按规定办理。其他的会计凭证和账簿保存十五（15）年，季报和月报应保存五（5）年。

保存期满需要销毁的会计档案，应编制清单，经国家石油公司批准后销毁。销毁的会计档案的清单应随同年度会计报表保存。

第二条 定 义

在本会计程序中所使用的下列术语，其定义规定如下：

2.1 会计记录：是指为石油作业所保持的会计账簿、原始单据、原始凭证、批准文件、分析资料、工作底稿和会计报表。

2.2 会计制度：是指由国家石油公司制定的石油作业会计制度，其中规定作业者使用的会计账户及其应用说明，会计报表的格式、内容及其编制方法，还包括物资分类及控管物资定义，以及资产划分标准和固定资产核算规定。如果会计制度的内容同会计程序的规定发生矛盾，以会计程序的规定为准。

2.3 物资：是指为石油作业而采购、租用、或以其他方式获得和持有的材料、工具、设施、设备和消耗品。

2.4 联合账簿：是指作业者为执行本合同记录有关石油作业所发生的一切借项和贷项的账簿。

2.5 控管物资：是指本会计程序第2.2款提到的会计制度中所指的物资。

2.6 伦敦银行同业间拆放利率（LIBOR）：是指在有关日期伦敦米兰银行（MidlandBank）第一个工作日上午11时公布的七天期的相同金额的伦敦银行同业间美元拆放利率。

2.7 投资方：是指按照合同的有关条款确定的参与比例，为石油作业提供资金的任一方。

第三条 筹 款

3.1 除非本合同另有规定，根据本合同第12.1.1款规定，勘探作业所需的勘探费用，全部由合同者提供；根据本合同第12.1.2款规定，开发作业所需的开发费用由投资各方按各自参与开发费用比例分别提供。作业者每月可按批准的年度预算向投资各方发出筹款通知书，为作业者下个月的计划支出提供资金。勘探费用是否发筹款通知书，由合同者选择。

3.2 开发作业筹款和违约：

3.2.1 作业者在批准的年度预算范围内，应根据石油作业需要，按月定期发出月度筹款通知书，参与投资各方应按作业者的规定提供预付款。作业者应在每个月开始的二十（20）天以前发出开发费用的筹款通知书，参与投资各方应按照筹款通知书规定的期限和要求，按其份额提供资金。筹款通知书规定的付款期限不应早于筹款之月的第一天，投资各方应将其份额的资金汇入作业者专为联合账簿开立的账户。该银行账户在一般情况下应为有利息账户。

任何月份投资各方提供的剩余或不足的预付款应在下次筹款中调整。

如果作业者由于石油作业的需要，必须支付在任一月份筹款中未预计到的开支时，应以书面形式通知参与投资各方，参与投资各方应于收到书面通知之日的十（10）天以内提供各自份额的追加额。

3.2.2 国家石油公司和组成合同者的各公司没有在筹款通知书规定的到期日支付其份额的资金时，拖延交付资金一个月以内的，应按照拖欠预付款日伦敦同业间拆放利率加5%计付利息，随后的每一个月则按当月的上述七天期的伦敦同业间拆放利率的平均数加5%，欠款期间的利息应按月计算复利。非违约方应代违约方垫付欠缴款。当违约方用现金交付其欠款及应计利息时，作业者应对垫付欠款的非违约方补偿。

违约方未偿付非违约方垫付的全部金额和应计利息应构成违约方对非违约方的欠债，非违约方根据法律和公平的准则应有权要求全部赔偿。作业者代表非违约方有权将违约方的年度原油总产量份额进行销售，其收入用作偿付违约方全部所欠应付金额，包括应付利息。销售收入扣除所欠金额，包括利息和作业者发生的和该项销售有关的成本和费用后的余额资金应退付违约方。扣除销售收入后的所余欠款应继续作为违约方的债务，可作为任何其他债务收回。

3.3 每个月的筹款通知书应包括下列各项内容：

3.3.1 按照批准的年度预算，应由投资各方负担的年度开发费用。

3.3.2 在发筹款通知书月份的上月末，投资各方已预缴的资金及其计入联合账簿的实际支出和实际余额（即未动用金额）。并附上上月与联合账簿有关的银行账户的银行对账单。

3.3.3 筹款当月预计将计入联合账簿的支出（应按年度预算的明细项目列出）。

3.3.4 投资各方当月筹款金额和其后两（2）个月预计筹款金额。

3.3.5 清楚指明要求提供资金的日期、金额、货币种类和账户、户名、汇入银行、地址。

3.4 任一油（气）田在商业性生产开始之日，应将投资各方原预付而尚未用完的或不再花费的该油（气）田的开发费用，按各自参与份额的比例退还投资各方。

3.5 根据本合同第12.1.3款规定，经联合管理委员会批准由双方共同承担的生产作业所需的现金，由本合同投资各方按各自参与开发费用的比例分别提供，不计合同利息。作业者可以根据生产作业的需要，及时调整应由本合同投资各方提供的现金额。生产作业所需现金的筹集，将由作业者按季通过发出季度定期筹款通知书，要求参与投资各方分月按照筹款通知书规定的当月预付款的期限和要求，按其份额提供资金。

作业者由于生产作业的需要，要支付在月度筹款中未预计到的用款时，应以书面形式通知参与投资各方。参与投资各方应于收到书面通知之日的十（10）天内提供各自应负担的追加额。

3.6 根据石油作业需要，作业者将在筹款通知书上指明相当于总筹款数的美元金额。作业者也将详细指明预计支付需要的人民币和美元的金额。国家石油公司应按作业者的筹款金额以人民币或人民币和美元提供自己份额的预付款，但是国家石油公司提供的人民币不应超过作业者任何一次筹款中所需的人民币总金额；合同者应以美元提供自己份额的预付款。

3.7 资金来源的记账规定：

3.7.1 勘探费用、开发费用和生产作业费用的资金，在每次收到筹款时，应分别计入联合账簿投资各方的有关账户。

3.7.2 本合同任一方根据本合同第11.6款和第18.2.2款规定，决定单独开发某一油（气）田或单独进行任何其他作业时，所需资金应单独筹款、单独核算。

3.7.3 如合同者决定参与开发国家石油公司单独开发的油田，应在书面通知国家石油公司之日起二十（20）天内，将本合同第11.6.1款规定的款项用现金支付给国家石油公司。

3.7.4 根据本合同第6.3款规定，如果合同者选择本合同第6.3款（3）项提出终止本合同，或者该阶段是勘探期的最后一个阶段，则应在作出终止本合同的决定或在勘探期期满之日起三十（30）天内，将该勘探阶段规定的（或新规定的）最低限度勘探工作义务未完成部分折算成美元金额，以美元付给国家石油公司。最低限度勘探工作义务未完成部分折算成美元金额的具体办法是：地震测线按本合同规定的最后一次作业、钻井按最后钻的一口井的实际平均单位成本不包括不正常的钻井费用，如侧钻、打捞、严重循环漏失（钻井液）等（美元/地震测线千米；美元/钻井进尺米）乘以最低限度工作义务的未完成数求得。其计算公式如下：

$$I = Ac \cdot Pu$$

式中 I——最低限度勘探工作义务未完成部分的折算现金金额；

Ac——最后一次地震测线或钻井最后钻的一口井的实际平均单位成本；

Pu——最低限度勘探工作义务未完成的数量。地震测线未完成数量是根据本合同第6.2款规定的千米数与实际完成千米数的差额。初探井的未完成米数是根据本合同第6.2款规定的应完成而实际未完成的那一口或几口井其预期的以米表示的井底深度或之和。

第四条 物资的核算和管理

4.1 物资采购：物资的采购应根据本合同第15.1款和第7.6款有关规定的程序办理。为了避免库存积压，作业者应做出合理的最大努力确保按物资采办计划采购物资，做到物资的质量合格，价格公平合理。作业者对供应的物资不提供超过或少于供应商或制造商的保证条件。

4.2　物资采购成本：物资采购成本应为发票价格减去折扣，再加上有关的运杂费用，包括运送到目的港口的运输费用、按比例应负担的保险费用、运输商代理费、税捐、杂费、从海岸码头到任何水路运输终点的仓库或货场以及在仓库或货场内的保管费用，以及其他实际支付的合理费用和内陆运输费用。

4.3　当由合同双方和（或）其关联公司的库存物资供应给石油作业使用时，应依下列规定作价：

（1）新物资：新物资的价格应以其当时市价为依据，加上此项物资直接转运到其使用现场的运输费用。

（2）已使用过的物资：

A. 完整无损、无需修整即可使用的物资，由双方定价，但其最高价格不得超过新物资的当时市价的百分之七十五（75%）。

B. 经修整后可按照原先的功能使用的物资，也由双方定价，但其最高价格不得超过新物资的当时市价的百分之五十（50%）。

C. 不属于上述 A、B 类的已使用过的物资的价格应按其使用价值，由双方协商定价。

D. 作业者对已使用过物资计价，如不采用上述办法，而要采用另一种办法时，应事前经双方协商同意。

4.4　购置或租用其他合同区的财产的计价和租金计算方法：

作业者可以从其他合同区租用设备和设施，以及采购物资和燃料。作业者应支付作业者和供应方商定的租金或采购价格。此类租金或采购价格不应超出类似的合同区域内当时通行的租金或采购价格。

4.5　对某些世界市场短缺，又不能按照公布的市价获得的物资，而缺少这类物资将影响正常作业时，经联合管理委员会批准，作业者可购买这类石油作业急需的物资，并按实际购料成本计入联合账簿。

4.6　物资的处理：作业者处理或出售物资账面价值超出一万（10，000）美元者，应事先经双方同意，方得出售或处理。作业者应做出合理的努力将处理或销售这类物资的损失减少到最低限度。

售给第三方的财产，按实际销售收入记账。作业者按本条规定出售或处理物资时，不应向购买人提供任何保证或保单。

4.7　物资核算：作业者采购的物资，凡是直供作业者现场的，应按实际购进价格（按本程序第 4.2 款规定）和使用目的计入勘探、开发和生产作业的有关费用账户；如此类物资改用于其他目的，有关费用应从原记费用账户转入相应的费用账户。

凡是先存入仓库或先存入作为仓库使用的供应船的通用物资，应办理存货管理手续。库存物资应记录数量、单价和总金额，实行永续盘存。库存物资应按实际采购成本计价，作业者发出库存物资时，可以在合同开始或合同期内从先进先出、加权平均和移动平均等方法中选用一种。库存物资账户应视为勘探费用、开发费用或生产作业费用支出，并按本合同第12.2款规定进行回收。

应任一非作业者的要求，作业者应向非作业者提供控管物资的详细报表。

作业者应于每年决算前或根据实际情况决定对仓库和作为仓库使用的供应船的物资进行实物盘点。在建议的实物盘点之日前六十（60）天，作业者应书面通知联合管理委员会，以便非作业者派人参加盘点，如非作业者的任一方不派人参加，则认为该方同意作业者进行的实物盘点。

实物盘点发现的盈亏，作业者应编制盘盈盘亏明细清单，并附盈亏原因的说明，报联合管理委员会审查批准。

4.8 根据本合同第17.1款的规定，作业者应对石油作业的固定资产严格管理，建立账、卡登记，年终或根据实际情况决定进行实物盘点，做到账、卡、固定资产相符。如固定资产发生损坏和损失，作业者应查明原因，报联合管理委员会审查批准。

第五条 费用核算

5.1 会计核算规定。

5.1.1 根据本合同第12.1.1款、第12.1.2款和第12.1.3款规定，双方的开发费用和生产作业费用，以及合同者的勘探费用均应分别计入联合账簿。

作业者应建立和保存三种单独的账簿，即：

5.1.1.1 勘探费用账。

5.1.1.2 开发费用账。

5.1.1.3 生产作业费用账。

这些账簿应反映本会计程序第5.2款和第5.3款分项的全部费用。

5.1.2 国家石油公司或合同者根据本合同第11.6.1款或第11.6.2款或第十八条规定，决定单独开发某一油（气）田或单独进行任何其他作业，其有关费用，应单独进行核算。

5.1.3 作业者从石油作业有关项目获得如折扣、扣除、折让、利息收入、各种服务收入、保险费的赔偿以及其他杂项收入等，应贷记有关费用账户。

5.1.4 国家石油公司或合同者的上级机构及其关联公司以及第三方为石油作业提供的一切直接服务或研究工作（包括人员），都应事先办理工作订单手续，在有关发票经审核后计入联合账簿。

工作订单手续应在合同开始执行之日起三（3）个月内由双方在联合管理委员会会议上协商制定。国家石油公司或合同者的上级机构及其关联公司提供的直接服务或研究工作（包括人员费用）的收费率应以实际发生的成本为基础，与第三方提供的相似服务的收费率相比较更应具有竞争性。作业者应根据本合同第十五条规定优先使用国家石油公司的直接服务和研究工作（包括人员）。

5.2 费用项目。

以下项目应按作业者的净成本计入联合账簿。

5.2.1 承包者费用：按照作业者与承包者之间所签订的合同支付给承包者的费用。

5.2.2 人员费用：人员费用的内容和管理，按本合同第19.3款规定进行。

5.2.3 差旅费和生活补助费：按合同第十九条规定支付从事石油作业的人员的差旅费和生活补助费。

5.2.4 材料费：按本会计程序第四条规定购入的用于石油作业的材料费。

5.2.5 调遣和运输费用：支付从事石油作业的人员调入和调出中华人民共和国，以及在中华人民共和国境内从工作现场至工作现场的调遣费及运输费用。

5.2.6 维护修理、租赁费用：石油作业的财产维护、修理、更新费用以及租用财产、设备的租赁费用。

5.2.7 保险费用：对石油作业所付的必要的净保险费以及有关成本和费用。

5.2.8 法律费用：为了保护双方的权益而支付的律师费、法庭费或调查费，包括得到证据、调停和解决的费用。为任何一方利益而发生的法律费用，应由该方单独负担。

5.2.9 税金：按照中华人民共和国税法规定缴纳的税金，但不包括不属于联合账簿支出范围的由国家石油公司和组成合同者的各公司缴纳的所得税，增值税和矿区使用费以及应由雇员自己缴纳的个人所得税和与其有关的费用。

5.2.10 能源费：为石油作业使用、消耗的燃料、电、热、水或其他能源费用。

作业者在合同区为了实施开发和生产作业或进行增产措施以及为了保持油层压力所使用的双方参与投资份额相同的任一油（气）田的原油和（或）天然气不计费。但将这种原油和（或）天然气运到使用地点的费用，应计入本项目。

5.2.11 现场办公设施费：为进行现场作业所需建立维护和经营的办公室、营房和住房设施的费用。包括管理这些作业的人员使用的办公室费用（按这些人员占用办公室的面积计算分摊的办公室费用）。

5.2.12 通讯费用：购买、租用、安装、操作、修理、维护通讯系统的费用，包括合同区和基地设施之间无线电和微波设施的费用。

5.2.13 生态和环境保护费用：为合同区进行石油作业，根据有关当局制定的有关法令的规定或根据双方同意的计划采取相应措施所发生的费用。

5.2.14 服务费：

5.2.14.1 技术服务费：岩样分析、油品化验、地质评价、资料处理、工程设计、井场地质、钻井监督、专题研究以及其他技术服务的费用。

5.2.14.2 一般服务费：指为双方共同利益而发生的专业咨询以及除法律以外的从外部获得石油作业所需的原始资料的其他服务费用。

5.2.14.3 国家石油公司协助费：

（A）根据本合同第九条规定，国家石油公司为合同者实施石油作业提供协助的费用。但国家公司按本合同第9.1.5款提供服务的费用不属于联合账簿开支的服务，不应计入联合账簿。

（B）在开发作业过程中以及在国家石油公司接替生产作业之前的生产作业过程中，

在北京的国家公司的总部机构为合同者提供的服务，国家公司应收取一笔行政管理费，其费额在每一日历年度为三十万（300000）美元。如任一油田任一日历年的开发作业从开始到终止不足十二个日历月，则该日历年的行政管理费应按实际月份（不满30天按一个月计算）比例计算。前述行政管理费在每一日历年的6月1日和12月1日各支付十五万（150000）美元。

5.2.15　资产损坏和损失：由于火灾、水灾、风暴、盗窃或其他不可抗力的原因而造成资产损坏或损失进行修理、更换或补充所需的费用，但不包括本合同8.4规定应由作业者单方面承担的损失。

5.2.16　人员培训费：根据本合同第十六条规定进行人员培训的费用。

5.2.17　杂项费用：以上各项规定中没有包括，但在石油作业中需要的合理的其他费用，如银行手续费、书籍、文具、会议以及其他合理的费用。

5.2.18　上级管理费用：指作业者的上级管理机构对石油作业提供经营管理服务的费用，包括经营、管理、会计、财务、公司内部审计、税务、法律事务、劳资关系、金融、经济资料收集以及关于采购、计划、设计、研究和业务活动等的一般性咨询按本程序第5.1.4款不能收费的费用。上级管理费应按本条第5.2.1款至第5.2.17款及第5.2.19款费用总额的实际支出数计算，但不包括第5.2.14.3款的国家石油公司协助费。

勘探作业的上级管理费取费率：

勘探直接费（美元/年）	取费率
第一阶梯0～5，000，000	*X*%
第二阶梯5，000，001～15，000，000	*X*%
第三阶梯15，000，001～25，000，000	*X*%
第四阶梯25，000，000以上	*X*%

开发作业的上级管理费取费率：

开发直接费（美元/年）	取费率
第一阶梯0～5，000，000	*X*%
第二阶梯5，000，001～10，000，000	*X*%
第三阶梯10，000，001～20，000，000	*X*%
第四阶梯20，000，001～30，000，000	*X*%
第五阶梯30，000，000以上	*X*%

生产作业的上级管理费取费率，按每个日历年度的生产作业直接费用总额的百分之*X*点（*X*%）计取，其计取方法按本条第5.2.18款最后一段的规定办理。

作业者驻中国境内不是专为石油作业建立的办事机构实际发生的费用，作业者应按实际服务的时间分摊给合同区石油作业或包括合同者在内的其他受益单位，也可以根据双方商定的办法分摊。属于合同区石油作业的分摊额，计入本会计程序第5.2.19款项目内。作业者及其上级管理机构驻中国境外的办事机构所发生的费用（但不包括按本会计程序第5.1.4款可收费的费用）已包括在上级管理费以内，不得再计入联合账簿。

作业者在每月的最后一个工作日将按日历年本年本月止累计实际支出为基础计算的

本月上级管理费计入联合账簿，并于下月的最后一个工作日由联合账簿支付。在每年年终对由联合账簿实际支付的上级管理费金额与按本年累计实际投资支出为基础计算的上级管理费金额的差额进行调整，多退少补。

5.2.19 经营管理费：指作业者为进行石油作业，根据本合同规定，在中国境内设立的办事机构以及联合管理委员会及其所属机构所发生的各项行政管理费用。

5.3 除非本会计程序另有规定，各项作业的共同费用，应按照每月实际发生的勘探费用、开发费用和生产作业费用的比例分摊。

5.4 关于本合同第10.2.4款（2）项规定的被联合管理委员会认为不合理的开支或超支，联合管理委员会应组成一个专家小组做进一步调查，并向联合管理委员会做出正式报告。在当年度会计决算以前确认这些开支或超支费用应计入联合账簿，或由作业者负担。

第六条 费用和合同利息回收

6.1 根据本合同第12.2.2款规定勘探费用不计利息。

6.2 开发费用的合同利息的计算：根据本合同第12.2.3款的规定，开发费用的合同利息应从作业者联合账簿的银行账户实际收到本合同投资各方开发费用的下一个月的第一天起按规定利率计算。

利息每年按三百六十五天计算。利息在12月31日按实际计息日数每日历年复利一次。

举例：

三月十日收到开发费用一百（100）美元，

三月二十日收到开发费用一百（100）美元，

三月份合计收到二百（200）美元，

合同利息从四月一日起开始计算，至年底为二百七十五（275）天，则利息=200美元×9%×（275/365）

年底时利息加入本金，即利息在年底复利直至投资全部回收为止。

6.3 勘探费用和开发费用及其合同利息以及生产作业费的回收：

6.3.1 根据本合同第12.2.2款规定勘探费用应从合同者参与开发的该合同区已开发并已投入生产的油（气）田中回收。

6.3.2 根据本合同第12.2.1款、第12.2.3.1款和第12.3款规定，各油（气）田的开发费用本金及其合同利息和生产作业费用只能从各该油（气）田的产量中回收。

6.3.3 在每次提油完成之日，作业者应按本合同第12.2款规定对偿还的勘探费用本金、开发费用本金及其合同利息和生产作业费分别做相应的账务处理，并应同时以书面通知国家石油公司和投资各方。

6.4 作业者应根据本合同第19.1款规定，建立完整的记录原油（天然气）数量和金额的账簿，正确反映合同区内原油（天然气）产量及其处置。

6.5 生产期内每个油田每个日历年的原油产量，应按本合同第十三条规定的分配比例和第14.4款规定所确定的原油价格进行核算。生产期内每个日历年非伴生天然气的产量应按本合同第十八条的规定进行核算。

第七条 会计报告

7.1 作业者应根据会计制度向国家石油公司和组成合同者的各公司提供报表。月报应在每月结束后三十（30）天以内，季报应在每日历季结束后四十五（45）天以内，年报应在每日历年度结束后四十五（45）天以内报送。月报、季报和年报均应按会计制度规定的报表及格式报送。

7.2 投资各方可以提前三十（30）天通知要求作业者允许其人员在规定的会计记录保存期限内查阅与某些开支用途有关的联合账簿的会计记录。这种调阅工作应避免不适当妨碍作业者的工作。

第八条 审 计

8.1 审计工作应根据本合同第19.2款进行。

8.2 非作业者的审计费用，应由进行审计的非作业者承担。非作业者进行联合审计的费用，应按其各自参与开发费用的比例分摊。

第九条 联合账簿的交接程序

9.1 勘探工作取得成果，合同区进入开发时，作业者应向国家石油公司办理财产和账目的盘点和核实工作；合同区内各油（气）田由开发进入生产时，合同者终止合同时均要办理财产和账目的盘点和核实工作。

如果合同区进入开发或生产阶段，每次盘点以后由作业者建议、经联合管理委员会批准下一阶段石油作业所需要的剩余器材，按账面实际价值结转下期。但是作业者应负责处理石油作业不需要的器材，其处理的损益应按各投资方应得份额占投资方总份额的比例调整原来的账户。

如本合同终止，则在盘点以后，作业者应按合同规定处理剩余的器材，其处理的损益应按上述方法调整原投资方的账户。

9.2 根据本合同第8.8款规定，由国家石油公司担任合同区全部油（气）田作业者时，原作业者应向国家石油公司移交有关联合账簿的全部会计记录。

9.3 根据本合同第8.8款规定，由国家公司担任单个油（气）田的作业者时，原作业者应向国家石油公司移交联合账簿中有关该油（气）田的开发费用和生产作业费用的会计记录。有关合同区勘探费用的记录应由作业者保持，直至合同区的勘探费用回收完为止，如国家石油公司需要，应由作业者向国家石油公司提供复印件。

9.4 本合同终止时，作业者应将所有凭证、账簿和报表交给国家石油公司保管。

9.5 按本会计程序规定进行账簿移交和财产盘点核实时，作业者和国家石油公司应事先协商有关移交和核实的实施程序、应移交的会计档案和其他需要解决的会计事项及其他细节，并于双方协商同意的日期内办完交接手续。此后，如本合同投资各方因工作需要，在规定的会计记录保存期限内，国家石油公司应允许其人员查阅会计记录，必要时向其提供资料副本。

对外合作联合经营石油作业会计程序（英文本）。

ACCOUNTING PROCEDURE

Article 1 General Provisions

1.1 This Accounting Procedure is an integral part of the Contract.

The definitions set forth in Article 1 of the Contract are equally applicable to this Accounting Procedure. The definitions and provisions in this Accounting Procedure have the same force and effect as those in the Contract. If the provisions in this Accounting Procedure are in conflict with those in the Contact, the provisions in the Contract shall prevail.

1.2 Purpose:

The purpose of this Accounting Procedure is to establish equitable control methods for determining charges and credits applicable to the Petroleum Operations according to the relevant provisions of the "Petroleum Regulations" and of the Contract, including guidelines for accounting settlements in respect of managing funds and materials, financing, Accounting Records, and for compiling accounting statements.

The Operator shall neither gain nor lose in relation to the other parties by means of the fact that it acts as the Operator.

1.3 Accounting methods: The double - entry method of accounting shall be used in this Accounting Procedure.

1.4 Working language: Pursuant to the provisions of Article 29 of the Contract, Chinese or English shall be used as the working languages for the Accounting Records and analyses of financial conditions in respect of the Joint Account, at the Operator's option.

1.5 Currency for accounting:

The U. S. dollars shall be the unit of currency for accounting in the Joint Account and shall be the currency for the investments and reimbursements under the Contract. In case currencies other than U. S. dollars are used to carry out business activities, the relevant bank accounts and other current asset and current liability accounts shall be kept both in U. S. dollars and in the currencies used.

1.6 Currency translation:

For the purpose of accounting, currency translation entered into the Joint Account shall be made in accordance with the following guidelines:

The rate of exchange to be used for the conversion into U. S. dollars of cash calls received in Renminbi shall be the arithmetic average of buying and selling rates of exchange applicable to any individual or commercial entity quoted by the Bank of China at 11 : 00 a. m. on the date of receipt of such cash call. If the relevant date is a non - business day of the Bank of China, the rate quoted on the previous working day by the Bank of China shall apply.

All other transactions recorded in the Joint Account which are made in Renminbi shall be translated into and recorded in U. S. dollars at the rate of exchange as quoted above on the last working day of the previous month, while those transactions which are made in currencies other than Renminbi and U. S. dollars shall be recorded in U. S. dollars at the actual cost in U. S. dollars of effecting the transaction.

Neither State Petroleum Corporation (SPC) nor the companies comprising the contractor shall experience an exchange gain or loss, at the expense or benefit of the other party.

The Operator shall make its best efforts to minimize any exchange loss.

All gains or losses from currency conversion or translation shall be recorded in the Joint Account.

1. 7 Foreign exchange business:

Foreign exchange business related to the Petroleum Operations shall be made in accordance with "Provisional Regulations for Exchange Control of the People's Republic of China" and "Rules for the Implementation of Exchange Control Regulations Relating to Enterprises with Overseas Chinese Capital, Enterprises with Foreign Capital, and Chinese and Foreign Joint Ventures."

1. 8 Accounting Records and statements:

1. 8. 1 All Accounting Records related to the Petroleum Operations shall be established and maintained by the Operator within the territory of the People's Republic of China.

1. 8. 2 All vouchers, accounts, books and statements shall be prepared in accordance with the Petroleum Operations Accounting System established by SPC.

1. 8. 3 Annual accounting statements and important accounting books, including asset records, cash or bank journals, general and subsidiary ledgers, balance sheets, and gross oil production allocation statements shall be maintained for the term of the Contract as per Article 4. 7 of the Contract, or for any further period if required by the laws and regulations of the People's Republic of China. Other accounting vouchers and books shall be kept for fifteen (15) years. Quarterly and monthly statements shall be maintained for five (5) years.

Upon the expiration of the custody period, a list shall be made of the accounting files to be disposed of. Disposal shall only be made after the approval of SPC. The list of the accounting files disposed of shall be maintained with the annual accounting statements.

Article 2 Definitions

The terms used in this Accounting Procedure shall have the definitions ascribed to them as follows:

2.1 "Accounting Records" means all accounting books, source documents, original vouchers, approved documents, analytical data, work papers and accounting statements maintained for the petroleum Operations.

2.2 "Accounting System" means the Petroleum Operations Accounting System prepared by SPC, specifying the accounting titles to be used by the Operator and instructions for implementation, forms and contents of various accounting statements and their preparation methods, including a material classification section, a definition of Controllable Material, standards for itemizing assets and the provisions for fixed asset accounting. If the contents of the Accounting System are in conflict with the provisions of the Accounting Procedure, the provisions of the Accounting Procedure shall prevail.

2.3 "Material" means materials, tools, facilities, equipment and consumables procured, leased or otherwise acquired and held for Petroleum Operations.

2.4 "Joint Account" means accounts established by the Operator for the implementation of the Contract to record all debits and credits related to the Petroleum Operations.

2.5 "Controllable Material" means the Material referred to in the Accounting System described in Article 2.2 of this Accounting Procedure.

2.6 "LIBOR" means the seven - day term London Inter - Bank Offered Rate of U.S. dollars for similar amounts to the sums in question, quoted by Midland Bank in London at 11:00 a.m. on the first business day of the relevant period.

2.7 "Investing Party" means any of the Parties that are contributing the funds for the Petroleum Operations in accordance with their participating interest determined pursuant to the relevant provisions of the Contract.

Article 3 Cash Calls

3.1 Except as otherwise provided in the Contract, the Contractor shall provide all the exploration costs for the Exploration Operations according to the provision of Article 12.1.1 of the Contract; and all the Investing Parties shall provide the development costs for the Development Operations in proportion to their respective participating interests as provided in Article 12.1.2 of the Contract. In accordance with each approved annual budget, the Operator shall issue monthly cash call notices to each Investing Party to provide the Operator with funds to cover the planned expenditure of the next month. Whether or not the cash call notices for the exploration costs are to be issued shall be at the option of the Operator.

3.2 Development Operations cash all and default:

3.2.1 According to the needs of the Petroleum Operations, the Operator shall regularly issue monthly cash call notices within the amount of approved annual budget to request each Investing Party to respectively make advances as specified by the Operator. The Operator shall, before twenty (20) days prior to the commencement of each month, issue cash call notices for the development costs and each Investing Party shall provide its percentage share of funds according to the requirement and within the time limit specified in the cash call notice, but no sooner than the first day of the month for which cash is called. Each Investing Party shall transfer its percentage share of funds to the Operator's bank account (s) established particularly for the Joint Account. Such bank account(s) will in all cases be interest bearing account(s).

Any excessive or deficient advances made by each Investing Party for any month shall be adjusted in the next cash call.

In case that the Operator, owing to the needs of the Petroleum Operations, has to incur expenditures which are unforeseen in the cash call for any month, written notices shall be issued to all the Investing Parties who shall finance their own shares for additional amount within ten (10) days following the receipt of the written notice.

3.2.2 Interest shall be paid by SPC or the companies comprising the Contractor failing to pay its share of funds on the due date specified in the cash call at LIBOR on delinquent date plus 5%, such interest being compounded on a monthly basis throughout the period of the delinquency. The non-defaulters shall make up the delinquent portion on behalf of the defaulters. When the defaulters advance cash to meet both their delinquent portion and accrued interest thereon, the Operator shall reimburse the non-defaulters who made up the delinquent portion.

All amount advanced by the non-defaulting parties plus accrued interest not reimbursed by the defaulting party shall constitute a debt due from the defaulting party to the non-defaulting parties who shall be entitled to all remedies a law and equity. The Operator on behalf of the non-defaulting parties is entitled to take the defaulting party's share of the Annual Gross Production of Crude Oil and apply the proceeds of the sale of such Crude Oil against all sums due and payable by the defaulting party including accrued interest. Any excess funds remaining from such proceeds after deduction of all amounts due including interest and the costs, charges and expenses incurred by the Operator in connection with such sale, shall be paid over to the defaulting party. Any deficiency remaining due, after deducting the proceeds of sale shall remain an obligation of the defaulting party and may be collected as any other debt.

3.3 Each monthly cash call notice shall clearly indicate the following information:

3.3.1 Annual development costs to be shared by each Investing Party as shown in the approved annual budget.

3.3.2 Amount of funds advanced by each Investing Party at the end of the month prior to the month in which the call is prepared and the actual expenditures recorded and actual balance (i.e. funds unused) in the Joint Account, accompanied by the bank statements related to the Joint Account for the previous month.

3.3.3 Amount of funds to be called from each Investing Party and the estimated amounts of funds to be called in the following two (2) months.

3.3.4 The clear indication of requirement for the date when funds are to be provided, the amount of funds, account number, name of the account, the recipient bank and its address.

3.4 On the Date of Commencement of Commercial Production of an Oil Field and/or Gas Field, any development investment for the Oil Field and/or Gas Field advanced by the Investing Party not expended or not to be expended shall be returned to each of the Investing Parties in proportion to its share.

3.5 In accordance with Article 12.1.3 of the Contract, the cash for the Production Operations undertaken by the Parties jointly and approved by the JMC shall be provided by all the Investing Parties to the Contract in proportion to their respective participating interests in the development costs and shall bear no Deemed Interest. Based on the needs of the Production Operations, the Operator may make timely adjustment of the amount of cash to be provided by all the Investing Parties to the Contract. The Operator shall issue cash call notices quarterly to call for cash for the Production Operations. In proportion to its share, each Investing Party shall respectively provide advances on a monthly basis in accordance with requirements and within the time limit specified in the cash call notice of the current month.

In case that the Operator, owing to the needs of the Petroleum Operations, has to incur expenditures which are unforeseen in the cash call for any month, written notices shall be issued to all the Investing Parties who shall finance their own shares for additional amount within ten (10) days following their receipt of such written notices.

3.6 According to the requirement of the Petroleum Operations, the Operator shall indicate in any cash call notices the U.S. dollar equivalent of the total cash called. The Operator shall also specify the amounts of Renminbi and U.S. dollars required as estimated to make payment. SPC shall provide the advance of its own share either in Renminbi or in Renminbi and U.S. dollars with respect to the amount called for by the Operator, but SPC's funding in Renminbi shall not exceed the total amount of Renminbi called for by the Operator in any cash call notice. The Contractor shall provide the advance of its own share in U.S. dollars.

3.7 Provisions for recording the sources of funds:

3.7.1 Funds for exploration costs, development costs and operating costs, when received, pursuant to each cash call shall be credited against the relevant accounts of the Investing Parties in the Joint Account.

3.7.2 In case either party to the Contract decides to develop an Oil Field and/or Gas Field for its sole account pursuant to Article 11.6 and/or Article 18.2.2 of the Contract, or undertakes any other operation for its sole account, the funds required shall be financed and accounted for separately.

3.7.3 The Contractor shall, within twenty (20) days after the date of submission to CNOOC of a written notice expressing its decision to participate in the development of an Oil Field developed solely by SPC, pay SPC in cash the amounts stipulated in Article 11.6.1 of the Contract.

3. 7. 4 In accordance with Article 6. 8 of the Contract, if the Contractor opts to terminate the Contract as provided in Article 6. 3 (c) of the Contract or if the phase is the last exploration phase, the Contractor shall, within thirty (30) days from the date of its decision to terminate the Contract or thirty (30) days from the date of the expiration of the exploration period, pay SPC in U. S. dollars the unfulfilled balance of the minimum exploration work commitment (or of the new commitment) for the exploration phase, converted into cash. The detailed method by which the unfulfilled balance of the minimum exploration work commitment is converted into U. S. dollars is that the actual average unit cost, excluding the abnormal drilling costs such as those of the sidetrack, fishing, severe loss of mid circulation etc. (i. e. U. S. $ / kilometer of seismic line shot under the Contractor of the last well drilled is multiplied by the unfulfilled amount of the minimum exploration work commitment. The formula for such calculation is as follows:

$$I = Ac \times Pu$$

in which:

I = converted cash amount of the unfulfilled balance of the minimum exploration work commitment;

Ac = actual average unit cost of the last portion of a seismic line shot or of the last well drilled; and

Pu = the unfulfilled amount of the minimum exploration work commitment, the unfulfilled amount in respect of seismic line is the difference between the kilometers specified in Article 6. 2 of the Contract and actual kilometers of the seismic line. The unfulfilled footage of a Wildcat is footage or aggregate of well or wells which has or have to be fulfilled but not yet been fulfilled as specified in Article 6. 2 of the Contract.

Article 4 Accounting and Management of Material

4. 1 Procurement of Material:

The procurement of Material shall be implemented in accordance with the procedure specified in Articles 15. 1 and 7. 6 of the Contract. In order to prevent overstocking of Material, the Operator shall use all reasonable best efforts to ensure that the procurement of Material shall be made in accordance with the Material procurement plans and that the quality of Material conforms to specifications and prices are fair and reasonable. The Operator does not warrant the Material furnished in addition to, or less than the supplier' s or manufacturer' s guarantee.

4. 2 Costs of procuring Material:

The costs of Material purchased shall be the invoice prices less discounts plus related transportation and other expenses, including expenses for freight to the port of destination, insurance premiums proportion to with the Material covered, fees of forwarding agents, duties, fees, handling expenses from shipside to and within any water terminal warehouse or yard, and any other reasonable expenses actually paid and expenses of inland transportation.

4. 3 The following provisions shall be applied for pricing Material furnished from the stocks of the Parties and/or their Affiliates for use in the Petroleum Operations:

(1) New Material:

New Material shall be priced on the basis of current market value plus expenses in moving such Material directly to the job - site where Material is used.

(2) Used Material:

(A) Material which is in sound and serviceable condition and is suitable for reuse without reconditioning shall be priced by the Parties, and the ceiling price shall not exceed seventy - five percent (75%) of the current value of new Material.

(B) Material which, after being reconditioned, will be further serviceable for its original function shall be priced by the Parties, and the ceiling price shall not exceed fifty percent (50%) of the current value of new Material.

(C) Used Material which cannot be classified as (A) or (B) above shall be priced by the Parties through discussions at a value commensurate with its use.

(D) If the Operator wishes to use a method other than the above for pricing used Material, such other method shall be agreed upon in advance by the Parties through consultations.

4. 4 Price determination and leasing expense calculation method for properties purchased or leased from other contract areas:

The Operator may lease equipment and facilities and purchase Material and fuel from other contract areas. The Operator shall charge the leasing expenses or purchase price as agreed upon by the Operator and its suppliers. Such leasing expenses or purchase prices shall not exceed those currently prevailing in similar contract areas.

4. 5 For certain Material which is in short supply in the world markets and difficult to procure at published market prices and the lack of which will hinder normal operations, the Operator may, after the approval of JMC, purchase such Material urgently needed by the Petroleum Operations and charge actual purchase costs to the Joint Account.

4. 6 Disposal of equipment and Material:

The Operator shall not dispose or sell Material with book value exceeding Ten Thousand U. S. dollars (U. S. $ 10, 000) without the prior consent of the Parties. The Operator shall use all reasonable endeavours to minimize losses in the disposal of or sales of such Material.

Sales of properties to Third Parties shall be recorded in accordance with actual sales income. No guaranty or warranty for Material sold or disposed of under this Article shall be given by the Operator to any purchaser.

4. 7 Accounting for Material:

The costs of Material which is procured by the Operator and is directly used at the job - site shall be charged to the respective accounts of exploration costs, development costs or operating costs at actual purchase prices (as defined in Article 4. 2 herein) and on the basis of the intended use of Material. Should such Material subsequently be used other than as intended, the relevant charges shall be transferred from the original cost accounts to the appropriate cost accounts.

Material for general use which is first stored in warehouses or which is first stored on supply boats used as warehouses shall be subject to inventory control procedures. The quantities, unit prices and total value shall be recorded for Material in inventory using perpetual inventory methods. Material in stock shall be priced at purchase costs and the Operator, upon the commencement of or during the Contract period, has the freedom to choose one of the following pricing methods such as FIFO, weighted average method and moving average method etc. for Material to be transferred out of the stock. Accounts for inventory Material shall be regarded as exploration cost, development cost or operating cost and shall be recovered in accordance with article 12. 2 of the Contract.

At the request of any non – Operator, the Operator shall furnish to the non – Operator a detailed statement of Controllable Material.

The Operator shall conduct physical inventory of Material in warehouses and supply boats used as warehouses prior to the annual final accounts or whenever depending upon the actual situation. The Operator shall give a written notice to the JMC sixty (60) days before the date of proposed physical inventory in order to enable the non – Operator in the physical inventory shall be regarded as approval of the physical inventory conducted by the Operator.

If any gain or loss is found as a result of the physical inventory, the Operator shall compile a detailed statement of the gain or loss and attach to it an explanation for the gain or loss, which shall be submitted to the JMC for examination and approval.

4. 8 In accordance with Article 17. 1 of the Contract, the Operator shall exercise strict control over the fixed assets of the Petroleum Operations and set up accounts and record cards, and shall conduct physical inventory of the fixed assets at year – end or whenever depending upon the actual situation to make sure that the book records, card records and physical fixed assets are in conformity. In case that any damage and loss arises to the fixed assets, the Operator shall determine the reasons and submit them to the JMC for examination and approval.

Article 5 Expense Accounting

5. 1 Rules for Accounting

5. 1. 1 According to the provisions of Articles 12. 2. 2, 12. 1. 2 and 12. 1. 3 of the Contract, all development costs and operating costs of the Parties as well as the Contractor's exploration costs shall be recorded into Joint Account separately.

The Operator shall establish and maintain three separate accounts, namely:

5. 1. 1. 1 exploration costs account

5. 1. 1. 2 development costs account and

5. 1. 1. 3 operating costs account

in which shall be reflected all charges and costs as classified pursuant to Articles 5. 2 and 5. 3 of this Accounting Procedure.

5. 1. 2 If either SPC or the Contractor, in accordance with Article 11. 6. 1, 11. 6. 2 or 18 of the Contract, makes the decision to develop an Oil Field and/or Gas Field for its sole account or to undertake any other operation for its own account, the relevant costs shall be accounted for separately.

5. 1. 3 All items related to the Petroleum Operations such as discounts, deductions, allowances, interest income, gains from various services, indemnities from insurance and other miscellaneous income by the Operator, shall be credited to the relevant expense accounts.

5. 1. 4 All direct services or research work (including personnel) provided by the superior organizations or Affiliates of SPC or of the Contractor and by the Third Parties for the Petroleum Operations shall be subject to the form of work order procedures in advance on the basis of the annual budget or of the approval by the JMC and shall be charged to the Joint Account after verification of the relevant invoices.

Work Order Procedure shall be established through consultations at JMC meetings by both Parties within three (3) months as of the Date of Commencement of the Implementation of the Contract. The rates charged for direct services or research work (including personnel cost) provided by the superior organizations or affiliates of SPC or of the Contractor shall be competitive when compared with the rates of similar services furnished by the Third parties. The Operator shall, in accordance with Article 15 of the Contract, shall give priority to use direct services or research work (including personnel) provided by SPC.

5. 2 Cost items:

The following items shall be chargeable to the Joint Account by Operator's net cost.

5. 2. 1 Subcontractor charges:

The charges paid to Subcontractors in accordance with contracts signed between the Operator and Subcontractors.

5. 2. 2 Personnel expenses:

The contents and control of personnel expenses shall be as stipulated in Article 19. 3 of the Contract.

5. 2. 3 Travel and living expenses:

Travel and living expenses paid according to Article 19 of the Contract to the personnel involved in the Petroleum Operations.

5. 2. 4 Material expenses

Expenses paid in accordance with Article 4 of this Accounting Procedure to purchase Material for use in the Petroleum Operations.

5. 2. 5 Relocation and transportation expenses:

Relocation and transportation expenses for personnel involved in the Petroleum Operations to be relocated into or out of the People's Republic of China and transferred from job - site to job - site within the People' s Republic of China.

5.2.6 Maintenance, repair and leasing expenses:

Expenses for maintenance, repair or replacement of the properties used in the Petroleum Operations and leasing expenses paid for leased properties and equipment.

5.2.7 Insurance premiums:

Necessary net payment made for the insurance of the Petroleum Operations and related costs and expenses.

5.2.8 Legal expenses:

In order to protect the interests of the Parties, all costs or expenses paid for attorney's fees, litigation or investigation, including expenses in securing evidence, mediation settlements. The expenses for handling legal matters incurred for the interests of any party to the Contract shall be borne solely by such party.

5.2.9 Taxes:

All taxes paid according to the tax laws of the People's Republic of China, except for those which do not belong to the scope of expenditures in the Joint Account the income taxes, Consolidated Industrial and Commercial Tax and royalties to be paid by the companies comprising the Contractor or SPC and individual income tax to be paid by employees and other related costs.

5.2.10 Energy expenses:

All costs in respect of fuel, electricity, heat, water or other energy used and consumed for the Petroleum Operations.

The costs of Crude Oil and/or Natural Gas produced and used in any Oil Field and/or Gas Field (provided the Parties have the same interests in such Field) within the Contract Area by the Operator for the performance of the Development Operations and Production Operations or for well stimulation or for maintaining the reservoir pressure shall not be charged. However, the costs of transporting such Crude Oil and/or Natural Gas to their points of use shall be charged under this item.

5.2.11 Field office facility charges:

The costs and expenses of establishing, maintaining and operating any offices, camps or housing facilities necessary for the performance of job - site operations, including the costs of any office used by staff directing such operations (calculated by apportioning office costs and expenses on the basis of space occupied by such stall).

5.2.12 Communication Charges:

The costs of acquiring, leasing, installing, operating, repairing and maintaining communication systems, including radio and microwave facilities between the Contract Area and the base facilities.

5. 2. 13 Ecological and environmental protection charges:

All charges for any measures undertaken for the Petroleum Operations within the Contract Area as required by relevant statutory regulations or pursuant to programs agreed by the Parties.

5. 2. 13 Service charges

5. 2. 14. 1 Technical service charges:

The charges paid for services such as rock specimen analysis, oil quality tests, geological evaluation, data processing, design and engineering, well site geology, drilling supervision and special research programs and other technical services.

5. 2. 14. 2 General Service charges:

General Service charges refer to professional consultant charges incurred for the common interests of both Parties and charges for other services to obtain original data needed for Petroleum Operations from outside sources, except legal service.

(A) The charges for the assistance provided by SPC for the Contractor to carry out the Petroleum Operations in accordance with Article 9 of the Contract. The charges for services provided by SPC according to Article 9. 1. 5 of the Contract in respect of services not chargeable to the Joint Account shall not be charged to the Joint Account.

(B) For all assistance to be provided by the head office organization of SPC in Beijing to the Contractor in the course of the Development Operations and Production Operations, SPC shall charge an administrative fee of XXX U. S. dollars (U. S. $ 000, 000) for each Calendar Year. If the whole process of the Development Operations conducted for any Oil Field in any Calendar Year is less than twelve (12) calendar months, the administrative fee for such Calendar Year shall be calculated in proportion to the actual calendar month (s) spent thereon (if the actual time spent thereon in any calendar month is less than thirty (30) days, the calculation shall be made based on a full calendar month). The aforesaid administrative fee shall be paid respectively on June 1 and December. 1 each Calendar Year, with XXX U. S. dollars (U. S. $ 000, 000) for each time.

5. 2. 15 Damages and losses to the assets:

All costs and expenses necessary for the repair, replacement or supplement of assets resulting from damages or losses incurred by fire, flood, storm, theft or any other force majeure causes, excluding the losses specified in Article 8. 4 of the Contract, which shall be borne by the Operator alone.

5. 2. 16 Personnel training costs:

Costs incurred for personnel training pursuant to Article 16 of the Contract.

5. 2. 17 Miscellaneous expenses:

Any reasonable miscellaneous expenses needed for the Petroleum Operations excluded in the above items of expenses, such as bank charges, books, stationery and conference expenses as well as other reasonable expenses.

5. 2. 18 Overhead:

Overhead refers to the costs for the managerial and operational services provided by the Operator's superior management organizations for the Petroleum Operations, including management, administration, accounting, treasury, intercompany audit, tax, legal matters, employee relations, financing, the collection of economic data and costs which not chargeable under Article 5. 1. 4 of this Accounting Procedure for general consultation such procurement, planning, design, research and operational activities etc. The overhead shall be calculated in accordance with the following tiers and based on the sum of the total actual costs from Article 5. 2. 1 through Article 5. 2. 17 and 5. 2. 19 of this Accounting Procedure, but not including SPC" assistance charges under Article 5. 2. 14. 3 of this Accounting Procedure.

The Overhead Rates for the Exploration Operations:

Direct Costs for Exploration (U. S. $ / Year)	Percentage Rate (%)
First Tier 0 to 5, 000, 000	x %
Second Tier 5, 000, 000 to 15, 000, 000	x %
Third Tier 15, 000, 000 to 25, 000, 000	x %
Fourth Tier over 25, 000, 000	x %

The Overhead Rates for the Development Operations:

Direct Costs for Exploration (U. S. $ / Year)	Percentage Rate (%)
First Tier 0 to 5, 000, 000	x %
Second Tier 5, 000, 000 to 10, 000, 000	x %
Third Tier 10, 000, 000 to 20, 000, 000	x %
Forth Tier 20, 000, 000 to 30, 000, 000	x %
Fifth Tier over 30, 000, 000	x %

The overhead rate for the Production Operations shall be of x percent (x%) of the total amount of the direct costs for the Production Operations in each Calendar Year and shall be calculated in accordance with the calculation method referred to in the provisions of the last paragraph of Article 5. 2. 18 herein.

The costs and expenses for offices established by the Operator within the Chinese territory which are not specifically dedicated to the Petroleum Operations shall be allocated by the Operator to the Petroleum Operations within the Contract Area or to other beneficiary Parties, including the Contractor, on the basis of actual service time recorded, or may be allocated by other methods agreed upon by the Parties. The amount of allocation charged to the Petroleum Operations within the Contract Area shall be included in the cost item of Article 5. 2. 19 of this Accounting Procedure. The costs and expenses incurred by the offices established by the Operator and its superior organizations outside the Chinese territory (excluding costs and expenses chargeable under Article 5. 1. 4 of this Accounting Procedure) has been included in the overhead and shall not be again charged to the Joint Account.

On the last working day of each month, the Operator shall make provision into the Joint Account for the overhead fees for the current month, calculated on the basis of cumulative actual expenditure for the Calendar Year to that date and payment shall be made from the Joint Account on the last working day of the following month. The final adjustment of the overhead shall be made at the end of the Calendar Year in respect to any difference between the actual payment by the Joint Account and the total overhead for that Calendar Year calculated on the annual cumulative actual investment expenditure at the end of such year. Any excess shall be refunded and deficiencies made good.

5. 2. 19 General and administrative expenses:

General and administration expenses refer to the administrative expenses incurred for any offices established by the Operator within the Chinese territory and for the JMC and its subordinate bodies for the performance of the Petroleum Operations.

5. 3 Except as otherwise provided in this Accounting Procedure the allocation of common costs and expenses for each item of operations shall be charged in proportion to the exploration costs, development costs and operating costs actually incurred in each month.

5. 4 With respect to the expenditures or excess expenditures as mentioned in Article 10. 2. 4 (b) of the Contract which are determined by the JMC to be unreasonable, the JMC will form a expert group for further investigation to determine whether they shall be charged to the Joint Account or shall be borne by the Operator alone before the year - end final closing of accounts.

Article 6 Recovery of Costs, Expenses and Deemed Interest

6. 1 According to the provisions of Article 12. 2. 2 of the Contract, exploration costs shall bear no interest.

6. 2 The calculation of Deemed Interest on the development costs:

Deemed Interest on the development costs shall be calculated at the specified rate from the first day after the end of the month in which the development funds of any of the Investing Parties have been received in the Operator' s bank account for the Joint Account in accordance with the provisions of Article 12. 2. 3 of the Contract.

There are three hundred and sixty - five (365) days in each Calendar Year for the interest calculation and the interest shall be compounded once each Calendar Year on December 31 based on the actual number of days eligible for the interest.

Worked Example

Development Costs______ U. S. $ 100 received on tenth of March

U. S. $ 100 received on twentieth

The aggregate amount received in March is U. S. $ 200

Deemed Interest shall be calculated from the first of April through the end of such Calendar

Year with a total number of two hundred and seventy – five (275) days.

Formula: Interest = $ 200 ×9% × $\frac{275\ \text{days}}{365\text{days}}$

At the end of the year interest is added to the capital and interest runs thereon until cost recovery is fully achieved, i. e. interest is compounded at year end.

6. 3 Recovery of exploration costs, development costs with Deemed Interest thereon and operating costs.

6. 3. 1 In accordance with the provisions of Article 12. 2. 2 of the Contract, the exploration costs shall be recovered from the Oil Fields and/or Gas Fields within the Contract Area which have been developed and are producing and the Contractor has participated in the development of said Oil Fields and/or Gas Fields.

6. 3. 2 In accordance with the provisions of Articles 12. 2. 1, 12. 2. 3. 1 and 12. 3 of the Contract, the principal of development costs and Deemed Interest thereon and operating costs, respectively, of each Oil Field and/or Gas Field shall be recovered only from the production of each respective Oil Field and/or Gas Field.

6. 3. 3 As at the date of completing each lifting of Crude Oil, the Operator shall make the separate records into the Joint Account for the appropriate reimbursements of the principal of exploration costs, development costs with Deemed Interest thereon and operating costs respectively in accordance with Article 12. 2 of the Contract. Written notices shall be sent by the Operator to SPC and the Investing Parties at the same time.

6. 4 In accordance with provisions of Article 19. 1 of the Contract, the Operator shall establish complete books for recording the volume and value of Crude Oil and/or Natural Gas within the Contract term.

6. 5 Crude Oil production in each Calendar Year for each Oil Field within the production period shall be accounted according to the allocation proportions specified in Article 13 of the Contract and at the Crude Oil price determined pursuant to Article 14. 4 of the Contract. The amount for the Non – associated Natural Gas in each Calendar Year within the production period shall be accounted for in accordance with the provisions specified in Article 18 of the contract.

Article 7 Accounting Reports

7. 1 The Operator shall provide relevant accounting reports and statements based on the Accounting System to SPC and each company comprising the Contractor. Monthly reports shall be submitted within thirty (30) days after the end of each month, quarterly reports within forty – five (45) days after the end of each Calendar Quarter and annual reports within forty – five (45) days after the end of each Calendar Year. Monthly, quarterly and annual reports shall be submitted in accordance with the requirements and formats specified in the Accounting System.

7. 2 Any Investing Party to the Contract may require the Operator to allow its staff to have

access to the Joint Account Accounting Records relating to the application of expenses in the stipulated custody period, upon giving thirty (30) days notice but such access shall not unduly hinder Operator's normal operations.

Article 8 Audit

8.1 Audits shall be carried out in accordance with Article 19.2 of the Contract.

8.2 The expenses of audits for any non - Operators shall be borne by any non - Operator which conducts the audit. Expenses for any joint audit conducted by the non - Operator shall be allocated in proportion to their respective participating interests in the developments costs.

Article 9 The Transfer Procedure of the Joint Account

9.1 When the Exploration Operations are successful and the Contract Area enters the development period, the Operator shall conduct an inventory and check of all properties and accounts for SPC. When each Oil Field and/or Gas Field within the Contract Area goes from development into production, when the contractor terminates the contract, an inventory and check of all properties and accounts shall be conducted.

If the Contract Area is entered into the development period or the production period, the Operator (after taking an inventory of all properties by all Investing Parties) shall make a proposal to JMC, and the JMC shall approve the remaining equipment and materials needed for the Petroleum Operations of the following period, and shall be carried forward to the next period in book values in Joint Account, but, the Operator shall be responsible for handling the equipment and materials not needed for Petroleum Operations, the gains or losses derived from such disposal shall be adjusted against the original accounts in accordance with its own share of the Investing Party in proportion to the overall investment amount of all Investing Parties.

If the Contract terminates, the method of an inventory to all of the remaining equipment and materials as mentioned above, the gains and losses derived from such disposal shall be adjusted against the accounts of the original Investing Party in accordance with the above mentioned methods.

9.2 In accordance with the provisions of Article 8.8 of the Contract, when SPC becomes the Operator of all the Oil Fields and/or Gas Fields within the Contract Area, the former Operator shall transfer to SPC all the Accounting Records relating to the Joint Account.

9.3 In accordance with the provisions of Article 8.7 of the contract, when SPC becomes the Operator of a single Oil Field and/or Gas Field, the former Operator shall transfer to SPC the Accounting Records relating to the development costs and operating costs of that Field as contained in the Joint Account. The Accounting Records relating to the exploration costs of the Contract Area shall be retained by the Operator until the total exploration costs of the Contract Area have been recovered. Copies shall be provided by the Operator to SPC if required by SPC.

9.4 Upon the termination of the Contract, the Operator shall transfer all the relevant vouchers, books and statements over to SPC for custody.

9.5 In conducting the transfer of the accounting books and inventory and check of all the properties in accordance with the provisions of this Accounting Procedure, the implementation procedure for the transfer and verification, the accounting files to be transferred and accounting matters to be settled as well as other details shall be negotiated and agreed in advance between the Operator and SPC. The transfer procedure shall be completed within the time period agreed upon by the Parties. Thereafter, owing to the needs of any Investing Party to the Contract, SPC shall allow that party's staff access to the Accounting Records within the relevant Accounting Records custody period and provide them with duplicates, if necessary.

（三）制定和执行会计程序应注意的几个问题

（1）运用国际惯例要和中国实际国情结合。制订会计程序既要符合合作开发石油资源的国际惯例，又要以保护资源国的合法经济权益为前提，结合资源国的实际情况，符合资源国的国情。合同（协议）条款不能照抄照搬外国的，要严谨、确切、明确，并切合我们的实际运用。《会计程序》是《石油合同》中的主要附件，在签订《石油合同》前的合同谈判中，合同各方对于拟订会计程序都十分重视，都会派出财务专家代表，专门组织对拟订的《会计程序》草案进行协商讨论修改，最终送交合同谈判的双方首席代表审定。中方代表在拟订《会计程序》的协商、讨论中，应坚持将一些合理的保护中方合法经济权益的限定性条款写入《会计程序》中，例如对优先使用资源国的器材、物资与各种服务，以及合同各方的母公司（主要是作业者的）及其关联公司提供的技术服务费等，要做出明确的相关规定。

（2）关于作业者的无赢利原则。

在会计程序总则中必须明确写进“作业者不应由于担任作业者的原因，而在与合同其他各方关系中获利或亏损”的条款。（The Operator shall neither gain nor lose in relation to the other parties by means of the fact that it acts as the Operator.）

这就确立了由作业者母公司极其关联公司提供各项劳务，包括技术服务和一般性服务以及器材物资等不能赢利的原则。中方有权据以监督，维护中方的合法经济权益。这是合作开发石油资源的国际惯例。在北海油田石油合同中都有这样的规定：“会计程序的目的是确立会计核算的原则，就是应该根据合同规定，真实地反映作业者的实际成本，作业者不应由于担任作业者的原因，而获得赢利或亏损”（“The purpose of the Accounting Procedure is to establish the principles of accounting which shall truly reflect the Operator's actual cost to the end that the Operator shall, subject to the provisions of the Agreement, neither gain nor lose by reason of the fact that it acts as the Operator.”）。

在英国的“石油天然气勘探开发生产会计与审计指南”一书中关于联合经营石油作业会计核算（Joint - operation Accounting）的原则是这样写的：“作业者开列账单结算联合经营石油作业发生的支出（包括作业者的上级管理费），应以实际成本为基础，不允许发生赢利”（“It should be noted that operator billings of joint - operation expenditures, including the operator's indirect overhead expenses, are on a cost basis and that no profit mark - ups are permitted.”）。

在原美国 AMOCO 石油公司的联合账簿审计手册（Joint Account Audit Manual）中明确规定：“联合经营石油作业的总原则是：作业者不应由于担任作业者的原因，而获得赢利或亏损”（The overall philosophy of the Joint Venture is that the operator shall neither lose nor gain by reason of being operator）。因此可以肯定地说，作业者进行石油作业发生的成本、费用支出，都应以实际成本为基础并不能赢利的原则是公认的国际惯例。

（3）关于联合经营石油作业会计制度。在中海油执行的会计程序总则中都明确规定：“合同区所有的会计凭证、账户、账簿和报表，应按国家石油公司制订的联合经营石油作业会计制度执行。”这个会计制度是指国家石油公司制订的并征得各外国合同者同意的联合经营石油作业会计制度，其中规定了作业者使用的会计账户及其使用说明，会计报表的格式，还包括物资分类及控管物资目录，以及资产划分的标准和固定资产核算的规定。

作业者应根据上述会计制度的规定，结合作业者母公司的规定和要求，以及作业者的以往惯例的实际情况，制订本合同区的会计制度。按照联合开发石油资源国际合作的惯例，作业者应根据《石油合同》的规定，并应遵照合同区所在地资源国的国家石油公司制定的有关联合经营石油作业的会计制度来拟订、设置和编报合同区会计报表。这条规定的目的，主要是为了对资源国的国家石油公司在汇总和分析研究合同区会计信息、资料，以及联合账簿审计等方面给予方便，有利于加强对合同区的财务管理和审计监督。

这个问题在合同生效后一开始，中方就必须坚持，不能让作业者自行其事，任其自然。否则，在以后执行中再行纠正比较困难，就会给国家石油公司造成诸多不便。

（4）关于筹款程序。在筹款的合同条款中要单独明确开发阶段的筹款程序（一般是在进入开发阶段时由作业者与作为非作业者的中方和其他非作业者协商确定。）这是由于进入开发阶段后中方通常要承担 51% 的开发费用。其中，要特别明确必须开设联合账簿中开发投资的银行账户。如为了作业需要在中华人民共和国境外的任何银行开设外汇账户，则要明确不能把开发费用的筹资款与作业者母公司的银行账户混合在一起。这一条中海油是有教训的，有的外国石油作业者把开发费用的筹资款直接进入美国的母公司资金部门统一的总银行账户（Master A/C）混合使用，这样，作业者本身不但不按时支付筹款，而且把其他非作业者筹款后的存款利息都为作业者的母公司占用。因此，还必须明确筹款之后联合账簿银行存款利息的处理原则。

(5) 关于物资的核算和管理。在会计程序中规定了凡是采购后首先存入仓库的器材物资，应办理存货管理手续。库存物资应记录数量、单价和总金额，实行永续盘存制（Perpetual Inventory Methods），但同时又规定库存物资应视为勘探、开发费用或生产费用支出。因此，在实际执行中要特别重视库存物资的实物盘点，会计程序中规定每年在年终决算前或其他需要时进行实物盘点，中方应派人参加（一般由采办代表参加），作业者对实物盘点发现的盈亏应编制明细清单，详细说明原因，报联合管理委员会审查批准。中方应严格审查，查清原因，由于管理不善造成的，要追究作业者的责任，并提出改进的建议措施，要求作业者限期改进。

(6) 关于工作订单（Work Order）。在费用核算条款中要明确作业者的上级机构（母公司）及其关联公司提供的一切直接服务或研究工作（包括科技、管理人员），都应事先办理工作订单手续。未经批准的工作订单所发生的上述各项费用不应计入联合账簿。上述各项直接服务费率或人员费率，作业者都应以其实际成本为基础，不能获得盈利；凡由第三方提供的服务费率应具有竞争性。这就是说对作业者母公司及其关联公司提供的各种服务费要有明确的条款规定。在中海油的有些合同区的合同条款中明确写上“工作订单程序应在合同开始执行之日起三个月内合同双方在联合管理委员会会议上协商制定。国家石油公司或合同者的上级机构及其关联公司提供的直接服务或研究工作（包括人员费用）的收费率应以实际发生的成本和根据国际石油工业的惯例为基础。作业者应根据石油合同规定，优先使用国家石油公司的直接服务和研究工作（包括人员）。”这是限制性的合同条款，以更好地维护中方的合法权益。

(7) 关于费用核算项目中的人员费用。所谓人员费用，是指为执行石油合同而从事于经营、管理、会计、财务、税务、劳资关系、采办、法律、计算机服务、工程、地质、地球物理、钻井、生产作业以及其他工作人员所花费的工作时间而付给的报酬和其他有关费用。这在合作开发石油资源的经营管理费用中所占的比例是相当大的，尤其是外籍雇员的人员费用就更高。中方从签订合同开始与执行合同中都要注意加强对人员费用的监督控制和管理。首先要在合同条款中明确以下几点：

1）作业者应在每个日历年开始前制订人员编制计划（Staffing Plan for Operator's Organization）和人员费用计划（包括每人的工资标准及其组成内容），在勘探期内应报送联合管理委员会审查；在开发和生产期内应报送联合管理委员会审查和批准，并应向国家石油公司提供每一外籍雇员的人员费用的分项明细资料。

2）作业者应把实际支付给雇员的实际的人员费用计入联合账簿。

3）国家石油公司有权对计入联合账簿的人员费用进行审计。

4）雇员的工资标准中已含税，应由雇员自己缴纳的个人所得税不应计入联合账簿。

（8）关于共同费用的分配方法。经营管理费用和各类作业共同费用的分配或分摊方法应在会计程序中规定得比较明确，要有一致性和连续性。海洋石油在前四轮招标和合同双边谈判的会计程序中有两种办法：

1）各项作业的共同费用按照每月实际发生的勘探费用、开发费用和生产作业费用的比例分摊。

2）经营管理费用的分摊按照作业者办事机构中工作人员为各类石油作业和其他受益项目进行工作实际所花费的时间，作为比例分摊计入各类石油作业成本或其他受益项目（作业者的办事机构都必须建立工时考勤制度）。

两种方法各有利弊，根据多年来的实践，后一种方法比较合理，它是按照实际发生的为各类石油作业提供服务的时间来计算，比较吻合实际。但在执行中手续比较麻烦。

（9）合同利息。

1）合同利息的利率问题。

在我国海洋石油对外合作的《标准合同》中制定开发投资合同利息的初衷，是为了补偿投资各方贷款取得开发投资资金的利息，合同中规定的合同利息利率水平，是根据20世纪80年代初签订石油合同时当时的国际市场上贷款利息的行情，与合同各方协商确定的。这个合同利息利率水平比较目前的国际市场上贷款利息的行情相差较多，但20多年来海洋石油签订的石油合同，都沿用了这个利率水平。合同利息利率过高和不合理，将会延长开发投资及其合同利息的回收期限，造成中方接替权利实施的拖延；并且，也增加和延长了外国石油公司在合作油田生产的产品中取得的产品分成，将使国家和企业都受到一些不必要的损失。面临着当前国际上贷款利息下降的趋势，我们应该考虑在今后签订石油合同时，应结合当时国际市场上贷款利息的行情，对开发投资合同利息的利率水平做出适当调整，把开发投资合同利息利率调整到更加合理的范围，不能一成不变地沿用20世纪80年代海洋石油对外合作初期的合同利息利率水平。

2）合同利息的计算方法。所谓合同利息是指合同各方在回收合同区每一油（气）田所发生的开发费用时，按照合同规定的利率所计算的开发费用所发生的利息。其计算方法目前有以下两种：

①第一种方法是海洋石油在一至四轮招标的标准合同中规定：从作业者为联合账簿专门开设的银行账户实际收到合同各方所汇付的开发费用之日的当月的下个月第一天起按合同规定计算利息。利息按365d计算，年底时利息加入本金，每年计算一次复利。

②第二种方法是海洋石油在双边谈判的一些合同中规定的：

——按开发费用实际发生之日起计算合同利息。发生费用的日期应是开发费用实际支付的日期，但为了便于合同利息计算的管理，规定计入任一日历月份的全部开发费用应视为从下一个日历月的第一日支付，即凭收到发票后计入联合账簿的下个月第一天计息。但收到发票不等于实际支付了货款(一般要间隔一个月)，因此又明确规定任一日历月份收到的发票不应作为以前日历月份收到的发票入账。

——凡在每一季度内入账的开发费用，均应从该季度最后一个月的第十五天开始计算利息。

以上两种办法各有利弊，现在我们的合同模式大都采用第一种办法，这是比较合理的一种办法，已有国际惯例，但也有缺点，即合同各方实际支付的筹款在当月没有用完之前有存款利息。当然该利息率比合同利率低，但这似乎是重复计息。有些外国合同者愿意用第二种办法，理由是计算方便，但漏洞较多。不管采用何种办法，在会计程序中必须明确加以规定。

（10）关于开发地区的油（气）田弃置费（Abandonment Costs）。

在我国的石油合同中有关合作油（气）田弃置问题是有这样的几条规定：

1）在生产期内，如果合同各方都同意放弃一个油（气）田的生产，则合同各方应按参与该油（气）田的开发投资的比例支付放弃费，从合同各方做出同意放弃的决定之日起，该油（气）田的生产期即终止，该油田应从合同区内撤消。

2）如合同者以书面形式通知国家石油公司决定放弃一个油（气）田的生产，而国家石油公司决定不放弃该油（气）田的生产，则从合同者收到国家石油公司的签署决定的书面通知之日起，合同者对该油（气）田的一切权利和义务包括但不限于支付放弃费的义务将自动终止，前提是合同者的有关该油（气）田的任何债务、责任和义务不得转嫁给国家石油公司。该油(气)田应从合同区内撤销。

3）合同区内任一油（气）田按照工作计划和预算所购置和建造的全部资产，从合同者在该油（气）田开发期内所实际发生的所有开发费用全部回收完毕之日起，或生产期满而开发费用未回收完毕则从生产期期满之日起，其所有权应属于国家石油公司……。

根据以上的几条规定，如果国家石油公司同意了外国石油公司放弃油（气）田生产的决定而国家石油公司决定不放弃该油（气）田的生产，或者生产期满之日起，国家石油公司就要承担油（气）田的全部放弃责任。

每一个油（气）田投入开发生产后，油（气）资源的开采经过一定的年限后都会自然枯竭，油（气）田就要报废放弃。为了保护环境，油（气）田的弃置工作是必不可少的，而且油（气）田的弃置工作是负责开采石油（天然气）资源的石油公司对世界环境应尽的保护义务和责任。油（气）田的弃置费用是一个相当可观的数额，不可忽视，所以国际惯例中一般都规定了负责开发油（气）田的投资各方在生产期间的原油收入中逐年提取一定的相应费用，作为一项专用基金，用于最终的油（气）田废弃工作（设立这项专用基金的目的是为在油（气）田生产寿命结束时筹集相当于油（气）田弃置工作成本的资金。如果该油（气）田在经济极限产量前归还资源国，为油（气）田废弃工作提取的专用储备基金也应随着转移给资源国。）。这个办法是符合实际需要的、可行的，建议在今后签订新的石油合同时，应考虑在合同条款中增加和明确油（气）田弃置工作及其费用的责任和义务。在合同各方决定开发油（气）田后编制的油（气）田总体开发方案（ODP 报告）中就要列入油（气）田弃置工作及其费用的内容。在合同各方签订的油（气）田开发补充协议中要拟订出在生产期内关于油（气）田弃置工作基金的提取及使用的详细办法的规定。

根据以上在拟订和执行合同中应注意的几个问题（主要是涉及经济条款方面的），现将合同中（英文本）的一些要点摘录如下，以供参考。

Certain Emphases of the Petroleum Contract and Accounting Procedure:

- The Operator shall neither gain nor lose in relation to the other parties by means of the fact that it acts as the Operator.
- All vouchers, accounts, books and statements shall be prepared in accordance with the Accounting System for the Joint Interest Petroleum Operations established by State Petroleum Corporation.
- The Operator shall, before twenty (20) days prior to the commencement of each month, issue cash call notices for the development costs and each Investing Party shall provide its percentage share of funds according to the requirement and within the time limit

specified in the cash call notice, but no sooner than the first day of the month for which cash is called, Each Investing Party shall transfer its percentage share of funds to the Operator's bank account established particularly for the Joint Account. Such bank account will in all cases be interest bearing account.

- Material for general use which is first stored in warehouses or which is first stored on supply boats used as warehouses shall be subject to inventory control procedures. The quantities, unit prices and total value shall be recorded for material in inventory using perpetual inventory method. Material in stock shall be priced at purchase costs and the Operator, upon the commencement of or during the Contract period, has the freedom to choose one of the following pricing methods such as FIFO, weighted average method and moving average method etc. for material to be transferred out of the stock.

Accounts for inventory Material shall be regarded as exploration cost, development cost or operating cost and shall be recovered in accordance with Article 0. 0. 0 of the Contract.

The Operator shall conduct physical inventory of Material in warehouses and supply boats used as warehouses prior to the annual final accounts or whenever depending upon the actual situation.

If any gain or loss is found as a result of the physical inventory, the Operator shall compile a detailed statement of the gain or loss and attach to it an explanation for the gain or loss, which shall be submitted to the JMC for examination and approval.

- All direct services or research work (including personnel) provided by the superior organizations or affiliates of State Petroleum Corporation or of the Contractor and by the Third Parties for the Petroleum Operations shall be subject to the form of work order procedures in advance and shall be charged to the Joint Account after verification of the relevant invoices.

Work Order Procedure shall be established through consultations at JMC meetings by both Parties within three (3) months as of the Date of commencement of the Implementation of the Contract. The rates charged for direct services or research work (including personnel cost) provided by the superior organizations or affiliates of SPC or of the Contractor shall be on the basis of actual costs incurred and more competitive when compared with the rates of similar services furnished by the Third Parties. The Operator shall, in accordance with Article 00 of the Contract, give priority to use direct services or research work (including personnel) provided by SPC.

- After the effective date of the contract, the Operator shall work out a staffing plan and a personnel costs plan with respect thereto (including salary or wage standards of each personnel and its breakdown content, such as basic salary or wage, overseas allowance, area allowance, insurance, various benefits and subsidies and the extra portion of individual income tax paid by the Contractor's employees in China exceeding the individual income tax payable by them in their home countries etc.) before the beginning of each Calendar Year.

During the exploration period, the Operator shall submit a staffing plan for its organization and a personnel costs plan with the annul Work Program and budget to JMC for review and examination.

In the development period and production period, the Operator shall submit a staffing plan for its organization and a personnel costs plan with the annual Work Program and budget to JMC for review and approval and the Contractor shall provide to SPC with an itemized plan of personnel costs of the Expatriate Employees, SPC shall bear the obligation of confidentiality to such information provided by the Contractor.

The Operator shall charge the personnel costs of the Contractor's personnel actually incurred to the Joint Account.

SPC shall have the right to audit the personnel costs charged to the Joint Account.

- The calculation of Deemed Interest on the development costs: Deemed Interest on the development costs shall be calculated at the specified rate from the first day after the end of the month in which the development funds of any of the Investing Parties have been received in the Operator's bank account for the Joint Account in accordance with the provisions of the Contract.
- The allocation of common costs and expenses for each item of operations shall be charged in proportion to the exploration costs, development costs and operating costs actually incurred in each month.

第五章　联合经营石油勘探开采的联合管理委员会和作业者

第一节　联合管理委员会（Joint Management Committee）

一、联合管理委员会的定义

联合管理委员会是从我国的实际国情出发确立的管理对外合作勘探开采石油资源（包括陆上和海上）的主要组织形式，是根据我国石油工业对外合作的《标准合同》的规定设置的石油合同管理机构。《标准合同》中规定了石油合同的管理机构是联合管理委员会，通常称之谓 JMC（Joint Management Committee），在石油合同中一般都规定：为了使石油作业能够正常进行，从合同开始执行之日起 45d 内，合同双方应组成联合管理委员会。联合管理委员会由国家石油公司和合同者指派同等人数的代表组成，一般为 6～8 人，中外双方各占一半。石油合同中还规定合同的每一方应从自己的代表中指定一名代表为首席代表，联合管理委员会的主席由国家石油公司指定的中方首席代表担任；联合管理委员会的副主席由外国合同者指定的首席代表担任（根据中国海洋石油总公司的经验，外方的首席代表一般为作业者在中国执行机构的总裁担任）。

联合管理委员会的表决程序和一般的中外合资企业的董事会是不一样的，石油合同中规定：联合管理委员会应采取协商一致通过的方法做出决定。凡一致通过的所有决定即为正式决定，对双方都有同等约束力；凡未能取得一致意见的事项双方可以另行安排会议，本着互利的原则，寻求一种新的解决办法。

因此，为了使联合管理委员会顺利形成决定和决策，既能符合石油合同的规定维护双方的权益，又能促进和保证联合石油作业的顺利进行，石油合同规定了联合管理委员会下应设置秘书组、专家小组和专业代表组等所属机构。

（一）秘书组

秘书组为联合管理委员会的常设机构，分别由中外双方各指派一名秘书组成。秘书不是联合管理委员会的成员，但可以列席联合管理委员会的会议。秘书组的职责是：

（1）负责会议记录。

（2）起草联合管理委员会的会议纪录和决议。

（3）起草并传递召开会议的通知书。

（4）负责双方资料、文件、信息、方案和报告等的传递。此外，外方的秘书一般都由作业者的行政经理或总裁秘书兼任，担负一些行政工作；中方的秘书则要兼任中方内部的一些行政事务工作。

（二）专家小组

专家小组是联合管理委员会的非常设机构。根据石油作业勘探、开发和生产各个阶段的不同需要，临时设置若干咨询性质的专家小组。专家小组的人数及组长都由联合管理委员会确定。专家小组的职责是：

（1）讨论和研究联合管理委员会交给的由作业者提交联合管理委员会审查和批准的事项，以及联合管理委员会交给的其他事项，并向联合管理委员会提出建设性的建议和意见。

（2）根据工作需要，可以去作业者的办事机构和作业现场观察和了解作业者实施石油作业的情况，并向联合管理委员会提出有关报告。

（3）根据联合管理委员会的要求，列席联合管理委员会的会议。

（三）专业代表组

按照石油合同的规定，国家石油公司有权指派专业代表组到作业者各部门与作业者的工作人员一起工作，专业代表的人数及专业选择由中外双方协商确定。专业代表的组成将在本章下一节中再做详细论述。

二、联合管理委员会的职能

根据我国石油工业对外合作多年来沿用的《标准合同》的规定，联合管理委员会的职责有12条，包括：

（1）审查作业者提出的工作计划和预算及其修改。

（2）确定有发现石油构造圈闭的商业价值，做出决定并报国家石油公司认可。

（3）审议并通过每个油（气）田的总体开发方案及预算。

（4）批准和确认授权范围内的采办程序，以及开支事项。

（5）确定并宣布合同区每个油（气）田开始商业性生产的日期。

（6）根据中国政府的有关法规确定向与石油作业有关的第三方及其关联公司提供资料和数据的种类和范围。

（7）划定每个油（气）田开发区和生产区的边界。

（8）审查和批准生产作业的移交计划。

（9）审查和批准作业者提出的保险计划，以及安全、环保的应急程序等。

（10）审查和批准人员培训计划。

（11）讨论、审查、决定和批准合同任一方提出的或由专家小组或作业者提交的其他事项。

（12）审查需报中国政府有关部门或国家石油公司批准确认的事项。

三、联合管理委员会所属的中方专业代表

（一）联合管理委员会所属的中方专业代表

国家石油公司指派专业代表到作业者各部门与作业者的工作人员一起工作，这也是具有中国特色的。在国际上通常是作为资源国代表的国家石油公司人员，委派到作业者管理机构，其身份就是代表资源国一方的利益。中国海洋石油总公司在总结了 1982～1983 年第一轮招标签订的 18 个石油合同执行情况的基础上，为了改变“外国作业者的人员干，中方的专业代表旁边看”的情况，从 1985 年下半年第二轮招标运用的《标准合同》中就明确规定：国家石油公司有权指派专业代表到作业者的与石油作业有关的行政和技术部门长期和作业者的人员一道工作。国家石油公司的专业代表的工作由所在的作业者的部门的经理安排。按照石油合同的规定，专业代表并不属于联合管理委员会的下属机构，他们是中方派到作业者机构各部门与外方人员一道工作的中方技术、专业代表。石油合同中除了对采办专业代表有明确规定外，其他专业代表不具有任何实质性的权力。但在中国海洋石油总公司多年来的实际运行中，专业代表组已经成为联合管理委员会不可缺少的一部分。这是由于一些专业代表本身就是国家石油公司指派的联合管理委员会的正式代表；或者一些专业代表虽然不是联合管理委员会的正式成员，只是技术方面的代表，但他们的意见是代表中方（国家石油公司）的，因此在合作中的外方看来，这些专业代表的意见是联合管理委员会中方代表做出决策的基础。

专业代表的职责在石油合同中没有具体规定，但根据海洋石油多年来的实践，专业代表的主要职责可以概括为：

（1）代表中方监督在其业务范围内的有关石油合同条款和联合管理委员

会有关决议的贯彻执行，并要求作业者遵守中国政府的有关法律与法规。

（2）参与日常具体的石油作业活动，并在参与过程中影响外方的决策，贯彻中方的意图，维护国家的利益。

（3）协助作业者安全、经济地顺利完成联合经营石油作业。其中包括协助作业者与中国政府有关部门打交道；为石油作业提供协助；向作业者提供中国政府主管部门的有关要求和向作业者提供具体的技术协助。

（4）负责向国家石油公司的有关业务部门汇报工作，传达信息，转递技术资料等。

（5）学习国际石油公司的先进技术和管理经验，并负责向国家石油公司提供具体的技术资料和技术总结。使专业代表成为国家石油公司向国际石油公司学习先进技术和管理经验的桥梁和窗口。

（6）完成中方所交给的其他任务。

专业代表的设置是根据石油作业各个不同阶段的需要，由中外双方协商确定的。在勘探阶段主要设置地质、物探、钻井、采办和财务等专业代表；在开发阶段需要增加油藏、工程等专业代表；在生产阶段需要增加生产等专业代表。其中财务专业代表尤其重要，是联合管理委员会中方首席代表的重要助手之一，是中方在国际合作勘探开采石油资源的各个阶段中不可缺少的专业代表，对于加强财务、资金管理和会计核算工作，切实维护中方的合法经济权益，发挥着极其重要的作用。关于财务专业代表的有关问题在下面做专门论述。

（二）联合管理委员会所属的的中方财务专业代表

1. 做好合同区财务专业代表的重要意义

这里的财务专业代表是特指外国石油公司担当作业者期间，由国家石油公司委派，进入作业者财务会计部门与作业者财会人员一起工作的专业代表。他代表联合管理委员会中方首席代表行使对作业者财务管理、财务监督和财务协调工作的权利，列席参加联合管理委员会会议。财务专业代表根据国家石油公司确定的财务、会计政策或指令，表达意见或建议，是联合管理委员会中方首席代表在联合管理委员会上代表中方表态和决定有关财务事项的基础。因此，财务专业代表是联合管理委员会中方首席代表不可缺少的主要助手，是确保与外商合作双赢、切实维护中方的合法经济权益的主要参谋。

二十多年来国际合作的实践证明，设置中方财务专业代表是直接监督作业者严格执行石油合同规定，有效、经济和合理地进行各项石油作业活动，切实维护中方合法经济权益的有力举措。随着国际合作勘探开采石油资源工作的深入展开，从合作初期单一的石油勘探工作逐渐扩展到油（气）田的开发、生产和销售等领域，中方专业代表的任务由原来的“学习、协助、监督、配合”发展到“参与、协助、监督、顶替”，专业代表的素质有了质的飞跃和提高，联合管理的组织形式也随之有了发展和变化。现在海洋石油有些合同区的作业者机构中已不再称谓“中方专业代表”，而是直接安排在一个具体岗位，财务专业代表一般都安排在财务部副经理的位置。这似乎有些淡化了“中方专业代表”的地位，其实不然，本质上是提高了中方专业代表的地位，并加强了他们的责任。但也有个别的合同区取消了财务专业代表的职务设置，导致中方对投资和成本、费用支出的控制与监督不力。尤其是在作业者集团的财务部门由外方担任经理时，对其母公司（包括其合作伙伴在外国的母公司）转账向合同区结算的人员费用和各项服务费用等支出，即使有了不合理部分，但为了维护其母公司的利益，也不会提出质疑或纠正。取消了财务专业代表的职位设置，就等于放弃了合同赋予的监督发言权或提出纠正的权利。因此，中方的财务专业代表的职位不是可有可无，而是应该依据石油合同关于“国家石油公司应有权指派专业代表到作业者的与石油作业有关的行政和技术部门长期和作业者的人员一道工作”和“作业者的人员应经常与国家石油公司的专业代表讨论工作”的有利规定，在中方全面接替作业者地位之前，必须坚持设置。中方财务代表对于加强作业者的财务、资金管理和会计核算工作，监督财务支出，切实维护中方的合法经济权益的重要作用是不可替代的。

2. 合同区中方财务专业代表的职责与任务

财务专业代表除了是联合管理委员会中方首席代表的主要助手外，实质上又是国家石油公司委派到国际合作第一线的财务工作主管人员，直接介入或参与中外双方的财务管理、会计核算、预算控制和经济利益分配等工作。对于外方来讲，中方财务代表是在有关财务问题上了解中方意图，预先商讨或协商、协调的财务顾问与专家。根据海洋石油多年来积累的经验，财务专业代表的主要职责包括以下四个方面：

（1）在财务专业范围内代表国家石油公司协调并监督作业者对石油合同、石油合同补充协议以及联合管理委员会决议的贯彻执行；协助并监督作业者正确执行有关财经、税务方面中国政府的法律、法规和条令。例如在石油合同及补充协议中明确规定的最低勘探义务工作量完成的确认、投资回收顺序和期限的正确执行，以及签字费和贡献费的支付日期与限额等。

（2）参与作业者财务部门的日常会计核算和财务管理工作。学习和掌握西方石油公司有关会计工作、资金和财务管理的先进理念、经验和国际惯例，作为国家石油公司在这方面学习和取经的渠道和桥梁。并参与作业者有关会计、财务的制度、程序和规定的制定与修改工作。

(3) 协助作业者做好与国家石油公司和当地主管税务、财经、外汇管理部门，以及银行、金融和保险企业等的协调工作，以确保联合经营石油作业的顺利进行。

(4) 及时、正确地归纳、总结会计信息，并向中方管理层和国家石油公司财务主管部门报告。

3. 中方财务专业代表的具体工作任务

根据海洋石油20多年来的实际情况，中方财务专业代表的具体工作任务大体归纳为以下几点：

(1) 参与编制合同区年度工作计划和预算。协助中方首席代表组织各路的中方专业代表预审作业者提出的合同区年度工作计划和预算草案；汇集预审并向作业者反馈国家石油公司对年度工作计划和预算的修改意见。

(2) 做好预算执行的控制和监督管理工作。要按月、按季、按年及时编制财务支出与预算的对比分析报告，会同其他专业代表协助中方首席代表适时地向作业者提出加强和改进预算控制和管理的具体措施意见。

(3) 负责审查、分析并向国家石油公司和当地税务机关上报月度、季度会计报表和年度会计决算报告。向国家石油公司有关部门及时反馈重大项目的财务支出情况与会计信息。

(4) 负责审查并向国家石油公司报批作业者按月提交的开发和生产阶段的中方月度筹款计划。

(5) 负责审查并向国家石油公司报批作业者提交的月度投资回收和收入分成计划。

(6) 参与和了解作业者的大型采办活动，着重监督是否严格按采办程序办事。

(7) 参与、协调作业者的物资年终盘点工作，并参与审查和处理盈亏报告。

(8) 协助作业者及其合作伙伴（Partner），协调与当地政府的财政和税务等部门的工作关系。

(9) 参与联合账簿审计工作。审计准备阶段负责向国家石油公司联合账簿审计组汇报被审年度财务支出、收入分成和投资回收的情况和存在的问题；在审计过程中协助审计组审查、分析和核实有关审计的重点项目；现场审计完成之后，负责监督并落实作业者对审计报告中提出的各项审计异议的处理，并在下次审计开始前向审计组汇报各项审计异议的处理结果。

(10) 每年终了，负责汇总和编制合同区财务支出完成计划情况、投资回收和收入分成情况的分析报告，以及财务专业代表工作总结报告。

4. 合同区财务专业代表工作的参与方式

财务专业代表在作业者财务部门工作的参与方式是如何做好财务专业代表工作的关键，因此从石油合同生效开始，中外双方就要把中方专业代表工作的参与方式确定下来，具体细节可以不定，但应先确定一个基本模式，在实际工作中双方通过协商，再不断改进完善。海洋石油合同区财务专业代表工作参与的基本模式，总体上分为两大类，一是独立办公；二是联合办公。

(1) 独立办公。

所谓独立办公，就是国家石油公司委派的所有专业代表（包括财务专业代表），在作业者的办事处内，相对独立于作业者机构之外的办公，即中外双方有两套相对独立的办公机构。财务专业代表只是在工作需要时与外方约定并进入作业者的办公室商谈有关财务事宜。在20世纪80年代初，海洋石油对外合作初期都是采用这种模式，专业代表不介入作业者机构的日常工作，对联合石油作业的参与，主要集中在联合管理委员会中的重大事项的审批等决策活动。这就是说，中方人员在联合石油作业中的参与，基本上仅仅是一种高层的管理。这种做法，从表面上看，中方专业代表可以不受任何干预和干扰，可以独立行使监督权，实质上把其职能局限于监督和协调，单纯地为了监督而“监督”，客观上造成“作业者的人员干，专业代表旁边看”的局面，把中方专业代表放到了作业者的对立面，给外方工作人员造成一种印象，即中方人员是专门挑他们毛病的，人为地给双方合作形成障碍和隔阂，互相猜疑，互有戒备，不利于中外双方工作人员的交流、沟通和学习。其结果，与海洋石油对外合作的“合作、互利、双赢”的总原则是相悖的。因此，这种中方专业代表“独立办公”的模式，海洋石油在1985年第二轮招标的石油合同生效之后，各个合同区就把这种做法相继改进或淘汰。

(2) 联合办公。

财务专业代表在作业者财务部门与作业者的工作人员联合办公的模式是在上述“独立办公”模式的基础上，经过多年来不断总结、改进和完善，逐步发展起来的。海洋石油现在的实际状况大体分为以下几种类型：

一是挂职介入作业者结构。经过与作业者协商同意，财务专业代表一般挂副职，担任作业者财务部门的副经理。其具体工作由作业者财务部门的经理安排，担负某项或几项具体业务工作，例如编审部分预算和会计报表，以及费用报账发票审核、第三方（承包商）费用报账审核等。具体工作内容可以不限，但不宜与作业者计较，重要的是要取得外方财务主管的信任，营造一个良好的合作氛围。这样，就可以使财务专业代表担负的工作，有机会由易到难、由浅入深、由一般岗位到重要岗位，全面地学习和掌握作业者的一整套财务管理和会计核算的业务知识，为以后全面接管作业者的地位做好准备。财务专业代表的身份只是在联合管理委员会的会议或其他正式的专家或专业会议上出现。

二是组成作业者集团联合办公。由合同各方联合组成一个作业者集团，联合管理石油作业。作业者集团的总经理和部门经理以上的管理层采用“轮流做桩”制，同时，国家石油公司还选派一些高、中级财会专业人员，推荐给作业者，由作业者根据实际需要考核录用。作业者集团财务部门基本上由外国石油公司母公司委派的财务专家或高级财会专业人员、中方财务专业代表及国家石油公司推荐的财会专业人员和当地合同雇员三部分组成。财务部门经理由外方担任时，中方财务专业代表担任副职，但也负责一项或几项具体业务工作。

三是ACI模式。所谓ACI模式，就是中国海洋石油总公司和某国际石油公司的合作开发南海某油（气）田的联合办公模式。在合同区联合开发的油（气）田投产后，依据合同规定，按照中方接替作业者的期限，经中外双方协商确定一个中方接替人员的比例及日程，从进入生产阶段一开始，就逐年逐级不断委派中方的各类专业人员接替外籍雇员，在规定的期限内全部完成中方接替作业者的地位。财务部门也一样，到中方接替作业者地位时，全部财会专业人员从简单到复杂、一般到重要岗位，完全由中方人员替代。中方财务专业代表在作业者的地位接替前，一直在财务部门挂副经理职务，并兼任几项重要的日常工作。但对重要的财务事项，外方的财务经理应与中方财务专业代表商议或讨论，中方财务专业代表可以借此施加影响，贯彻国家石油公司的意图、指令或政策。

综上所述，中方财务专业代表联合办公参与模式的优越性应给予充分肯定。海洋石油二十多年来在对外合作中总结了一条成功的经验，即中方参与石油作业程度的深浅及质量的高低与维护中方的利益成正比。联合办公的模式可以随着合作的深入，使中方专业代表的参与程度也不断加深，直至完全顶替作业者的地位。

5. 做好合同区财务专业代表工作应注意的几个主要问题

首先是要选拔好专业人才。一定要选拔素质高、工作能力强的财会专业人员去担当中方财务专业代表。所谓素质高应包含：①政治素质要好，必须要热爱祖国、热爱社会主义、热爱自己的国家石油公司；并且要具备比较高的政策水平，不仅要对国家的法律、法令和方针政策有较好的理解和掌握，还要熟练掌握和应用石油合同。②业务素质要高，必须要接受过专业培训或高等教育的。实践证明，在外语条件基本合格的前提下，谁的业务素质高，技术精、能力强，谁就能又快又容易地取得外方的认可和信任，与外方融为一体，更有效地合作。③外语水平及语言能力必须基本合格。外语是中外双方沟通和合作的桥梁，外语的听、说、写水平合格是对专业代表最起码的要求，不能通过另外的翻译人员来和外方交流与工作，否则，专业代表的工作肯定是不会做好的。

第二是要端正做好中方专业代表的指导思想。作为中方专业代表要做好工作，首要的是端正指导思想，摆正自己的位置。要坚持贯彻“合作、互利、双赢”对外合作的指导原则，切不能认为我们是资源国，又是大股东，一切应由我们说了算，把自己单纯地放在监督的位置，放到作业者的对立面。所有一切应讲合同，按合同办事，不干预作业者在合同规定范围内的权力，要承认和尊重作业者对石油作业的指挥决定权。在中外双方利益发生冲突问题上，一方面要坚持原则，切实维护中方的合法经济权益，一方面又要充分利用石油合同条款规定和国际惯例，说明不能以伤害另一方的利益为前提处理问题，以理服人，做到有理、有利、有节。

第三是中方财务专业代表要真正做到直接参与作业者财务部门的实际工作。重要的是直接参与，只有参与作业者财务部门的实际工作，才能有机会真正学习、了解和掌握国际（西方）石油公司财务管理和会计核算工作的先进经验、国际惯例和公认的会计原则（General Accounting Principle in Global Petroleum Industry）；只有参与，才能丢掉单纯的“监督、对抗论”，提倡“合作、双赢论”，并能最大限度地发挥协调职能的作用；只有参与，才能与作业者融为一体，寓监督于实际参与工作和合作之中，达到“合作、互利、双赢”目的，切实维护中方的合法经济权益。

第四是国家石油公司的财务主管部门要加强对中方财务专业代表的业务指导工作。要把这项工作列入日常的议事日程，由专人管理，要定期召集中方财务专业代表及时沟通和交流会计信息和经验（每年至少一次），充分发挥中方财务专业代表的职能作用。

第二节　作业者（Operator）

一、作业者的定义

关于作业者的定义，通常在我国的石油合同中明确为：

作业者是指按照石油合同的规定，负责实施石油作业的实体。（“Operator" means an entity responsible for the performance of the Petroleum Operations under the contract.)

按照合同规定，作业者仅指石油作业的经济实体，根据联合管理委员会的决议行事，不代表合同任何一方的利益，既不赢利，也不亏本。谁来担当作业者是由合同双方决定的。我国石油工业对外开放合作初期，石油合同规定，在整个勘探、开发期和生产初期，作业者都是由外国石油公司担任。

(一) 作业者的责职

在《标准合同》中关于作业者的责职规定了10条义务。主要是：合理、经济而有效地实施石油作业；负责为石油作业制订工作计划和预算，并且实施经过批准的工作计划和预算；负责对物资的采办，签订与石油作业有关的承包合同和服务合同；负责制订并实施人员培训计划及其预算；负责筹集资金；负责制订保险计划，签订并执行保险契约；负责对石油作业的各项费用进行会计核算，并保存好联合账簿；负责向联合管理委员会报告工作等。

(二) 关于作业者的移交和接替

由资源国的国家石油公司接替外国石油公司作业者的地位，这也是国际惯例，起源于巴西，其后是挪威。在石油合同中一般规定为：在合同区内任何一个油（气）田，在开发投资及其合同利息回收完之前，在条件具备的情况下，经联合管理委员会协商同意，国家石油公司可以接替生产作业者。在开发投资及其合同利息全部回收完毕之后，国家石油公司有权在任何时候按照规定的程序接替生产作业者。

二、作业者的组织结构

作业者的组织结构是根据石油勘探、开发和生产各个阶段任务的需要来设置的。在勘探阶段，作业者的主要任务是利用地质、地球物理和钻勘探井等各种方法寻找储藏石油的圈闭构造，在已经发现石油的圈闭构造上钻评价井，做可行性研究工作和编制油（气）田总体开发方案（Overall Development Program）。作业者在勘探阶段的组织结构如图1所示。

在合同区发现油（气）田确定进入开发阶段后，通常应根据石油合同的油（气）田开发补充协议的规定，由中外合作双方组建各种项目组来对油（气）田开发项目的工程设计、施工建造、现场安装和试运转等进行全面的管理，履行联合管理职能的作业者的组织结构，就需要做出相应的调整和增加。如图2所示。

在开发阶段的联合石油作业中引入项目管理，使联合石油作业操作管理层变为矩阵式的组织结构形式，既有按职能划分的垂直领导系统，又有按项

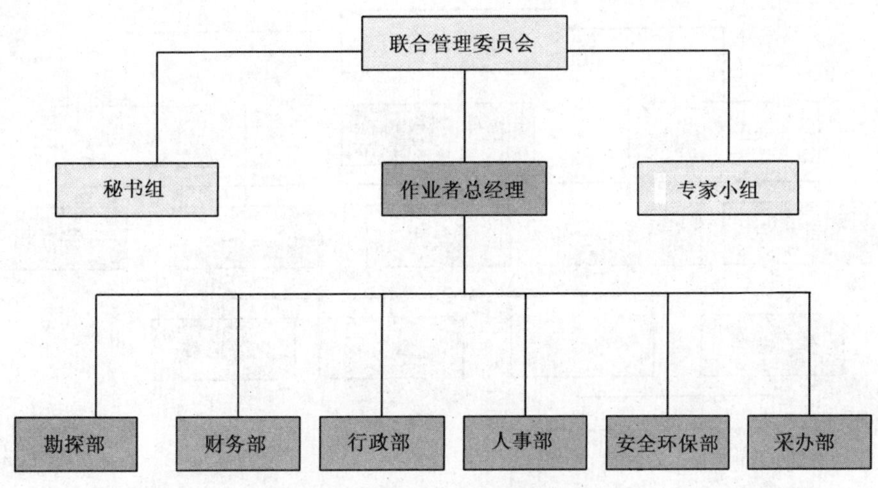

图 1　勘探阶段的组织结构

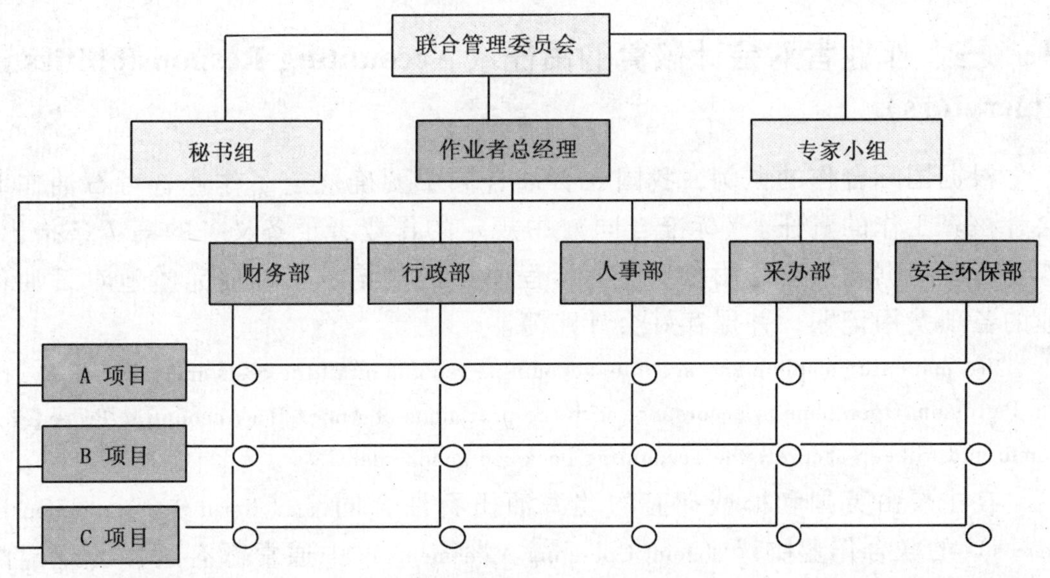

图 2　开发阶段的组织结构

目划分的横向领导系统。项目组以完成某项开发工程项目为目标，独立组织，采用“列车式”运行，把工作贯穿工程项目始终。项目管理是当今石油作业国际合作的最先进的组织结构形式，有利于投资预算、质量和进度三大控制目标的实现。

在合同区内有开发的油（气）田开始商业性生产进入生产阶段后，作业者的主要任务是从事于原油（气）采出、注水、增产、处理、储运和提油等作业，在联合石油作业操作管理层的组织结构中，工程项目组随着开发工程的完成而自然消失，其组织结构需要再进行调整改变，如图 3 所示。

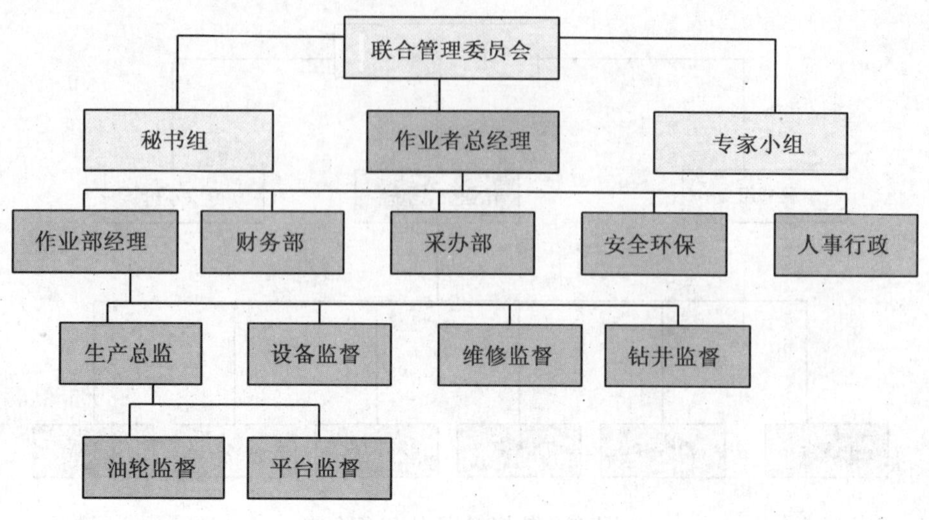

图 3　生产阶段的组织结构

三、作业者对会计核算的责任（Accounting Responsibilities of Operators）

根据国际合作的惯例，我国在石油合同中明确规定了作业者对石油作业会计核算工作的责任。《标准合同》中规定的作业者十条义务的第 7 条指出：作业者应根据石油合同附件 2《会计程序》的规定，正确而完整地对石油作业的各项费用记账，并保存好会计账簿。

"To maintain complete and accurate accounting records of all the costs and expenditures for the Petroleum Operations in accordance with the provisions of Annex II (Accounting Procedure) hereto and to keep securely the accounting books in good order."

在主要由英国和挪威拥有的北海油田石油合同区（North Sea production licences）的联合作业协议（Joint Operating Agreements）中通常都有这样的规定内容：

作业者有权负责筹集资金。作业者向各非作业者负责，对联合作业发生的全部支出进行会计核算。作业者还应负责保存好联合作业的全部会计记录（包括联合账本、会计凭证、原始单据、会计报表和会计文件等）。

(The Operator's rights to make cash calls, and his responsibility for accounting to the non-operators for all expenditure incurred and charged to the joint-operation. The operator's responsibilities are for maintaining the joint operation accounting records.)

在英国 John C. Norton 先生著作的《英国石油勘探开发会计与审计指南》（"Accounting and Auditing Guide for United Kingdom Oil and Gas Exploration and Production"）一书中关于作业者对会计核算的责任是这样写的：

作业者的会计责任是：

通常在联合作业协议的附件“会计程序”中规定，作业者应负责保存好联合作业的全部会计记录（应从作业者自己的单方账户会计记录中分割出来单独存放）。并应将联合作业需要的预付筹款（资金）和实际发生的全部支出通知各非作业者。

作业者的责任是要确保向各非作业者提供详细足够的财务信息资料，以便他们能够做出有根据的决定，确认他们应分担多少投资支出。

Accounting responsibilities of operators:

The responsibilities of the operator for maintaining the accounting records of the joint - operation (separately from the operator's own accounting records) and for notifying non - operators of the amounts of advances required and expenditure incurred are generally included in a separate exhibit to the operating agreement entitled the "Accounting Procedure"

The role of the operator is to ensure that non - operators are provided with financial information in sufficient detail for them to be able to make informed decisions as to the proper accounting for their share of expenditures.

以上是北海石油合同区的惯例，应该说这也是国际惯例，在北海油区石油资源的开发一般都是采取国际合作方式（Generally North Sea production licenses have been issued to "consortia", or groups of unrelated companies, rather than to individual companies.）。因此，在拟订我国的《石油合同》及其附件2《会计程序》时就参考了这些国际惯例。例如，在我国海洋石油的《标准合同》中，关于作业者的会计责任，就做了更为具体的规定：

为了正确反映在合同区内实施石油作业所发生的勘探费用、开发费用及其合同利息、生产作业费用以及原油和天然气生产、分配的数量和相应金额，作业者应按照石油合同附件2《会计程序》的规定对合同区的全部财务活动进行记账和核算，保存好会计账簿，并向联合管理委员会及有关单位提供详细报表和有关书面报告。

"The Operator shall keep and settle the accounts for all the financial activities in respect of the Contract Area and maintain all the accounting books and records in accordance with Annex II - Accounting Procedure hereto in order to accurately reflect the exploration costs, development costs with Deemed Interest thereon and operating costs, incurred in the performance of the Petroleum Operations in respect of the Contract Area, as well as quantity and monetary value of the production and allocation of Crude Oil and Natural Gas. The Operator shall submit detailed statements and relevant written reports to JMC and the departments concerned."

第二部分

联合经营石油勘探开采会计

第六章　联合账簿概述

联合账簿是20世纪20年代在美国的加州（California）、德州（Texas）、俄克拉哈马州（Oklahoma）、堪萨斯州（Kansas）等，由于由多个投资者联合开发石油资源的需要应运而生的产物。在当时由于多个投资者联合开发石油资源而产生了联合经营石油作业（Joint Interest Operation），与此同时就有了联合经营石油作业会计核算工作（Joint Interest Accounting），而联合账簿（Joint Account）当然就成为联合经营石油作业会计核算工作的必然工具，用于记录和反映联合开发石油资源而进行的石油作业所发生的勘探、开发投资支出和生产费用支出，以及原油和天然气产品的分配和投资回收的情况。1961年北美石油会计师协会（COPAS）成立后，专门为联合经营石油作业会计核算工作制定了一系列的会计程序（Accounting Procedure）、公认的会计准则（Generally Accepted Accounting Principles）和会计标准（Accounting Standards）等，作为石油工业这个行业的指导性文件。在随后的国际间合作联合开发石油资源的会计核算工作中，各国也同样参考和应用了COPAS颁发的这些程序、准则和标准等文件，并且一直延用至今。（编者注：联合账簿的英语原文是："Joint Account"，海洋石油在20世纪80年代初开始对外合作时我们把它译成为"联合账簿"。）

第一节　联合账簿的定义和作用

一、联合账簿的定义（Definition of the Joint Account）

"联合账簿"的定义在《石油合同》的附件2《会计程序》中一般写为：

"联合账簿"是指作业者所设立的为执行《石油合同》记录有关石油作业所发生的一切借项和贷项的账簿。

"Joint Account" shall mean the accounts established by the Operator for the implementation of the contract to record all debits and credits related to the petroleum operations.

在 COPAS 的《会计程序》样本中是这样写的：

"Joint Account" shall mean the account showing the charges paid and credits received in the conduct of the Joint Operations and which are to be shared by the Parties.（"联合账簿"是指反映由合同各方分担的为执行联合作业所发生的全部支出和收入的账簿。）

在北海石油合同区的会计程序中写为：

"Joint Account" shall mean the accounts maintained by the Operator to record all the charges and credits relative to the Joint Operations.（联合账簿是指由作业者负责保存的，用于记录与联合石油作业有关的全部支出和收入的账簿。）

海洋石油制定的联合经营石油作业会计制度（Accounting System for Joint Interest Petroleum Operation）中规定："联合账簿"的记账方法采用借贷记账法，或者称谓复式记账法（Double - entry Method）。会计核算采用权责发生制（Accrual Basis）。联合开发石油资源的石油作业要划清收益性支出和资本性支出的界限，作业者对收益的实现和费用的发生，应采用权责发生制，收益和费用的核算应相互匹配，各个会计期间采用的会计处理方法应前后一致。但合同利息的计算、筹款、预付款项和费用回收应采用现金收付实现制。

（The double - entry method shall be used in the book - keeping of the Joint Account. Revenue expenditures shall be distinguished from capital expenditures with respect to the petroleum operations. The accrued basis of accounting shall be adopted by the operator for book - keeping of income realized and costs incurred.

The accounting for revenue and costs in respect to the petroleum operations shall match accordingly and the accounting method already adopted by the Operator shall remain consistent throughout each accounting period.

Cash basis shall be used for the accounting of Deemed Interest calculation, cash calls, advances and cost recovery under the Contract.）

二、联合账簿的作用

正确、序时地核算和反映合同区实施石油作业所发生的勘探费用、开发费用及其合同利息和生产作业费用，以及原油和天然气生产、分配的数量及其相应的金额和投资回收的情况，为反映联合开发石油资源作业的会计报表和财务情况分析，提供足够的数据。

第二节　设置联合账簿应遵循的原则

设置联合账簿应遵循如下原则：

(1)“联合账簿”必须依据《石油合同》及其附件2《会计程序》的规定和要求设置。

(2)“联合账簿”的所有会计凭证、账户、账簿和会计报表，均应按照国家石油公司制定的联合经营石油作业会计制度执行。该制度中规定了石油作业者应使用的会计账户及其使用说明，会计报表的标准格式、内容及其编制方法，还包括物资分类与控管物资的定义，以及资产划分标准和固定资产核算规定等。

(3)“联合账簿”的设置应与联合经营石油作业的各项财产物资的管理相结合，有利于各项财产物资的安全和合理使用。

(4)“联合账簿”的设置既要满足上报作业者母公司各种会计资料和会计报告的要求，又要符合国家石油公司石油作业会计制度的要求。两者不能偏废，都要兼顾，但又要避免重复地增加记账和核算工作，以免浪费人力和时间。

(5)联合账簿的会计科目（账户）及其明细核算科目应尽可能地与勘探、开发和生产阶段的工程预算项目，生产费用预算项目相结合，并建立成本核算中心（Cost Centre）以便考核检查和分析对比，更有效地加强对成本、费用的控制。

(6)联合经营石油作业的一切财务活动和会计核算工作，必须遵守中国的法律、法规和国家的有关规定。

第三节　联合账簿保存的所有权

关于我国《石油合同》的附件2《会计程序》中对联合账簿保存的所有权问题，海洋石油在对外合作初期，结合我国财政部门的有关规定，认真做了研究，最后与各国的石油合同者协商同意，在《会计程序》中确定为：石油作业者应在中华人民共和国境内建立并保存全部有关石油作业的会计记录。具体包括：

(1)国家石油公司担任合同区全部油（气）田作业者时，原作业者应向国家石油公司移交有关联合账簿的全部会计记录。

(2)由国家石油公司担任单个油（气）田的作业者时，原作业者应向国家石油公司移交有关该油（气）田的开发费用和生产作业费用的会计记录。

(3)石油合同终止时，作业者应将所有凭证、账簿和报表移交给国家石油公司保管。

在石油合同的实际执行中，这项工作虽然有一定的难度，移交手续工作量较繁重，但中国海洋石油总公司与日本日中石油株式会社合作开发的渤海埕北油田等合作项目，以及与BP石油公司（原为美国ARCO石油公司）合作开发的莺歌海崖13－1天然气田，在作业者地位转移给国家石油公司后，合同双方都认真执行了合同规定，日中石油株式会社和BP石油公司分别将联合账簿的全部会计记录移交给了中国海洋石油总公司所属的渤海石油公司和南海西部石油公司。

第七章　联合经营石油勘探开采合同区财务预算
(Financial Budget of Contract Area)

第一节　合同区预算的作用、分类和依据

一、合同区预算的作用

编制合同区预算的作用有以下几点：

(1) 作为合同区进行石油作业的行动准则。

(2) 考核合同区工作数量、质量和效益的尺度。

(3) 控制预算外支出的依据。

(4) 衡量预定收入完成的标准。

(5) 为编制以后年度预算提供依据和经验。

(6) 管理层决策的依据。

二、合同区预算的分类

国际合作联合开发石油资源的预算大致分为如下两类：

(1) 财务资金预算（Financing Budget）。

1）筹资（收入）预算（Treasury）。

2）支出预算（Expenditure），按照支出的性质分为：

①资本性支出预算（Capital）；

②作业和管理费用预算（Operating and General Administration Expenses）。

3）投资回收（Investment Recovery）：

①勘探费用（Exploration Costs）；

②开发投资及其合同利息（Development Costs and Its Deemed Interest）；

③生产作业费用（Operating Costs）。

(2) 工程预算（Engineering Budget）。

1）地质（Geological）。

2）地球物理（Geophysical）。

3）钻井工程（包括钻井、完井和试油）（Drilling）。

4）油田开发和建造工程（Development and Construction of Oil/Gas Field）

三、合同区预算的编制依据

合同区预算的编制依据主要包括：

（1）主合同和销售合同（Main Contract and Sales Agreement）。

（2）合同区的年度工作计划（Annual Work Program）。

（3）各个油（气）田的总体开发方案（Overall Development Program）。

（4）合同区油（气）田的生产能力（Production Capacity）。

（5）市场能力（Marketing），包括运输、接收能力等。

（6）作业者母公司的中长期规划和现金流（Operator's Headquarter Long Rang Planning and Cash Flow）。

第二节　合同区预算的内容

一、预算项目设置的原则

预算项目设置的原则为：

（1）符合《石油合同》及其附件2《会计程序》的规定；

（2）要尽可能地与会计核算科目及其明细核算项目相一致，以便做对比分析；

（3）作业者管理层的需要；

（4）合作伙伴（非作业者）的管理需要。

二、合同区预算的主要内容和格式

（一）合同区预算的主要内容

按照我国海上石油资源勘探开发对外合作几轮招标的合同模式，海上石油资源开发均分为勘探、开发和生产三个阶段（现在陆上合同区也是这样划分的）。预算支出的项目内容和分类首先是按照这三个阶段来划分的，石油合同执行初期一般都只有勘探费用一类，但随着油（气）田的发现和开发，一个合同区内就会同时存在勘探、开发和生产三个阶段的石油作业，预算支出则首先要分为勘探费用、开发费用和生产作业费用三大类分别按明细支出项目来编制。

1. 勘探费用（Exploration Expenditures）

勘探费用包括：

（1）地质费用（Geological Expenses）。

（2）地球物理勘探费用（Geophysical Expenses）。

（3）钻井工程费用（Drilling Costs）。

（4）固定资产（设备、设施）各种购置费用（Equipment and Facilities）。

（5）行政管理费用（G&A）。

（6）上级管理费用（Overhead）。

2. 开发费用（Development Expenditures）

开发费用包括：

（1）工程设计费用（Engineering Design）。

（2）平台建造（Platform Construction）。

（3）输油（气）管线（Oil/Gas Pipeline）。

（4）单点系泊设施（SPM）（Single Point Mooring）。

（5）浮式油轮及处理装置（FPSO）（Floating Production, Storage and Offloading）。

（6）生产井钻井工程（Production Drilling Well）。

（7）项目组费用（PMT）（Project Management Team）。

（8）检验费用（Inspection）。

（9）保险费用（Insurance Premium）。

（10）行政管理费（G & A）。

（11）上级管理费（Overhead）。

3. 生产作业费用（Operation Costs）

生产作业费用包括：

（1）生产作业人员工资（Labour）（Salaries and Wages）。

（2）油料费（Fuel）。

（3）运输费（Transportation）。

（4）通讯费（Communication）。

（5）维修费用（Maintenance）。

（6）油井大修费用（Well Cost/Drilling Workover）。

（7）化工材料（Chemical Material）。

（8）环保（Environment/Health/Safety）。

（9）培训（Training）。

（10）保险费（Insurance Premium）。

（11）差旅费用（Travel）。

（12）膳食补贴（Catering）。

（13）行政管理费（G & A）。

（14）上级管理费（Overhead）。

（15）其他（Miscellaneous/Special Charges）。

（二）合同区预算的格式样本

关于合同区预算的格式，为了便于读者了解和掌握，这里仅以一个合同区为例，并以英文原文本，把勘探、开发和生产等主要部分列示如下：

2006 BUDGET SUMMARY

Contract Area 00/00　　Currency MUSD

Activities	1st Quarter	2nd Quarter	3rd Quarter	4th Quarter	Yearly Total
Exploration Activity					
Contractual 00/00	116	0	0	1	117
Development Activity					
Project NH10－1，2，3	50，881	55，156	16，783	15，303	138，123
Production Activities					
（1）Oil Field NH10－1	0	0	230	1，340	1，570
（2）Oil Field NH10－2	0	0	136	2，615	2，751
（3）Storehouse Stock（variation）				500	500
Total Production Activities	0	0	366	4，455	4，821
Total 2006 Budget	**50，997**	**55，156**	**17，149**	**19，759**	**143，061**
2006 Budget Share					
State Petroleum Co.	25，950	28，129	8，746	10，078	72，903
Contractor A	8，349	9，009	2，801	3，227	23，386
Contractor B	8，349	9，009	2，801	3，227	23，386
Contractor C	8，349	9，009	2，801	3，227	23，386
Total Costs	**50，997**	**55，156**	**17，149**	**19，759**	**143，061**

2006 Budget

Exploration Activities

Contract Area 00/00 Currency MUSD

Activities	1st Quarter	2nd Quarter	3rd Quarter	4th Quarter	Yearly Total
Geological	60	0	0	0	60
Geophysical	0	0	0	0	0
Seismic	0	0	0	0	0
Drilling	0	0	0	0	0
Pre – Project Costs	0	0	0	0	0
Fixed Assets	25	0	0	0	25
General & Administrative					
– Exploration Department	20	0	0	0	20
– Allocation Common Costs	3	0	0	1	4
Total G & A	23	0	0	1	24
Overhead	8				8
Total Exploration CA00/00	**116**	**0**	**0**	**1**	**117**

2006 Budget

NH 10 – 3 Development Summary

Contract Area 00/00 Currency MUSD

Activities	1st Quarter	2nd Quarter	3rd Quarter	4th Quarter	Yearly Total
Project NH 10 – 1, 2, 3					
Capital Costs	46, 877	52, 116	13, 953	13, 016	125, 962
Storehouse Stock (variation)	0	0	0	0	0
General & Administrative	3, 032	2, 685	2, 760	2, 223	10, 700
Overhead	972	355	70	64	1, 461
Total Project NH 10 – 1, 2, 3	**50, 881**	**55, 156**	**16, 783**	**15, 303**	**138, 123**
Including:					
Oil Field NH 10 – 1	26	23	11	0	60
Oil Field NH 10 – 2	30, 481	33, 251	5, 290	952	69, 974
Oil Field NH 10 – 3	20, 374	21, 882	11, 482	14, 351	68, 089
Total Development Activity	**50, 881**	**55, 156**	**16, 783**	**15, 303**	**138, 123**

2006 Budget

Development Project NH 10 – 2

Contract Area 00/00 Currency MUSD

Activities	1st Quarter	2nd Quarter	3rd Quarter	4th Quarter	Yearly Total
Capital Costs:					
– Topside Equipment	12, 208	14, 977	0	0	27, 185
– Structure	6, 734	7, 216	0	0	13, 950
– Pipeline	6, 317	5, 923	0	0	12, 240
– Engineering	916	846	557	0	2, 319
– Certificating/Insurance/Import Duty	1, 627	1, 607	735	0	3, 969
– Drilling/Completion	0	0	2, 365	0	2, 365
– Contingency	0	689	818	818	2, 325
Total Capital Costs	**27, 802**	**31, 258**	**4, 475**	**818**	**64, 353**
Storehouse Stock (variation)	0	0	0	0	0
General & Administrative					
– Project Management Team	1, 007	889	469	70	2, 435
– Drilling Allocation	0	0	0	0	0
– Allocated Common G & A	1, 090	964	325	60	2, 439
Total G & A	**2, 097**	**1, 853**	**794**	**130**	**4, 874**
Overhead	582	140	21	4	747
Total Development NH10 – 2	**30, 481**	**33, 251**	**5, 290**	**952**	**69, 974**

2006 Budget

Production Summary

Contract Area 00/00 Currency MUSD

Activities	1st Quarter	2nd Quarter	3rd Quarter	4th Quarter	Yearly Total
NH 10 – 1 Oil Field					
Operating Costs					
– NH10 – 1 Platform	0	0	188	998	1, 186
– FPSO (Apportioned share)	0	0	0	208	208
Total Operating Costs	**0**	**0**	**188**	**1, 206**	**1, 394**
– Fixed Assets	0		30	10	40
– General & Administrative	0	0	8	102	110
– Overhead	0	0	4	22	26
Total NH10 – 1 Production	**0**	**0**	**230**	**1, 340**	**1, 570**
NH 10 – 2 Oil Field					
Operating Costs					
– NH10 – 2Platform	0	0	100	1, 939	2, 039
– FPSO (Apportioned share)	0	0	0	402	402
Total Operating Costs	**0**	**0**	**100**	**2, 341**	**4, 441**
– Fixed Assets	0	0	30	10	40
– General & Administrative	0	0	8	213	217
– Overhead	0	0	2	51	53
Total NH10 – 2Production	**0**	**0**	**136**	**2, 615**	**2, 751**
NH 10 – 3Oil Field					
Operating Costs					
– NH10 – 3Platform	0	0	0	0	0
– FPSO (Apportioned share)	0	0	0	0	0
Total Operating Costs	**0**	**0**	**0**	**0**	**0**
– Fixed Assets	0	0	0	0	0
– General & Administrative	0	0	0	0	0
– Overhead	0	0	0	0	0
Total NH10 – 3 Production	**0**	**0**	**0**	**0**	**0**
Storehouse Stock (variation)	0	0	0	500	500
Total Production Activities	**0**	**0**	**366**	**4, 455**	**4, 821**

2006 Budget

NH 10 – 1 Oil Field Production

Contract Area 00/00 Currency MUSD

Items	1st Quarter	2nd Quarter	3rd Quarter	4th Quarter	Yearly Total
Operating Costs (Platform Only)					
– Salaries and Wages	0	0	35	103	138
– Contract Labor	0	0	113	91	204
– Catering	0	0	40	120	160
– Travel and Entertainment	0	0	0	0	0
– Transportation	0	0	0	533	533
– Fuel	0	0	0	250	250
– Maintenance (WO)	0	0	0	100	100
– Stock Issuance	0	0	0	0	0
– Maintenance Materials	0	0	0	100	100
– Facilities Upgrades	0	0	0	0	0
– Maintenance/Inspection Survey	0	0	0	0	0
– Engineering work Orders	0	0	0	120	120
– Sidetracks/rig Modification	0	0	0	0	0
– Workovers/Other Well Costs	0	0	0	0	0
– Communications	0	0	0	40	40
– Chemical (Oil – Gas – water – Treatment)	0	0	0	0	0
– Training	0	0	0	0	0
– Environment/Health/Safety	0	0	0	47	47
– Principal Work Order	0	0	0	0	0
– Insurance Cost	0	0	0	0	0
– Misc. Contract Costs	0	0	0	0	0
– Miscellaneous/Special Charges	0	0	0	0	0
Total Platform Operating Costs	**0**	**0**	**188**	**1, 504**	**1, 692**
FPSO (apportioned share)	**0**	**0**	**0**	**208**	**208**
Subtotal Operating Costs	**0**	**0**	**188**	**1, 712**	**1, 900**
NH 10 Common Cost Allocation	0	0	0	(506)	(506)
Total Operating Costs	**0**	**0**	**188**	**1, 206**	**1, 394**
Fixed Assets	0	0	30	10	40
General & Administrative	0	0			
– Operation & Production Dept.	0	0	0	50	50
– E. H. S. & Drilling Dept.	0	0	0	5	5
– Allocated Common Cost	0	0	8	47	55
Total G & A	**0**	**0**	**8**	**102**	**110**
Overhead	0	0	4	22	26
Total NH 10 – 1 Production	**0**	**0**	**230**	**1, 340**	**1, 570**

2006 Budget

FPSO Operating Costs

Contract Area 00/00 Currency MUSD

Items	1st Quarter	2nd Quarter	3rd Quarter	4th Quarter	Yearly Total
FPSO Operating Costs					
– Salaries and Wages	376	296	296	296	1, 264
– Contract Labor	68	96	96	96	356
– Catering	160	190	150	150	650
– Travel and Entertainment	23	19	19	19	80
– Transportation	760	923	830	919	3, 432
– Fuel	300	402	233	280	1, 215
– Maintenance (WO)	138	127	176	187	628
– Stock Issuance/Obsolete Inventory	50	50	50	50	200
– Maintenance Materials	153	310	64	168	695
– Facilities Upgrades	2, 600	2, 665	0	0	5, 265
– Maintenance/Inspection Survey	900	1, 800	0	0	2, 700
– Engineering work Orders	120	120	20	120	380
– Sidetracks/rig Modification	0	0	0	0	0
– Workovers/Other Well Costs	0	0	0	0	0
– Communications	26	26	26	26	104
– Chemical (Oil – Gas – water – Treatment)	8	8	24	24	64
– Training	9	15	9	9	42
– Environment/Health/Safety	87	48	88	89	312
– Principal Work Order	0	0	0	0	0
– Insurance Cost	229	0	229	0	458
– Misc. Contract Costs	0	0	0	0	0
– Miscellaneous/Special Charges	6	9	16	16	47
Total SPSO Costs	**6, 013**	**7, 104**	**2, 326**	**2, 449**	**17, 892**
Production					

续表

Items	1st Quarter	2nd Quarter	3rd Quarter	4th Quarter	Yearly Total
NH 01 －1Oil Field（MSTB）	315	81	536	607	1，539
NH 01 －2Oil Field（MSTB）	1，250	274	1，605	1，555	4，684
NH 01 －3Oil Field（MSTB）	291	67	405	412	1，175
NH 01 －4Oil Field（MSTB）	747	163	954	922	2，786
NH 01 －5Oil Field（MSTB）	329	72	415	394	1，210
NH 10 －1Oil Field（MSTB）	0	0	0	239	239
NH 10 －2Oil Field（MSTB）	0	0	0	462	462
Total Production（MSTB）	**2，932**	**657**	**3，915**	**4，591**	**12，095**
NH 01 －1 Oil Field（%）	10.74%	10.74%	13.69%	13.22%	12.72%
NH 01 －2 Oil Field（%）	42.63%	42.63%	41.00%	33.87%	38.73%
NH 01 －3 Oil Field（%）	9.92%	9.92%	10.34%	8.97%	9.71%
NH 01 － 4 Oil Field（%）	25.48%	25.48%	24.37%	20.08%	23.03%
NH 01 － 5 Oil Field（%）	11.22%	11.22%	10.60%	8.58%	10.00%
NH 10 －1 Oil Field（%）	0.00%	0.00%	0.00%	5.21%	1.96%
NH 10 －2 Oil Field（%）	0.00%	0.00%	0.00%	10.06%	3.82%
Total Production（%）	**100.00%**	**100.00%**	**100.00%**	**100.00%**	**100.00%**
FPSO Costs Sharing					
Allocating on NH01 －1 Production	646	763	318	324	2，051
Allocating on NH01 －2 Production	2，564	3，029	954	829	7，376
Allocating on NH01 －3 Production	597	705	241	220	1，763
Allocating on NH01 －4 Production	1，532	1，810	567	492	4，401
Allocating on NH01 －5 Production	674	797	246	211	1，928
Allocating on NH10 －1 Production	0	0	0	127	127
Allocating on NH10 －2 Production	0	0	0	246	246
Total FPSO Costs	**6，013**	**7，104**	**2，326**	**2，449**	**17，892**

2006 Budget

FPSO Marine Costs

Contract Area 00/00 Currency MUSD

Items	1st Quarter	2nd Quarter	3rd Quarter	4th Quarter	Yearly Total
FPSO Marine Costs					
– Salaries and Wages	0	0	0	0	0
– Contract Labor	680	600	735	735	2, 750
– Catering	0	0	0	0	0
– Travel and Entertainment	0	0	0	0	0
– Transportation	30	0	30	30	90
– Fuel	0	0	0	0	0
– Maintenance (WO)	153	0	153	154	460
– Stock Issuance/Obsolete Inventory	0	0	0	0	0
– Maintenance Materials	184	25	264	271	744
– Facilities Upgrades	7, 059	9, 000	0	0	16, 059
– Maintenance/Inspection Survey	87	103	87	88	365
– Engineering work Orders	0	0	0	0	0
– Sidetracks/rig Modification	0	0	0	0	0
– Workovers/Other Well Costs	0	0	0	0	0
– Communications	8	10	8	10	36
– Chemical (Oil – Gas – water – Treatment)	0	0	0	0	0
– Training	5	5	5	5	20
– Environment/Health/Safety	20	20	20	20	80
– Principal Work Order	0	0	0	0	0
– Insurance Cost	0	0	0	0	0
– Misc. Contract Costs	220	20	220	220	680
– Miscellaneous/Special Charges	20	20	20	20	80
Total SPSO Marine Costs	**8, 466**	**9, 803**	**1, 542**	**1, 553**	**21, 364**
Production					

续表

Items	1st Quarter	2nd Quarter	3rd Quarter	4th Quarter	Yearly Total
NH 01 - 1Oil Field (MSTB)	315	81	536	607	1, 539
NH 01 - 2Oil Field (MSTB)	1, 250	274	1, 605	1, 555	4, 684
NH 01 - 3Oil Field (MSTB)	291	67	405	412	1, 175
NH 01 - 4Oil Field (MSTB)	747	163	954	922	2, 786
NH 01 - 5Oil Field (MSTB)	329	72	415	394	1, 210
NH 10 - 1Oil Field (MSTB)	0	0	0	239	239
NH 10 - 2Oil Field (MSTB)	0	0	0	462	462
Total Production (MSTB)	**2, 932**	**657**	**3, 915**	**4, 591**	**12, 095**
NH 01 - 1 Oil Field (%)	10.74%	10.74%	13.69%	13.22%	12.72%
NH 01 - 2 Oil Field (%)	42.63%	42.63%	41.00%	33.87%	38.73%
NH 01 - 3 Oil Field (%)	9.92%	9.92%	10.34%	8.97%	9.71%
NH 01 - 4 Oil Field (%)	25.48%	25.48%	24.37%	20.08%	23.03%
NH 01 - 5 Oil Field (%)	11.22%	11.22%	10.60%	8.58%	10.00%
NH 10 - 1 Oil Field (%)	0.00%	0.00%	0.00%	5.21%	1.96%
NH 10 - 2 Oil Field (%)	0.00%	0.00%	0.00%	10.06%	3.82%
Total Production (%)	**100.00%**	**100.00%**	**100.00%**	**100.00%**	**100.00%**
FPSO Costs Sharing					
Allocating on NH01 - 1 Production	910	1, 053	211	205	2, 379
Allocating on NH01 - 2 Production	3, 609	4, 179	632	526	8, 946
Allocating on NH01 - 3 Production	840	973	160	139	2, 112
Allocating on NH01 - 4 Production	2, 157	2, 498	376	312	5, 343
Allocating on NH01 - 5 Production	950	1, 100	163	134	2, 347
Allocating on NH10 - 1 Production	0	0	0	81	81
Allocating on NH10 - 2 Production	0	0	0	156	156
Total FPSO Marine Costs	**8, 466**	**9, 803**	**1, 542**	**1, 553**	**21, 364**

2006 Budget

Summary of General & Administrative Expenditures

Contract Area 00/00 Currency MUSD

Items	1st Quarter	2nd Quarter	3rd Quarter	4th Quarter	Yearly Total
Direct Department G & A					
– Exploration Department	102	90	90	99	381
– NH10 – 1,2,3 Project Management Team	1,456	1,288	1,460	1,115	5,319
– Operations & Production	1, 028	910	937	963	3, 838
– NH 20 Gas PMT	969	981	1, 069	1, 068	4, 087
Common G & A					
– Management Department					
Management	334	256	212	291	1, 093
Computer/Telecom. Dept.	325	278	301	271	1, 175
Total Management Dept.	659	534	513	562	2, 268
– Finance Department	260	205	197	193	855
– Environmental/Health/Safety	147	95	101	94	437
– Drilling Group	193	172	172	137	674
– Procurement Department					
Procurement	193	186	192	159	730
Warehouse	568	551	546	550	2, 215
Total Procurement Dept.	761	737	738	709	2, 945
– H. R. & Administrative					
Human Resources & Administrative	534	497	498	519	2, 048
Training	109	103	102	102	416
Housing Maintenance	402	398	397	397	1, 594
Hong Kong Office	24	20	20	21	85
Total H. R. & Administrative	1, 068	1, 018	1, 017	1, 039	4, 143
Total G & A	6, 644	6, 030	6, 294	5, 979	24, 947

第三节　合同区预算的编制和管理以及审批程序

一、合同区预算的编制和管理程序

作业者的财务部门是合同区预算编制和管理的主管部门。财务部门负责组织合同区年度预算的编制工作，通常每年7月15日前财务部门应根据作业者管理层的意向和要求，以及非作业者（作业者以外的其他合同者）的意见，提出下一年度工作计划（Work Program）和预算（Annual Budget）编制的总体方案（包括预算编制的计划日程、预算的统一格式、内容和降低成本、费用的控制指标等），通知作业者的各职能部门和工作现场［包括油田勘探、开发的建设项目和油田的生产平台（Production Platform）与浮式生产储油装置（FPSO）等］。各职能部门的经理或总监是每个单项预算的责任人（Budget Holder），负责预算的编制和执行。各职能部门的经理或总监负责编制和提交经营管理费用（General Administrative Expenses）的预算，其内容包括工作人员编制人数与工资、出差和培训计划费用，外部的技术服务费用，IT服务费用，办公室及设施租金和其他办公费用，以及工作人员的工作时间安排与分配计划和费用的性质（Direct Costs or Indirect Costs）等。工作现场的项目经理（负责人）负责编制和提交生产费用的预算，其内容包括生产作业工作计划，生产作业和维修费用、外购材料费用、外部服务费用和其他生产作业费用等。勘探或开发建设项目的项目经理或总监负责编制资本支出（建设项目成本）预算，其内容包括建设项目的进度计划，建设项目计划需要的器材采购支出与各种服务费用，以及其他有关的建设费用支出等。财务部门负责收集和汇总各个部门以及工作现场和建设项目的预算，组织召开各类预算咨询会议，详细审查各类预算。每项预算的责任人都要汇报和说明并提供工作计划和预算的详细情况与资料，并根据各类预算咨询会议的修改意见，对各类预算进行适当的调整和修改［各类预算都必须符合合同区的中长远规划，勘探项目预算要符合石油合同中规定的勘探义务工作量（包括地质、地球物理勘探工作量和勘探井数量）；开发项目预算要符合已批准的ODP报告；生产项目预算要符合油（气）田开发方案中规定的生产曲线。］，于每年9月15日前提交下一年度的全面整套的合同区财务预算草案，报送合同各方和联合管理委员会（JMC）审查。

财务部门对合同区预算的责任可以归纳为以下几点：

（一）协调和汇总编制预算（Coordinated Budget Process）

（1）设计统一的预算格式、预算项目和编号（Budget Template, Coding & Number）。

（2）按照作业者管理层的要求和合同者的意见下达预算控制指标（Management Advice）。

（3）收集和汇总各部门和工作现场、建设项目的预算（Budget Collection）

（4）编制合同区的整体预算草案（Draft Budget）。

（5）向联合管理委员会和国家石油公司报批合同区预算（Budget Approval）。

（6）按照联合管理委员会和国家石油公司的意见修改调整预算和重新下达预算指标（Budget Adjustment）。

（二）监督合同区预算的执行（Executive Budgeting）

（1）审核各类支出发票，正确计入联合账簿（Checking, A/C）。

（2）定期报告合同区预算执行情况（Reporting）。

（3）按照作业者管理层要求修订和编制追加预算（Additional Budget）。

（三）合同区预算的分析和评价（Evaluation and Progress）

（1）对比分析（Analysis & Comparing）。

（2）提出合同区预算执行和管理的改进措施（Experience）。

以下是海洋石油某合同区的一个预算编制和管理程序的案例：

Budget Procedure

1. General

1.1 The purpose of the process is to identify responsibility for interested parties (including budget holder, finance, company management, partners etc.), standardize their activities when generating the annual budget, implement the budget plan, and ensure all tasks performed within financial authorization.

1.2 According to the Production Share Contract (PSC) and SPC's (State Pertroleum Corporation) budget regulations, SPC China Ltd. Nanhai Operation Company (NOC) is required to submit a proposed Annual Work Programs and Budget for the following calendar year. The programs shall be designed to carry out the operations designated by Partners at whose expense they are being carried out.

1.3 All activities shall only be performed according to the approved Work Programs and Budget.

2. Budget Generation

2.1 Roll Out Budget Process

Before start up the annual budget generation program commences, Finance needs to design a template for budget data input and arrange proper budget program schedule whilst taking management and Partners' requirements into consideration. The program should be initiated before the 15th July of each calendar year.

2.2 Collect Basic Information

Finance is responsible for collecting basic information from department managers/supervisors (for G&A plan), on - site superintendents (for on - site PMO plan) and each capital project manager (for capital plan). Each budget holder should provide the required information using the designated template.

The information provided by department managers/supervisors shall include staff headcounts, travel & training plan, any external services requested, IT requirements, office rental and other expenditures, staff working time allocation plan, and cost nature - i. e. is it direct / indirect to project etc.

Information provided by on - site superintendents shall include a working plan for production, operation and maintenance; estimated material, service and related cost required for each activity.

Information provided by capital project manager shall include working plan for capital project; estimated material, service and related cost required for each activity.

In addition to the above information, budget assumption, working plan change possibility, risk assessment etc. shall be also considered during budget preparation.

2.3 Basic Data Process

After basic information has been collected form budget holder, Finance will process the data, including indirect costs allocation, project costs summary, and operation and capital budget consolidation etc. The process is illustrated in Figure 1. Below:

2.4 Time Allocation Rate (TAR)

The costs information collected has been classified as direct costs and indirect costs. Indirect costs are the costs benefited for several projects rather than just one project. The estimated TAR will be used to allocate indirect costs for each specific project.

2.4.1 Department managers/supervisors shall estimate the project time allocation rate for each individual.

2.4.2 Finance shall verify and summarize the TAR from each department, then allocate the indirect costs for each department to oil field operation, other expenses or capital projects according to the departmental TAR.

2.5 Budget Review and Challenge

Several challenge meetings shall be held to review the budget information. Each budget holder is required to justify their costs plan. Finance will adjust the budget data according to

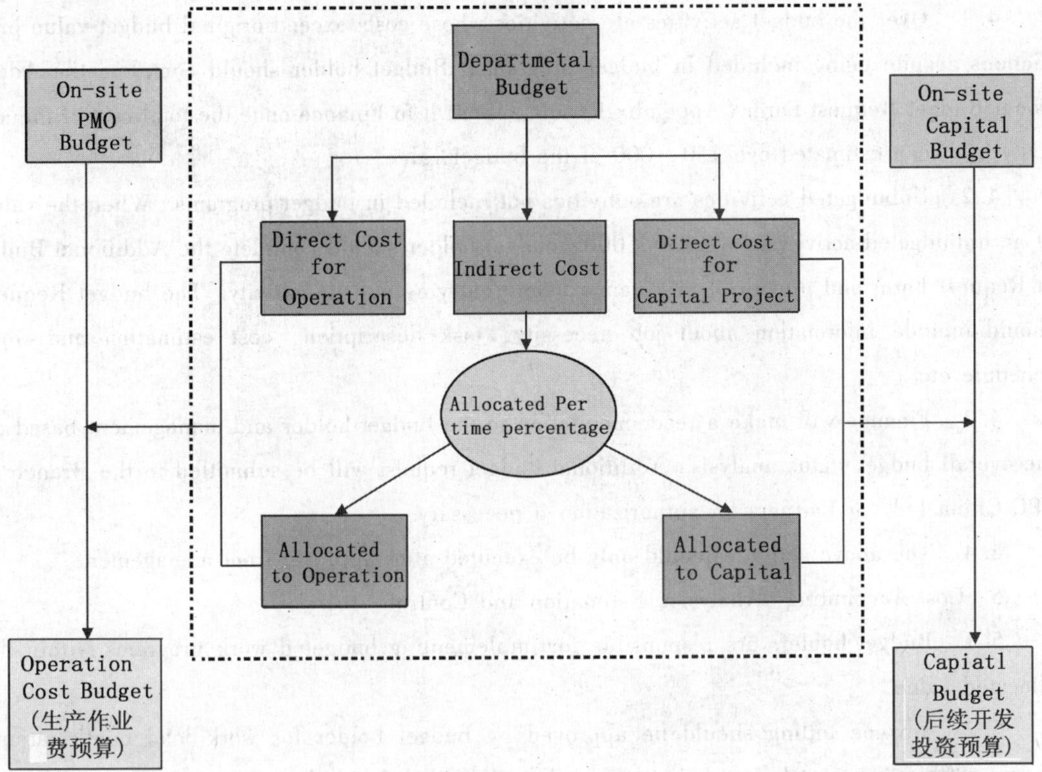

Figare 1 Flow Chart For Budget Data Process

meeting's recommendation. Submission of the final budget should align with the company's long term strategy.

2.6 Budget Submission to Partners for Approval

Submission of the final budget package shall include expenditure budget, a production plan, revenue estimation and any other information requested by management or Partners. Normally, NOC firstly submits a budget package to the Branch of SPC China Ltd. before the end of August. Upon the Branch's approval, the budget package will then be submitted to Partners before September 15th according to spc.

3. Budget Alignment

3.1 The annual company budget will be finalized after approval from management and Partners. Finance will divide and allocate this approved budget according to the budget holder's responsibility.

3.2 Each budget holder should review and update his/her job plan to align with the allocated approved budget. Finance should be notified of any amendments.

3.3 Budget holder should assure that all activities are performed according to the approved budget. Any activity in excess of budget programs or approved cost should go through the Additional Budget Request procedure before execution.

4. Additional Budget Request

4. 1 Over the budget activities are activities whose costs exceed original budget value predictions despite being included in budget programs. Budget holder should complete the Additional Budget Request Form (Appendix 1) and submit it to Finance once the total cost of the activity has been estimated over$50, 000 of the budget value.

4. 2 Unbudgeted activities are activities not included in budget programs. When the value of an unbudgeted activity is over$30, 000, budget holder should complete the Additional Budget Request Form and provide it to Finance before carrying out the activity. The budget Request should include information about job necessity, task description, cost estimation and work schedule etc.

4. 3 Finance will make a recommendation to the budget holder and management based on the overall budget status analysis. Additional budget request will be submitted to the Branch of SPC China Ltd. or Partners for authorization if necessary.

4. 4 The above activities could only be executed after approval from management.

5. Cost Accounting, Analysis, Estimation and Control

5. 1 Budget holders are responsible for implementing budgeted work programs within the allocated value.

5. 2 Invoice billing should be approved by budget holder for work load confirmation, charge code assignment before being returned to the Finance for the payment process. Finance will review the assigned charge code and match the invoice with the budget. For those invoices that are not consistent with the budget, Finance will refer them to NOC management for future approval on invoice payment. Moreover, the Additional Budget Request procedure is still required to process for these invoices.

5. 3 Finance should be involved in charge code and budget confirmation for material purchase Work Order before it is moved on to a Purchase Order as the expenditure charge code is already determined at the Work Order stage in stead of invoices stage.

5. 4 Budget holders and Finance should exchange information about budgeted programs' implementation status. Activities which vary from the original plans, such as working schedule change, cost rate change, other contract article change etc. should be announced. Finance will carry out variance analysis on costs impact from activity changes.

5. 5 In addition to actual costs analysis, Finance should frequently make Latest Estimation (LE) of final annual costs by collecting information of actual activities carried out and draft an updated job plan for the remaining period of the year. LE information should be used as reference for budget holder to adjust and control his/her remaining job plan.

5. 6 Fully considered the actual cost analysis and LE information, Finance could provide management with a proposal to improve the budget control efficiency.

5. 7 Cost challenge meeting will be held frequently. Budget holders are responsible for

presenting his/her budget implementation status and justifying any variance.

5. 8 Monthly / annual budget implementation reports will be provided to each budget holder and NOC management by Finance and will served as a key factor for budget holders' performance appraisals.

6. Miscellaneous

6. 1 Finance Department is responsible for this procedure's explanation.

二、合同区预算的审批程序

（1）作业者应于每年 9 月 15 日前编制完成下一个日历年度的工作计划和预算，提交 JMC 审查。

（2）JMC 中方代表应立即抄送分公司和国家石油公司计划部门，以供分别进行初步审查，提出修改意见。

1）JMC 中方首席代表应召集中方的有关专业代表进行初步审查，并汇总初步意见报告分公司计划等有关部门。

2）分公司应有一名主管领导组织计划、勘探、开发、工程和财务、审计等有关部门进一步初审，并汇集修改意见及时向总公司报告。

3）国家石油公司由计划部门牵头，组织勘探、开发、工程、作业和财务、审计等有关专业部门进行首次审查，重大问题必须及时报告主管副总经理。总公司首次审查的初步修改意见应及时通知分公司，由其转告 JMC 中方代表。

（3）每年 10 月 15 日前 JMC 应召开中外双方全体成员的专门会议，审查讨论年度工作计划和预算。中方代表应在联合管理委员会上提出初审的最终意见（包括总公司和分公司的意见），经过合同双方讨论一致后，联合管理委员会应做出决议，于每年 10 月 15 日前将通过的年度工作计划和预算正式上报国家石油公司审查和批准。

（4）国家石油公司在接到作业者报来的年度工作计划和预算之日起 15 日内，将其对年度工作计划和预算的批准或任何修改的建议，以书面形式通知 JMC。如果国家石油公司要求对上述年度工作计划和预算进行任何修改，则国家石油公司应提出详细理由，JMC 应立即召开联合管理委员会会议讨论并做出修改，按照国家石油公司意见修改之后的工作计划和预算可以立即生效执行。

这里必须说明的是，从作业者提交工作计划和预算至国家石油公司批准，总共只有 45d，时间十分紧迫，因此，应注意做到以下几点：

1）初审要有合理的明确分工。

2）初审与复审要交叉进行，上下意见必须及时沟通。

3）各个合同区上报每个年度的工作计划和预算的时间，大体上是一致的，都集中在一个短时间内，因此，应充分依靠和发挥中方代表的作用。

第四节　预算支出授权批准书（A. F. E.）

一、预算支出授权批准书（A. F. E.）的定义

预算支出授权批准书（A. F. E.）是联合经营石油作业合同区加强预算管理和预算控制的一种重要方式。在美、英等西方国家石油行业财务管理的行话通称为 A. F. E. ，它的定义在美国 Rebecca A. Gallun 和 John W. Stevenson 两位博士先生著的"Fundamentals of Oil and Gas Accounting"（《石油天然气会计核算基本原理》）一书中是这样写的：

The A. F. E. is a cost estimate. When joint working interests are involved, the working interest owner designated as operator obtains approval for estimated expenditures by the use of an Authority for Expenditure（A. F. E.）. The AFE generally includes cost estimates of the projected work in enough detail for the non - operator to determine the reasonableness of the dollar amounts.

（A. F. E. 是对成本的一种估计（预测）。是当执行联合经营作业时被指派为作业者的投资者（参股者）为了给预测的支出使用获得授权批准的一种书面形式。A. F. E. 一般包括工程项目的明细支出项目，以便非作业者审查确定是否合理。）

按照我们的习惯，可以称之谓单项（工程）预算。这是对每个工程项目所需投资支出额，或者一个管理部门或一个研究工作项目所需要的费用支出额，取得联合管理委员会（JMC）批准的书面计划形式。通常应由单项（工程）投资总额汇总表和工程投资支出明细项目表两张表组成，其主要内容应包括：

（1）工程项目名称；

（2）所属合同区（Contract Area）和区块（Block）；

（3）工程(或管理部门的一个单位)支出的组成要素和详细项目、金额；

（4）工程的主要内容和工作量，以及所需第三方提供的服务费计费标准等简要说明。

二、预算支出授权批准书（A. F. E. ）的例样

Authority for Expenditure

Cost Estimate

A. F. E. Name：NH 30 – 2　　Classification：Development Well

A. F. E. Description：Drill and complete to 2，200m

Location：NH 00/00 Contract Area　　A. F. E. No. 06 – 1

It is recognized that the amounts provided for herein are estimates only. And approval of this authorization shall extend to the actual costs incurred in conducting the operation specified whether more or less than herein set out.

Drilling Intangible Costs	Dry Hole USD	Completion USD	Total USD
Roads, Location, Survey, Clean – Up	160,000	0	160,000
Contractor's Moving Expense, Rig – Up, Tear – down	200,000	0	200,000
Contractor's Drilling Fee (Footage or Turnkey)			
Contractor's Day Work	840,000	0	840,000
Completion, Workover, Swabbing Units		30,000	30,000
Mud & Chemicals	250,000	25,000	275,000
Drilling Bits	70,000	10,000	80,000
Water, Fuel, Power Lubricants	140,000	10,000	150,000
Mud Logging (Including Equipment and Services)			
Conventional Coring & Service			
Hauling, Transportation, Crane, Dockage	100,000	20,000	120,000
Cement & Cementing Services (Including Float Collar, Shoe, Centralizers)	50,000	50,000	100,000
Communications, radios, Telephone, dispatcher	10,000	5,000	15,000
Electric Logging, Sidewall cores, Formation Tests (Open Hole)	300,000	0	300,000
Directional Drilling, Surveys, Equipment rentals, & Special Tool Rentals	70,000	0	70,000
Casing Crews, Tongs, Handling Tools	25,000	25,000	50,000

续表

BHP, GOR, Potential Tests		105,000	105,000
Perforating, Radioactive Logging (casing Hole)		120,000	120,000
Acidizing, Fracturing, Stimulants, Inhibitors		100,000	100,000
Fishing Tools & Services	200,000	0	200,000
Inspection, Testing, Misc. Labor, etc.		70,000	70,000
Supervision	70,000	10,000	80,000
Operating Overhead, Insurance			
Contingencies	265,000	60,000	325,000
Total Drilling Intangible Costs	**2,750,000**	**640,000**	**3,390,000**
Drilling Well Equipment costs			
Drive Pipe			
Conductor Casing	35,000	0	35,000
Surface Casing	105,000	0	105,000
Production Casing		300,000	300,000
Liner & Liner Hanger			
Air to Navigation			
Tubing	0	210,000	210,000
Subsurface flow Equipment, Pups,			
Blast Jts. GLB & Packer	0	20,000	20,000
Christmas Tree & Wellhead Equipment	10,000	250,000	260,000
Total Drilling Well Equipment costs	**150,000**	**780,000**	**930,000**
Total Drilling Costs			
Total Direct Cost If Dry Hole (1)	**2,900,000**		
Additional Cost for completion (2)		**1,420,000**	
Total Direct Cost for Complete Well[(1) & (2)]			**4,320,000**

Prepared by:　　　　　Date:

Approved by:　　　　　Date:

为执行联合石油作业的各项支出都应在取得 JMC 批准的 A. F. E. 后，才能据以开支。如果需要超出 A. F. E. 限额，根据我国石油合同的规定，作业者只能有超出 10% 内的权限。超出 10% 的部分，作业者应分季度向 JMC 报告，取得批准确认。

中国海洋石油对外合作开采石油资源的有些合同区的成本费用控制手段，主要使用 A. F. E. 来控制的。简单的说，就是将一年的全部预算都分解成一些小的项目（project）。每一个小的项目都有独立的预算和费用控制。实践表明，这是一个很好的费用控制方法。

以下所附的文件是某合同区 A. F. E. 控制的具体程序和办法。

Requirements, Procedures & Guidelines for A. F. E.

An Authorization For Expenditure (A. F. E.) is required for all projects with an anticipated cost of $50, 000 or above. A Project is defined as a plan to complete a specific scope of work. Examples of projects are: a well workover, a planned maintenance task, the purchase and installation of a piece of equipment, an exploratory well, a well completion, costs associated with the repair of a pipeline. The expenditure should have been included in the approved annual budget. Projects that have not been budgeted can be submitted for A. F. E. approval but may require the delay of other budgeted projects. If the total project amount is estimated to exceed Operators Group DOA (Delegation of Authority) limits, the projects must be submitted to and approved by principals. The approval must be attached to the A. F. E.

An approved A. F. E. must be obtained prior to any expenditure or commitment on the project.

The A. F. E. form attached is used to obtain and document the approval of Operators Group management to expend the required funds. The A. F. E. must include a description of the project and its cost based on a firm design or bid basis. Any A. F. E. over $500, 000 associated with direct oil production, such as sidetrack, a sound evaluation of the need for the project should be included with economic justification and alternatives considered. A sample completed form is attached for your reference.

An A. F. E. may also be used to collect costs on projects less than $50, 000 if it is desired to collect project costs for control purposes or for future reference.

TYPES OF A. F. E. ACTIONS:

New Project –

This action requests funding for a new project. In some cases, projects are separated into phases and a separate A. F. E. is issued for each phase. For example, a development project may be funded by multiple A. F. E's, 1) an A. F. E. for Preliminary Engineering, 2) an A. F. E. for Detailed Engineering, and 3) an A. F. E. for the Construction of a Platform.

Redefinitions –

If the scope or intent of a project is changed significantly, the A. F. E. must be revised to obtain approval for that change. The revision may result in 1) no increase in funding, 2) the need for supplemental funding, or 3) a reduction in funding.

Even though the new scope of the project can be executed within the approved funding, the A. F. E. must be redefined. For example, if an A. F. E. is approved to buy 22 sets of furniture for the Main Office Building for $110, 000 and it is later decided to include furniture for the Warehouse for $10, 000 because the actual cost of the furniture for the Main Office Building is only $100, 000, the A. F. E. must be redefined to obtain approval for the expanded scope. In other words, funds are approved by Operators Group Management to provide for the expenditures defined in the A. F. E. If all the approved funds are not required, the Project Owner does not have the discretion of expending the funding remaining in the A. F. E. on other items not defined in the original A. F. E.

If the redefinition of the project results in additional funding, the revised A. F. E. must be approved prior to any commitment of funds for the additional scope. For example, if an A. F. E. is approved for the upgrade of one generator on NH 66 – 1Oil Field and it is later determined that upgrades on two generators are required, the revised A. F. E. should be approved before a commitment is made to upgrade the second generator.

If the redefinition of the project results in the need for significantly less funds than requested, the A. F. E. should be revised to enable funds to be re – allocated to other projects.

If the project is to be fully canceled and no funds have been spent, an A. F. E. Status Update Notice must be completed and forwarded to the Finance Department (Budget/Control Group) with the signatures of those who approved the original A. F. E. Attached is a copy of the A. F. E. Status Update form.

Supplements –

If, after A. F. E. approval, the expenditures on a new or redefined project are projected to exceed Operators Group DOA limits, a Supplement to the A. F. E. must be approved by principals before those additional funds can be committed or expended. Supplemental A. F. E. 's requesting additional funds "After the Fact", when the project has been completed, should be minimized. Projects should be continuously monitored to identify potential cost over – expenditures before they occur.

If, after A. F. E. approval, the expenditures on a new or redefined project are projected to exceed Operators Group over – expenditure limits but within DOA limits, see definition below, no supplemental is required. However, the reason for over – expenditures for these A. F. E. s must included in the A. F. E. close report.

Operators Group Over – Expenditure Limits

A Over – expenditure will occur when projected expenditures are the greater of $10, 000 or 10% of the A. F. E. value.

For Example:

A. F. E. Approval	Overrun	Supplement Required
$200, 000	$18, 000	No (less than 10%)
$100, 000	$11, 000	Yes (11% over – expenditure)
$50, 000	$8, 000	No (over – expenditure less than$10, 000)
$250, 000	$30, 000	Yes (12% over – expenditure)
$75, 000	$12, 000	Yes (over – expenditure over$10, 000)

Project Owners and Project Managers

The department that controls the budget funds provided for the A. F. E. is designated as the Project Owner of the project. For example, the Petroleum Engineering Department is the Project Owner of the A. F. E. "Sidetrack NH/66 Well #3" . The Project Owner is responsible for the initiation, preparation, and submission of the A. F. E. The assistance of service departments, like the Drilling Department, may be required to supervise the work and establish the project cost.

The Project Manager Department executes the work required to implement expenditures provided by the A. F. E. The Project Owner can also be the Project Manager of the project or they can delegate that responsibility to a service department. That service department is then designated as the Project Manager. The Drilling Department is designated as the Project Manager on all A. F. E. 's that require well or drilling related work. The Facilities Engineering Group may be designated as the Project Manager on design and construction related projects.

The Project Owner retains the responsibility to monitor the progress of the project to ensure its timely completion within the approved funding even though a service department is the designated as the Project Manager.

Budget/Control Group

The Budget/Control group should be consulted on funding questions and any other assistance required in preparing the A. F. E. After the A. F. E. is completed and all signatures are received, the original A. F. E. should be submitted to the Budget/Control group.

RESPONSIBILITY

Responsibility for compliance with this policy rests with all Managers and Supervisors. The Manager of Finance will develop appropriate internal controls and reports that will permit those individuals as well as the Managing Director to satisfy themselves that this policy is being followed.

A. F. E. form as follows:

AUTHORIZATION FOR EXPENDITURE

(1) A. F. E. #	(2) Project Name

Please mark a "✓" on the appropriate item to identify the work scope if you are one of the following departments/groups:

	Work Scopes				
Exploration	Wells	Seismic	G&G	Pre-project	Fixed Assets
Drilling	Rig Modification/Upgrade	Rig Maintenance (incl. drilling package, remove and install)			
Facility	Upgrade	Subsea	Routine		
Maintenance	Mechanical	Instrument	Electrical	Chemical	
Petroleum Engineering	Workover	Sidetrack	Electic Line	Slick Line	Coil Tubing

Type of Action

New

Redefinition

Supplement

Project Timeing

Estimated Start Date

Estimated Completion Date

Department **Name** **Responsible Individual**

Project Owner **Name** **Responsible Individual**

Project Manager **Name** **Responsible Individual**

Funds Requested (USD)

Current Approval USD

This Action USD

Total Project USD

Estimated Expenditures (Current Year) USD

Estimated Expenditures (Future Years) USD

Budget Data (USD)

Amount in Current Year's Expenditure Budget USD

Budget Funding from USD

续表

Prepared by:

Name	Date	Telephone

Approvals (As per DOV)

Supervisor	Name	(Signature)	Date
Manager	Name	(Signature)	Date
Managing Director	Name	(Signature)	Date

A. F. E. Cost Breakdown

Accounts	Current Year (USD)	Future Years (USD)	Total (USD)
Grand Total			

Project Description and Justification (Attach extra sheets as necessary)

(Detailed Description and Justification for Project, economics, anticipated production ect.)

第五节 合同区预算的控制

一、合同区财务预算的控制方法

合同区财务预算的控制,按照支出发生时间的先后次序可以分为以下三种:

(1) 事先控制。所谓事先控制就是在支出发生之前所进行的控制活动。合同区的财务预算的事先控制着重做好预算的审批工作。

(2) 事中控制。所谓事中控制就是在预算执行过程中的控制和管理活动。合同区财务预算的事中控制,主要是在预算执行过程中做好实际支出与预算的对比分析工作。作业者的财务部门一般在每月、每季初都要对上一个月或上个季度做出实际支出与预算的对比,分析超出的原因,找出费用控制程序中的薄弱环节,及时采取加强控制的措施,并要经常检查财务支出是否严格执行了审批控制程序,对重大的超预算支出项目必须按照合同规定的审批程序执行。[在《标准合同》第 10 条中有明确规定:①作业者实施已批准的单项预算(例如钻一口井)时,如果需要,可以超支,但其超支额不能大于该项预算额的 10%,作业者应分季度将每项超支额汇总后报联合管理委员会确认。(In carrying out an approved budget for a single item, such as the drilling of a well, the operator may, if necessary, incur excess expenditures of no more than ten percent (10%) of the budgeted amount.)②如果总的预算支出超过已批准的年度预算时，其超出部分不得大于经批准的该年度预算的5%。(The total expenditures of that Calendar Year to exceed the approved annual budget, such excess shall not exceed five percent (5%) of the approved annual budget for that Calendar Year.)如果作业者掌握不严，或者控制比较松，中方的财务专业代表要及时提出，要求作业者纠正。

(3)事后控制。每个日历年度终了后，作业者要对预算的执行结果做出全面的分析报告，对超预算的项目必须做出合理的说明。由于作业者的主观因素造成的超支，要提出改进措施限期改正。根据合同规定，每个日历年度终了后，中方作为非作业者一方有权对作业者的联合账簿全年发生的全部财务支出和收入进行审计监督。关于审计将在下面专门论述。

二、合同区预算的监督和控制的主要内容

合同区预算的监督和控制按照财务支出的用途和成本费用项目，应有重点地抓好以下几个方面。

(一)强化工程项目管理(Project Management)

主要是油(气)田的开发工程项目管理。对合同区油(气)田开发工程建设实行项目管理是国际合作开发石油资源普遍的先进作法，用来严格、有效地进行投资、质量和工程进度的三大控制。

油(气)田的开发工程项目，一般分为两个阶段。

(1)第一阶段是项目前期评价阶段。这是指有了油(气)发现后，决定评价之日起至油气田ODP报告批准之日止。主要内容包括：

1)进行地质评价、油(气)藏评价、开发工程设施的可行性研究、工程的总体设计(即概念设计)。

2)进行经济评价，确定油(气)田开发的商业价值。

3)编制工程项目环境影响报告及安全分析报告。

4)对合同区签订的石油合同进一步做油(气)田开放补充协议的谈判。

(2)第二阶段是工程项目的实施阶段。这是指从油气田总体开发方案批准之日起至总体开发方案中确定的开发作业全部完成之日止。这个阶段又分为两小阶段：

1)项目确定阶段，即为项目实施前的准备阶段。主要工作内容是进行工程设施的基本设计，以及编写工程项目的详细执行计划。

2)项目建设的实施执行阶段。主要工作内容包括工程详细设计和采办、

建造（平台、采油及其他设施）、输（油）气管线铺设、海上安装、连接调试、钻井完井、整体试运转，油（气）投产。

油（气）田开发工程项目管理主要有五个关键的环节：

①项目组织与管理；

② 计划管理；

③设计管理；

④ 采办管理；

⑤ 施工管理。

（二）加强采办工作的控制和管理（Procurement Control and Management）

采办业务包括器材物资、设备采购和直升飞机、钻井船、供应船、固井、钻井液设计等各项外购服务费用，这是控制工程项目成本，维护中方合法权益的一项十分重要的工作。工作基础在基层，要依靠与作业者一起工作的联合管理委员会中方采办代表来监督管理。国家石油公司的地区分公司的采办部门全面负责对合同区采办工作的监控和管理；总公司的采办部门负责指导、协调和监督检查工作；中方的采办代表负责具体执行。

（1）中方的采办代表要参与作业者采办计划的编制，地区分公司有关部门要参与采办计划的审查，就其中的采办项目和数额依据合同规定提出修改意见。

（2）要监督作业者坚持公开招标的原则。根据石油合同中关于优先使用中国的人员、物资和各种服务的规定，争取更多有竞争力的中国厂商参加投标和中标。要搞好标书内容的管理，应着重于承包厂商的资格审查、招标内容、价格和价格结构、数量以及供应期、供应条件等。

（3）要有理、有利、有节地处理好中外双方的关系，重大问题除报告地区分公司主管领导及业务部门外，要及时报告总公司，以便由总公司出面进行必要的干预。

（4）要做好中方内部的采办管理工作，及时编报采办日报、单井和单项工程器材和各项服务的消耗统计报表。年度的器材物资库存报告和采办工作总结及时报送有关主管部门。

（三）加强对作业者母公司及其关联公司提供的技术服务费的控制和管理（Technical Services）

控制好作业者母公司及其关联公司的直接服务费用是十分重要的，这项费用在勘探阶段一般要占总投资支出的10%左右，有的高达15%；尤其是在合同区发现油（气）田进入开发阶段后，外国石油公司往往要利用其作业者自身的有利地位，尽可能地由其母公司及其关联公司提供各种技术服务和一般性服务，以充分获取收入，回收其投入的资金。虽然在合同中有关于作业者不应由于担任作业者而在联合石油作业中获取赢利的原则规定，但出现这种情况是不可避免的。因此，严格控制作业者母公司及其关联公司提供的技术服务费用显得格外重要。其控制的几个关键是：

（1）监督作业者严格执行工作订单程序（Work Order Procedure）。

在《标准合同》附件2《会计程序》中有一条关于工作订单的专门规定，规定要求“国家石油公司或合同者的上级机构及其关联公司或第三方为石油作业提供的一切直接服务或研究工作（包括人员），都应按照年度预算或根据联合管理委员会的批准事先办理工作订单手续，在有关发票经过审核后计入联合账簿。工作订单手续应在合同开始执行之日起三个月内由双方在联合管理委员会会议上协商制定。（Work Order Procedure shall be established through consultations at JMC meetings by both Parties within three (3) months as of the Date of Commencement of the implementation of the Conract.）”。因此，在执行石油合同一开始，联合管理委员会的中方代表就要与作业者制定具体的工作订单程序，并据以执行。

现将某合同区的英文本工作订单程序的实际案例列举如下：

WORK ORDER PROCEDURE

A Work Order should be prepared to authorize any of the principals (oil company A, oil company B, oil company C) to provide services for the Joint Operations. Work Orders are not to be used for outside (third party) vendors.

The following steps should be taken to prepare/issue a Work Order:

1. Utilize the Work Order form prepared by the Finance Department.

2. Complete each section of the form in as much detail as possible.

a. Date Prepared - Date work order is prepared.

b. Work Order Number - After completion of all other steps, including department managers' approval, the form should be sent to the Finance Department. The finance Department will enter the Work Order Number, then route for approval by Vice President and Managing Director. After all approvals have been received, the original form will be retained in the Finance Department files. A copy of the completed Work Order will be forwarded to the Originator. The originator is responsible for forwarding a copy of the completed form to the relevant Company.

c. Provided By - Input the Company that will provide the services (company A, company B, company C). Include the assigned personnel name and position if possible.

d. Cost Center and Account Code - This information should be obtained from the Finance

Department.

e. Budget Reference – This should indicate the budget category where the funds for the project will come from.

f. Scope of Work – This is a detailed description of Work/service to be provided.

g. Commencement Date – Date indicating when work/service is to begin.

h. Duration – The expected time (days, months) that the project will require to be completed. This is also crucial as charges for work done outside of this period will be questioned by auditors. The time period should be flexible enough to allow for delayed work, etc. .

i. *Lump Sum Basis* – If YES, just include Lump Sum USD amount that will cover all costs of the project. If NO, only include days and day rate information.

j. Days – Input the estimated number of mandays that the work/service will require.

k. Daily Rate – The daily rate for the person or equipment that will perform the work. It is imperative that this is agreed upon with the Principal so that it will match the charges received. The Principals have provided some manday rates (Annex3) for certain positions within their organizations. If the person performing the work is in one of these positions, the quoted manday rate should be used. If the person does not fall into any of the position, a manday rate must be determined with sufficient documentation to support the rate.

l. Total Charges – Estimated Days multiplied by the Daily rate.

m. Travel Charges – The total cost of traveling from the Principals location to the work site. This should include the estimated airfare, cost of any ground transport, ferries, hotels, meals, etc..

n. Other Charges – Any miscellaneous costs.

o. Total Work Order Charges – Total value of the Work Order. It is important to have enough funds to cover the entire project to avoid cost overruns. If the Work Order amount is exceeded by 10% or USD5, 000, whichever is less, then a supplement must be requested. The originator must justify the overrun with the supplement.

p. Approvals – All approvals (Managing Director, Vice President, Department Manager) MUST BE OBTAINED PRIOR TO THE COMMENCEMENT OF WORK.

3. If the work/service does not take place within the specified period due to unforeseen delays, either a supplement or a new Work Order must be prepared and approved.

4. If some of the work/service take place, but other additional work/service for the same project takes place at a later date (not within the time frame indicated on the work order), a Supplemental Work Order must be issued. Even if the total amount of charges is still under the original amount.

5. If more than one person is to provide the service, then the number of days and daily rate must be provided for each person.

6. Time Sheets for Work Order

Time Sheet for a Work Order Issued to a Principal should be attached with the work order. All staff who undertake a Work Order related business trip have to complete the attached time-sheet IMMEDIATELY PRIOR to their completing their business trip and ENSURE that the ORIGINAL timesheet is approved /signed by (i) the Operators Group Manager of the Department that requested the business trip, and (ii) Oil Company A's Senior Representative in the Operators Group if the individual is an Oil Company A employee. In the event the individual performing the work (i. e. the individual that needs to complete the timesheet) is not based/working in Shekou, the timesheet should be faxed to the Manager and, subsequently, if required, ENI's Senior Representative in Shekou, for approval.

MANAGERS ARE EXPECTED TO ENSURE THAT THE TIMESHEETS ARE PROPERLY COMPLETED, and to ensure that they indicate in the space provided how much additional follow-up' work is required once the individual returns to his home (base) office location. The number of hours worked must be indicated each day; not a person's presence (for example, indicate 8 hours rather than 'p' for being 'present').

The approved/signed (by Operators Group's Manager) timesheet should subsequently be forwarded to Accounting Supervisor in Operators Group's Finance Department, and a copy retained by the Approving Manager's Secretary.

7. Additional Information and Justification

The overall status of Work Orders awarded to each Principal must also be recorded in SECTION A on Page 2 of the form. The latest figures to be inserted must be obtained from Finance Department's Public Drive/Folder. Additional information can be obtained from Accounting Supervisor of the Finance Department.

Similarly, each Work Order must include a justification for awarding the Work Order to the Principal concerned, together with details as to whether any other Principals had also been considered to do the work, in SECTION B on Page 2 of the form.

After this information has been completed, the proposed Work Order should be sent to the Vice President and Managing Director for approval.

8. Training courses or seminars taken by employees at the Principals home office or other locations will require an approved Work Order. There is a special Work Order form for Oversea training (Annex2). Training department will be responsible for completing the form.

9. Copies of all correspondence (telexes, fax, letters) concerning Work Orders, particularly those having financial impact, should be forwarded to the Finance Department for filing with the Work Order. The Work Order Number should be written on the copies before forwarding to Principals. This reinforces the importance of using work order numbers when referencing work.

Work Order Form:

WORK ORDER Request

Date Prepared	
Work Order Number	

Works or Services Provided By	Principals Name	Personnel Name and Position if Applicable

Activity	Account Code	Cost Center	Budget Reference
Exploration			
Exploration			
Production			
Production –			
Production –			
Production –			
Common Cost – G&A			
PMT –			
Development –			

Scope of Works or Services ____________________

续表

Commencement Date				Duration	
Lump Sum Basis	NO		YES	Lump Sum USD	
Days		Daily Rate (USD)		Total USD	
Travel Charges				USD	
Other Charges				USD	
Total Work Order Charges				**USD**	

Work Order Applicant		***Operators Group Approval***	
Originator (Signature)	Department Manager (Signature)	Vice President (Signature)	Managing Director (signature)

Note：

1. The original should be retained in Finance Department files.
2. One copy of completed work order should be sent to the relevant Principals by originator.
3. Work Order Request should be in compliance with Work Order Procedure.

（2）工作订单要掌握一事一单，即一项服务内容做一个订单，不能以预算代替订单，否则会包罗万象无法控制。

（3）每项工作订单必须由中方和作业者双方代表审核签字确认。

（4）工作订单必须要有明确的服务内容、目的，提供服务的数量、价格和总的限额。

（5）要根据合同会计程序的规定，严格掌握直接服务费与上级管理费的界限。由于作业者的上级管理机构（包括其母公司）对石油作业提供的经营管理和业务服务的间接费用（一般性的经营管理服务）包括经营、管理、会计、财务、审计、税务、法律、采购、劳资关系、筹资、经济资料收集以及一般性的规划、设计、研究和业务活动的费用，均已包括在上级管理费之内。不能以工作订单形式额外再结算收费。否则，就是重复计费。往往这种情况是经常发生的。

（6）必须加强对年度预算的审查。要对作业者母公司及其关联公司提供的直接服务费用给予必要的限制性规定（如一定的服务内容和数额），不能敞口，不然就要失控。

（四）做好对作业者行政管理费的控制工作（General and Administration）

经营管理费就是前面已讲过的作业者在中国境内设立的作业者办事机构发生的行政管理费用（General and Administration）。其中除了管理人员的工资、福利费用以外，其他的费用项目很琐碎，至少有2~30个明细项目，有的外国石油公司核算细的多至50~60个项目。但其总额不小，一般要占总投资的10%以上，作业者往往控制较松。因此，中方应加强控制。一是要认真审查核定年度预算；二是要做好预算执行中的控制和监督，必须严格掌握在批准预算的额度内节约开支，如有超出应按合同规定分项办理追加审批手续，不能平时放松敞口，花到年底算总账，修改预算一次追加了之。

（五）加强对人员费用的控制（Personnel Expenses）

在合同中没有具体规定外籍雇员（Expatriate）的人员费用标准（外国石油公司都强调要按照他们公司各自的惯例和规定不能强求统一，在合同中不能把标准订死。），因此要详细审查作业者按照合同规定编报的人员编制计划和人员费用计划。人员数量要根据作业需要配置，尤其是要注意进入开发和生产阶段后，要按照合同中规定对中方人员的培训计划，逐步以中方人员顶替外籍雇员，以不断降低人员费用成本。对外籍雇员的工资标准主要是审查其增长幅度是否符合惯例，对不合理的部分，在审批预算中就要明确给予核减，否则，含糊地批准了预算，在执行中再给予纠正是十分困难的。

（六）加强生产作业成本的控制和管理（Operating Costs）

在合作油田的生产作业中，要通过加强设备维修、降低库存、合理调配运输和人员本地化等措施，促使生产作业成本不断降低。

（七）开发阶段和生产阶段的筹款管理

（1）要监督作业者严格执行筹款程序（Cash Call Procedure）。

（2）中方财务代表要认真审查每月的筹款计划（Cash Call）。

（3）及时检查筹款（Cash Called）实际执行情况，筹款过多，要及时提出调整意见。

（4）要监督检查开发投资专用账户的使用情况。

（八）加强联合账簿审计工作（Joint Account auditing）

联合账簿的审计将在本书第三部分专门论述。

总之，合同区财务的预算控制和管理工作是一项系统工程，应抓好以下三个环节：

（1）抓好工作计划和预算的审批。

（2）做好预算执行中的监督和控制。

（3）严格考核和监督检查预算的执行结果。

第八章　联合经营石油勘探开采的会计核算内容与方法

第一节　合同各方投入资金和投资支出以及投资回收的核算

(Invested Funds and Investment Expenditures and Accounting for Cost Recovery)

一、筹措资金（Cash Call）

联合经营石油作业的合同各方应按照《石油合同》中规定的出资比例和出资方式，以及《石油合同》附件2《会计程序》进制中规定的关于筹集资金的有关规定按期向作业者支付各自应负担的份额，作为对联合经营石油作业的投入资金。作业者应根据合同规定按月或按季向合同各方发出书面的筹款通知（Cash Call Notice），合同各方应按照筹款通知规定的期限和要求，按其出资的份额提供资金。

（一）筹措勘探阶段资金（Cash Call for Exploration）

在勘探阶段，按照我国的对外合作开采海洋和陆上石油资源《条例》和《标准合同》的规定，勘探阶段石油作业所需的勘探费用资金，全部由外国合同者提供。勘探阶段作业者是否需要发筹款通知，由外国合同者选择确定。根据海洋石油的实际执行情况，由于大多数的合同区都有两个以上的外国合同者参加，因此在勘探阶段作业者也需要按月向其他外国合同者和作业者的母公司发出筹款通知。勘探阶段的筹款通知格式如下：

Cash Call Notice

Re: Contract Area 00/00 Exploration & Appraisal - Cash Call for July 2006

Please find the attached July 2006 cash call worksheets and the ledger reports as of May 31, 2006.

Cash calls for Exploration & Appraisal are as follows:

Operator	USD	XXXXXX
Partner	USD	XXXXXX
Total	USD	XXXXXX

Your payment in U. S. Dollars is requested no later than July 5, 2006, payable to the following account:

A. XXXXXXXXXX

XXXXXXXXXXX

If you have any questions, please feel free to contact me.

Best regards,

XXXXXXX (Signature)

Finance Director

Operator's Company Name

(二) 筹措开发阶段资金 (Cash Call for Development)

在开发阶段,按照我国的《标准合同》规定,一般作业者应根据批准的年度预算和用款的实际需要,在每个月开始前二十(20)天发出开发费用的筹款通知(开发阶段的筹款通知格式附后),参与投资的各方应按照筹款通知规定的期限和要求提供资金。如果作业者由于石油作业的需要,必须支付当月筹款中未预计到的开支时,应以书面形式通知参与投资的合同各方,参与投资的合同各方应于收到书面通知之日的10d内提供追加的各自份额的资金。开发阶段的筹款通知应包括:

(1)已批准的年度预算中应由参与投资的合同各方负担的当年度开发费用总额(Annual development costs to be shared by each Investing Party.)。

(2)筹款当月的上月末投资各方累计已预交的开发投资资金和已发生的实际投资支出,以及开发投资资金的结余额(Accumulated amount of funds advanced by each Investing Party and actual expenditures and actual balance.)。

(3)筹款当月的预计支出额(Estimated expenditure in the month of the cash call.)。

(4)投资各方当月筹款金额和其后两个月预计筹款金额[Amount of funds to be called from each Investing Party and the estimated amounts of funds to be called in the following two (2) months]。

(5)清楚地指明要求提供资金的日期、金额、货币种类和汇入银行、账户、户名与地址(The clear indication of requirement for the date when funds are to be provided, the amount of funds, currency , account number, name of the account, the recipient bank and its address.)。

作业者对开发阶段投资各方当月筹款金额的计算，是根据已经批准的ODP报告和年度预算，并依据油（气）田开发工程的当月预计的工程进度需要，预测各项油（气）田开发工程当月需要计入联合账簿的投资支出，按照合同各方参与开发阶段的投资比例，计算出参与投资的合同各方应分担的份额，再调整扣减上月末参与投资的合同各方预付开发投资资金的结余额，就是参与投资各方当月的应筹款金额。参与投资的合同各方要十分重视监督作业者合理筹措和运用开发投资资金。由于作业者对参与投资各方提出的每月筹款金额都是预测计算的，实际筹款数不可能与实际使用的现款支出完全相等，如果实际筹款不足时，作业者在执行月度中可以追加筹款，因此，实际执行中，每月都有筹款结余，但不能结余太多，作业者应严格控制（按照惯例一般筹款结余应控制在当月筹款总额的5% ~10%以下），以免造成资金浪费的损失。如果经常或连续地出现较大的筹款结余时，参与投资的各非作业者有权提出质疑和改进意见。在我国的石油合同中对筹款结余只规定了“任何月份投资各方提供的筹款结余应在下次筹款中调整”，没有对作业者更多的限制性规定。在国际合作中，有的石油合同中规定了由于作业者每月筹款结余过多而造成的损失，参与投资的各非作业者有权向作业者提出补偿（包括利息）。下面是作业者在开发阶段月度筹款计算的一个案例：

XY International Oil Co. 是中国南海00/00合同区的作业者，负责南海#5油田开发工程作业，根据下列资料计算2006年8月份的参与投资各方的月度筹款金额。

Development Project	**Mile Stone Complete（%）**	**Expected Cost（USD）**	**Paid as of July 10（USD）**
Turn Key Engineering	90	3，800，000.	3，000，000.
Wellhead Platform	80	30，000，000.	21，000，000.
Living Quarters	80	10，000，000.	7，000，000.
Pipelines	60	12，000，000.	6，000，000.
FPSO	70	50，000，000	30，000，000.
Well#1 Drilling and Complete	80	3，000，000.	2，100，000.
Well#2 Drilling and Complete	60	2，800，000.	1，400，000.
Well#3 Drilling and Complete	20	2，600，000.	300，000.
Facilities	100	10，000，000	9，000，000.
General & Administrative	80	13，800，000.	10，000，000.
Total		**138，000，000.**	**89，800，000.**

The interests of Investing Party are:

XY International Oil Co. (Operator) 35%

Contractor B 14%

SPC (State Petroleum Co.) 51%

Cash Call:

Turn Key Engineering	3,800,000 × 90% = 3,420,000 – 3,000,000 = 420,000	(USD)
Wellhead Platform	30,000,000 × 80% = 24,000,000 – 21,000,000 = 3,000,000	(USD)
Living Quarters	10,000,000 × 80% = 8,000,000 – 7,000,000 = 1,000,000	(USD)
Pipelines	12,000,000 × 60% = 7,200,000 – 6,000,000 = 1,2000,000	(USD)
FPSO	50,000,000 × 70% = 35,000,000 – 30,000,000 = 5,000,000	(USD)
Well#1	3,000,000 ×80% = 2,400,000 – 2,100,000 = 300,000	(USD)
Well#2	2,800,000 ×60% = 1,680,000 – 1,400,000 = 280,000	(USD)
Well#3	2,600,000 × 20% = 520,000 – 300,000 = 220,000	(USD)
Cash Payment Required for August 2006		**USD11,420,000.**

Cash Call Notice:

Due from XY International Oil Co. 11,420,000 × 35% = USD3,997,000

Due from Contractor B 11,420,000 × 14% = USD1,598,800

Due from SPC 11,420,000 ×51% = USD5,824,200

Cash Call Notice

Re: Contract Area 00/00 NH Oil Field Development – Cash Call for July 2006

Please find the attached July 2006 cash call worksheets and financial reports as of May 31, 2006.

Cash calls for Contract Area 00/00 NH Oil Field Developments are as follows:

Operator (XY International Oil Co.)	USD3, 997, 000.00
Contractor B	USD1, 598, 800.00
SPC	USD5, 824, 000.00
Total	USD11, 420, 000.00

Your payment in U. S. Dollars is requested no later than July 5, 2006, payable to the following account:

XXXXXXXXX

If you have any questions, please feel free to contact me.

Best regards,

XXXXXXX (Signature)

Finance Director

Operator's company Name

作业者对开发阶段月度筹款的计算，由于筹款通知是在每个月开始前二十（20）天发出的，因此，对其当月后二十（20）天的实际用款支出和筹款收入还要做出预测，对下个月的筹款的实际操作的计算公式为：

（通知筹款的）下个月投资各方应筹款数额 =

当月用款预计实际发生数 + 下个月用款计划数 - 当月已收到的实际筹款数 - 上月末投资各方的资金余额

（三）筹措生产阶段资金（Cash Call for Production）

在生产阶段，按照我国的《标准合同》规定，一般作业者应根据批准的年度预算和用款的实际需要，可以按季度发出季度定期筹款通知（生产阶段的定期筹款通知格式附后），参与投资的合同各方应分月按照筹款通知规定的当月预付款的期限和要求，按其份额提供资金。如果作业者发生了没有预计到的较大支出，可在十（10）天前通知合同各方专项追加筹款份额。

生产阶段的筹款通知格式如下：

Cash Call Notice

Re：Contract Area 00/00 NH Oil Field Production – Cash Call for July 2006

Please find the attached July 2006 cash call worksheets and financial reports as of May 31, 2006.

Cash calls for Contract Area 00/00 NH Oil Field Production are as follows：

Operator	$xxxx
Contractor B	$xxxx
Contractor C	$xxxx
SPC	$xxxx
Total in USD：	**$xxxxx**

Your payment in U. S. Dollars is requested no later than July 5, 2006, payable to the following account：

XXXXX

If you have any questions, please feel free to contact me.

Best regards,

XXXX（Signature）

Finance Director

Operator's company Name

参与投资各方的投入资金应按各个阶段的勘探费用、开发费用和生产费用的实际支出计算，投入资金额应与各个阶段的实际费用支出额相等。合同各方按照合同规定分期向作业者预交的筹资数额，最后应按照分阶段的实际费用支出数额多退少补，调整结清。

二、投入资金、投资支出及投资回收的会计处理

作业者对参与投资的合同各方的投入资金、投资支出及投资回收的会计分录处理如下：

当作业者收到合同各方按合同规定分期交来的筹款时，应根据各个阶段的筹款用途，先借记“银行存款（Cash in Bank）”账户，并分别贷记“已收到勘探筹资（Funds Received for Exploration）”、“已收到开发筹资（Funds Received for Development）”、“已收到生产作业费筹资（Funds Received for Production）”等各明细账户；然后，在每个日历月终了结账时，按照当月勘探费用和开发费用的实际投资支出数额和生产费用的实际发生额，按照参与投资各方应分担的份额，借记“已收到勘探筹资（Funds Received for Exploration）”、“已收到开发筹资（Funds Received for Development）”和“已收到生产作业费筹资（Funds Received for Production）”等各明细账户，贷记“投入勘探资金（Funds Invested in Exploration）”、“投入开发资金（Funds Invested in Development）”和“投入生产作业费资金（Funds Invested in Production）”等各明细账户。“已收到勘探筹资”（Funds Received for Exploration）”、“已收到开发筹资（Funds Received for Development）”和“已收到生产作业费筹资（Funds Received for Production）”等各明细账户的月末余额，应作为作业者调整每月向参与投资各方筹款数额多退少补的依据。

勘探和开发投资支出的回收，应按照合同各方签订的石油合同中有关投资回收的规定，在每次原油销售（提油）之后，作业者就要按合同规定的投资回收程序，计算出参与投资的合同各方应得的投资回收份额，借记“应分配原油（Allocation of Crude Oil Payable）”账户，贷记“应付勘探费用回收（Recovery of Exploration Costs Payable）”、“应付开发费用回收（Recocery of Development Costs Payable）”、“应付合同利息回收（Recovery of Deemed Interests Payable）”等各明细账户；同时借记“投入勘探资金回收（Exploration Investment Recovery）”和“投入开发资金回收（Development Investment Recovery）”，贷记“国家公司拥有的固定资产［Fixed Assets Owned by State Petroleum Corporation（SPC）］”。“国家公司拥有的固定资产（Fixed Accets Owned by SPC）”账户是根据我国的《标准合同》第 17 条中关于“油（气）田开发期内所实际发生的所有开发费用全部回收完毕之后或生产期期满之后，全部资产所有权应属于国家公司”的规定设置的，其所反映的是在投资回收之后，所有购买的和建造的资产所有权，

全部属于国家公司。“投入勘探资金回收（Exploration Investment Recovery）”和“投入开发资金回收（Development Investment Recovery）”账户分别是“投入勘探资金（Funds Invested in Exploration）”和“投入开发资金（Funds Invested in Development）”账户的对应账户，在月末、季末和年末的余额，都应作为对应账户的减项在资产负债表上列示。“投入勘探资金（Funds Invested in Exploration）”和“投入开发资金（Funds Invested in Development）”账户的余额，与其对应账户余额的差额就是没有回收完的投入勘探资金和没有回收完的投入开发资金。

开发投资的“合同利息（Deemed Interests）”，根据《标准合同》中的有关规定应作为开发投资支出的一部分计入联合账簿，并可作为开发投资资金来回收。每个日历月末，作业者应根据《标准合同》中有关“合同利息”计算的规定来计算当月应计入联合账簿的“合同利息”数额，借记“开发投资支出－合同利息（Development Expenditure － Deemed Interests）”账户，贷记“投入开发资金－合同利息（Funds Invested in Development － Deemed Interests）”账户。当回收时应借记“投入开发资金回收 － 合同利息（Development Investment Recovery － Deemed Interests）”账户，贷记“国家公司拥有的固定资产（Fixed Assets Owned by SPC）”账户。“投入开发资金回收 － 合同利息（Development Investment Recovery － Deemed Interests）”账户是“投入开发资金－合同利息（Funds Invested in Development － Deemed Interests）”账户的对应账户，在月末、季末和年末的余额，都应作为对应账户的减项在资产负债表上列示。“投入开发资金－合同利息（Funds Invested in Development － Deemed Interests）”账户的余额，与其对应账户余额的差额就是没有回收完的投入开发资金－合同利息。

三、勘探、开发投资支出和生产作业费支出的回收办法

1. 勘探费用的投资回收

按照我国通常采用的《标准合同》的规定，勘探费用是以合同区为篱笆圈进行回收的，这就是说勘探费用可以在本合同区内发现的所有商业性油（气）田的原油（气）生产收入中回收。如果在本合同区内发现几个（两个或两个以上）商业性油（气）田，则勘探费用可以同时在几个商业性油（气）田的原油（天然气）生产收入中回收，一直至按合同规定把勘探费用回收完毕。勘探费用在同一合同区内各个商业性油（气）田中回收的分摊比例一般有两种方法：一是按照已发现商业性油（气）田的可采储量作为分配标准，按比例来分摊；二是按照已发现商业性油（气）田当年的原油生产总量作为分配标准，按比例来分摊。根据海洋石油南海东部已经开发的几个油（气）田的实际经验，使用后者较为可行，既切合实际，又比较合理。

关于勘探费用的投资回收，在石油合同的实际执行中，还存在一个后续勘探费用如何回收处理的实际问题。就是在一个合同区内有一个或几个油（气）田投入开发生产以后，继续在该合同区内已开发生产的油（气）田区域以外的地质构造或区域进行地球物理勘探（如三维地震与资料处理、研究）和打勘探井、评价井所发生的费用，如何在本合同区内所有已经证实发现和开发生产的油（气）田中分摊回收的问题。在我国现在运用的石油合同中关于勘探费用的投资回收，只有一条简单的规定，即："当合同区内的油田开始商业性生产之日后，关于合同区由合同者所发生的勘探费用，应按照本合同第 *XX* 款的规定，从合同区内任何油田所生产的原油中，按本合同第 *XX* 条规定所确定的原油价格折算成原油量后，以原油回收。勘探费用在回收时不计利息"。该条款中对上述后续勘探费用如何回收处理的实际问题没有做出具体明确的规定，如果简单地按照上述条款执行，则在同一合同区内已经有投入开发生产的油（气）田之后发生的后续勘探费用，就可以立即在当月已开发生产油田的原油（天然气）收入中回收。这样做是很不合理的，直接减少了中方的开发投资回收和"余额油"的分成收入，这等于作为资源国的中方也承担了勘探费用。在这个意义上，也违背了《对外合作开采海洋石油资源条例》和石油合同中关于"外国合同者应承担全部勘探风险"和"勘探作业所需的一切勘探费用应由外国合同者单独提供"的基本原则。因此，海洋石油在 20 多年来的对外合作中，对后续勘探费的回收处理问题，经过不断地探索，主动与各个外国作业者和其他合同者研究协商，形成了一个很好的惯例，这就是当一个合同区内发现油（气）田后，从确定开发建立第一个油（气）田起，就和作业者与其他合同者协商研究，共同制定关于后续勘探费用如何回收处理的石油合同补充规定。这个补充规定的主要内容是：

（1）在一个合同区内有一个或几个油（气）田投入开发生产以后，根据本合同区联合管理委员会（JMC）的决定，如果继续在该合同区内已开发生产的油（气）田区域以外的地质构造或区域进行地球物理勘探（如三维地震与资料处理、研究）和打勘探井等的勘探作业活动，其发生的费用，应暂时不做处理，待这些勘探作业活动完成后取得了地质评价结果，根据地质评价结果再做出适当处理。

（2）如果上述地质评价结果证实为发现了具有商业性生产的油（气）田，并确定进行该油（气）田的开发作业，则上述进行勘探活动发生的全部勘探费用，应在新开发的油（气）田产品收入中进行回收。

（3）如果上述地质评价结果证实没有任何发现，或有油（气）藏发现，但不具备商业性开采价值，则上述进行勘探活动发生的全部勘探费用，可以在本合同区先前已经投入开发生产的油（气）田产品收入中回收。

上述几点原则性规定，在海洋石油的对外合作联合开采海洋石油资源的工作中已经形成惯例，应该说是比较合理和可行的。这种作法，对今后我国的对外合作联合开采陆上或海洋石油资源，都是值得推荐的，对于中外合作双方来说，都是比较合理和可以接受的办法。

如果在本合同区没有发现商业性油（气）田，各合同者（投资者）所发生的全部勘探费用应视作为合同者的损失，投资全部沉没。但根据我国《外商投资企业和外国企业所得税法》的规定：

"外国石油公司拥有的合同区，由于未发现商业性油（气）田而终止作业，如果其不连续拥有开采油（气）资源合同，也不在中国境内保留开采油（气）资源的经营管理机构或者办事机构，其已投入终止合同区的合理的勘探费用，经税务机关审查确认并出具证明后，从终止合同之日起，十年内又签订新的合作开采油（气）资源合同的，准予在其新拥有合同区的生产收入中摊销。"

这就是说，作为投资者的外国石油公司，在没有发现商业性油（气）田的合同区内发生的勘探费用，虽然不能在本合同区内回收投资，但在十年内，当计算该外国石油公司的"所得税应税收入"时，可以把该勘探费用列支，按中国税法规定在其他合同区的原油（气）生产收入中摊销。

2. 开发费用的投资回收

按照我国通常采用的《标准合同》的规定，是以合同区内本油（气）田为篱笆圈进行回收投资的。即本油（气）田发生的开发费用，只能在本合同区内本油（气）田的原油（天然气）生产收入中回收。

3. 生产作业费支出的回收

按照《标准合同》中关于投资回收程序的规定，按照年度原油总产量62.5%的原油在缴纳矿区使用费后剩余的"费用回收油（Cost Recovery Oil）"中，应首先用于回收实际支付的全部生产作业费（包括前期尚未回收完的生产作业费余额），因此，生产作业费的实际支出是可以当期发生当期回收的。在每次原油销售（提油）之后，作业者应按合同规定的投资回收程序，计算出参与投资的合同各方应得的生产费用支出回收份额，借记"应分配原油（Allocation of Crude Oil Payable）"账户，贷记"应付生产费用回收（Recovery of Operating Costs Payable）"的各明细账户，同时借记"投入生产作业费资金回收（Operating Costs Recovery）"的各明细账户，贷记"生产作业费回收（Recovery of Operating Costs）"账户。"投入生产作业费资金回收（Recovery of Funds Invested in Production）”账户是“投入生产作业费资金（Funds Invested in Production）”账户的对应账户，在月末、季末和年末的账户余额，应作为对应账户“投入生产作业费资金（Funds Invested in Production）”账户的减项在资产负债表上列示。“投入生产作业费资金（Funds Invested in Production）”账户的余额，与其对应账户余额的差额就是没有回收完的投入生产作业费资金。

四、实际案例

下面是合同各方投入资金、实际投资支出、费用支出的结算和投资回收的会计分录实例：

1. 作业者于2006年8月初（每月5日前）收到外国合同者的勘探筹款共计USD2，000，000.（其中：A公司USD1，400，000.；B公司USD600，000.）。

2. 作业者于月初（每月5日前）收到参与油田开发投资的合同各方的开发筹款共计USD11，200，000.［其中：A公司USD3，997，000.（35%）；B公司USD1，598，800.（14%）；国家石油公司USD5，824，200.（51%）］。

3. 作业者于2006年8月初（每月5日前）收到参与油田开发投资的合同各方的生产作业费筹款共计USD5，000，000.［其中：A公司USD1，750，000.（35%）；B公司USD700，000.（14%）；国家石油公司USD2，550，000.（51%）］。

4. 作业者于每个日历月末联合账簿结账时，将当月实际发生的勘探投资支出结转入“投入勘探资金（Funds Invested in Exploration）”账户。当月实际发生勘探投资支出USD1，800，000.，按照外国合同者参与勘探投资的比例计算，A公司为USD1，285，700（71.43%）；B公司为USD514，300.（28.57%）。

5. 作业者于每个日历月末联合账簿结账时，将当月实际发生的开发投资支出结转入“投入开发资金（Funds Invested in Development）”账户。当月实际发生开发投资支出共计USD11，000，000.，按照参与开发投资合同各方的比例计算，A公司为USD3，850，000.（35%）；B公司为USD1，540，000.（14%）；国家石油公司为USD5，610，000.（51%）。

6. 作业者于每个日历.月末联合账簿结账时，将当月实际发生的生产作业费支出结转入“投入生产作业费资金（Funds Invested in Development）”账户。当月实际发生生产作业费支出共计USD4，800，000.，按照参与开发投资合同各方的比例计算，A公司为USD1，680，000.（35%）；B公司为USD672，000.（14%）；国家石油公司为USD2，448，000.（51%）。

7. 作业者于每个日历月末联合账簿结账时计算一次合同利息，根据《标准合同》的规定（“开发费用的合同利息应从作业者联合账簿的银行账户实际收到合同投资各方开发费用的下一个月的第一天起按规定利率计算”），按照上一个月末止参与开发投资合同各方累计实际投入的开发筹资款总额，计算当月的合同利息。上一个月末（2006年7月末）止参与开发投资合同各方本年度累计实际投入的开发筹资款总额和当月的利息分别是（假设合同利息为年利率9%）：

Contractor A　　USD24，500，000×9%×31/365＝USD 187，273.97

Contractor B　　USD9，800.000×9%　×31/365＝USD74，909.59

SPC　　USD35，700，000×9%×31/365＝USD272，884.93

8—10　2006年8月12日作业者在把当月生产的产品（原油）第一次发运销售（购油方现场提油）之后，按合同规定的投资回收程序，计算出参与投资的合同各方应得的投资回收份额：

提油总量（Total Lifing）　　691，200 Barrels

原油价格（Agreed upon Price）　　USD60.00 per barrel

费用回收油（Cost Recovery Oil）　　432，000 Barrels　　USD25，920，000.

其中：

生产作业费回收(Operating Cost Recovery)80,000 bbls　　USD4,800,000.

勘探投资回收(Exploration Investment Recovery)32,000bbls　　USD1,920,000.

开发投资回收(Dev. Investment Recorery)320,000bbls　　USD19,200,000.

其中：

开发费用（Development Costs）　　USD17，280，000

合同利息（Deemed Interests）　　USD1，920，000.

- 会计分录如下：

Accounting Event Description	**Debit A/C**	**Credit A/C**
1. To record receipt of cash call payment for Exploration by the Contractors:		
Cash in Bank	$2，000，000.	
Funds Received for Exploration		
– Contractor A		$1，400，000.
– Contractor B		$600，000.
2. To record receipt of cash call payment for Development by the Contractors:		
Cash in Bank	$11，120，000.	
Funds Received for Development		
– Contractor A		$3，997，000.
– Contractor B		$1，598，800.
– SPC		$5，824，200.

3. To record receipt of cash call payment for Production by the Contractors:

Cash in Bank $5, 000, 000.

Fund Received for Production

- Contractor A $1, 750, 000.
- Contractor B $700, 000.
- SPC $2, 550, 000.

4. To record current month actual expenditures incurred for Exploration at the end of each month into the Joint Account:

Funds Received for Exploration

- Contractor A $1, 285, 700.
- Contractor B $514, 300.

Funds Invested in Exploration

- Contractor A $1, 285, 700.
- Contractor B $514, 300.

5. To record current month actual expenditures incurred for Development at the end of each month into the Joint Account:

Funds Received for Development

- Contractor A $3, 850, 000.
- Contractor B $1, 540, 000.
- SPC $5, 610, 000.

Funds Invested in Development

- Contractor A $3, 850, 000.
- Contractor B $1, 540, 000.
- SPC $5, 610, 000.

6. To record current month actual expenditures incurred for Production at the end of each month into the Joint Account:

Funds Received for Production

- Contractor A $1, 680, 000.
- Contractor B $672, 000.
- SPC $2, 448, 000.

Funds Invested in Production

- Contractor A $1, 680, 000.
- Contractor B $672, 000.
- SPC $2, 448, 000.

7. To record Deemed Interests on Development Funds at the end of each month into the Joint Account:

Deemed Interests for Development $535, 068.49

Funds Invested in Development

- Deemed Interests - Contractor A $187, 273.97
- Deemed Interests - Contractor B $74, 909.59
- Deemed Interests - SPC $272, 884.93

8. To record recovery of investment in Exploration expenditures:

Exploration Investment Recovery

- Contractor A $1, 371, 456.00
- Contractor B $548, 544.00

Fixed Assets Owned by SPC $1, 800, 000.00

9. To record recovery of Development investments and its Deemed Interests:

Development Investment Recovery

- Contractor A $6, 048, 000.00
- Contractor B $2, 419, 200.00
- SPC $8, 812, 800.00

Fixed Assets Owned by SPC $17, 280, 000.00

Deemed Interests Recovery

- Contractor A $672, 000.00
- Contractor B $268, 800.00
- SPC $979, 200.00

Fixed Assets Owned by SPC $1, 920, 000.00

10. To record recovery of Operating Costs:

Funds Invested in Production Recovery

- Contractor A $1, 680, 000.00
- Contractor B $672, 000.00
- SPC $2, 448, 000.00

Operating Costs Recovery $4, 800, 000.00

第二节 勘探费用的核算（Exploration Costs）

联合经营石油作业的成本、费用的会计核算账户是根据《石油合同》及其附件2会计程序关于石油作业成本费用的开支范围，勘探、开发和生产阶段支出的划分界限，按勘探、开发和生产阶段分别进行成本、费用的核算。

石油作业发生的所有成本、费用，除外购的不需要安装或加工制造的设备、设施、房地产等投资可以直接计入“固定资产”账户外，均应通过专门设置的成本、费用账户［或称成本中心（Cost Centre）］核算。

勘探阶段的成本、费用通过“勘探费用（Exploration Costs）”账户进行核算。勘探费用就是指进行勘探作业而发生的全部费用支出。所谓勘探作业，就是指用地质（Geological）、地球物理（Geophysical）、地球化学（Geochemical）和包括钻勘探井（Exploratory Well）在内的其他方法寻找储藏石油的圈闭（Petroleum - bearing Traps）的作业；在已发现石油的圈闭上为确定它有无商业性价值所做的全部工作，包括钻评价井（Appraisal Well Drilling）、可行性研究（Feasibility Studies）、编制油（气）田总体开发方案（Overall Development Program）以及与上述各项作业有关的活动（Related Activities）。这在石油合同中有明确的定义。

"Exploration Operations" means operations carried out for the purpose of discovering Petroleum - bearing traps by means of geological, geophysical, geochemical and other methods including exploratory well drilling; all the work undertaken to determine the commerciality of traps in which Petroleum has been discovered including Appraisal well drilling and feasibility studies, formulation of the Overall Development Program; and activities related to all such operations.

勘探费用的核算一般包括以下内容。

（1）地质调查作业（Geological Surveys and Works）。

地质调查作业费用主要包括：

1）地质调查费（Geological Surveys）。

2）地质资料解释费（Processing and Interpretation for Geological Data）。

3）外购地质资料费（Purchased Geological Data from Outside）。

4）外购服务费（Outside Services）。

（2）地球物理勘探作业（Geophysical Surveys and Works）

地球物理勘探作业费用主要包括：

1）地震调查费（Seismic Crew Contract）。

2）资料采集费（Data Collecting and Gathering Costs）。

3）地震资料处理和解释费（Processing and Interpretation for Geophysical Data）。

4）外购资料费（Purchased Geophysical Data from Outside）；

5）外购服务费（Outside Services）。

（3）钻勘探井作业（Exploration Drilling）。

勘探井的定义在美国注册会计师协会（AICPA）颁发的 SFAS No. 19 "石油生产公司财务会计核算与报告（Financial Accounting and Reporting by Oil and Gas Producing Companies）"的文件中规定为：Exploratory Wells: Wells drilled to find and produce oil or gas in an unproven area, to find a new reservoir in a field previously found to be productive of oil or gas in another reservoir or to extend a known reservoir (includes wildcat and exploitation) [勘探井是指在未证实的地区内为了寻找、发现和生产石油或天然气而钻的探井；或者在先前已经开发的油田中为了寻找新的油藏，在另外

的油层中生产石油或天然气而钻的探井；或者为了扩展已探明油藏的油层而钻的井（包括初探井和开发井）。］在我国采用的石油合同中规定了更明确的定义：勘探井（Exploratory Well）作业包括钻初探井（Wildcat）和评价井（Appraisal Well）。所谓初探井就是指为寻找石油聚集在任一地质圈闭上所钻的井，包括为取得地质、地球物理参数所钻的井。所谓评价井就是指评价已经发现有石油的地质圈闭有无商业性价值所钻的勘探井。联合账簿对于钻井成本的核算，如何区分勘探井和开发井，相应计入勘探费用或开发费用，应根据石油合同中规定的定义加以划分。

勘探井成本的核算比较复杂，包含的成本项目较多，一般都是按单井分井核算的。在20世纪80年代初国际合作开采海上石油资源初期，中海油的合作伙伴多数是美国的国际石油公司，按照美国的公认的会计准则（GAAP）以及美国所得税法规定的要求，钻井成本还需要分为有形钻井成本（Tangible Drilling Costs，如钻井作业使用的套管、油管、采油树及井口装置和钻井设备等计入有形钻井成本）和无形钻井成本（Intangible Drilling Costs，如钻机租费、钻井液材料费、钻头费、固井费用、测井费用、通讯费用、地层测试费用和取心费用等计入无形钻井成本）两部分来核算。但由于我国的《外商投资企业和外国企业所得税法》中规定“从事开采石油资源的企业所发生的合理的勘探费用，可以在已经开始商业性生产的油（气）田收入中分期摊销，不得少于一年。”因此，钻探井成本的核算是否需要划分有形钻井成本和无形钻井成本就没有实际意义，在合作初期外国石油作业者还是按他们原来的惯例，把有形钻井成本和无形钻井成本分别核算，但由于上述规定，有些作业者很快就改变和简化了核算程序，钻井成本不再划分有形钻井成本和无形钻井成本进行核算。

在一个合同区内，当确定要钻一口探井时，通常作业者都要组织作业部门的钻井总监等有关人员，根据年度预算和探井的设计要求，编制一口井的A. F. E.（预算支出授权批准书），即一口井的单项工程预算，严格按照A. F. E. 的编报审批程序办理。A. F. E. 的内容（如前述第二部分第七章第四节中所列钻井工程A. F. E. 的案例）应与联合账簿会计核算的成本项目基本一致，以便对比分析。在联合账簿中通常都是一口探井一个成本中心（Cost Centre），分单井核算。月、季、年度的会计报表中都要编制探井单项（井）钻井工程成本明细表（Ledger Statement of Exploratory Drilling Well Costs），报送合同各方。探井单项（井）钻井工程成本明细表的格式如下：

Ledger Statement of Exploratory Drilling Well Costs

Fiscal Period: Cost Center No. : 00

Exploratory Drilling Well Name: NH 10 - 1 - 1

Designed Drilling Depth: 0000m

Total Drilled Depth: 0000m

Account	Description	Approved A. F. E.	MTD	YTD
270100	Bits/Core Heads（钻头/取芯钻头）			
270101	Casing and Accessories（套管及附件）			
270102	Tubing and Accessories（油管及附件）			
270104	Mud Materials（钻井液材料）			
270105	Wellhead Equipment（井口设备）			
270106	Fuel/Lubricants（油料）			
270107	Other Drilling Materials & Supplies（其他钻井材料）			
270108	Cement Equipment/Plugs（固井设备）			
270109	Template Materials（模块材料）			
270110	Subsea Tieback Equipment（水下回接装置）			
270200	Drilling Rig Rentals（钻机租费）			
270201	Cementing（固井费用）			
270202	Mud Engineering（钻井液配置费）			
270203	Meteorsurveillance（气象监视）			
270204	Bottom Survey（井底调查）			
270205	Production Testing（试油费用）			
270206	Diving（潜水费用）			
270207	Other Services（其他服务）			
270208	Well Sitting/Radio Positioning（井场/无线电定位）			
270209	Mobilization /Demobilization（动员费/复员费）			
270210	Drilling / Fishing Tools（钻井/打捞工具）			
270211	Coring（取芯费用）			
270212	Electrical Logging（电测费用）			
270213	Mud Logging（钻井液录井）			
270214	Other（Velocity, etc.）（其他，如声速测井等）			
270220	Site Surveys（井场调查）			
270300	Supply Boats（供应船）			
270301	Helicopters（直升飞机）			
270302	Communication（通讯费用）			
270303	Other（其他）			
270400	Technical Supervision（技术监督）			
270401	Insurance（保险费）			
270500	Evacuation（撤离费用）			
	Total Amount			

每月末结账之后，“勘探费用（Exploration Costs）”账户的余额应全部结转入“勘探费用投资支出（Investment in Exploration Expenditures）”账户；同时，要依据“勘探费用”账户编制“勘探费用支出明细表（Joint Interest Billing for Exploration Expenditures）”，并随同联合账簿的其他会计报表报送合同各方。现将某合同区外国石油作业者所采用的“勘探费用支出明细表”的实际格式举例如下：

Joint Interest Billing for Exploration Expenditures

For the Month of December 2005

Contract Area: NH 00/00　　　　Currency: USD

Items & Description	Cumulative Balance as At Dec. 31, 04	Billing for the Month of Dec. 05	Total 2005 Billing	Grand Cumulative Total as of Dec. 31, 2006
Geological and Geophysical Survey				
120 – 001 Seismic Acquisition	000,000.	00,000.	000,000.	0, 000,000.
120 – 002 Seismic Data Processing	000,000.	00,000.	000,000.	0,000,000.
120 – 003 Reprocessing	00,000.	00. 000.	00,000.	000,000.
Total G & G	**000,000.**	**00,000.**	**000,000.**	**0,000,000.**
Exploration Drilling				
130 – 001 Site Survey	00,000.			00,000.
130 – 002 Well NH/11 – 1 – 1	0,000,000.	000,000.	0,000,000.	00,000,000.
130 – 003 Well NH/22 – 1 – 1	0,000,000.	000,000.	0,000,000.	00,000,000.
130 – 004 Well NH/33 – 1 – 1	0,000,000.	000,000.	0,000,000.	00,000,000.
Total Exploration Drilling	**0,000,000.**	**000,000.**	**0,000,000.**	**00,000,000.**
Fixed Assets	000,000.	00,000.	000,000.	000,000.
Stock of Consumables	000,000.	00,000.	000,000.	000,000.
Allocated &Direct General & Administrative				
Allocated Common G & A	000,000.	00,000.	000,000.	000,000.
Allocated Exploration G & A	000,000.	00,000.	000,000.	000,000.
Direct General & Administrative	000,000.	00,000.	000,000.	000,000.
Beijing Offices	00,000.	00,000.	00,000.	00,000.
Total G & A	**0,000,000.**	**000,000.**	**000,000.**	**0,000,000.**
Overhead	000,000.	00,000.	000,000.	000,000.
Debit and Credit Items	000.	000.	000.	000.
Total for SPC	**00,000,000.**	**0,000,000.**	**00,000,000.**	**000,000,000.**
Land and Legal				
510 – 001 Bonus	0,000,000.			0,000,000.
510 – 002 Contribution	0,000,000.			0,000,000.
510 – 003 Other Non – Recoverable Items	000,000.			000,000.
Total Joint Interest Billing	**00,000,000.**	**0,000,000.**	**00,000,000.**	**000,000,000.**

第三节 开发费用的核算（Development Costs）

一、开发费用的主要核算内容

开发阶段的成本、费用核算通过“开发费用（Development Costs）”账户进行核算。开发费用是指进行油（气）田开发作业而发生的全部投资支出。所谓开发作业，是指从资源国的政府主管部门批准任一油（气）田的总体开发方案（Overall Development Program）起，为实现石油生产所进行的作业，包括设计（Design）、建造（Construction）、安装（Installation）、钻井（Drilling）和有关的研究工作（Related Research Work），以及在开始商业性生产之日前所进行的与为实现石油生产有关的其他活动。开发作业的定义在我国的石油合同中一般是这样写的：

“Development Operations” means operations carried out for the realization of Petroleum production from the date of approval of the Overall Development Program for any Oil Field and/or Gas Field by the competent authorities of the Chinese Government including design, construction, installation, drilling, and related research work as well as relevant activities carried out before the Date of Commencement of Commercial Production for the realization of Petroleum production.

开发费用的核算通常包括以下主要内容：

（一）开发钻井作业（Development Well Drilling & Completion）

开发井的定义在美国注册会计师协会（AICPA）颁发的 SFAS No. 19“石油生产公司财务会计核算与报告（Financial Accounting and Reporting by Oil and Gas Producing Companies）”的文件中规定为：Development well: A well drilled within the proved area of an oil or gas reservoir to the depth of a stratigraphic horizon known to be productive. [开发井是指在已经证实有油（气）藏的区域内对已知地层层位为生产油（气）所钻的井]。而在我国采用的石油合同中有更明确的定义，即开发井是指在开发方案被批准之日后，为生产石油，或为了提高产量，或为了加速采油而钻的井，包括生产井、注入井和干井。生产期内所钻的任一评价井应视为开发井。

在开发期内所钻的开发井的建设费用，由于已知含油（气）藏的地层层位，作业者一般都是以总承包的合同方式，承包给钻井承包商。就是根据作业者确定的设计井深、井身结构（包括套管程序）和井身质量等主要指标，议定一个总包价，承包给钻井承包商。这种合同方式也称一揽子承包井，或称交钥匙总包合同。挪威的北海油田在 20 世纪 80 年代初就采用了这种合同方式，在他们的“石油工业专业词汇手册（Handbook of Oil Industry Terms and Phrases)”中对“交钥匙总包合同”有以下定义：

“Turn Key Contract: A contract in which a drilling contractor agrees to furnish all materials and labor and do all that is required to drill and complete a well in a workman - like manner. When on production, he “delivers” it to the owner ready to “turn the key” and start the oil running into the lease tank, all for an amount specified in the contract.”（交钥匙总包合同：在合同中规定一个总包价格，规定由钻井承包商根据要求提供全部材料和人工，以专业熟练的技术完成钻井和完井作业。当投产时，对业主只需交钥匙即可生产原油输入油罐。）

如果开发井作业采用上述总承包的合同形式，则其成本、费用的核算较为简单，只需审查和监督按照合同规定的工程进度向钻井承包商结算付款。

（二）油田生产设施和建设工程作业（Field Production Facilities and Construction）

（1）总包工程设计费用（Turn Key Engineering）。

总包工程设计是承包商的一种合同模式，也称全包工程设计合同，俗称交钥匙总包工程设计。就是作为承包商的“工程设计公司”，承担油田建设工程的全部工程设计任务［包括总体设计（概念设计）、基本设计、工程详细设计，从油田建设工程开始，采办、施工、试运转，到油田投产的全过程］。

（2）平台建设（Platform）。

1）导管架（Jacket）。

2）甲板（Deck）。

3）生活平台（Living Quarters）。

4）底盘（Template）。

5）平台设施（Platform Facilities or Module Construction and Facilities）。

（3）输油管线（Pipelines）。

（4）浮式生产储油和装油系统（Floating Production, Storage and Offloading）：

1）油轮（Tanker）。

2）油轮设施和设备（Tanker Facilities and Equipment）。

3）单点系泊（Single Point Mooring）。

（5）公共设备、设施（Common Equipment and Facilities）。

（6）检测费用（Certification & Inspection）。

（7）工程项目管理组费用（Project Management Team）。

（三）开发费用的合同利息（Deemed Interest on the Development Costs）

开发费用合同利息是指合同各方在合同区内每一个油（气）田所发生的开发费用时，按照石油合同规定的利率所计算的开发费用的利息（“Deemed Interest” means interest on the development costs calculated in accordance with the rate of interest stipulated in the Petroleum Contract when the development costs incurred in each Oil Field and/or Gas Field within the Contract Area are recovered by the Parties.）。这是我国对外合作开采石油资源所采用的《标准合同》中对“开发费用合同利息”规定的定义。因此，开发费用合同利息也是每一个油（气）田开发投资支出的主要组成部分之一。

关于合同利息的计算，在《标准合同》中规定：合同区每一个油田所发生的开发费用的合同利息，应从作业者为联合账簿开设的银行账户实际收到合同各方所支付的开发费用之日的当月的下一个月的第一天起按固定年复利 *X*% 计算［Deemed Interest on the development costs incurred for each Oil Field within the Contract Area shall be calculated with the fixed annual compound rate of *X* percent（*X*%）from the first day of the month following the month in which such development costs expended by each party to the Contract are actually received in the bank account of the joint account opened by the Operator.］。作业者应每月计算一次合同利息，计入联合账簿，并编制合同利息计算明细表报送合同各方。现将合同利息的计算和合同利息计算明细表举例如下：

（1）南海 NH 00/00 合同区 NH 10 - 1 油田开发项目于 2003 年 9 月起开始建设，联合账簿中反映合同各方当年累计投入的开发资金和应计合同利息共计 USD 42，723，535.05。2004 年度 1 ~ 11 月份累计投入的开发资金和应计合同利息共计 USD125，720，464.98。2005 年 12 月份合同各方投入开发资金为 USD18，477，581.28。合同利息从 2005 年 1 月 1 日起计息。

（2）2005 年 1 ~ 12 月合同各方按照石油合同规定的参股比例［国家石油公司（SPC）51%；外国合同者 49%］投入的开发资金如下：

2005 年 1 月份 USD10，002，257.02

2005 年 2 月份 USD 12，187，211.98

2005 年 3 月份 USD 8，832，682.38

2005 年 4 月份 USD 9，408，421.96

2005 年 5 月份 USD 1，013，350.01

2005 年 6 月份 USD 18，454，601.43

2005 年 7 月份 USD 3，138，278.77

2005 年 8 月份 USD 15，315，152.25

2005 年 9 月份 USD11，235，724.00

2005 年 10 月份 USD 13，896，597.18

2005 年 11 月份 USD 1，840，667.00

2005 年 12 月份 USD 0.00

（3）该石油合同中规定，开发费用的合同利息为实际投入开发资金的年复利 9.00%。

STATEMENT OF DEEMED INTEREST ON CASH CALL

THE MONTH OF DECEMBER 2005

NH00/00 Contract Area NH10 –1 Project

Currency：US Dollars

Description(*)	**Interest Rate**	**NO. of Days**	**Basis for Deemed Interest**	**Amount of Interest**	**Interest SPC**	**Allocation Contractor**
On 2003 Invest. & Dmd. Int.	9.00%	365	42,723,535.05	3,845,118.15	1,961,010.26	1,884,107.89
On 2004 Invest. & Dmd. Int.	9.00%	365	125,720,464.98	11,314,841.85	5,770,569.34	5,544,272.51
On Dec. 2004 Cash Called	9.00%	365	18,477,581.28	1,662,982.32	848,120.98	814,861.34
On Jan. 2005 Cash Called	9.00%	334	10,002,257.02	823,747.52	420,111.24	403,636.28
On Feb. 2005 Cash Called	9.00%	306	12,187,211.98	919,550.19	468,970.60	450,579.59
On Mar. 2005 Cash Called	9.00%	275	8,832,682.38	598,928.46	305,453.51	293,474.95
On Apr. 2005 Cash Called	9.00%	245	9,408,421.96	568,371.79	289,869.61	278,502.18
On May 2005 Cash Called	9.00%	214	1,013,350.01	53,471.56	27,270.50	26,201.06
On June 2005 Cash Called	9.00%	184	18,454,601.43	837,282.74	427,014.20	410,268.54
On July 2005 Cash Called	9.00%	153	3,138,278.77	118,394.79	60,381.34	58,013.45
On Aug. 2005 Cash Called	9.00%	122	15,315,152.25	460,713.35	234,963.81	225,749.54
On Sep. 2005 Cash Called	9.00%	92	11,235,724.00	254,881.63	129,989.63	124,892.00
On Oct. 2005 Cash Called	9.00%	61	13,896,597.18	209,020.05	106,600.23	102,419.82
On Nov. 2005 Cash Called	9.00%	31	1,840,667.00	14,069.76	7,175.58	6,894.18
On Dec. 2005 Cash Called	9.00%	0	—	—	—	—
Total			**2942,246,525.29**	**21,681,374.14**	**11,057,500.82**	**10,623,873.32**

Current Month Deemed Interest	2，233，884.40
Current Year Deemed Interest	21，681，374.14
Deemed Interest from Inception	31，399，965.91

Note：（ * ）Cash called net of transfer of Funds between development projects.

二、开发作业的成本控制

油（气）田的开发建设，尤其是海上油（气）田的开发建设工程耗资巨大，周期长，技术复杂风险大，质量要求高难度大，工程既庞大又复杂。英国和挪威在北海地区建设一座中等以上规模的油气生产平台需要投资5～10亿英镑，建设周期4～6年；在我国南海珠江口海域建设一个年产150×10^4t～200×10^4t的油田需要3亿美元左右，建设周期3～4年。因此，必须要有严格的工程管理，确保油（气）田的开发建设工程按照总体开发方案（ODP）要求的工程进度与建设周期、技术规格与质量标准和预算控制的投资总额，高质量、高效益全面地完成工程建设任务。海上油（气）田的开发建设工程的实施阶段，作为作业者的各个国际石油公司，都有丰富而成功的管理经验，已经形成了一整套科学有效的工程项目管理办法。他们都采用项目管理的方式，对油（气）田的开发建设工程实行工程进度、质量和费用的三大控制。作业者抽调各部门最精干的有关技术和管理人员，专门组成工程项目管理组，俗称为PMT（Project Management Team），实行项目经理负责制。工程项目管理组的主要任务是：

（1）质量控制。包括工程设计管理，制定和审查各项质量标准；建立工程项目质量保证和监督体系；对工程承包和设备、材料的采办进行质量控制；对各工程建造施工现场进行质量监督等。

（2）进度控制。包括工程计划进度安排，制定项目进度控制表；建立工程项目进度控制体系；对各项工程进度进行监控。

（3）费用控制。包括工程项目成本估算、编制工程项目控制预算；对工程承包和采办项目进行费用控制；并对各项工程建造合同进行成本和财务管理。

海上油（气）田的开发工程建设一般是采取承包合同方式来完成的。但承包的方式由于担当作业者的外国石油公司的工程技术、管理力量的不同而有所不同。有的采用总承包的形式，整个油（气）田建设工程项目建立在交钥匙的基础上，由作业者发包给一个具有总包能力的总承包商，再由总承包商将各项工程分包出去。总承包商对整个开发建设项目负有全部责任（采用这种形式的一般都是比较小的石油公司，工程技术、管理力量薄弱）；大的国际石油公司具有足够的技术力量与管理经验，大都将整个油气田的开发建设工程分为工程设计、平台的上部实施模块、平台下部结构导管架、海上施工安装及调试、管线铺设、浮式采油储油与卸油系统（FPSO）和单点系泊（SPM）等若干部分，由作业者发包给各个不同专业的工程制造承包商，并由工程项目管理组直接进行管理和监督实施。在这里我们着重论述关于开发建设工程的成本、费用控制问题。

油（气）田开发建设工程的费用控制工作是与工程进度控制工作同时进行的，这就是说做好进度控制的同时也要做好工程项目费用的控制，在工程项目的检查、监控和报告系统中都要有进度和费用两项内容。工程费用控制就是要按照工程项目实施计划的控制预算，管理好各项费用的开支。通常在费用控制工作中要抓好以下几个环节：

（1）工程项目管理组在项目确定阶段，要非常精确地确定项目工作内容和各部分的费用估算。在获得大量的市场信息资料和以往工程经验的基础上，对各项直接费用、间接费用和特别费用等做出详细的估算，并适当考虑不可预见的因素，进行风险分析，对总体规划中的费用概算做出必要的修正，编制出各项工作的控制预算，作为费用控制的依据。这项工作要在项目经理的主持下，组织项目组全体人员参加，并应取得作业者有关部门的支持。

（2）抓好合同招标中的费用控制。根据工程项目采办和承包策略确定的合同方式，按照各项控制预算作为标底价格，进行招标价格的控制。坚持货比三家、低价中标的原则，在竞争投标中获得比较合理的合同价格。如果采用固定的合同总价（Lump - sum）的方式，一旦授标，其价格即被固定，因此，在授标前要进行必要的技术和商务澄清，签好合同，避免在合同执行中由于工作范围、技术规范、进度和所承诺的责任不清而引起的费用增加。

（3）控制现场的工作变更。任何工程在建造过程中一成不变地按照原设计图纸施工是不可能的，工程项目管理组常常因工作或生产的实际需要提出变更或增加工作量；施工承包商也会因合同规定的不明确或对工作范围以外的工作，提出增加费用的要求。因此，如何保证这些必要的变更能在尽可能少的追加费用下完成，是费用控制的重要环节之一。首先，应尽可能地完善工程设计，减少合同漏洞，对施工承包商工作范围的规定应越明确越好。其次，各个制造施工现场的代表或监造工程师应熟悉合同，掌握每项工作变更所需要的合理的材料和人工，严格审查工作变更的工作量。对有些可要可不要的附加工作尽量减少，以节约费用。另外，要严格执行费用授权的规定，现场代表只有处理现场小金额费用的权限，任何重要的变更都必须通知工程项目管理组总部，由项目工程师或项目经理审查批准。

（4）对承包商要求付款的支付凭证和发票的审查，是费用控制的一个重要环节之一，也是工程项目进度控制的重要手段之一。无论是以进度或是以里程碑付款的合同，承包商所申请的付款额度，必须与工程项目管理组所批准的工程进度或建造所达到的里程碑内容相符合；还应审查是否符合按合同规定的服务费率和完整的工时记录来计算。在工程项目建设执行过程中除了工程项目现场代表要严格把关外，项目控制部门和财务部门也必须建立完善的费用跟踪记录系统，从技术批准和付款确认两方面把好关。

（5）做好费用的分析、预测和调整。在工程项目执行过程中，工程项目管理组要对项目的总体费用以及每一项合同费用的承诺、使用和预计到工作完成还需要的费用逐月进行分析。把实际完成工作量与计划工作量相比较，把实际完成费用与计划费用相比较，掌握报告期工程项目费用的实际使用情况，预测从报告期至工程完工可能出现的工程变更及其费用，比较正确地预测项目完成的费用变化趋势，为控制预测的费用调整提供依据。一般在工程项目各承包和采办合同签订后，对控制预测要进行一次调整。在工程建造过程中每半年对最终估算进行一次修订和调整。

总之，开发费用控制是一项综合性的系统工程，不仅是工程项目经理或某一个项目工程师的责任，而且是工程项目管理组（PMT）全体工作人员的责任，同时还必须要有作业者财务、作业和工程技术等有关部门的密切配合。从工程项目开始到完工投产的每一个环节，项目组的全部人员和各个有关部门各施其职，严格把关，才能真正达到有效的成本控制目标。

三、开发费用的结账程序

每月末结账之后，“开发费用”账户的余额全部结转入“开发费用投资支出（Investment in Development Expenditures）”账户。同时，要依据“开发费用”账户编制“开发费用支出明细表（Joint Interest Billing for Development Expenditures）”，并随同联合账簿的其他会计报表报送合同各方。现将某合同区外国石油作业者所采用的“开发费用支出明细表”的实际格式举例如下：

Joint Interest Billing for Development Expenditures

For the Month of December 2005

Contract Area: NH 00/00 Currency: USD

Items & Description	Cumulative Balance as At Dec. 31,04	Billing for the Month of Dec. 05	Total 2005 Billing	Grand Cumulative Total as of Dec. 31,2006
Platform				
Turn Key Engineering	0,000,000.	00,000.	000,000.	0,000,000.
Jacket	00,000,000.	000,000.	000,000.	00,000,000.
Deck	00,000,000.	000,000.	000,000.	00,000,000.
Living Quarters	0,000,000.	000,000.	000,000.	0,000,000.
Facilities	00,000,000.	000,000.	000,000.	00,000,000.
Pipelines	00,000,000.	000,000.	000,000.	00,000,000.
Evacuation	000,000.	00,000.	00,000.	000,000.
Total Platform	**00,000,000.**	**000,000.**	**000,000.**	**00,000,00.**
Template				
Template	0,000,000.	0	0	0,000,000.
General Service				
Certification	000,000.	00,000.	00,000.	000,000.
Inspection	00,000.	0,000.	0,000.	00,000.
Marine Survey	00,000.	0	0	00,000.
Total General Service	**000,000.**	**00,000.**	**00,000.**	**000,000.**
Common Facilities				
Tanker - Pur. /Mob.	00,000,000.	0	0	00,000,000.
Tanker - Conver/Positioning	00,000,000.	00,000.	00,000.	00,000,000.
Tanker - Facilities	000,000.	00,000.	00,000.	000,000.
SPM	00,000,000.	00,000.	00,000.	00,000,000.
Gas Supply Well	0,000,000.			0,000,000.
Total Common Facilities	**00,000,000.**	**00,000.**	**00,000.**	**00,000,000.**
Support Work				
Support Engineering/study	0,000,000.	0	0	0,000,000.
Modification	000,000.			000,000.
Total Support Work	**0,000,000.**			**0,000,000.**
Overall Insurance				
NH 10 - 1 Project	000,000.			000,000.
Common Insurance	00,000.			00,000.
Total Insurance	**000,000.**			**000,000.**
General Production Cost NH 10 - 1	**000,000.**	**000,000.**	**000,000.**	**0,000,000.**

Drilling/Completion				
Transit	000,000.			000,000.
Drilling	00,000,000.	000,000.	000,000.	00,000,000.
Evacuation	00,000.	00,000.	00,000.	00,000.
Tie - back / Completion	00,000,000.	000,000.	000,000.	00,000,000.
Total Drilling /Completion	**00,000,000.**	**000,000.**	**000,000.**	**00,000,000.**
Project Management Team				
PMT Cost	0,000,000.	000,000.	000,000.	0,000,000.
Fixed Assets	**000,000.**	**00,000.**	**00,000.**	**000,000.**
Storehouse Stocks	**00,000.**	**00,000.**	**00,000.**	**00,000.**
Allocated & Direct G & A				
Allocated Common G & A	0,000,000.	000,000.	000,000.	0,000,000.
Direct G & A	0,000,000.	000,000.	000,000.	0,000,000.
Beijing Office	000,000.	00,000.	000,000.	000,000.
SPC Assistance Charges	000,000.	00,000.	000,000.	000,000.
Total Allocated G & A	**0,000,000**	**000,000.**	**000,000.**	**0,000,000.**
Total Cost	**000,000,000.**	**0,000,000.**	**00,000,000.**	**000,000,000.**
Debit and Credit Items	**0,000.**		**0,000.**	**0,000.**
Overhead	**0,000,000.**	**000,000.**	**000,000.**	**0,000,000.**
Total Investment	**000,000,000.**	**0,000,000.**	**00,000,000.**	**000,000,000.**
Deemed Interest	**00,000,000.**	**000,000.**	**0,000,000.**	**00,000,000.**
Total Joint Interest Billing	**000,000,000.**	**0,000,000.**	**00,000,000.**	**000,000,000.**

第四节　生产作业费用的核算（Operating Costs）

生产阶段的成本、费用核算通过“生产作业费用（Operating Costs）”账户进行核算。生产作业费用是指合同区的油（气）田从开始商业性生产之日起进行生产作业发生的全部费用，也就是原油与天然气的生产成本。所谓生产作业，是指合同区的每一个油（气）田从开始商业性生产之日起为生产石油所进行的全部作业以及与其有关的所有活动，如采出、注入、增产、处理、储存、运输和提取等生产作业。生产作业的定义在我国现在运用的石油合同中一般是这样写的：

“Production Operations” means operations and all activities related thereto carried out for Petroleum production of an Oil Field and/or Gas Field from the Date of Commencement of Commercial Production, such as extraction, injection, stimulation, treatment, storage, transportation, lifting, etc..

关于生产作业费的定义，在我国现在实际执行的石油合同中对生产作业费的定义做了明确规定：

在本合同区内每一油（气）田原油商业性生产开始后发生的生产作业的一切合理费用，包括但不限于油（气）井生产作业，石油生产使用的设施和设备、石油输送至储存处和装载，以及为使设施、设备、油（气）井、平台、集输系统、终端保持良好、安全、有效而可工作的状况所进行的一切活动发生的全部合理费用，以及按本合同附件2规定的合理分摊的上级管理费均应计为作业费用。

一、生产作业费核算的主要组成内容

生产作业费核算的主要内容包括：

（1）直接生产作业费用（Direct Production Operation Espenses），也可称为直接操作费用（Direct Operating Costs）。这是为保证正常生产作业而发生的费用，包括生产平台和油轮上的日常费用和设备维修、改造费用，修井费用，数据采集费用，钻机维修费用和陆上设施费用等。

平台和油轮上的日常费用一般包括如下明细项目：外籍员工工资与福利、国内员工工资与福利、油轮船员工资与福利、差旅费、承包商劳务费、运费及海关费、提油服务费、原油抽样检验费、卫星线路租赁费、电话和传真费、通讯设备维修费、浮式卸油软管维修费、机械维修费、电器维修费、仪表维修费、设备异地维修费、锚泊设备费、小型工具和设备费、直升飞机、供应船、油料、易耗品和卫生用品、添加剂、防腐剂、破乳剂、其他材料费、保险费、医疗费、培训费、安全及环保费用、配餐费、现场生活服务、待工费和杂费等。

（2）行政管理费用。这是指为直接生产提供服务和管理的陆上机构发生的有关费用，以及作业者母公司提供技术支持所发生的费用。其主要项目有：外籍员工工资和福利、国内员工工资与福利、联合管理委员会专家费、外籍员工子女学费、员工搬迁费、差旅费、办公室租金、车辆租金、员工住房租金、咨询服务费、交通费、报关费、关税和其他税金、维修费、运费、办公用品及材料费、计算机软件及维修费、低值易耗品、办公室及住房电器、电话和传真费、邮电费、培训费、保险费、会议费、报刊费、招待费、医疗费、财务费、杂费和上级管理费及国家公司协助费等。

二、生产作业成本的分析和控制

生产作业费用的组成内容十分繁杂，并且随着生产阶段时间的推移和原油采出量的不断增加与可采储量的递减，各项费用的比重有所变化。为了有效地控制生产作业费用，不断降低生产成本，在生产阶段中必须不断地对实际发生的生产作业费用进行分析对比和研究，找出影响生产成本的主要项目和降低生产操作费用的途径，不断加强对生产作业费用的控制和管理，提高油田的经济效益。下面列举分析生产作业费用的实际案例。

00/00 合同区 NH 油田 从 1998 年起，原油桶油单位成本（USD/bbl）有较大幅度的提高，1998 年 1～7 月份实际平均原油桶油单位成本为 2.90 美元，比上年（1997 年）提高了 46.5%，作业者财务部门做了比较详细的分析如下：

（1）总体情况。

生产作业费用的总体情况见表 1。

表 1　生产作业费用情况

1996～1998 年

CA00/00 NH 油田

项目	1996 年		1997 年		1998 年 1～7 月	
1. 产量（10^4bbl）		3，152.0		3，846.0		1，862.1
2. 生产作业费用（万美元）		%		%		%
资本化费用	278.0	3.8	652.5	8.6	913.9	17.0
直接操作费用	6，003.9	83.4	6，099.4	80.2	3，499.6	64.9
行政管理费用	1，331.6	18.5	1，320.9	17.4	756.0	14.0
其他费用	-411.8	-5.7	-471.9	-6.2	221.6	4.1
合计	7，201.7	100.0	7，600.9	100.0	5391.1	100.0
3. 每桶原油成本（USD/bbl）						
资本化费用		0.09		0.17		0.49
直接操作费用		1.90		1.59		1.88
行政管理费用		0.42		0.34		0.41
其他费用		-0.13		-0.12		0.12
合计		2.28		1.98		2.90

注：生产作业费的组成内容除了上述所说的直接生产作业费和行政管理费以外，还应包括资本化费用，就是勘探和开发作业发生的投资支出。已经资本化形成的固定资产。这些费用应以折旧的方式在一定期限内摊销计入原油生产成本。在联合账簿的生产费用核算中，由于实际发生的勘探和开发费用作为资本化后，根据石油合同的规定由原油产品收入中直接回收处理，不再以折旧方式计入生产作业费用。但在分析原油生产成本时，为了可与国际水平相比较，则应按折旧的方式另行计算，以便分析研究。

从表 1 中可以看出：

1）直接操作费用是生产作业费用组成的最主要部分，在生产作业费用总额中所占的比重历年来都是最大的，从1996～1998年分别为83.4%，80.2%和64.9%。

2）其次是行政管理费，从1996～1998年在生产作业费用总额中所占的比重分别为18.5%，17.4%和14%。

3）1998年的资本化费用增长幅度较大，由1997年的8.6%上升至17%，增加了近一倍。其原因主要是NH油田新增生产井的钻井作业费用。

4）在油田投入正常生产之后，生产作业费用主要由直接生产操作费用和行政管理费用构成，两项合计三年平均占生产作业费用总额的92.8%，由此可见管理和控制好这两项费用，是不断降低油田生产作业费用的关键。

（2）直接操作费的分析。

NH油田1996年、1997年和1998年（1～7月）的直接操作费分别为6，003.9万美元、6，099.4万美元和3，499.6万美元。其中极大部分是生产平台和油轮（FPSO）所发生的费用，这两个部分的合计费用平均占直接操作费总额的79.6%。通过对这两个部分费用的具体明细项目的分析，发现问题如下：

1）外籍员工工资和福利、燃料、供应船服务费、修井作业费和设备维修与改造费等五项费用占了直接操作费总额的近一半。其中外籍员工工资和福利一直保持较高的水平；修井作业费用随着油田采油生产期的增加而呈现不断上升趋势。上述五项费用所占直接操作费总额的比重情况见表2。

表2　外籍员工工资和福利、燃料、供应船服务费、修井作业费和设备维修与改造费等五项费用占直接操作费总额的比重

费用项目	1996年	1997年	1998年	平均
外籍员工工资和福利	12.8%	12.8%	10.3%	12.0%
燃料	7.5%	13.4%	7.5%	9.5%
供应船服务费	6.8%	10.1%	7.2%	8.0%
修井作业费	3.8%	10.0%	10.0%	7.9%
设备维修与改造费	8.5%	2.2%	8.0%	6.2%
合计	39.4%	48.5%	43.0%	43.6%

2）外籍员工和本地员工的工资与福利费用相差悬殊，1996年～1998年7月外籍员工工资和福利费用平均占直接操作费用总额的12%，而本地员工的工资与福利费用只占直接操作费用总额的2.3%，相差4.2倍。具体情况见表3：

表3　外籍员工和本地员工的工资和福利占直接操作费用总额的比重情况

费用项目	1996年	1997年	1998年	平均
外籍员工工资和福利	12.8%	12.8%	10.3%	12.0%
本地员工的工资与福利	2.3%	1.7%	2.8%	2.3%
差额	10.5%	11.1%	7.5%	9.7%

另外，外籍员工的人均年费用水平也比本地员工的人均年费用水平要高出5倍~8.9倍，如1997年外籍员工的人均年费用水平为15.9万美元，比本地员工的人均年费用水平高出近9倍。其1996年~1998年各年的情况见表4：

表4　外籍员工和本地员工年费用水平比较情况

费用项目	1996年			1997年			1998年		
	费用（万美元）	人数	人均年费用（万美元）	费用（万美元）	人数	人均年费用（万美元）	费用（万美元）	人数	人均年费用（万美元）
外籍员工	770.4	53	14.5	778.5	49	15.9	362.8	47	13.2
本地员工	141.3	78	1.8	103.5	66	1.6	95.7	75	2.2
差额			12.7			14.3			11.0

从表4中可以看出1996年、1997年和1998年外籍员工的人均年费用水平与比本地员工的人均年费用水平相差分别为12.7万美元、14.4万美元和11万美元。如果本地的中方员工能够全部顶替外籍员工，则每年可以节省费用为：

1996年：12.7 × 53 = 673.1（万美元），占直接操作费总额的11.2%；

1997年：14.3 × 49 = 700.7（万美元），占直接操作费总额的11.5%；

1998年：11.0 × 47 = 517.0（万美元），占直接操作费总额的8.6%。

由此可见，加快海上作业人员由中方员工顶替外籍员工的工作是不断降低生产作业费用的重要途径。

(3) 行政管理费用分析。

NH油田1996年行政管理费为1，331.6万美元，占生产作业费用总额的18.5%，每桶原油单位行政管理费为0.42美元；1997年为1，320.9美元，占生产作业费用总额的17.4%，每桶原油单位行政管理费为0.34美元；1998年1~7月份为756.0万美元，全年预计为1，296.0万美元，占生产作业费用总额的14%，每桶原油单位行政管理费为0.41美元。

1）通过对具体明细项目的分析，发现外籍员工工资及福利费、作业者母公司及其关联公司的技术服务费用、外籍员工住房租金和本地员工工资及福利等五项费用占行政管理费总额的60%以上，具体情况见表5。

表5　占行政管理费总额比重较大的项目情况

费用项目	1996年	1997年	1998年	平均
外籍员工福利费用	19.2%	21.5%	17.0%	19.2%
外籍员工工资	18.9%	21.6%	16.8%	19.1%
作业者母公司及其关联公司技术服务费	9.3%	4.9%	9.9%	8.0%
外籍员工住房租金	8.9%	7.2%	6.0%	7.4%
本地员工工资及福利	5.1%	6.0%	8.9%	6.7%
合计	61.4%	61.2%	58.6%	60.4%

从表5中可以看出外籍员工工资及福利、作业者母公司及其关联公司技术服务费、外籍员工住房租金和本地员工工资及福利等五项费用是行政管理费的主要项目。五项费用合计三年平均占行政管理费总额的60.4%，其中尤其是外籍员工工资及福利所占比重最大，两项合计占行政管理费总额的38.3%，是行政管理费中的重点控制对象。作业者母公司及其关联公司技术服务费，所占比重也较大，三年平均占行政管理费总额的8%，总计316.2万美元，其中1996年为9.3%，计123.8万美元，1997年为4.9%，计64.1万美元，1998年上升到了9.9%，计128.3万美元。因此，对作业者母公司及其关联公司技术服务费的控制也应是重点项目。

2）陆上作业者管理机构中外籍员工和本地员工的工资与福利费用相差也非常悬殊，1996~1998年外籍员工工资和福利费用平均占行政管理费用总额的38.3%，而本地员工的工资与福利费用只占行政管理费用总额的10.9%，相差2.5倍。1996~1998年的具体情况见表6。

表6　1996~1998年外籍员工与本地员工工资和福利差距对比

费用项目	1996年	1997年	1998年	平均
外籍员工工资和福利费	38.1%	43.1%	33.8%	38.3%
本地员工工资和福利费	8.5%	9.4%	14.7%	10.9%
差　额	29.6%	33.7%	19.1%	27.4%

另外，陆上作业者管理机构中外籍员工的人均年费用水平要比本地员工的人均年费用水平要高出更多。1996年外籍员工的人均年费用16.9万美元，相当于本地员工的人均年费用水平（1.3万美元）的13倍；1997年外籍员工的人均年费用24.8万美元，相当于本地员工的人均年费用水平（1.4万美元）的18倍；1998年外籍员工的人均年费用水平为23.1万美元，相当于本

地员工的人均年费用水平（2.1 万美元）的 11 倍。详细情况见表 7。

表 7　外籍员工和本地员工人均年费用水平比较

费用项目	1996 年			1997 年			1998 年		
	费用（万美元）	人数	人均年费用（万美元）	费用（万美元）	人数	人均年费用（万美元）	费用（万美元）	人数	人均年费用（万美元）
外籍员工	507.7	30	16.9	569.4	23	24.8	438.7	19	23.1
本地员工	113.3	88	1.3	125.2	88	1.4	190.1	91	2.1
差额			15.6			23.4			21.0
相差倍数			12			17			10

从表 7 中可以看出，1996 年、1997 年和 1998 年外籍员工的人均年费用水平与比本地员工的人均年费用水平要高出 10 倍 ~17 倍。如果本地的中方员工能够全部顶替外籍员工，则每年可以节省费用为：

1996 年：15.6 × 30 = 468.0（万美元），占行政费总额的 35.1%；

1997 年：23.4 × 23 = 538.2（万美元），占行政管理费总额的 40.7%；

1998 年：21.0 × 19 = 399.0（万美元），占行政管理费总额的 30.8%。

由此可见，加快陆上作业者管理机构中由中方员工顶替外籍员工的工作是不断降低行政管理费用的重要途径。

3）作业者陆上管理机构中由中方员工顶替外籍员工，仍有较大的空间。

1996 ~1998 年三年来作业者陆上管理机构中外籍员工所占的比重情况见表 8。

表 8　1996 ~1998 年外籍员工所占比重情况

项　目	1996 年		1997 年		1998 年	
	人数	%	人数	%	人数	%
外籍员工	30	25.4	23	20.7	19	17.3
本地员工	88	74.6	88	79.3	91	82.7
合　金	118	100	111	100	110	100

从表 8 中可以看出 1996 ~1998 年三年中，作业者陆上管理机构中中方员工有了不断增加，一些比较重要的管理岗位中方员工相继顶替了外籍员工，但平均每年增长只有 4% 左右，中方员工顶替外籍员工的进度较慢。随着油田生产时间的不断延长，中方的本地员工的技术水平和管理水平的不断提高，如加强中方人员的培训工作，加快中方人员的顶替，降低人员费用有很

大的潜力。

（4）生产作业费用预算执行情况。

1）生产作业费用预算执行的总体情况。

生产作业费用预算执行情况见表9。

表9 生产作业费用预算执行情况

项目	预算（万美元）			实际（万美元）			超支/节省（-）%		
	1996	1997	1998 *	1996	1997	1998 *	1996	1997	1998
资本化费用	355.1	413.0	1047.5	278.0	652.5	913.9	-1.0	3.3	-2.2
直接操作费	6,460.4	6,403.5	3,812.2	6,003.9	6,099.4	3,499.6	-5.8	-3.9	-5.3
行政管理费	1,430.5	1,546.5	820.2	1,331.6	1,320.9	756.0	-1.3	-2.9	-1.1
其他费用	-357.3	-530.0	166.1	-411.8	-471.9	221.6	-0.7	0.7	0.9
总计	7,888.7	7,833.0	5,846.0	7,201.7	7,600.9	5,391.1	-8.8	-2.8	-7.7

注：*为1998年1~7月份数，全年预算为11,187.7万美元。

对表9的分析数据表明：

① 从1996~1998年7月，生产作业费用预算执行的总体情况是良好的。1996年生产作业费用实际发生总额比预算降低了8.8%，共节约687万美元；1997年生产作业费用实际发生总额比预算降低了2.8%，共节约232.1万美元；1998年1~7月份生产作业费用实际发生总额比预算降低了7.7%，共节约454.9万美元。

② 1996年和1997年的预算和实际费用保持相对稳定，1998年全年预算生产费用总额为11，187.7万美元，较1997年预算增加了42.8%，预计全年实际发生总额也会相应增加。

③ 根据以往三年的预算执行情况，今后应考虑编制更有挑战性的预算，以避免宽打宽用。

2）直接操作费的预算执行情况。

①1996年直接操作费实际发生总额为6，003.9万美元，比预算降低7.1%，共节约456.5万美元。但其中作业者母公司及其关联公司技术服务费实际支出345.8万美元，比预算增加了203.3%，超支231.8万美元；燃料费用实际453.1万美元，比预算增加了151.7%，计超支273.1万美元；保险费实际533.4万美元，比预算增加77.8%，超支233.4万美元。

②1997年直接操作费实际发生总额为6，099.4万美元，比预算降低4.7%，共节约304.1万美元。但其中作业者母公司及其关联公司技术服务费实际支出398.3万美元，比预算增加了72.9%，超支167.9万美元；燃料费

用实际820.0万美元，比预算增加了336.9%，计超支632.3万美元；船泊待工费实际发生241.8万美元，全部超预算。

③1998年1~7月份直接操作费实际发生总额为3，499.6万美元，比预算降低8.2%，共节约321.6万美元。但其中燃料费用实际260.9万美元，比预算增加了66.9%，超支104.6万美元；杂项费用实际107.0万美元，比预算增加762.9%，超支94.6万美元。

④燃料费用是三年来超支最多的项目；作业者母公司及其关联公司技术服务费1996年和1997年连续两年超预算较大，而且涉及作业者母公司和合同各方利益。因此这两项应列为重点控制的项目。

3）行政管理费的预算执行情况。

①1996年行政管理费实际发生总额为1，331.6万美元，比预算降低6.9%，共节约99.4万美元；1997年行政管理费实际发生总额为1，320.9万美元，比预算降低14.4%，共节约223.6万美元；1998年1~7月份行政管理费实际发生总额为756.3万美元，比预算降低7.8%，共节约64.0万美元。1996年起三年来行政管理费预算执行情况是良好的，各年基本上没有超支比较大的项目。

②行政管理费1997年预算支出总额为1，546.5万美元，比上年（1996）增长8.1%，计116万美元；1998年预算支出总额为1，406.1万美元。比上年（1997）减少9.1%，减少140.4万美元，各年预算支出总额相差8%~9%。而行政管理费的实际支出总额，则逐年有所降低，1997年行政管理费实际支出总额为1，320.9万美元，比上年（1996）降低0.8%，计10.7万美元；1998年全年预计行政管理费实际支出总额为1，296.0万美元，比上年（1997）降低1.9%，减少24.9万美元。各年实际支出总额相差0.8%~1.9%。以上情况说明各年的预算水平有松有紧，今后应加以改进，编制更具有挑战性的预算。

（5）关于降低生产作业费的几点措施建议。

NH油田从1998年起，原油桶油单位成本（USD/bbl）有较大幅度的提高，1998年1~7月份实际平均原油桶油单位成本为2.90美元，比上年（1997年）实际平均水平提高了46.5%。通过以上分析，特向联合管理委员会（JMC）提出如下几点建议措施：

1）要强化全体员工对生产作业费的控制意识。

降低生产作业费是提高油田经济效益、延长油田经济寿命的主要途径之一，对油田的生存和发展有重大意义。要动员全体员工努力降低生产作业费用，把降低生产作业费用的具体措施和要求，作为指令下达到每个操作岗位，充分发挥每个员工的积极作用。

2）要加强预算的编制、审查和控制管理。

年度预算是生产作业费控制的重要依据。一个合理并具有挑战性的年度预算，对费用的管理和控制具有重要意义。JMC 应要求作业者：

① 作业者必须提交一份合理并具有挑战性的年度预算。预算不能宽打宽用，搞得太松，应是通过努力才能实现和完成的。

②作业者必须提供详细的年度工作计划和预算编制的基础数据。

③ JMC 在审查和确定预算时要尽量听取不同工作岗位上员工的意见。

④要严格实行专款专用，防止预算外开支。

3）要建立费用控制机制。

一个健全的费用控制机制是贯彻管理指令和实现控制目标的保障。应加强以下几个方面的工作：

①建议在作业者管理机构中配置一名费用控制人员，可归属财务部门的编制，接受财务部经理直接领导，但有权向联合管理委员会汇报工作。其主要职责是：第一，参与年度预算的编制和审查；第二，负责生产作业费的日常跟踪和分析，并提出建议；第三，负责审查工作订单。

②建立有利于生产费用控制的会计科目核算体系，以便对生产费用的跟踪和分析。

③改进和健全费用控制工作程序。

④加快人员本地化的工作。

从以上的分析数据表明，外籍员工的工资和福利费用要高出本地员工的工资和福利费用几倍至十几倍，加快员工本地化可以大幅度降低生产作业费用。作业者应按照合同规定，制定详实的员工培训和本地员工顶替外籍员工的计划，尽可能快地实现员工本地化。

⑤要加强对重点费用项目的控制。

生产作业费的项目繁殖，但通过以上分析表明，少数几项占有较大的比重；还有些项目控制不力，经常超预算开支。因此，对生产作业费的控制应采取全面控制和重点控制相结合的办法，尤其对如作业者母公司及其关联公司技术服务费和燃料费用等项目，应加强从编制预算、审批到跟踪、分析等各个环节进行全过程的控制。

三、生产作业费的结账程序

每月末结账之后，作为核算生产作业费的成本中心（Cost Centre）账户的余额应全部结转入“生产作业费支出（Production Operation Expenditures）”账户

（本账户是费用支出账户，不同于勘探费和开发费等资本化支出账户。生产作业费支出根据石油合同的规定，可以在当期的产品收入中进行回收。）同时，要依据“生产作业费”的成本中心账户编制“生产作业费支出明细表（Joint Interest Billing for Production Operation Expenditures）”，并随同联合账簿的其他会计报表报送合同各方。现将某合同区外国石油作业者所采用的“生产作业费支出明细表”的实际格式举例如下：

Joint Interest Billing for Production Operation Expenditures

For the Month of December 2005

Contract Area: NH 00/00　　　　Currency: USD

Items & Description	Cumulative Balance as At Dec. 31,04	Billing for the Month of Dec. 05	Total 2005 Billing	Grand Cumulative Total as of Dec. 31,2005
Production Direct Costs				
Platform	00,000,000.	000,000.	00,000,000.	000,000,000.
FPSO	00,000,000.	000,000.	00,000,000.	000,000,000.
Total Production Cost	00,000,000.	000,000.	00,000,000.	000,000,000.
Fixed Assets	000,000.	000,000.	000,000.	0,000,000.
Material Stock(Variation)	0,000,000.	000,000.	000,000.	0,000,000.
Sub Total	00,000,000.	000,000.	00,000,000.	000,000,000.
Production G & A				
Allocated Common G & A	0,000,000.	000,000.	0,000,000.	0,000,000.
Direct G & A	0,000,000.	000,000.	0,000,000.	0,000,000.
SPC Assistance Charges	000,000.	00,000.	000,000.	0,000,000.
Total Production G & A	0,000,000.	000,000.	0,000,000.	0,000,000.
Overhead	000,000.	00,000.	000,000.	000,000.
Total Costs	00,000,000.	0,000,000.	00,000,000.	000,000,000.
Debit and Credit Items	000,000.	00,000.	00,000.	000,000.
Joint Interest Billing	**00,000,000.**	**0,000,000.**	**00,000,000.**	**000,000,000.**

第五节　经营管理费和上级管理费的核算
（General and Administrative Expenses and Overhead）

一、经营管理费

（一）经营管理费的定义

经营管理费也可称为行政管理费，联合账簿中的英语专业词汇是 General and Administrative Expenses，外国石油作业者通常称之谓 G & A。在我国通用的石油合同的附件 2《会计程序》中关于“经营管理费”的定义是：

经营管理费是指作业者为进行石油作业，根据合同规定在中国境内设立的办事机构以及联合管理委员会及其所属机构所发生的各项行政管理费用。(General and administrative expenses refer to the administrative expenses incurred for any offices established by the Operator within the Chinese territory and for the Joint Management Committee and its subordinate bodies for the performance of the Petroleum Operations.)

根据石油合同的附件2《会计程序》的规定，作业者的管理机构为进行石油作业而发生的经营管理费应进行单独核算，并应按照《会计程序》中规定的关于共同费用的分配方法，按比例分摊计入有关的石油作业成本。中海油20多年来石油合同的实际执行情况表明，一个外国石油作业者在中国境内设置的管理机构，为了提高效率和节约成本、费用，往往要管理一个以上几个合同区的石油作业和其他一些有关在中国境内合作勘探开发石油资源的事务工作，包括对中国境内海上和陆上的一些未来将要合作的勘探区域的前期地质研究工作（Geologic Structure Study for Frontier）。因此，其管理机构所发生的行政管理费用是属于共同费用性质的，应该按照管理与服务的对象，进行合理和适当的分摊。这说明我们在《会计程序》中关于经营管理费应进行单独核算和按服务对象分摊的规定，是完全正确和合理的，所有的外国石油作业者也完全认可，现在已经成了惯例。

（二）经营管理费（行政管理费）的明细核算

经营管理费的明细核算项目比较繁殖，为了便于管理和控制，外国石油作业者一般都是按部门和明细核算项目分别核算和考核，并且都建立了每个部门的预算控制（A. F. E）和管理系统。现将某合同区外国石油作业者在联合账簿中所采用的“行政管理费支出明细表”的实际格式举例如下。

Ledger Statement of General Administrative Expenses

Fiscal Period:　　　　Cost Center: C01 Common Main Office

Currency: USD

Description	Current Month			Year - to - Date		
	Actual	A. F. E	Better/ (Worse)	Actual	A. F. E	Better/ (Worse)
Expatriates Salaries	000,000	000,000	00,000	0,000,000	0,000,000	00,000
Expatriates Benefits	000,000	000,000	00,000	0,000,000	0,000,000	00,000
Personnel Living & Accommodation Expatriates	000,000	000,000	00,000	0,000,000	0,000,000	00,000
Nation Contract Labour Salaries	000,000	000,000	00,000	0,000,000	0,000,000	00,000
Nation Contract Labour Allowance & Bonus	000,000	000,000	00,000	0,000,000	0,000,000	00,000
Moving & Relocation	000,000	000,000	00,000	0,000,000	0,000,000	00,000
Medical Expense	000,000	000,000	00,000	0,000,000	0,000,000	00,000

续表

Description	Current Month			Year - to - Date		
	Actual	A. F. E	Better/ (Worse)	Actual	A. F. E	Better/ (Worse)
Business Travel & Personal Expenses	000,000	000,000	00,000	0,000,000	0,000,000	00,000
Business lunch/Dinner/Meeting	000,000	000,000	00,000	0,000,000	0,000,000	00,000
Technical Service Charge	000,000	000,000	00,000	0,000,000	0,000,000	00,000
Intercompany Technical Service	000,000	000,000	00,000	0,000,000	0,000,000	00,000
Material & Supplies	000,000	000,000	00,000	0,000,000	0,000,000	00,000
Personnel Training Charge	000,000	000,000	00,000	0,000,000	0,000,000	00,000
Office & Storage Leases	000,000	000,000	00,000	0,000,000	0,000,000	00,000
Utilities	000,000	000,000	00,000	0,000,000	0,000,000	00,000
Communications	000,000	000,000	00,000	0,000,000	0,000,000	00,000
Postage/Courier Services	000,000	000,000	00,000	0,000,000	0,000,000	00,000
Photo, Printing& Reproduction	000,000	000,000	00,000	0,000,000	0,000,000	00,000
Subscriptions	000,000	000,000	00,000	0,000,000	0,000,000	00,000
Maintenance	000,000	000,000	00,000	0,000,000	0,000,000	00,000
Transportation Rental	000,000	000,000	00,000	0,000,000	0,000,000	00,000
Equipment Rental	000,000	000,000	00,000	0,000,000	0,000,000	00,000
Insurance	000,000	000,000	00,000	0,000,000	0,000,000	00,000
Legal Expenses	000,000	000,000	00,000	0,000,000	0,000,000	00,000
Ecological - Environmental	000,000	000,000	00,000	0,000,000	0,000,000	00,000
Taxes	000,000	000,000	00,000	0,000,000	0,000,000	00,000
Computer Charges	000,000	000,000	00,000	0,000,000	0,000,000	00,000
Entertainment	000,000	000,000	00,000	0,000,000	0,000,000	00,000
Bank Charges	000,000	000,000	00,000	0,000,000	0,000,000	00,000
Miscellaneous	000,000	000,000	00,000	0,000,000	0,000,000	00,000
Foreign Exchange (Gain/Loss)						
State Petroleum Co. Assistance Charges	000,000	000,000	00,000	0,000,000	0,000,000	00,000
Total G & A	**0,000,000**	**0,000,000**	**000,000**	**00,000,000**	**00,000,000**	**000,000**
Allocation Out:						
CA00/00 Exploration	000,000			0,000,000		
CA10/10 Exploration	000,000			0,000,000		
CA00/00 Development	000,000			0,000,000		
CA10/10 Development	000,000			0,000,000		
CA00/00 Production	000,000			0,000,000		
CA10/10 Production	000,000			0,000,000		
Other	00,000			0,000,000		
Total Allocation Out	**0,000,000**			**00,000,000**		

（三）经营管理费的分配方法

关于经营管理费的分配方法，在国际合作联合开发石油资源的石油合同中都原则要求，要根据国际上的会计准则有一个合理的分配基础，但实际上在石油作业国际合作中对这种共同费用的分配还没有一个定型的会计标准（International Accounting Standards），通行的惯例就是要求作业者必须证明这种共同费用的分配方法是合理的、公平的。根据现在中海油正在执行的石油合同的规定，经营管理费的分配基本上有以下两种方法。

（1）在石油合同中规定："各项作业的共同费用（Common Costs），应按照每月实际发生的勘探费用、开发费用和生产作业费用的比例分摊。"这就是说，作业者管理机构每月实际发生的行政管理费用按照各项作业每月实际发生的直接费用总额（Total Direct Costs）的比例来分配计入各项作业的成本。现举例如下：

案例一

1）XY International Oil Co. 是中国南海 00/00 和 10/10 两合同区的作业者，该作业者 2006 年 6 月份实际发生行政管理费总额为 1，200，000.00 美元。

2）2006 年 6 月份各项作业的直接费用总额分别为：

	Total Direct Costs
CA 00/00 Exploration	USD 6，920，000.00
CA 00/00 Development	USD 15，200，000.00
CA 00/00 Production	USD 7，560，000.00
CA 10/10 Exploration	USD 5，780，000.00
Geologic Structure Study for Frontier	USD 126，000.00
Total	**USD 35，586，000.00**

3）各项作业行政管理费的分配比例应为：

CA 00/00 Exploration	USD 6,920,000/USD 35,586,000 ×100% =19.45%
CA 00/00 Development	USD 15,200,000/USD 35,586,000 ×100% =42.71%
CA 00/00 Production	USD 7,560,000/USD 35,586,000 ×100% =21.25%
CA 10/10 Exploration	USD 5,780,000/USD 35,586,000 ×100% =16.24 %
Geologic Structure Study for Frontier (Operator's Sole Account)	USD 126,000/USD 35,586,000 ×100% =0.35%
Total	**100.00%**

4)2006 年 6 月份各项作业应分摊的行政管理费为：

CA 00/00 Exploration	USD 1,200,000 × 19.45%	= USD 233,400.00
CA 00/00 Development	USD 1,200,000 × 42.71%	= USD 512,520.00
CA 00/00 Production	USD 1,200,000 × 21.25%	= USD 255,000.00
CA 10/10 Exploration	USD 1,200,000 × 16.24 %	= USD 194,880.00
Geologic Structure Study for Frontier (Operator's Sole Account)	USD 1,200,000 × 0.35%	= USD 4,200.00
Total G & A		**USD 1,200,000.00**

（2）在石油合同中规定："作业者应将进行石油作业所需并根据合同规定设立的办事机构所发生的人员和管理费用，按每个办事处分别累计。这类费用应按这类办事处中作业人员为石油作业进行工作实际所花费的时间分摊到石油作业中去。"即作业者管理机构每月实际发生的行政管理费用按照作业者管理机构中技术和管理人员每月实际发生的工时写实的工作项目（服务对象）所花费的时间比例来分配计入各项作业的成本。这种分配方法要比上述按各项作业每月实际发生的直接费用总额分配的方法复杂，采用这种方法应具备如下条件：

1）首先，在作业者的管理结构中必须建立完善的工时写实体系（Time Writing System）。

①工时写实体系是用于统计、管理员工实际工作时间和用在各个工作项目实际花费的时间，以及计算时间分配比例。该体系由财务部门专人通过公司内部网络进行管理和维护。

②每月末在结账前，财务部门发出通知要求作业者管理机构中各部门人员按时提出当月的工时写实报告，送交各自部门的上级主管根据实际情况审核及批复，并通过公司内部网络转达财务等有关部门。财务部门可以适时地在线监控每位员工的工时写实报告的动态。月终结账前一天，在确保每位员工的工时写实报告完成的前提下，由财务部门专人负责，以部门为单位计算各个工作项目的时间分配比例，并将该数据录入到会计核算系统，作为经营管理费的分配标准。

③该体系（Time Writing System）的设计与维护通过内部网络进行。财务部门对数据起监控作用，但无权对数据进行更改。若员工的工时写实报告失实或不当，可由财务部门提出，经部门经理同意，由员工重新填写并提交上级主管批复。

④工时写实报告以每个日历月为基础，会计核算系统根据当月的累计时间作为计算分配比例的基数。

工时写实报告的格式如下：

Time Allocation Report (Timesheet)															
Operator's Name:					Employee Name:						Employee's Number:				
Department:															
Please indicate No. of hours work								Month:							
Time Worked	1	2	3	4	5	6	7	8	9	10	11	12	13	…	31	Total
Project Description																
1. NH Field Develop.																
2. XY Field Produc.																
3. Other																
Sub-total																
Time Not-worked																
Sub-total																
Total Hours																
Note: 1, Use a standard 8 hour day for recording time allocation. 2, Pink areas represent weekends & company holidays. 3, Please provide description for time charged to "Other"																
Add Project		Delete Project				Preview				Submit for Approval						

2）必须明确工时写实体系的实际操作程序，并加强员工对认真执行工时写实程序重要性的教育，形成制度，养成良好的风气和惯例，以保证工时记录的真实、正确、可靠。一般外籍员工，尤其是工程技术人员对认真执行工时写实程序已经有了良好的习惯（在世界著名的国际石油公司中，为了加强对员工的管理和提高工作效率，以及对国际合作的石油作业提供服务与结算费用的需要，他们都建立了完善的工时写实体系（Time Writing System）都能按照各自实际工作的项目和花费的时间如实填写，这对于正确、合理分配行政管理费是个保证基础）。但国内的员工还没有养成这个习惯，往往比较随意，不够重视，譬如某海上油田投产后，在本合同区内继续进行新的领域的勘探作业，并同时进行另外新的合同区的勘探作业，作业者管理机构的人员不仅要为已投产油田的生产作业工作，而且还要为本合同区内继续进行新的领域的勘探作业和另外新的合同区的勘探作业工作（这两部分的勘探作业工作量约占员工全部工作量的30%），但国内的员工在填写工时写实报告时把全部工时都随意计入了已投产油田的生产作业工作。其结果是由于填写工

时写实报告的不实，使应由外国合同者100%承担风险的勘探作业少分摊了近20%的行政管理费，使中方多分担了不应承担的行政管理费（已投产油田的生产作业费中方应分担51%的费用）。可见，填写工时写实报告要真实是非常重要的。

案例二：

某工作项目分摊的行政管理费用一般是按部门归集好的行政管理费和按部门的工时比例分配到相应的作业项目。分配的计算公式为：

按部门归集的 G & A 总额 ×某工作项目所花费的时间/以部门为单位的总工时 = 某工作项目应分摊的 G & A

下面是按作业者管理机构中技术和管理人员每月实际发生的工时比例分配行政管理费的实际案例。

① United International Oil Co. 是中国南海 01/01 和 20/20 两合同区的作业者。该作业者的管理机构2006年6月份实际发生行政管理费总额为1，000，000.00美元。

② 2006年6月份各个部门对各项作业项目的直接工作时间见表10。

表10　各部门对各作业项目的直接工作时间

Department	Total Hours		Production		Explo.（01/01）		Explo.（20/20）	
	Hours	%	Hours	%	Hours	%	Hours	%
Operation Dept.	3，520	100.0	2，394	68	352	10	774	22
HR & Administration	1，760	100.0	1，232	70	211	12	317	18
Finance Dept.	2，640	100.0	1，980	75	264	10	396	15
IT	880	100.0	704	80	88	10	88	10

③根据上述分配的计算公式和表10的工作时间，计算出各项作业应分摊的行政管理费见表11。

表11　各项作业应分摊的行政管理费

Department	Total G & A		Production		Explo.（01/01）		Explo.（20/20）	
	%	Amount	%	Amount	%	Amount	%	Amount
Operation Dept.		400，000	68	272，000	10	40，000	22	88，000
HR & Administration		200，000	70	140，000	12	24，000	18	36，000
Finance Dept.		300，000	75	225，000	10	30，000	15	45，000
IT		100，000	80	80，000	10	10，000	10	10，000
Total G & A		**1,000,000**		**717，000**		**104，000**		**179，000**

在上例中，行政管理费被分配到已投产油田的生产作业费和01/01合同区勘探作业费，以及20/20合同区勘探费。其中分配到已投产油田的生产作业费的行政管理费是717，000美元；分配到01/01合同区勘探作业费的行政管理费是104，000美元；分配到20/20合同区勘探费的行政管理费是179，000美元。

3）按每月实际发生的工时写实的工作项目所花费的时间比例的分配方法，要随着合同区开发石油资源的进展和作业者机构的变化，做出相应的调整与改进。

例如，中海油某合同区自石油合同生效，勘探阶段开始，发现油（气）田，经过开发阶段到油（气）田投产进入生产阶段，一直至作业者由外国石油公司移交给中方国家石油公司以来，行政管理费的分摊方法经历了几个阶段的改进和调整：

第一阶段，从合同生效起到勘探阶段结束。该阶段外国石油公司作为作业者，作业者管理机构中以外籍人员为主，外籍的工程技术和专业管理人员数量较多。作为非作业者的国家石油公司（中方）根据合同规定参与作业者管理机构工作的工程技术和专业管理人员，是配合、协调和学习，是与外籍人员合作工作的磨合时期。当时，工时写实系统采用手工填写，作业者管理机构中的全体员工（包括中方参与作业者管理机构工作的工程技术和专业管理人员）都必须按照作业者关于工时写实系统的程序规定，按月每天如实填写工时记录（Time Sheet），但行政管理费的分配只是按汇总的作业者管理机构中的外籍人员工作时间比例（不包括中方参与的工作人员，这是由于中方人员尚在配合、协调的磨合时期），分配到各个石油作业项目，其中包括外方独立承担费用的其他区块的勘探项目。时间的分配比例采用公司平均数，即以外籍员工花费在石油作业上的时间除以总的工作时间来计算分配到工作项目作业的时间比例。行政管理费不分部门归集，总费用乘以相应的时间比例分摊到不同的石油作业项目。这种计算方法简便，但不能真实合理地反映共同费用的分配。

第二阶段，是从发现油（气）田后开发阶段开始，虽然外方仍为作业者，作业者管理机构中仍然以外籍人员为主，外籍管理人员数量比较多，但中方参与作业者管理机构工作的工程技术和专业管理人员，已由学习、协调和配合的磨合期，转变到正式参与，合作配合并肩战斗。因此，行政管理费的分配改变为按汇总的作业者管理机构中的全部人员的工作时间比例（既包括外籍人员，也包括中方参与的工作人员），分配到各个石油作业项目；与此同时，工时写实系统改变了手工填写的作法，采用了先进的计算机网络工具，大大提高了该系统（Time Writing System）的效率和效能。计算方法也有较大的改进，分配共同费用的时间比例的计算以部门为单位，并将行政管理费也按分部门归集和分配。这种分配方法更趋公平合理和反映客观真实情况。

第三阶段，作为中方代表的国家石油公司接替作业者后，工时写实系统和共同费用的分摊方法，根据石油合同规定，基本沿袭了原外方的作法，但由于没有新的勘探作业，分配的项目与之前的相比有了较大幅度的减少，行政管理费只在合同区块内的生产作业费和开发费用之间分配。

二、上级管理费用（Overhead）

（一）上级管理费用的定义

在联合账簿中的成本、费用项目“上级管理费用（Overhead）”是特指作业者的上级管理机构或者说是它的母公司为石油作业提供的间接服务费用。石油合同的附件2《会计程序》中对其定义有明确的规定，我国应用的《会计程序》中“上级管理费用”的定义一般是这样的：

“上级管理费用是指作业者的上级管理机构对石油作业提供经营管理的费用，包括经营、管理、会计、财务、公司内部审计、税务、法律事务、劳资关系、金融、经济资料收集，以及关于采购、计划、设计、研究和业务活动等的一般性咨询按本程序第5.1.4款（注：是指直接服务费用-技术服务费）不能收费的费用。”（Overhead refers to the costs for the managerial and operational services provided by the Operator’s superior management organizations for the Petroleum Operations, including management, administration, accounting, treasury, intercompany audit, tax, legal matters, employee relations, financing, the collection of economic data and costs which not chargeable under Article 5.1.4 of this Accounting Procedure for general consultation such as procurement, planning, design, research and operational activities etc..)

（二）上级管理费用的计取费率和方法

国际合作勘探开发石油资源的石油合同的附件2《会计程序》中，一般还规定了上级管理费的计取方法和计取的比率（%）。计取比率一般都采用滑动阶梯不同比率（sliding scale rates）的方法，勘探、开发和生产各个阶段的计取比率是不同的，通常的惯例是勘探阶段的计取比率较高，开发阶段和生产阶段次之。下面是个实际案例：

CA00/00合同区在石油合同的附件2《会计程序》中对上级管理费的计取费率和办法规定如下：

The Overhead Rates for the Exploration Operations:

Direct Costs for Exploration (USD/Year)	Percentage Rate (%)
First Tier (第一阶梯) 0 to 5, 000, 000.	5
Second Tier (第二阶梯) 5, 000, 001 to 15, 000, 000.	3
Third Tier (第三阶梯) 15, 000, 001 to 25, 000, 000.	2
Fourth Tier (第四阶梯) over 25, 000, 000.	1

The Overhead Rates for the Development Operations:

Direct Costs for Development (USD/Year)	Percentage Rate (%)
First Tier 0 to 5, 000, 000.	2.5
Second Tier 5, 000, 001 to 10, 000, 000.	1.5
Third Tier 10, 000, 001 to 20, 000, 000.	1
Fourth Tier 20, 000, 001 to 30, 000, 000	0.5
Fifth Tier over 30, 000, 000.	0.25

The Overhead Rate for the Production Operations shall be of one point eight percent (1.8%) of the total amount of the direct costs for the Production Operations in each Calendar Year. (生产作业的上级管理费取费率，按每个日历年度的生产作业直接费用总额的百分之一点八（1.8%）计取。

上级管理费的计取办法在石油合同的附件 2《会计程序》中是这样规定的（英文本）：

"The calculation method of the Overhead shall be:

On the last working day of each month, the Operator shall make provision into the Joint Account for the overhead fees for the current month, calculated on the basis of cumulative actual expenditure for the Calendar Year to that date and payment shall be made from the Joint Account on the last working day of the following month, The final adjustment of the overhead shall be made at the end of the Calendar Year in respect to any difference between the actual payment by the Joint Account and the total overhead for that Calendar Year calculated on the annual cumulative actual investment expenditure at the end of such year. Any excess shall be refunded and deficiencies made good."

（上级管理费的计取办法是：作业者在每月的最后一个工作日将按日历年本年本月止累计实际支出为基础计算的本月上级管理费计入联合账簿，并于下月的最后一个工作日由联合账簿支付。在每年年终对由联合账簿实际支付的上级管理费金额与本年累计实际投资支出为基础计算的上级管理费金额的差额进行调整，多退少补。）

（三）实例

勘探作业的上级管理费计算的实例如下：

Statement of Overhead for Exploration Operation

For the Month of December 2005

Contract Area: CA00/00

Operator's Name: XY International Oil Co.

Period	Basis for O/H	Applicable Rate	Amount of Overhead
January	1, 000, 000.00	5%	50, 000.00
February	1, 200, 000.00	5%	60, 000.00
March	2, 800, 000.00	5%	140, 000.00
April	2, 300, 000.00	3%	69, 000.00
May	2, 700, 000.00	3%	81, 000.00
June	3, 200, 000.00	3%	96, 000.00
July	1, 800, 000.00	3%	54, 000.00
July	4, 200, 000.00	2%	84, 000.00
August	5, 800, 000.00	2%	116, 000.00
September	5, 200, 000.00	1%	52, 000.00
October	3, 600, 000.00	1%	36, 000.00
November	2, 200, 000.00	1%	22, 000.00
December	1, 900, 000.00	1%	19, 000.00
Total	**37, 900, 000.00**		**879, 000.00**

	Current Month Costs	Current Year to Date Costs
Total Cost	1, 920, 000.00	38, 120, 000.00
Deductible (1)	20, 000.00	220, 000.00
Deductible (2)		
Basis for Current Overhead	1, 900, 000.00	37, 900, 000.00
Current Month Overhead	**19, 000.00**	**879, 000.00**

第六节　合同区物资的管理和核算
(Accounting and Management of Material)

关于物资的核算与管理一般在《石油合同》的附件2《会计程序》中，专门有一章做了比较详细的规定。在我国应用的《会计程序》中特别增加和强调了以下规定：凡是不发送到使用现场而首先存入仓库或作为仓库使用的供应船的通用物资，应办理存货管理手续。库存物资应记录数量、单价和总金额，实行永续盘存。即各项库存物资的收发、领退应及时办理会计手续（包括收发料的原始凭证和支持性会计文件等），采用永续盘存制（Perpetual

Inventory Methods）记账，并应定期进行盘点，每年至少一次，发现的盘盈、盘亏、毁损和变质等情况，应查明原因，报经联合管理委员会批准后及时处理。

注：增加此项规定是由于《会计程序》中规定了“库存物资账户应视为勘探费用、开发费用或生产作业费用支出”，是为了加强物资的核算与管理，防止由于库存物资账户“应视为费用支出”的特殊规定而忽视库存物资的核算和管理，使合同各方蒙受不应有的损失。

物资的核算，根据《会计程序》中的有关规定，应设置“材料采购（Material Purchases）”、“库存材料（Inventory - Materials and Supplies）”和“在途材料（Materials and Supplies in Transit）”三个账户，分别核算材料的采购成本，材料的入库、发出和结存情况，以及已经付款尚未到货的在途材料情况。

“材料采购（Material Purchases）”账户是用于核算石油作业所有各种购入物资的买价和采购费用，确定物资采购成本的账户，并据以考核采办计划和采办合同的执行情况。物资的采购成本应为发票价格减去折扣，再加上有关的运杂费用，包括运送到目的港口的运输费用、按比例应分担的保险费用、运输商代理费、税捐、杂费、从海岸码头到任何水路运输终点的仓库或货场以及在仓库或货场内的保管费用，以及其他实际支付的合理费用和内陆运输费用。“材料采购”账户的借方记录每个日历月内购入的物资买价和采购费用，即物资采购成本；其贷方记录应转入“库存材料”账户或“勘探费用”、“开发费用”和“生产作业费用”账户的实际采购成本。凡是先存入仓库的物资，应转入“库存材料”账户，凡是直接提供作业现场的，应按实际采购成本直接转入勘探、开发和生产作业的成本账户。

“材料采购”账户在每个日历月终结账时，不应保留余额。凡是发票和账单等已到，并已付款而实物未到达的货款，应转入“在途材料（Materials and Supplies in Transit）”账户，在下个日历月初再由“在途材料”账户中转回；凡是已经到货，并已收到发票而未付款的材料，应根据发票的票面金额借记“材料采购”账户，贷记“应付账款”。

“库存材料”账户应按照材料的类别、品种和规格分别设置具有数量、单价和总金额栏的库存材料明细分类账户，并利用电脑系统正确序时地反映库存材料的收入、发出和增加、减少的变动情况，严格监督材料的合理使用和妥善保管。

库存材料应按账面的实际采购成本计价。发出时可以由作业者选择先进先出（FIFO）法、加权平均（Weighted Average Method）法或移动平均（Moving Average Method）法计价，但一旦确定后必须至少在一个日历年内前后连贯一致，不能随意变更。

在我国应用的《会计程序》中还规定了："应任一非作业者的要求，作业者应向非作业者提供控管物资（Controllable Material）的详细报表。"这是为了督促和监督作业者有效地管好和用好控管物资，避免库存过多，造成积压浪费。这里指的控管物资（Controllable Material）在《会计程序》中的"定义"指：控管物资是指本会计程序第 2. 2 款提到的会计制度中所指的物资。[中国海洋石油总公司 1983 年颁发的联合经营石油作业会计制度（Accounting System for the Joint Interest Petroleum）中附件二"控管与非控管物资目录"] 中海油各合同区现在对上述原先规定的控管物资目录实际上已不再硬性地执行，而是根据各合同区的实际情况，各外国石油作业者都制定了自己的控管物资（材料）目录（包括内部统一的材料名称、规格和编号等）；有的作业者还制定了非控管物资（Non – Controllable Material）的目录和标准（一般规定为单价在 200 美元以下的材料），库存材料只做收、发、存数量的登记，发生的采购材料支出直接作为费用、成本计入联合账簿。

关于材料的会计核算，作业者应在每月的会计报表中对库存材料的增加和减少的变动情况直接在资产负债表中反映。下面列举一个外国石油作业者的会计报表中反映的库存材料实际格式案例：

Balance Sheet

As of the Month of Dec. 31, 2005

Contract Area: CA 00/00 Currency: USD

Account	Year Beginning				End of Current Period			
Description	Exploration	Development	Production	Total	Exploration	Development	Production	Total
Current Assets								
Warehouse Inventory	30,000.	50,000.	100,000.	180,000.	23,000.	72,000.	110,000.	205,000.

在我国应用的《会计程序》中"物资的核算和管理（Accounting and Management of Material）"一章的最后一款还规定了："作业者应对石油作业的固定资产严格管理，建立账卡登记，年终或根据实际情况决定进行实物盘点，做到账、卡、固定资产相符。"对于"固定资产（Fixed Assets）"，在中国海洋石油总公司颁发的《联合经营石油作业会计制度》中规定：石油作业的固定资产是指计入联合账簿的外购的同时具备以下两个条件的房屋、建筑物、设备、设施、运输车辆、船舶、工具和其他设备等。

（1）使用年限在一年以上；

（2）单位价值在 1，000 美元以上。

凡是作业者根据石油作业需要外购的固定资产都通过“固定资产（Fixed Assets)”账户核算，但应分别按勘探、开发和生产阶段进行明细核算。属于勘探阶段使用的应计入勘探投资支出；属于开发阶段使用的应计入开发投资支出；属于生产阶段使用的应计入生产费用支出。在联合账簿中对固定资产不进行计提折旧的核算，购入之后，直接按照采购的实际价格分别计入勘探、开发投资支出或生产费用支出，并按照石油合同的规定作为投资支出回收处理。但合同各方分别按照中国税法缴纳所得税时，应按照《中华人民共和国外商投资企业和外国企业所得税法》的有关规定，分期摊销或综合计提折旧，另外填报专门为申报纳税的会计报表，执行向中国税务当局缴纳所得税的义务。

关于固定资产的会计核算，作业者应在每月的会计报表中对固定资产的增加和减少的变动情况有所反映。这里列举一个外国石油作业者的会计报表实际案例：

Statement of Fixed Assets

As on the Month of Dec. 2005

Operator’s Name: XY International Oil Co.

Contract Area: CA 00/00 Currency: USD

Code	Description	Previous Month	Current Month	Year to Date
	Exploration			
2101 01	Building & Structure	120, 000.00	0.00	120, 000.00
2101 02	Equipment & Tools	260, 000.00	30, 000.00	290, 000.00
2101 03	Electronic Equipment	48, 000.00	0.00	48, 000.00
2101 05	Office Furniture	26, 000.00	2, 000.00	28, 000.00
	Subtotal	**454, 000.00**	**32, 000.00**	**486, 000.00**
	Development			
2101 02	Equipment & Tools	220, 000.00	10, 000.00	230, 000.00
2101 03	Electronic Equipment	560, 000.00	0.00	560.000.00
2101 05	Office Furniture	55, 000.00	8, 000.00	63, 000.00
	Subtotal	**835, 000.00**	**18, 000.00**	**853, 000.00**
	Production NHOil field			
2101 02	Equipment & Tools	0.00		0.00
2101 03	Electronic Equipment	130, 000.00	0.00	130, 000.00
2101 05	Office Furniture	20, 000.00	5, 000.00	25, 000.00
	Subtotal	**150, 000.00**	**5, 000.00**	**155, 000.00**
	Total	**1, 439, 000.00**	**55, 000.00**	**1, 494, 000.00**

第七节 合同区产品与产值的分配核算
(Allocation of Production and Revenue)

国际合作联合开发石油资源的油（气）田产品生产和销售的核算是联合经营石油作业会计核算工作中一项十分重要的关键性工作。它直接关系到合同各方的经济权益，必须及时、正确地反映油（气）产品和产值的分配，包括合同各方勘探、开发投资和生产费用的回收数额，应上缴国家的矿区使用费和增值税（VAT）等税费，合同各方的分成油，以及主权国家的留成油等。由于我国石油工业对外合作的合同模式都是采用了产品分成合同（Production Sharing Contract），按照合同规定，合同各方应按原油生产的实物量提取各自应分得的份额油，然后，由合同各方各自销售自己份额的原油。在实际海上生产原油的作业中，由于海况复杂，作业难度大，因此，各个合作油田合同各方提油的方式不尽相同。通常是按预定计划安排由合同各方轮流到海上储油设施（FPSO）去提取原油。因而合同各方每次提取的原油实物量（Crude Oil Lifting）很难与其应分配的份额油（Entitlement）量正好一致。这样就会出现在一定时期内有的合同方多提油，其他合同方少提油的情况。而且，由于不同的合同区块、不同的合作油田的原油质量不一样，以及合同各方投资参与比例的不一样，原油生产和分配的核算就显得非常复杂。所以，我国的海上合作油田合同各方的提油方式大都采取由作业者负责，把生产的原油通过国际市场统一组织销售，然后由作业者根据在每次提油装运销售完毕后计算出的合同各方应得的份额油数量和原油销售合同中规定的原油实际销售价格，计算出合同各方应得的份额油实际销售收入，直接分配付给合同各方。

根据《石油合同》的规定，联合经营石油作业不核算产品的销售利润和净利润。向中国政府缴纳所得税的纳税义务人是合同各方，由合同各方向中国税务当局各自填报纳税申报表。

一、原油的产值分配核算

（一）原油生产和提油核算的主要环节

1. 监测和记录原油生产过程与生产数量，以及发运提油过程与发运提油数量

在原油的生产和提油过程中，原油量的确定和品质的测量是很关键的一个环节。在生产现场，作业者的生产人员对生产情况和原油产量进行记录，

同时编制生产日报报送有关部门。当生产设施的原油量储存到一定的限额，就必须转移到前来提油的油轮上，以便运送到购买商的目的地。在提油现场，购买商的提油代表和作业者的代表，根据国际惯例一致认可的标准和做法，联合进行读数、测试和计量，以便确定原油的数量和油品质量。当然，与此同时，根据合同规定还必须取得中国商品检验局关于商品质量检验和重量检验的证书。因此，作业者会计部门负责原油生产核算的会计人员应与生产部门，以及销售人员很好地密切协作配合，掌握和取得原油数量和油品质量的合法资料，据以按照国际上认可的做法，对原油的生产和提油进行核算和向购买方结算货款。

（1）原油的标准计量和原油提单（Bill of Lading - Crude Oil Cargo）。

收发油单据是一种合法有效的油量记录。通过它在买方提油代表的共同检测下，现场计量员记录了用来确定所提取的原油的价格和实物数量所需的有关资料，每一次原油的转移都有油量和油品（API）的记录。在提油过程中所观测到当时温度下的 API 比重，还应根据比重校正表计算出在标准温度 60°F 下的原油比重；同时，在观测当时温度下记录的原油数量也应通过标准油量校正表把它折算为在 60°F 下的原油标准数量。

在每次提油过程中，通过按合同规定由合同各方认可和接受的第三方代表（中国国家商品检验局）的检测，负责提油和运油的船方应编制一份原油提单（Bill of Lading - Crude Oil Cargo）报送该合作油田的合同各方。提单是作为一份正式的合法文件，记录了所提取的原油的实物数量（桶数/吨数）、吨和桶数量的折算比例、油品的比重，以及提油完成的日期和交运到购买方的日期等有关资料，是作业者向原油购买方收款与结算的重要合法文件。

下面是一份原油提单（Bill of Lading - Crude Oil Cargo）的样本。

Bill of Lading

Crude Oil Cargo

Cargo No. XCL－122

Shipped in apparent good order and condition by: SPC

(Consignor)

on board the (FLAG) CHINESE SHIP/MOTOR VESSEL NAN HAI

whereof XIANG JI SHEN is the master, at XIJIANG TERMINAL

said to be and described as:

GROSS	NET	
371835	371426	Barrels at 60℉
59092.018	59027.020	Cubic Meters at 15℃
50707.139	50651.364	Long Tons
51521.458	51464.787	Tonnes

which cargo is to be delivered in the like order and condition at the port of ZHAN JIANG PORT or so near thereto as the vessel can safely get, always afloat, unto MOMING PETRO-CHEMICAL Co. Ltd. (MMPC).

(Consignee)

or their assigns, he or they paying freight for the same. Except for the rate and payment of freight and demurrage, all terms, conditions and exceptions of the Charter Party under which said vessel is employed are deemed incorporated herein. General average shall be payable according to York/Antwerp rules 1974 and unless otherwise agreed adjusted according to the usage and customs of the Port of London.

In Witness thereof the Master or Agent of the said vessel signed Three (3) Original Bills of Lading, all of this tenor and date, any one of which being accomplished the others will be void.

Dated XIJIANG TERMINAL 28th day of MAY 2001

(Signature) Master/Agent

(2)中国商品检验局关于商品质量检验和重量检验的证书。

根据合同规定，合同区内各油田生产的原油，在提取时应在双方同意的某一交货点处用双方同意的计量器具进行计量。所有计量器具应由中国政府的有关计量部门或由其授权的代表机构进行定期校正和专门测试，并出具合格证书或认可后方可投入使用。原油的质量分析应在装船时进行，在装船前或装船过程中由中国商品检验局或由其委托的代表机构按照中华人民共和国国家标准总局颁布的标准进行取样分析。提取的原油质量和数量均应按中国商品检验局出具的商品质量检验证书和重量检验证书证实，并以该证实的质量和重量作为结算依据。

2. 原油的发运、销售和产品的分配

上面已经提到，我国石油工业对外合作的合同模式都是采用了产品分成合同（Production Sharing Contract），按照合同规定，合同各方应按原油生产的实物量提取各自应分得的份额油，然后，由合同各方各自销售自己份额的原油。在实际海上作业中，通常是由作业者安排合同各方轮流到海上储油设施去提取原油。海上提油销售一般都是采取"船上交货价格（F. O. B.）"的方式。为了经济、合理、高效地使用油田的生产设施和设备，通常在一个合同区内，几个不同的油田会尽可能地利用一套共用的设施和设备来生产和储存原油。因此，对各个油田生产原油的分配计算更加复杂。在实践中，在油田开始商业性生产之前，合同各方应就有关原油生产、提油和销售，以及多提油或少提油的平衡处理等问题，进行协商研究达成一致的意见，并形成书面协议。这样就有规定可依，规范作业者对各个油田原油生产和提油的核算。同时，事先订立的协议也能减少合同各方的矛盾，尽可能快地解决生产和提油中出现的问题。

合同各方提油和销售的方式，根据目前我国海洋石油对外合作油田的实际做法，大体上有以下几种模式。

（1）模式Ⅰ——南海#1 油田模式。

由合同各方轮流负责原油的销售，即合同各方轮流担当原油销售的操作者。根据合同各方达成的协议，担当原油销售的操作者可以向合同各方收取每吨三美分（0.03 美元）的原油销售费（Marketing Fee），原油销售的操作者每一年轮换一次。每当提油之后，作业者（Operator）应根据原油销售合同（Crude Oil Sales Contract）的规定，立即向买油方结算原油价款。原油货款先由买油方直接汇付到负责当年轮流担当原油销售的操作者的母公司银行账户，当其收到原油货款后，应按作业者通知的"付款指令（Payment Instruction）"（样本格式附后）立即汇付给各合同者指定的银行账户。"付款指令（Payment Instruction）"是指由作业者根据在每次提油装运完毕后计算出的合同各方应得的份额油数量和原油销售合同中规定的原油销售价格，再计算出合同各方应得的份额油实际销售收入，作业者负责以书面的形式即"付款指令（Payment Instruction）"通知合同各方。

（2）模式Ⅱ——南海#2 油田模式。

作业者根据《石油合同》规定和合同各方事先达成的协议（在油田开始商业性生产之前，合同各方就有关原油生产和提油等问题，进行协商研究达成一致的书面协议)，按照合同各方应分得的份额油（Entitlement）数量进行分配，由合同各方轮流提油，原油销售收入由负责提油的合同一方所得。在这种模式下，就会产生合同各方多提油（Overlifting）或少提油（Underlifting）的情况，因为各方每次的实际提油，由于运油轮装载量的限制，其实际提油数量与其应分配份额油量不可能完全一致；同时，在一定时期内合同各方的累计实际提油数量与其在该时期内应得的份额油也经常有差异。这种差异在行业中称之为不一致提油量（Imbalance）。

合同各方提油的日程安排取决于原油生产的分配核算结果。通常原油生产后的提油安排是由负责油藏产量预测人员、生产提油协调人员和财务部门的生产与提油核算的会计人员结合一起，根据《石油合同》的规定，综合考虑各个油田的生产情况和合同各方的实际提油情况（多提油或少提油）来确定的。

对不一致提油量（Imbalance）的处理和平衡补偿有多种方法和途径，最好的做法是在出现不一致提油之前参与合作的各方就商定好处理方法，而不是等到出现问题时才来商讨解决，这将有助于及时减少和避免出现很大的提油差异，使合同某一方蒙受损失。对提油不一致的调整处理，有中期的平衡调整，也有每年年末的调整，或在油田生产最后结束时的平衡补偿。在国际上比较典型和可以接受的有如下三种办法：

1）实物量补偿。实物量补偿的方法是指同一油田的原油实物量补偿，就是当合同一方所提取的原油比其应分配的份额油少时，少提油的这一方将在下一次提油时首先补提够少提的份额，而多提油的另一方相应地减少提油量。这是在合同各方之间调换提油时（Cargo Swap）经常采用的方法来平衡提油的不一致。上述南海#2 油田提油模式就是采用这种方法。

2）现金补偿。这种方法是涉及到多提油的一方根据一定的价格把多提的油折合成现金返还给少提油的另一方。其关键问题是如何确定一个合同各方都可接受的既公平又合理的价格，尤其是在油价变化大的时期，风险较大。因此，在一般情况下很少采用这种方法。只是在油田生产快要结束时，由于原油储量已经不够用实物来补偿不一致提油时，才采取这种方法。

3）用不同油田的实物量补偿。当合同各方共同合作开发几个合同区块或油田时，对不一致提油量的处理方法，在合同各方协商一致的前提下，在一个油田少提的油可以用另外一个油田生产的原油给少提油的一方进行抵补。但由于各个油田生产的原油品质不相同与价格不同，而有一个调整抵补少提油的数量问题，如何调整计算比较复杂。

（3）模式Ⅲ——南海#3 油田模式。

该油田的提油模式是上述南海#1 油田和南海#2 油田两种模式的结合。即一方面合同各方轮流负责原油的提油和销售；另一方面，当原油提运销售之后，担当原油销售的操作者收到原油货款后，应按作业者通知的“付款指令（Payment Instruction）”（合同各方应得的份额油实际销售收入）立即汇付给各合同者指定的银行账户。

（4）模式Ⅳ——南海#4 油田模式。

该油田的提油模式是：将油田在一定时期内生产的原油统一销售，但参与油田开发投资的合同各方在规定的期限内，都有权寻找报价高的买油方，谁的报价高，就由谁来负责本期限内的原油销售。这种模式由于提油和销售责任不明确，实际执行中已经做了改进，基本上已改变为按模式Ⅱ执行。

上述四种提油和销售原油的模式各有利弊。模式Ⅱ的优点是：一是合同各方由于提油和销售的利益均等，就没有由于油价波动而发生单方的损失影响；二是提油和产品分配的核算比较简单，不存在多提油或少提油的问题；三是销售原油的货款结算迅速，合同各方获得收入及时。缺点是由于负责销售原油的操作者在合同各方中定期轮换（一年一次），每当新轮换的合同一方接任时，又要重新熟悉和开拓市场油价，就会不同程度受到影响。模式Ⅱ的提油和产品分配的核算比较复杂；另外，最有可能的风险是：由于由作业者安排合同各方轮流提油，如果各提油期间的油价波动较大，就会使合同一方蒙受较大损失或获得较大利益，产生合同各方之间的不公平、不合理现象。模式Ⅲ由于是模式Ⅰ和模式Ⅱ的结合，集中前两种模式的优点，但也有缺点是由于合同各方实行轮流提油，该轮谁就谁，提油责任不明确。有时原油一时卖不出去，作业者也不急，不积极采取有效措施，反正损失是各方分摊。模式Ⅳ的缺点是提油和销售责任不明确，合同一方有时获取油价信息之后没有找到买家就报价，首先获得了负责原油销售权，但结果一时找不到买家致使油轮压期而支付滞期费，使合同各方都蒙受损失。总之，四种模式各有利弊，采用何种模式，一般都是在油田开始商业性生产之前，合同各方都根据油田生产的实际情况，权衡利弊，并根据作业者以往的惯例（比如PHILLIPS 公司就习惯于用模式Ⅱ），就有关原油生产、提油和销售的模式，进行协商研究达成一致的意见，并形成书面协议。

不论采用上述何种模式，每次提油装运完毕后，作业者应根据原油生产记录、提油报表和原油提单以及中国商品检验局出具的商品质量检验证书和重量检验证书等符合合同规定的法律依据，立即进行产品分配的核算，迅速计算出合同各方应得的份额油（Entitlement of Crude Oil）的数量，（包括合同各方勘探费用、开发费用及其合同利息和生产费用的回收数额、应分配给合同各方的分成油和国家公司的留成油。）以及向中国政府缴纳的增值税和矿区使用费的原油实物数量等。除了上述模式II（根据合同各方协商一致的“原油生产和提油、销售协议”，由作业者指定的提油一方，自行直接销售，其实际销售收入直接由负责提油的合同一方所得）以外，其他模式对生产的原油都是统一销售的，负责销售原油的操作者还应根据作业者已经计算出来的合同各方应得的份额油（Entitlement of Crude Oil）的数量，按照原油销售合同中规定的原油实际销售价格，再计算出合同各方应得的份额油的实际销售收入，并以书面的形式即“付款指令（Payment Instruction）”通知合同各方。当销售原油的操作者收到原油货款后（一般在原油提油发运和开出发票后一个月收到货款），应立即按“付款指令（Payment Instruction）”汇付给合同各方指定的银行账户。向中国政府缴纳的增值税和矿区使用费是由国家公司代收代缴的，即每次提油后作业者按提油实物量计算出的应向中国政府缴纳的增值税和矿区使用费的数量，加上应付给国家公司的份额油一并作为支付给国家公司的总份额，而后，国家公司按照实际收到的原油销售收入缴付给国家税务当局。

但在联合账簿中反映的勘探费用、开发费用及其合同利息和生产费用的投资回收额、应分配给合同各方的分成油和国家公司的留成油，以及向中国政府缴纳的增值税和矿区使用费，都是以石油合同中规定的原油协议价计算的。

下面是“付款指令”（Payment Instruction）的一个实例：

Payment Instruction

Date: 23 – Nov. – 2003

Reference No. : XYI0235B

Subject: Confirmation of Payment Instruction for Cargo 568B

B/L Date : 22 – Oct. 2003		Vessel' s Name:	NING HE
B/L Net BBLs :	168, 908.0	Destination :	NING BO
Price USD/BBL	17.94	Buyer:	WUJIANG OIL REFINERY
Gross Income (USD)	3, 030, 209.52	Marketer	SPC

Please make payment in U. S. Dollar (USD 3, 030, 209.52) to the Cargo 568B

Value Date : 26 – Nov. – 2003

Oil Owner as follows:

Cargo Oil Owner	**Amount USD**
Contractor A Co. Citibank New York Account No. xxxxxx In favour of XX International Bank Limited For Account of Contractor A Co. A/C xxxxxx	385, 314.00
Contractor B Co. Citibank N. A. New York, New York ABA # xxxxxxxx For Credit to Contractor B Co. Bank Account xxxxxxx	385, 314.00
Contractor C Co. ABN AMRO Bank Rottordam Netherlands For Credit to Contractor CCo. Account No. xxxxxxxx Correspondent Bank of ABN AMORBank Rotterdam is ABN AMRO Bank New York, NY	385, 314.00
STATE PETROLEUM Co.	1, 641, 225.33
SPC on behalf of Offshore Tax Bureau	227, 974.97
Marketing Fee	5, 067.22
Total for Cargo 568B	**3, 030, 209.52**

Peter Lee (Signature)

Peter Lee

Finance Manager of the Operator

3. 计算和调整原油品级（API）的差异对原油协议价格的影响

通常在一个合同区内，几个不同的油田会尽可能地利用一套共用的设施和设备来生产和储存原油。这样就会产生在一个合同区内各个油田生产的原油混合一起的必然结果，混合的原油品级（比重）（API）具有不同于各个油田原来生产的原油品级（比重）。不同品级（比重）的原油价值是不一样的；同时，由于合同各方在不同油田的投资参与比例不相同，因而还会影响勘探、开发投资和生产费用的回收比例也不相同。因此，就需要把混合的原油品级（比重）（API）和原油总产量，通过计算与调整原油品级（API）的差异以及对价格的影响，按照各该油田原来生产的原油品级（比重）（API）与原油总产量和混合后的原油协议价格，分配计算得出各该油田的总产值，以便进行原油分配和投资、费用回收的核算。调整差价的计算含有很多个影响参数，其中原油品级（比重）是最重要的参数。这种调整通常包括以下几个步骤：

（1）根据各个油田的生产日报，汇集每天所生产原油的比重。

（2）计算各个油田当月的原油比重的加权平均值。

（3）计算各个油田当月的原油比重的加权平均值与基准比重的差异。

（4）依据合同各方确定下来的公式和参数计算出调整差价。

以下是南海某油田计算和调整原油品质差异的一个参考程序图：

OILFIELD X AND OILFIELD Y
ADJUSTED API CALCULATION PROCEDURE

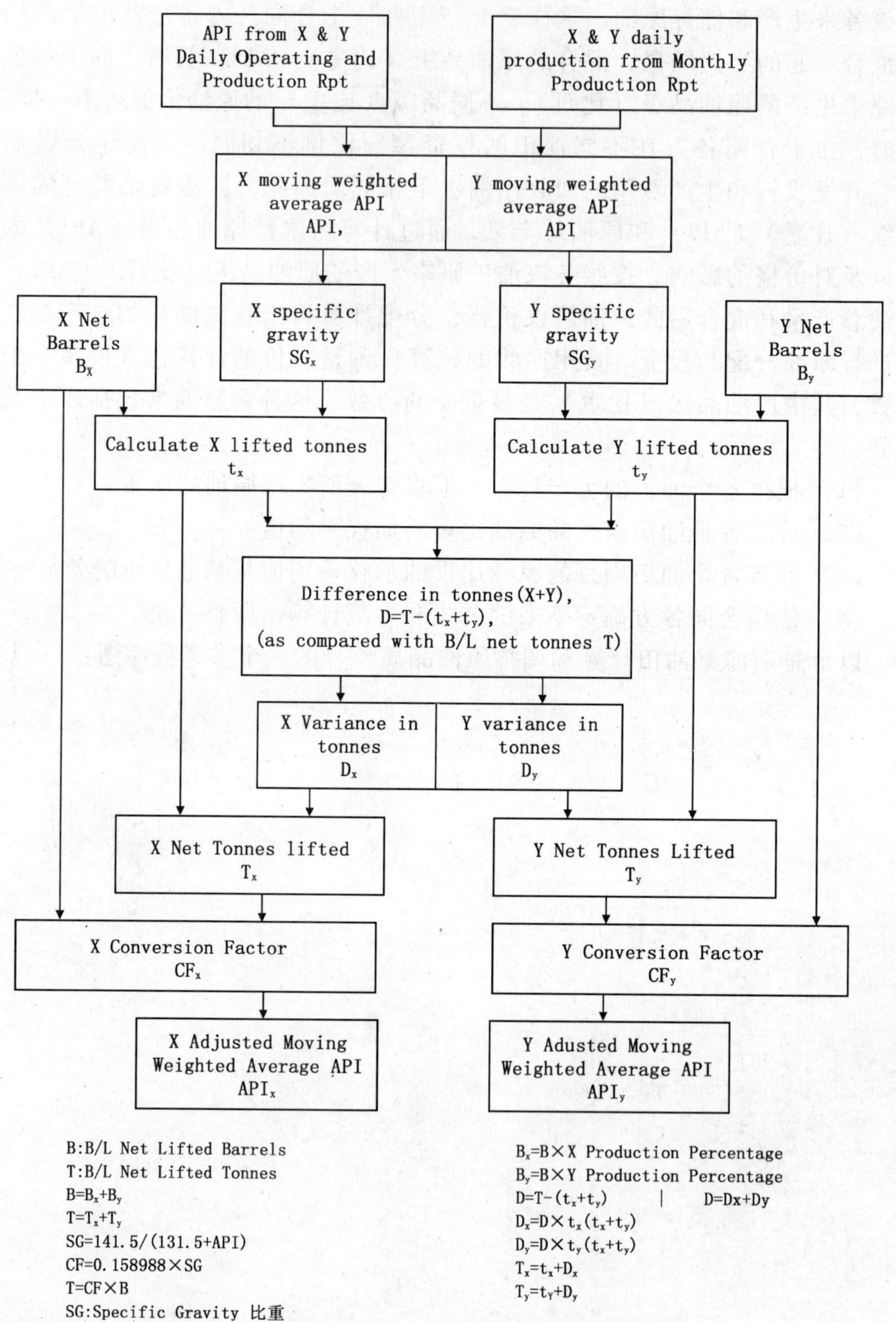

B:B/L Net Lifted Barrels

T:B/L Net Lifted Tonnes

$B=B_x+B_y$

$T=T_x+T_y$

SG=141.5/(131.5+API)

CF=0.158988×SG

T=CF×B

SG:Specific Gravity 比重

CF:Conversion Factor 换算系数

$B_x=B\times$ X Production Percentage

$B_y=B\times$ Y Production Percentage

$D=T-(t_x+t_y)$ | D=Dx+Dy

$D_x=D\times t_x(t_x+t_y)$

$D_y=D\times t_y(t_x+t_y)$

$T_x=t_x+D_x$

$T_y=t_Y+D_y$

4. 合同各方份额油（原油实物量）的核算

上面已经指出，每次提油装运完毕后（在海上一般都是以数以几万吨或十几万吨装载量的油轮装运），作业者的会计部门必须依据原油生产、提油报表和原油提单等，迅速计算出合同各方应得的份额油（Entitlement of Crude Oil），并立即以一种书面形式（书面格式参本节后附案例），通知合同各方。这个书面通知，就是原油提油发运后产品分配和份额油的分配计算表，有的作业者称为“Lifting No. 000 Estimated”，是原油提油与份额油分配报告（Crude Oil Lifting & Entitlement Statement）编制的原始依据，其内容包括：

（1）国家石油公司应分得的份额油总量（标准桶数 Barrels）。其中包括：

1）由国家石油公司向国家税务局代缴的增值税（VAT）。

2）由国家石油公司向国家财政部门代缴的矿区使用费（Royalty）。

3）国家石油公司应回收的生产作业成本（Production Cost Recovery of SPC）。

4）国家石油公司应回收的开发投资及其合同利息（Development Cost and Its Deemed Interest Recovery of SPC）。

5）国家石油公司应分得的余额油（Remainder Oil of SPC）。

6）国家石油公司代表中方应分得的留成油（Share Oil of the Chinese Side）。

（2）合同各方应分得的份额油数量。其中包括：

1）各个合同者应回收的生产作业成本（Production Cost Recovery of each Contractor）。

2）各个合同者应回收的勘探投资（Exploration Cost Recovery of each Contractor）。

3）各个合同者应回收的开发投资及其合同利息（Development Cost and Its Deemed Interest Recovery of each Contractor）。

4）各个合同者应分得的余额油（Remainder Oil of each Contractor）。

下面是一个原油分配书面通知的案例（Lifting Estimated）：

Recap of January 2002 **GRAND TOTAL**

LIFTING NO. 02001 ESTIMATED 01 – Jan. – 2002

TONNES	**78, 833.85**
BBLS	**600, 273**
PRICE	**26.338**
TOTAL	**15, 809, 990.27**

	BARRELS	**VALUE**
VAT	30, 013.65	790, 499.52
ROYALTY	—	—
SPC SHARE	248, 443.54	6, 543, 505.94
TOTAL SPC SETTLEMENT	278, 457.19	7, 334, 005.46
CONTRACTOR A SHARE	107, 271.94	2, 825, 328.27
CONTRACTOR B SHARE	107, 271.94	2, 825, 328.27
CONTRACTOR C SHARE	107, 271.94	2, 825, 328.27
TOTAL LIFTING	**600, 273.00**	**15, 809, 990.27**

Estimated royalty payment to be deducted from the above settlement and paid to SPC for payment to China Oil Taxation Bureau.

Nanhai Oil Field Estimated Royalty =	
Estimated Royalty Barrels	0.00
Estimated Royalty Dollars (Less Marketing Fee)	0.00
SPC Share	0.00
Contractor A Share	0.00
Contractor B Share	0.00
Contractor C Share	0.00

SETTLEMENT LESS MARKETING FEE

VAT	789, 599.11
ROYALTY	—
SPC SHARE	6, 536, 052.65
CONTRACTOR A SHARE	2, 822, 110.12
CONTRACTOR B SHARE	2, 822, 110.12
CONTRACTOR C SHARE	2, 822, 110.12
MARKETING FEE	18, 008.15
TOTAL REVENUE	**15, 809, 990.27**

Oil Field NH10 - 1

LIFTING NO. 02001 ESTIMATED 01 - JAN. - 2002

TENNES	**30, 597.50**
BBLS	**232, 982**
CONVERSION	**7.6144**
PRICE	**26.338**
TOTAL	**6, 136, 279.92**
Production Costs	**1, 100, 000.00**

	Barrels	**Value**
VAT	11, 649.10	306, 814.00
ROYALTY	—	—

SPC SHARE OF LIFTINGS

PRODUCTION COST RECOVERY	21, 300.02	560, 999.99
DEVELOPMENT COST RECOVETY	—	—
REMAINDER OIL	32, 824.25	864, 525.14
SHARE OIL	11, 357.87	299, 143.66
SPC SHARE	65, 482.15	1, 724, 668.79
TOTAL SPC (SHARE +VAT)	**77, 131.25**	**2, 031, 482.79**

CONTRACTOR A SHARE

PRODUCTION COST RECOVERY	6, 821.58	179, 66.67
EXPLORATION COST RECOVERY	34, 616.33	911, 724.98
DEVELOPMENT COST RECOVERY	—	—
REMAINDER OIL	10, 512.34	276, 874.06
CONTRACTOR A SHARE	**51, 950.25**	**1, 368, 265.71**

CONTRACTOR B SHARE

PRODUCTION COST RECOVERY	6, 821.58	179, 66.67
EXPLORATION COST RECOVERY	34, 616.33	911, 724.98
DEVELOPMENT COST RECOVERY	—	—
REMAINDER OIL	10, 512.34	276, 874.06
CONTRACTOR B SHARE	**51, 950.25**	**1, 368, 265.71**

续表

CONTRACTOR C SHARE

PRODUCTION COST RECOVERY	6, 821.58	179, 66.67
EXPLORATION COST RECOVERY	34, 616.33	911, 724.98
DEVELOPMENT COST RECOVERY	—	—
REMAINDER OIL	10, 512.34	276, 874.06
CONTRACTOR C SHARE	**51, 950.25**	**1, 368, 265.71**
TOTALS	**232, 982.00**	**6, 136, 279.92**

SPLITS LESS MARKETING FEE OF 3 – CENTS PER BARREL

VAT	11, 649.10	306, 464.52
ROYALTY	—	—
SPC SHARE	65, 482.15	1, 722, 704.31
TOTAL SPC	77, 131.25	2, 029, 168.83

CONTRACTOR A	51, 950.25	1, 366, 707.20
CONTRACTOR B	51, 950.25	1, 366, 707.20
CONTRACTOR C	51, 950.25	1, 366, 707.20

TOTAL MARKETING FEE		**6, 989.49**

TOTAL	**232, 982.00**	**6, 136, 279.92**

RECAP OF JANUARY 2002 THE FIRST

Oil Field NH12 - 1

LIFTING NO. 02001 ESTIMATED 01 - JAN. - 2002

TENNES	**5, 223.50**
BBLS	**39, 774**
CONVERSION	**7.6144**
PRICE	**26.338**
TOTAL	**1, 047, 567.60**
Production Costs	**50, 000.00**

	Barrels	**Value**
VAT	1, 988.70	52, 378.38
ROYALTY	—	—

SPC SHARE OF LIFTINGS

PRODUCTION COST RECOVERY	968.18	25, 499.99
DEVELOPMENT COST RECOVETY	11, 709.78	308, 412.17
REMAINDER OIL	5, 603.66	147, 589.18
SHARE OIL	1, 938.98	51, 068.92
SPC SHARE	20, 220.60	532, 570.26

TOTAL SPC (SHARE + VAT)	**22, 209.30**	**584, 948.64**

CONTRACTOR A SHARE

PRODUCTION COST RECOVERY	310.07	8, 166.67
EXPLORATION COST RECOVERY	—	—
DEVELOPMENT COST RECOVERY	3, 750.19	98, 772.53
REMAINDER OIL	1, 794.64	47, 267.12
CONTRACTOR A SHARE	**5, 854.90**	**154, 206.32**

CONTRACTOR B SHARE

PRODUCTION COST RECOVERY	310.07	8, 166.67
EXPLORATION COST RECOVERY	—	
DEVELOPMENT COST RECOVERY	3, 750.19	98, 772.53
REMAINDER OIL	1, 794.64	47, 267.12
CONTRACTOR B SHARE	**5, 854.90**	**154, 206.32**

CONTRACTOR C SHARE

PRODUCTION COST RECOVERY	310.07	8, 166.67
EXPLORATION COST RECOVERY	—	—
DEVELOPMENT COST RECOVERY	3, 750, 19	98, 772.53
REMAINDER OIL	1, 794.64	47, 267.12
CONTRACTOR C SHARE	**5, 854.90**	**154, 206.32**
TOTALS	**39, 774.00**	**1, 047, 567.60**

SPLITS LESS MARKETING FEE OF 3CENTS PER BARREL

VAT	1, 988.70	52, 318.72
ROYALTY	—	—
SPC SHARE	20, 220.62	531, 963.65
TOTAL SPC	22, 209.30	584, 282.37

CONTRACTOR A	5, 854.90	154, 036.67
CONTRACTOR B	5, 854.90	154, 030.67
CONTRACTOR C	5, 854.90	154, 030.67

TOTAL MARKETING FEE		**1, 193.62**

TOTAL	**39, 774.00**	**1, 047, 567.60**

Development Cost Recovery Split Between Expenditures and Deemed Interest

Cumulative Expenditures *	
Including Deemed Interest	4, 452, 167.93
Deemed Interest	2, 838, 306.00
Deemed Interest Percent of Total	63.75%

SPC DEV. EXP. RECOVERY	111, 796.02
SPC DEEMED INT. RECOVERY	196, 616.15
TOTAL SPC DEV. RECOVERY	**308, 412.17**

CONTRACTOR A DEV. EXP. RECOVERY	35, 803.96
CONTRACTOR A DEEMED INT. RECOVERY	62, 968.57
TOTAL CONTRACTOR A DEV. RECOVERY	**98, 772.53**

CONTRACTOR B DEV. EXP RECOVERY	35, 803.96
CONTRACTOR B DEEMED INT. RECOVERY	62, 968.57
TOTAL CONTRCTOR B DEV. RECOVERY	**98, 772.53**

CONTRACTOR C DEV. EXP. RECOVERY	35, 803.96
CONTRACTOR C DEEMED INT. RECOVERY	62, 968.57
TOTAL CONTRACTOR C DEV. RECOVERY	**98, 772.53**

* Less Costs Previously Recovery

RECAP OF JANUARY 2002 THE FIRST

Oil Field NH16 -1

LIFTING NO. 02001 ESTIMATED 01 - JAN. -2002

TENNES	**43, 012.85**
BBLS	**327, 517**
CONVERSION	**7.6144**
PRICE	**26.338**
TOTAL	**8, 626, 142.75**
Production Costs	**750, 000.00**

	Barrels	**Value**
VAT	16, 375.85	431, 307.14
ROYALTY	—	—

SPC SHARE OF LIFTINGS

PRODUCTION COST RECOVERY	14, 522.74	382, 500.03
DEVELOPMENT COST RECOVETY	39, 134.27	1, 030, 718.28
REMAINDER OIL	81, 041.68	2, 134, 475.70
SHARE OIL	28, 042.10	738, 572.88
SPC SHARE	162, 740.79	4, 286, 266.89

TOTAL SPC (SHARE +VAT)	**179, 116.64**	**4, 717, 574.03**

CONTRACTOR A SHARE

PRODUCTION COST RECOVERY	4, 651.07	122, 499.99
EXPLORATION COST RECOVERY	6, 328.00	166, 666, 67
DEVELOPMENT COST RECOVERY	12, 533.20	330, 099.32
REMAINDER OIL	25, 954.51	683, 590.26
CONTRACTOR A SHARE	**49, 466.78**	**1, 302, 856.24**

CONTRACTOR B SHARE

PRODUCTION COST RECOVERY	4, 651.07	122, 499.99
EXPLORATION COST RECOVERY	6, 328.00	166, 666.67
DEVELOPMENT COST RECOVERY	12, 533.20	330, 099.32
REMAINDER OIL	25, 954.51	683, 590.26
CONTRACTOR B SHARE	**49, 466.78**	**1, 302, 856.74**

CONTRACTOR C SHARE

PRODUCTION COST RECOVERY	4, 651.07	122, 499.99
EXPLORATION COST RECOVERY	6, 328.00	166, 666.67
DEVELOPMENT COST RECOVERY	12, 533.20	330, 099.32
REMAINDER OIL	25, 954.51	683, 590.26
CONTRACTOR C SHARE	**49, 466.78**	**1, 302, 856.24**
TOTALS	**327, 517.00**	**8, 626, 142.75**

SPLITS LESS MARKETING FEE OF 3CENTS PER BARREL

VAT	16, 375.85	430, 815.87
ROYALTY	—	—
SPC SHARE	162, 740.79	4, 281, 384.69
TOTAL SPC	179, 116.64	4, 712, 200.56

CONTRACTOR A	49, 466.78	1, 301, 372.25
CONTRACTOR B	49, 466.78	1, 301, 372.25
CONTRACTOR C	49, 466.78	1, 301, 372.25

TOTAL MARKETING FEE		**9, 825.44**

TOTAL	**327, 517.00**	**8, 626, 142.75**

Development Cost Recovery Split Between Expenditures and Deemed Interest

Cumulative Expenditures *	
Including Deemed Interest	9, 686, 262.78
Deemed Interest	1, 083, 512.33
Deemed Interest Percent of Total	11.19%

SPC DEV. EXP. RECOVERY	915, 421.39
SPC DEEMED INT. RECOVERY	115, 296.89
TOTAL SPC DEV. RECOVERY	**1, 030, 718.28**

CONTRACTOR A DEV. EXP. RECOVERY	293, 174.17
CONTRACTOR A DEEMED INT. RECOVERY	36, 925.15
TOTAL CONTRACTOR A DEV. RECOVERY	**330, 099.32**

CONTRACTOR B DEV. EXP. RECOVERY	293, 174.17
CONTRACTOR B DEEMED INT. RECOVERY	36, 925.15
TOTAL CONTRCTOR B DEV. RECOVERY	**330, 099.32**

CONTRACTOR C DEV. EXP. RECOVERY	293, 174.17
CONTRACTOR C DEEMED INT. RECOVERY	36, 925.15
TOTAL CONTRACTOR C DEV. RECOVERY	**330, 099.32**

* Less Costs Previously Recovery

5. 在每次原油发运提油后，各合同者的份额油的计算程序

（1）确定本次提油的原油协议价格。

确定提油的原油协议价格，是作业者进行原油产品分配和费用（投资）回收核算的前提。为了使作业者能够及时进行原油产品分配和费用（投资）回收的核算，也为了使合同各方有一个共同的合理的原油价格，就必须事先确定一个合同各方都认可或都能接受的原油价格，或者由合同各方商定一个确定价格的方法，根据这个价格进行原油产品分配和费用（投资）回收的核算，应该是公平合理的。

确定原油协议价格的方法有很多种，在我国使用的《标准合同》中规定："各类品级的原油的价格应是在中国交货点的离岸价格。在确定原油价格时，应参照当时世界主要石油市场相类似品质原油长期贸易合同所通行的独立成交价格予以确定，并根据原油的质量、交货条件、运输、付款和其他条件等因素予以调整。""原油价格应每一日历季度确定一次。"但中海油在《石油合同》的实际执行中，各个合作油田生产的原油协议价格都是每个日历月由合同各方协商确定一次［个别油田，如南海某油田是每次（船）提油确定一次，按提油当日的前后三周公布的亚太地区石油价格指数（APPI）中马来西亚 Tapis 轻质油的平均价确定。］。

（2）中海油和各个外国合同者商定的原油定价原则是：

"海洋原油定价选择亚太地区有代表性的原油价格作为基准油价，根据海洋原油与该参考油的质量差别确定升（贴）水（Agio）范围，同时参考国内外市场情况调整升（贴）水。"海洋原油具体的定价公式或办法有两种：

1）轻质原油：

$$\text{Price} = \text{APPI Tapis} \ (+) \ \text{or} \ (-) \ \text{Agio}$$

式中 APPI—— 亚太地区石油价格指数（Asia Pacific Price Index）的缩写；

Tapis——马来西亚 Tapis 轻质油；

Agio——贴水。

2）中质原油：

$$\text{Price} = \text{ICP Minas} \ (+) \ \text{or} \ (-) \ \text{Agio}$$

式中 ICP——印度尼西亚官方发布的原油价格指数（Indonesia Crude Oil Price）的缩写；

Minas——印度尼西亚 Minas 原油。

（3）先按原油实物量计算应缴政府的增值税（VAT）、矿区使用费（Royalty）和合同各方的份额油（Entitlement），并以合同各方一致确定的本次提油的原则：

1）首先，以原油发运提油总量的5%（原油实物量）缴纳VAT。

2）其次，以原油发运提油总量的62.5%缴纳矿区使用费（Royalty）和回收生产成本和勘探、开发投资及其利息：

①先缴纳矿区使用费（0~12.5% Royalty）；

②缴纳矿区使用费后的剩余部分作为“费用回收油（Cost Recovery Oil）”。“费用回收油”的回收顺序是：先按照合同各方参与投资的比例回收当期的生产作业费用（Operating Costs）；当回收完生产作业费之后剩余的部分作为投资回收油（Investment Recovery Oil），应先按照合同各方参与投资的比例回收勘探费用（Exploration Costs）；

当累计回收完勘探费用之后剩余的投资回收油，可以再按照合同各方参与投资的比例回收开发投资及其合同利息（Development Costs and its Deemed Interest）。

3）再次，以原油发运提油总量的32.5%作为“余额油（Remainder Oil）”分配。“余额油又分为两部分：中方留成油（Share Oil of the Chinese Side）和分成油（X值，Allocable Remainder Oil）。

（4）在一般情况下每次原油发运提油后，各合同者和国家石油公司的份额油的计算公式（Formula）如下：

CRecO（SPC）= Total Cost Recovery Oil ×（ ）% SPC Investment

CRecO（CON）= Total Cost Recovery Oil ×（ ）% CON Investment

CRecO = CRecO（SPC）+ CRecO（CON）

ARemO（SPC）= Allocable Remainder Oil ×（ ）% SPC Investment

ARemO（CON）= Allocable Remainder Oil ×（ ）% CON Investment

ARemO = ARemO（SPC）+ ARemO（CON）

SPC Entitlement = VAT + Royalty + CRecO（SPC）+ Share Oil + ARemO（SPC）

CON Entitlement = CRecO（CON）+ ARemO（CON）

式中 P——原油总产量；

L——提油数量；

VAT——增值税；

Royalty——矿区使用费；

Share Oil——中方留成油；

CRecO——实际费用回收油（Actual Cost Recovery Oil）；

ARemO——分成油（Allocable Remainder Oil）；

SPC——国家石油公司（State Petroleum Corporation）；

CON——各合同者（Contractors）；

SPC Entitlement——国家石油公司的份额油；

CON Entitlement——合同者的份额油。

（5）原油提油与份额油分配报告（见附表 Crude Oil Lifting & Entitlement Statement）。

每次提油装运完毕和实现销售之后，作业者还应编制一份原油提油与份额油分配报告（Crude Oil Lifting & Entitlement Statement）报送合同各方。该报告汇总了提油的核算、产品的分配和投资、费用的回收，以及整个原油分配的过程。该报告是依据上述原油提油和份额油的分配计算表编制的。现将某海上合作油田作业者编制的原油提油与份额油分配报告（见附表 Crude Oil Lifting & Entitlement Statement）的实例列举如下：

（二）合同区产品和产值分配在联合账簿中的反映和会计处理（Accounting entries for allocation of production and revenue）

在中国海洋石油总公司制定的“联合经营石油作业的会计制度”中规定：在联合账簿中应全面反映原油产量和产值的全部分配情况，必须详细地记载向中国政府缴纳的增值税和矿区使用费的数额和分配给合同各方的投资回收油的数额；以及分配给国家石油公司的留成油和合同各方的分成油的数额。因此，按照上述要求，从理论上讲，原油产量和产值的分配至少应设置“原油生产（Crude Oil Production）”、“应分配原油（Allocation of Crude Oil Payable)”、“应付增值税（VAT Payable）”、“应付矿区使用费（Royalty Payable）”、“应付生产费用回收（Production Cost Recovery Payable）”、“应付勘探费用回收（Exploration Cost Recovery Payable）”、“应付开发费用回收（Development Cost Recovery Payable）”、“应付开发投资利息回收（Deemed Interest Recovery Payable）”、“应付国家石油公司留成油（Share Oil Payable - State Petroleum Co.）”和“应付国家石油公司分成油（Allocation Remainder Oil Payable - State Petroleum Co.）”、“应付合同者分成油（Allocation Remainder Oil Payable - Contractors）”等一整套会计科目（Accounts）核算。“原油生产（Crude Oil Production）”账户的借方反映全部原油生产的实际产量和产值，而其贷方则反映实际收到的原油销售收入。“应分配原油（Allocation of Crude Oil Payable）”账户的贷方反映应分配的全部原油生产的实际产量和产值，其借方则反映向中国政府实际缴付的增值税和矿区使用费，实际缴付给国家石油公司的留成油和分成油、实际缴付给合同者的分成油；以及实际缴付给合同各方的勘探费用、开发费用及其合同利息和生产费用的回收数额。

每次提油和销售之后，应做如下的会计处理：

To record Allocation of production & revenue：
（记录原油产量和产值的分配）

Accounting Event	Debit（A/C）	Credit（A/C）
To record current month entitlement of crude oil liftings（当月提油和销售原油）	**Crude Oil Production**	**Allocation of Crude Oil Payable**
To record allocation of crude oil Liftings（原油产量和产值分配）	**Allocation of Crude Oil Payable**	**VAT Payable** **Royalty Payable** **Prod. Cost Recovery Payable** **– Contractors** **– SPC** **Expl. Cost Recovery Payable** **– Contractors** **Dev. Cost Recovery Payable** **– Contractors** **– SPC** **Deemed Int. Recovery Payable** **– Contractors** **– SPC** **Share Oil Payable** **– SPC** **Alloc. Remainder Oil Payable** **– Contractors** **– SPC**
To record received cash revenue of lifting crude oil from buyer（收到销售收入）	**Cash in Bank**	**Crude Oil Production**
To record payments of the income derived from oil sales to the beneficiary Parties of the Petroleum contract（向合同各方支付原油销售收入）	**VAT Payable** **Royalty Payable** **Pro. Cost Recovery Payable** **– Contractors** **– SPC** **Expl. Cost Recovery Payable** **– Contractors** **Dev. Cost Recovery Payable** **– Contractors** **– SPC** **Deemed Int. Recovery Payable** **– Contractors** **– SPC** **Share Oil Payable** **– SPC** **Alloc. Remainder Oil Payable** **– Contractors** **– SPC**	**Cash in bank**

海洋石油的各个合作油田的实际作法，由于每次提油和销售之后，其实际收到的原油销售收入直接汇付给合同各方，不进入联合账簿。因此，在联合账簿的账面上只做勘探费用、开发费用及其合同利息和生产费用的投资回收的会计处理，只反映投资回收的情况。即根据合同各方实际应分配的“份额油”中勘探费用和开发费用的实际回收数额，借记“投入勘探资金回收（Exploration Investment Recovery）”和“投入开发资金回收（Development Investment Recovery）”、“开发投资合同利息回收（Deemed Interest Recovery）”等账户，贷记“国家石油公司拥有的固定资产［Fixed Assets Owned by State Petroleum Corporation（SPC）］”账户。根据合同各方实际应分配的“份额油”中生产费用的实际回收数额，借记“投入生产作业费资金回收（Recovery of Funds Invested in Production）”账户，贷记“生产作业费回收（Recovery of Operating Costs）”账户。而原油产量和产值的全部分配情况（包括向中国政府缴纳的增值税和矿区使用费的数额和分配给合同各方的投资回收油的数额，以及分配给国家石油公司的留成油和合同各方的分成油的数额等），则通过原油提油与份额油分配报告（Crude Oil Lifting & Entitlement Statement）（参阅本节（一）部分中的“原油提油与份额油分配报告”的实例）和联合账簿的会计报表中 JIS05“原油生产和收入分配表（Allocation Statement of Crude Oil Production and Revenue）”反映。

原油生产和收入分配表（Allocation Statement of Crude Oil Production and Revenue）的实际格式如下：

Statement of Crude Oil Production & Revenue

For the Month of December 2005

Operator's Name: XY International Oil Co.

Contract Area: NH 00/00 Currency: USD

Items	Total of NH 00/00 Oil Field					
	Barrels			Dollar Value		
	Current Month	Year to Date	Inception to Date	Current Month	Year to Date	Inception to Date
Crude Oil Lifted						
Value Added Tax						
Royalty						
Operating Costs Recovery						
SPC						
Contractors						
Exploration Costs Recovery						
Contractors						
Development Costs Recovery						
SPC						
Contractors						
Deemed Interest Recovery						
SPC						
Contractors						
Allocable Renaubder Oil						
SPC						
Contractors						
Share Oil - SPC						

二、天然气的产值分配核算

天然气田的开发和生产与油田有很大的区别。首先是天然气的市场开发和用户必须在天然气田开发之前落实。没有市场和用户，天然气田的开发、生产建设是不能启动的；第二是天然气的买卖双方必须在天然气田开发之前签订天然气的长期销售协议，因此，销售合同谈判在天然气田开发之前是必不可少的一个非常重要的环节；第三是天然气的销售价格的高低影响着天然气田是否开发的决策，而勘探发现的天然气田所在地域的地域经济的发展决定天然气销售的难易程度和价格的高低，因此，天然气销售受地域经济条件的限制非常明显。可见，国际合作开发天然气田的难度要比油田大得多，海洋石油的某一个天然气田从勘探发现到最终确定开发生产签订天然气田开发的总修正协议（General Amendment），先后经过近 10 年的时间，主要原因就是由于寻找、开发市场和选择合适的销售价格。

（一）天然气价格的确定及其计算程序

1. 天然气价格的确定方法

确定天然气价格的原则有多种选择，当今国际上确定天然气价格的方式大体上有以下几类：

（1）固定价格。采用这种方式，对外部变化缺乏灵活性。价格高销售不畅；价格低可能会影响生产上加强勘探和开发的积极性，买方“滥用”天然气，推动进口高成本的进口气源。如要改进，则需要重新协商修改合同条款（Re－opener）或进行天然气价格的重新谈判（Price Re－negotiation）。

（2）成本加合理利润。如采用这种方式，两者核定的标准可能不一致，并且不能充分发挥市场的作用。

（3）市场价值。采用这种方式是通过替代能源、其他气源替代（如 LNG）、末端产品的价值等来衡量，通过调价公式来起作用。

（4）现货市场价格。采用这种方式是在供大于求的条件下，储存调峰能力强，能使天然气生产能力最大化利用。

2. 现在海洋石油天然气定价的特点

（1）天然气定价是长期定价（不同于原油现货定价）。

（2）天然气价格要按一些因素调整（油价、物价等）。

（3）成本—价值定价模型：确保天然气项目最低收益率，并兼顾下游用户的利益。

（4）保持气价相对稳定，不大起大落。

（5）考虑替代能源的价格。

海洋石油所采用的天然气定价是国际典型的气价公式，其表达式为：

$$P_n = P_0 \left(a_1 \times O_n / O_0 + a_2 \times C_n / C_0 \right)$$

式中 P_n——当期所适用气价；

P_0——基础气价；

O_n——当期油价；

O_0——基础油价；

C_n——当期物价指数；

C_0——基础物价指数；

a_1，a_2——权数（如南海某天然气田的合同，各为 50%）。

3. 天然气价格的计算程序

现将海洋石油合作开发的南海某天然气田的天然气价格的计算程序举例如下。

(1) 暂定天然气价格计算。

暂定天然气价格是指每个日历月作业者根据天然气销售合同规定和当月的实际供气总量所使用的临时结算价格，到每个日历年度终了后再根据全年的实际供气总量和现行天然气价格进行调整结算。

其计算公式如下：

适用于第 n 个合同年内第 m 月的暂定天然气价格 $P_{(m)}$ 应按下式确定：

$$P_{(m)} = P_{(0)} \times [0.5 \times A_{(m)} + 0.5 \times B_{(m)}]$$

其中：$P_{(0)} = 5.00$ 美元／百万英热单位（MMBTU），为天然气基础价格（假设是合同中的规定）。

$$A_{(m)} = O_{(m)} / O_{(0)}$$

$O_{(m)}$ 等于 m 月及其前 11 个月的一篮子原油的 12 个月的每月平均价格的算术平均值。每月平均价格应为以美元每桶计算的 25% 迪拜（Dubai）原油，25% 米纳斯（Minas）原油，25% 西德克萨斯州（WTI）原油和 25% 布伦特（Brent）原油价格的加权平均值。以上四种原油价格适用“普氏石油电讯价格报告”的“原油现货价格评估”栏目中对该四种原油在该月刊登其价格的所有日高价格和低价格平均值在上述所有日的平均数。

$$O_{(0)} = 18\text{USD/ bbl}（基础油价）$$

条件❶是：如果 $A_{(m)} < \times 0.94 A_{(n-1)}$，则 $A_{(m)} = 0.94 \times A_{(n-1)}$

如果 $A_{(m)} > 1.06 \times A_{(n-1)}$，则 $A_{(m)} = 1.06 \times A_{(n-1)}$

$$B_{(m)} = CPI_{(m)} / CPI_{(0)}$$

$CPI_{(m)}$ 等于 m 月之前可获得的最新 11 个月的每月 CPI － U 数值（未经调整）的算术平均值。该值是美国劳工部劳工统计局发布的表 24《所有城市消费者的过去消费物价指数(CPI － U):美国城市平均,全部项目》记载的。

$$CPI_{(0)} = 136.20（基础物价指数）$$

条件是：如果计算出的 $B_{(m)} > [Coal_{(m)} / Coal_{(0)} + 0.03 \times n]$，则

$B_{(m)} = [Coal_{(m)} / Coal_{(0)} + 0.03 \times n]$

---

❶ 这个条件规定了原油价格升降幅度的下限和上限。

$Coal_{(m)}$等于第（m）月结束前三个月之前的12个月期间内，买方所收到已交付的煤以美元每吨计的、经调整至热值为6350Kcal/kg（收到毛重）香港到岸煤价（CIF）的加权平均值。

进一步的限定条件❶是：

如果计算出的 $B_{(m)} < 0.94 \times A_{(n-1)}$，则 $B_{(m)} = 0.94 \times A_{(n-1)}$

如果计算出的 $B_{(m)} > 1.06 \times A_{(n-1)}$，则 $B_{(m)} = 1.06 \times A_{(n-1)}$

案例

根据上述计算公式计算2002年1月份的暂定天然气价格，其具体计算程序如下：

2002年度1月份的 $O_{(m)} = 23.84887$（USD/bbl）（当期油价）

首先要计算出1月份的迪拜（Dubai）、米纳斯（Minas）、西德克萨斯州（WTI）和布伦特（Brent）四种原油价格（USD/bbl）的月份的加权平均值，见表12：

表12　Dubai、Minas、WTI、Brent四种原油价格的月份的加权平均值

Date	Brent			Dubai			Minas			WTI		
	Low	High	Average	Low	High	Averge	Low	High	Average	Low	High	Averge
2 – Jan. – 2002	20.40	20.46	20.43000	19.13	19.17	19.15000	18.25	18.55	18.40000	20.87	20.89	20.88000
3 – Jan. – 2002	20.04	20.11	20.07500	18.68	18.74	18.71000	19.00	19.05	19.02500	20.31	20.32	20.31500
4 – Jan. – 2002	21.66	21.74	21.70000	19.90	19.96	19.93000	19.05	19.10	19.07500	21.59	21.61	21.60000
7 – Jan. – 2002	21.27	21.33	21.30000	19.40	19.46	19.43000	19.45	19.60	19.52500	21.45	21.46	21.45500
8 – Jan. – 2002	21.27	21.30	21.28500	19.49	19.54	19.51500	19.25	19.40	19.32500	21.15	21.17	21.16000
9 – Jan. – 2002	20.08	20.12	20.10000	18.76	18.81	18.78500	19.05	19.15	19.10000	20.18	20.20	20.19000
10 – Jan. – 2002	21.46	21.49	21.47500	19.26	19.29	19.27500	19.00	19.05	19.02500	20.41	20.43	20.42000
11 – Jan. – 2002	20.59	20.61	20.60000	18.34	18.36	18.35000	19.30	19.35	19.32500	19.59	19.60	19.59500
14 – Jan. – 2002	19.71	19.74	19.72500	17.80	17.84	17.82000	19.20	19.30	19.25000	18.82	18.83	18.82500
15 – Jan. – 2002	19.89	19.92	19.90500	18.19	18.22	18.20500	19.00	19.20	19.10000	18.85	18.86	18.85500
16 – Jan. – 2002	19.66	19.69	19.67500	18.11	18.13	18.12000	18.95	19.00	18.97500	18.83	18.84	18.83500
17 – Jan. – 2002	19.07	19.11	19.09000	17.52	17.56	17.54000	19.10	19.30	19.20000	17.92	17.93	17.92500
18 – Jan. – 2002	18.87	18.93	18.90000	17.41	17.45	17.43000	18.00	18.20	18.10000	17.99	18.01	18.0000
22 – Jan. – 2002	19.69	19.71	19.70000	17.86	17.89	17.87500	18.50	18.60	18.55000	18.57	18.59	18.58000
23 – Jan. – 2002	19.95	19.99	19.97000	18.09	18.13	18.11000	18.60	18.70	18.65000	19.17	19.18	19.17500
24 – Jan. – 2002	20.28	20.31	20.29500	18.30	18.33	18.31500	18.60	18.70	18.65000	19.40	19.42	19.41000
25 – Jan. – 2002	20.36	20.40	20.38000	18.53	18.57	18.55000	18.80	18.85	18.82500	19.78	19.80	19.79000
28 – Jan. – 2002	20.47	20.51	20.49000	18.67	18.70	18.68500	19.00	19.05	19.02500	20.03	20.04	20.03500
29 – Jan. – 2002	20.15	20.18	20.16500	18.39	18.42	18.40500	18.65	18.75	18.70000	19.55	19.56	19.55500
30 – Jan. – 2002	19.76	19.79	19.77500	18.09	18.11	18.10000	18.30	18.45	18.37500	19.15	19.16	19.15500
31 – Jan. – 2002	20.06	20.09	20.07500	18.45	18.47	18.46000	18.40	18.45	18.42500	19.51	19.52	19.51500
Monthly	**Average**		**20.24333**			**18.51238**			**18.88690**			**19.67952**

❶ 这个条件是规定了消费物价指数升降幅度的下限和上限。

上述迪拜（Dubai）、米纳斯（Minas）、西德克萨斯州（WTI）和布伦特（Brent）四种原油价格的月份的加权平均值应是：

$$(20.24333 + 18.51238 + 18.88690 + 19.67952) / 4$$
$$= 19.33053 \text{ (USD) / bbl}$$

2002 年 1 月份的 $O_{(m)}$ 应为［$O_{(m)}$ 等于 m 月及其前 11 个月的一篮子原油的 12 个月的每月平均价格的算术平均值］23.84887USD/bbl，见表 13。

$$O_{(0)} = 18.00\text{USD/bbl}。（基础油价）$$

$$A_{(m)} = O_{(m)}/O_{(0)} = 23.84887/18 = 1.32493$$

由于上述公式规定；如果 $A_{(m)}$（1.32493）$> 1.06 \times A_{(n-1)}$，则 $A_{(m)} = 1.06 \times A_{(n-1)}$。因此，$A_{(m)}$ 应为 $1.06 \times A_{(n-1)} = 1.06 \times 1.12948$［参见历年数据表（1）］$= 1.19724$

$$B_{(m)} = CPI_{(m)}/CPI_{(0)}$$

2002 年度 1 月份的 $CPI_{(m)} = 177.36363$（当期物价指数）

上述公式规定，$CPI_{(m)}$ 等于 m 月之前可获得的最新 11 个月的每月 CPI - U 数值（未经调整）的算术平均值。详细计算见表 14。

表 13　2002 年 1 月份的当期油价　　单位为：USD/bbl

Month	Brent	Dubai	WTI	Minas	Average	Monthly
200102	27.95052	24.80815	29.56236	25.47236	26.94834	28.52069
200103	24.96000	23.40333	27.12690	25.61547	25.27642	28.34118
200104	26.02950	24.18300	27.39650	27.90500	26.37850	28.55601
200105	28.68225	25.68400	28.63925	28.25500	27.81512	28.56339
200106	28.07476	25.65404	27.56619	27.90595	27.30023	28.31873
200107	24.96857	23.43000	26.43476	25.05595	24.97232	28.02305
200108	25.79045	24.52068	27.38590	24.85000	25.63676	27.64462
200109	25.62911	23.92500	26.08088	24.27500	24.97749	27.01062
200110	21.05652	19.62978	22.07934	19.15000	20.47891	26.06249
200111	19.10500	17.66868	19.58026	18.19342	18.63684	24.93260
200112	18.88750	17.82250	19.27611	17.75416	18.43506	24.36424
200201	20.24333	18.51238	19.67952	18.88690	19.33053	**23.84887**

表 14　$CPI_{(m)}$ 的详细计算

Month	*CPI Index*	$CPI_{(m)}$
200103	176.2	
200104	176.9	
200105	177.7	
200106	178.0	
200107	177.5	
200108	177.5	
200109	178.3	
200110	177.7	
200111	177.4	
200112	176.7	
200201	177.1	**177.36363**

$$CPI_{(0)} = 136.20\text{（基础物价指数）}$$

$$B_{(m)} = CPI_{(m)}/CPI_{(0)}$$

$$= 177.36363/136.2$$

$$= 1.30136$$

按上述公式规定条件：如果计算出的 $B_{(m)} > [Coal_{(m)}/Coal_{(0)} + 0.03 \times n]$，则 $B_{(m)} = Coal_{(m)}/Coal_{(0)} + 0.03 \times n$

2002 年 1 月份 $Coal_{(m)} = 23.34070$ USD/t（当期原煤价格）

$Coal_{(0)} = 39.86710$ USD/t（基础原煤价格）

$$Coal_{(m)}/Coal_{(0)} + 0.03 \times n = 23.34070/39.8671 + 0.03 \times 11$$

$$= 0.58546 + 0.33$$

$$= 0.91546$$

由于 1.30136 > 0.91546，则 $B_{(m)} = 0.91546$

上述公式又规定进一步的限定条件：

如果计算出的 $B_{(m)} < 0.94 \times A_{(n-1)}$，则 $B_{(m)} = 0.94 \times A_{(n-1)}$

如果计算出的 $B_{(m)} > 1.06 \times A_{(n-1)}$，则 $B_{(m)} = 1.06 \times A_{(n-1)}$

但：$0.91546 > 0.94 \times 0.87847$（参见历年数据表 2）

即　$0.91546 > 0.82576$

而又 $0.91546 < 1.06 \times 0.87847$

即 $0.91546 < 0.93118$

因此［按天然气销售合同规定（大于下限，小于上限）］:

$$B_{(m)} = 0.91546$$

式中 $P_{(0)}$—— 天然气基础价格为 5.00 美元/百万英热单位（MMBTU）（假设）;

$P_{(m)}$—— m 月暂定天然气价格。

$$P_{(m)} = P_{(0)} \times [0.5 \times A_{(m)} + 0.5 \times B_{(m)}]$$

即

$$\begin{aligned} P_{(m)} &= 5.00 \times (50\% \times 1.19724 + 50\% \times 0.91546) \\ &= 5.00 \times (0.59862 + 0.45773) \\ &= 5.00 \times 1.05635 \\ &= 5.28175 \end{aligned}$$

计算结果是：2002 年度一月份的暂定天然气价格为 5.28175 美元/百万英热单位（MMBTU）。

(2) 现行天然气价格计算。

现行天然气价格是指每个日历年终了后作业者根据天然气销售合同规定和全年的实际供气总量所使用的正式的实际结算价格。现行天然气价格是根据天然气销售合同规定的计算公式，按照天然气的基础价格和“普氏石油电讯价格报告”中公布的全年 12 个月一篮子原油的每月平均价格的算术平均值和美国劳工部发布的消费物价指数等要素计算得出。所谓一篮子原油包括 25% 迪拜（Dubai）原油，25% 米纳斯（Minas）原油，25% 西德克萨斯州（West Texas Index）原油和 25% 布伦特（Brent）原油价格的加权平均值。实际结算调整是作业者在每个日历年度终了后的次年 1 月 31 日向买方提交天然气现行价格和全年的调整结算依据，买方在次年 2 月 21 日进行实际结算付款手续，多退少补。

现行天然气价格计算公式如下：

适用于任一合同年（n）的现行天然气价格 $P_{(n)}$ 应按下式确定：

$$P_{(n)} = P_{(0)} \times [(0.5 \times A_{(n)}) + (0.5 \times B_{(n)})]$$

其中：$P_{(0)} = 5.00$ 美元 / 百万英热单位（MMBTU）（假设），为天然气基础价格。

$$A_{(n)} = O_{(n)} / O_{(0)}$$

$O_{(n)}$ 等于第（n）个合同年的一篮子原油的 12 个月的每月平均价格的算术平均值。每月平均价格应为以美元每桶计算的 25% 迪拜（Dubai）原油，25% 米纳斯（Minas）原油，25% 西德克萨斯州（WTI）原油和 25% 布伦特（Brent）原油价格的加权平均值。以上四种原油价格适用“普氏石油电讯价格报告”的“原油现货价格评估”栏目中对该四种原油在该月刊登其价格的所有日高价格和低价格平均值在上述所有日的平均数。

$$O_{(0)} = 18\text{USD} / \text{bbl}\ (\text{原油基础价格})$$

条件❶是：　如果 $A_{(n)} < 0.94 \times A_{(n-1)}$，则 $A_{(n)} = 0.94 \times A_{(n-1)}$

如果 $A_{(n)} > 1.06 \times A_{(n-1)}$，则 $A_{(n)} = 1.06 \times A_{(n-1)}$

$$B_{(n)} = CPI_{(n)} / CPI_{(0)}$$

$CPI_{(n)}$ 等于第 n 个合同年可获得的最新 12 个月的每月 CPI - U 数值（未经调整）的算术平均值。该值是美国劳工部劳工统计局发布的表 24《所有城市消费者的过去消费物价指数（CPI - U）：美国城市平均，全部项目》记载的。

$$CPI_{(0)} = 136.20\ (\text{基础物价指数})$$

条件是：

如果 $B_{(n)} > [\ Coal_{(n)} / Coal_{(0)} + 0.03 \times n]$，则

$$B_{(n)} = Coal_{(n)} / Coal_{(0)} + 0.03 \times n]$$

$Coal_{(n)}$ 等于第（n）个合同年结束前三个月之前的 12 个月期间内，买方所收到已交付的煤以美元每吨计的、经调整至热值 6350kcal/kg（收到毛重）接受天然气当地的到岸煤价（CIF）的加权平均值。

进一步的限定条件❷是：

如果 $B_{(n)} < 0.94 \times A_{(n-1)}$，则 $B_{(n)} = 0.94 \times A_{(n-1)}$

如果 $B_{(n)} > 1.06 \times A_{(n-1)}$，则 $B_{(n)} = 1.06 \times A_{(n-1)}$

n 为该合同年的年数，$n = 0$ 为 1991 年 12 月 31 日结束的合同年。

例如：上述公式规定，$O_{(n)}$ 等于第（n）个合同年的一篮子原油的 12 个月的每月平均价格的算术平均值。根据上述计算公式计算出：

2002 年度 $O_{(n)} = 25.15086$（USD/bbl）（当年原油实际平均价格）

---

❶ 这个条件是规定了原油价格升降幅度的下限和上限。

❷ 这个条件是规定了消费物价指数升降幅度的下限和上限。

表 15　2002 年度原油实际平均价格　　单位为：USD/bbl

Month	Brent	Dubai	WTI	Minas	Average	Monthly
200201	20.24333	18.51238	19.67952	18.88690	**19.33053**	23.84887
200202	20.54906	19.0175	20.66187	18.87343	**19.77546**	23.25113
200203	23.93850	22.96375	24.35025	22.91875	**23.54281**	23.10666
200204	26.14522	24.51477	26.25863	25.80909	**25.68192**	23.04862
200205	25.63047	24.73404	27.07000	25.60357	**25.75952**	22.87732
200206	24.43675	23.9135	25.49775	24.62250	**24.61762**	22.65376
200207	25.85285	24.69761	26.91500	25.29880	**25.69106**	22.71366
200208	26.64476	25.2819	28.41476	25.92738	**26.56720**	22.79120
200209	28.43125	26.83125	29.70500	27.81375	**28.19531**	23.05935
200210	27.55086	26.31869	28.86608	29.74565	**28.12032**	23.69613
200211	24.10638	23.20083	26.25666	28.05833	**25.40555**	24.26019
200212	28.35875	25.79425	29.57925	32.76000	**29.12306**	**25.15086**

上述迪拜（Dubai）、米纳斯（Minas）、西德克萨斯州（WTI）和布伦特（Brent）四种原油价格的 2002 年度 12 个月的算术平均值为 25.15086USD/bbl。

$$O_{(0)} = 18.00\text{USD/bbl}\text{（原油基础价格）}$$

$$A_{(n)} = O_{(n)}/O_{(0)} = 25.15086/18 = 1.39727$$

由于 $A_{(n)}$ 1.39727 > $1.06 \times A_{(n-1)}$，则：

$$A_{(n)}\text{应为}1.06 \times A_{(n-1)} = 1.06 \times 1.12948 = 1.19724$$

参见表 16 历年数据表（1）

表 16　历年数据（1）

n（合同年）	Year	$O_{(n)}$	$O_{(n)}/O_{(0)}$	$A_{(n)}$
0	1991	**18.00000**	1.00000	1.00000
1	1992	19.08120	1.06000	1.06000
2	1993	17.08962	0.94940	0.99640
3	1994	16.03115	0.89060	0.93660
4	1995	17.34406	0.96355	0.96355
5	1996	20.52653	1.14036	1.02136
6	1997	19.33807	1.07433	1.07433
7	1998	13.01664	0.72314	1.00987
8	1999	18.09442	1.00524	1.00524
9	2000	28.52362	1.58464	1.06555
10	2001	24.36424	1.35356	**1.12948**
11	**2002**	**25.15086**	**1.39727**	**1.19724**

$$B_{(n)} = CPI_{(n)}/CPI_{(0)}$$

2002 年度 $CPI_{(n)} = 179.875$（当期物价指数）

上述公式规定：$CPI_{(n)}$ 等于第 n 个合同年可获得的最新 12 个月的每月 CPI - U 数值（未经调整）的算术平均值。

表 17　2002 年度物价指数

Month	CPI Index	$CPI_{(m)}$	$CPI_{(n)}$
200201	177.1	177.36363	
200202	177.8	177.50909	
200203	178.8	177.68181	
200204	179.8	177.87272	
200205	179.8	178.03636	
200206	179.9	178.25454	
200207	180.1	178.49090	
200208	180.7	178.70909	
200209	181.0	179.00909	
200210	181.3	179.36363	
200211	181.3	179.78181	
200212	180.9	180.12727	**179.875**

上述 2002 年度 12 个月物价指数的算术平均值为 179.875（表 17）。

$CPI_{(0)} = 136.20$（基础物价指数）

$$B_{(n)} = CPI_{(n)}/CPI_{(0)} = 179.875/136.2 = 1.32066$$

按照上述公式规定条件，如果计算出的 $B_{(n)} > [\mathrm{Coal}_{(n)}/\mathrm{Coal}_{(0)} + 0.03 \times n]$，则

$$B_{(n)} = \mathrm{Coal}_{(n)}/\mathrm{Coal}_{(0)} + 0.03 \times n$$

$$29.1665/39.8671 + 0.03 \times 11 = 1.06159$$

$$1.32066 > 1.06159$$

对上述公式又规定进一步条件：如果计算出的 $B_{(n)} > 1.06 \times A_{(n-1)}$，则

$B_{(n)} = 1.06 \times A_{(n-1)}$

即　　$1.06159 > 1.06 \times 0.8784$（参见表 18 历年数据表 2）

$B_{(n)} = 1.06 \times 0.87847 = 0.93117$

表 18　历年数据（2）

n	$CPI_{(n)}$	$CPI_{(n)}$/ $CPI_{(0)}$	$Coal_{(n)}$ USD/TE	$B_{(n)1}$	$B_{(n)}$	Annual Price Change
0	**136.20000**	1.00000	**39.86710**	1.00000	1.00000	0.00000
1	140.31668	1.03022	39.59500	1.02317	1.02317	1.04160
2	144.45833	1.06063	37.57250	1.00244	1.00244	0.99940
3	148.22500	1.08828	37.37170	1.02741	1.02741	0.98200
4	152.38333	1.11882	38.60530	1.08835	1.08835	1.02590
5	156.85000	1.15161	38.43790	1.11415	1.11415	1.06780
6	160.51666	1.17853	37.68240	1.12520	1.12520	1.09976
7	163.00833	1.19683	32.56640	1.02687	1.05768	1.03377
8	166.57500	1.22301	29.93170	0.99078	0.99421	0.99972
9	172.20000	1.26431	26.49060	0.93447	0.93455	1.00004
10	177.06666	1.30004	22.93400	0.87526	**0.87847**	1.00397
11	**179.87500**	**1.32066**	**29.16650**	**1.06159**	**0.93117**	**1.06420**

$P_{(0)}$——天然气基础价格，为 5.00 美元/百万英热单位（MMBTU）（假设）；

$P_{(n)}$——现行天然气价格：

$$P_{(n)} = P_{(0)} \times [0.5 \times A_{(n)} + 0.5 \times B_{(n)}]$$

即

$$\begin{aligned} P_{(n)} &= 5.00 \times (50\% \times 1.19724 + 50\% \times 0.93117) \\ &= 5.00 \times (0.59862 + 0.46558) \\ &= 5.00 \times 1.0642 \\ &= 5.321 \end{aligned}$$

计算结果是：2002 年度的现行天然气价格为 5.321USD/MMBTU。

（二）合同区天然气销售收入的回收结算程序

国际合作开发的天然气田产品销售的结算程序与原油生产也有很大的不同，以南海某天然气田为例，其天然气销售收入的结算程序如下：

（1）根据计算出的天然气价格和生产部门报送的每月销售报告，分别向天然气买方在每月 6 日之前开据月度销售发票（发票式样附后）。同时，要根据《石油合同》的规定制定每月天然气收入分配计划，通过传真形式发送至合作各方。各合同方经审核并签字确认后发送至指定的信托银行，并以此作为收入分配的依据。

案例

2002 年 1 月份天然气销售结算的发票（按上述 2002 年 1 月份暂行天然气价格计算案例的假设数据）

INVOICE

Invoice Number：2002 - 01

Nanhai XX Natural Gas Field　　　　　　　　Date：Feb. 06，2002

Gas Sales Billing – January

Natural Gas delivered to xx Company

Deliveries At：	MMBTU	USD/MMBTU	Amount Payable（USD）
On Specification	7，565，249	5.28175	39，957，753.90
Make Up Gas			
Off – Specification Gas	0		0.00
Default Gas Deduction			0.00
Current Month Payable	7，565，249		39，957，753.90

Please pay by telegraphic transfer no later than 21 February，2002 the amount shown above to：

Bankers Trust Company，

Corporate Trust and Agency Group

Four Albany Street

New York，10006

Account Number：00000000

Attachment A

Monthly Sales Gas Quantity Statement

For January，2002

Nanhai XX Natural Gas Field

Flow Measurement Group

XX Company Natural Gas Transportation Termination

Day	Actual Vol. @14.696/60 ℉ MMSCF	Deliveries CV	MMBTU	On Specification Gas	Off Specification Gas
1	300，221	943	283，108	283，108	
2	311，575	943	293，815	293，815	
3	301，908	943	284，699	284，699	
4	303，052	943	285，778	285，778	

续表

Day	Actual	Deliveries		On	Off
	Vol. @14. 696/60 ℉ MMSCF	CV	MMBtu	Specification Gas	Specification Gas
5	298, 721	943	281, 694	281, 694	
6	255, 885	943	241, 300	241, 300	
7	262, 428	943	247, 470	247, 470	
8	268, 020	943	252, 743	252, 743	
9	268, 128	943	252, 845	252, 845	
10	279, 210	943	263, 295	263, 295	
11	264, 182	943	249, 124	249, 124	
12	243, 291	943	229423	229423	
13	13, 653	943	12, 875	12, 875	
14	168, 504	943	158, 899	158, 899	
15	220, 899	943	208, 308	208, 308	
16	262, 193	943	247, 248	247, 248	
17	260, 005	943	245, 185	245, 185	
18	250, 573	943	236, 290	236, 290	
19	252, 475	943	238, 084	238, 084	
20	246, 444	943	232, 397	232, 397	
21	258, 764	943	244, 014	244, 014	
22	263, 362	943	248, 350	248, 350	
23	265, 116	943	250, 004	250, 004	
24	273, 356	943	257, 775	257, 775	
25	276, 721	943	260, 948	260, 948	
26	278, 890	943	262, 993	262, 993	
27	278, 106	943	262, 254	262, 254	
28	280, 064	943	264, 100	264, 100	
29	278, 716	943	262829	262829	
30	275, 579	943	259, 871	259, 871	
31	262, 493	943	247, 531	247, 531	
Total	**8, 022, 534**	**943**	**7, 565, 249**	**7, 565, 249**	

（2）天然气买方在收到发票后的当月 21 日，向指定的信托银行汇付款。

(3)当指定的信托银行收到款项后,应根据先前收到的经合同各方签字确认的天然气收入分配计划,及时将收入款项按指定比例划款至合同各方账户。

（4）作业者在每个日历年度终了后的次年 1 月 31 日向买方提交天然气现行价格和全年的调整结算依据，天然气买方应在次年二月二十一日进行实际结算付款手续，多退少补（调整结算的发票式样附后）。

交付天然气的第一个合同年以后的每个合同年的 1 月 31 日或以前，作业者应向买方提交一份关于前一个合同年的年度对账报表。每一份年度对账报表应列明下述事项：

（1）该合同年现行天然气价格的计算。

（2）该合同年净照付不议量的计算（每一合同年的照付不议量应为该合同年的年合同量乘以 0.9）。

（3）该合同年每个月的月报表的重新计算。

（4）该相关合同年每一个月的报表差额及连同由此发生的应付利息，按基础利率（按该月的月报表中原付款日确定）从该月的月报表的付款日至该相关合同年的下一个合同年的 2 月 21 日进行计算。

案例

2002 年度南海某天然气田天然气销售调整结算发票(2002 年度现行天然气价格和各月的暂定天然气价格,以及天然气销售数量都是按上述假设的数据)。

INVOICE

Invoice Number：2002Rec.

Nanhai XX Natural Gas Field Date：Jan. 31，2003

The following is the amount due Nanhai XX Natural Gas Field based on the attached 2002 Gas Sales Annual Reconciliation Statement for Natural Gas delivered to XX Company .

	Amount Payable USD
Recalculate Statement Difference based on prevailing price	291，947.64
Take or Pay Payment 2002	9，913，858.40
Total Payable	**10，205，806.04**

Please pay by telegraphic transfer no later than 21 February，2003，the amount shown above to：

Bankers Trust Company，

Corporate Trust and Agency Group

Four Albany Street

New York，10006

Account Number：00000000

Attachment A

Annual Reconciliation Statement 2002

Nanhai xx Natural Gas Firld

Recalculate Statement Difference based on prevailing price.

Invoice No.	Amount @ prevailing price	Amount @ provisional price	Statement Difference USD	Payment Date	Interest Rate % p. a	No. Of Days	Interest Amount USD	Amount Payable USD
2002 - 01	40,254,689.93	40,046,872.48	207,817.45	2002 - 2 - 21	1.91	365	4,024.44	211,841.89
2002 - 02	39,206,399.72	39,127,780.61	78,619.11	2002 - 3 - 21	2.02	337	1,486.64	80,105.75
2002 - 03	43,619,972.34	43,619,972.34	0.00	2002 - 4 - 22	1.90	305		
2002 - 04	42,794,408.55	42,794,408.55	0.00	2002 - 5 - 21	1.87	276		
2002 - 05	39,324,547.20	39,324,547.20	0.00	2002 - 6 - 21	1.85	245		
2002 - 06	36,472,730.65	36,472,730.65	0.00	2002 - 7 - 22	1.77	214		
2002 - 07	43,310,981.87	43,310,981.87	0.00	2002 - 8 - 21	1.80	184		
2002 - 08	47,844,250.39	47,844,250.39	0.00	2002 - 9 - 22	1.84	154		
2002 - 09	36,192,686.42	36,192,686.42	0.00	2002 - 10 - 22	1.91	122		
2002 - 10	33,995,491.21	33,995,491.21	0.00	2002 - 11 - 21	1.94	92		
2002 - 11	29,611,604.45	29,611,604.45	0.00	2002 - 12 - 20	1.98	63		
2002 - 12	35,627,170.53	35,627,170.53	0.00	2003 - 1 - 21	1.92	31		
Total	**468,254,933.26**	**468,249,422.18**	**286,436.56**				**5,511.08**	**291,947.64**

Take or Pay Payment for the year 2002						
ACQ × 0.9 MMBTU	**Deduction Qyabtuty MMBtu**	**Net Take or Pay Quantity MMBTU**	**Delivered Quantity MMBTU**	**Outstanding Take or Pay Quantity MMBTU**	**Prevailing USD/ MMBTU**	**Take or Pay Payable USD**
89,864,460	0	89,864,460	88,001,303	**1,863,157**	5.321	**9,913,858.40**

Attachment B

Recalculation of the Monthly Statement for the year 2002.

Month	Quantities MMBTU	Prevailing Gas Price USD/MMBTU	Revised Amount USD
Jan. –2002 On Specification	7,565,249	5.321	40,254,689.93
Feb. –2002 On Specification	7,368,239	5.321	39,206,399.72
Mar. –2002 On Specification	8,197,702	5.321	43,619,972.34
Apr. –2002 On Specification	8,042,550	5.321	42,794,408.55
May. –2002 On Specification	7,390,443	5.321	39,324,547.20
June –2002 On Specification	6,854,488	5.321	36,472,730.65
July –2002 On Specification	8,139,632	5.321	43,310,981.87
Aug. –2002 On Specification	8,991,590	5.321	47,844,250.39
Sep. –2002 On Specification	6,801,858	5.321	36,192,686.42
Oct. –2002 On Specification	6,388,929	5.321	33,995,491.21
Nov. –2002 On Specification	5,565,045	5.321	29,611,604.45
Dec. –2002 On Specification	6,695,578	5.321	35,627,170.53
2002			
On Specification	88,001,303		
Off Specification	0		
Default Gas	0		
Make up Gas	0		
2002 Total	**88,001,303**	**5.321**	**468,254,933.26**

（三）凝析油价格计算及销售收入回收程序

凝析油（Condensate）是天然气田的伴生产品，是随着天然气产出的，是从天然气中分离出来的液态烃。在这里也以南海某天然气田为例，只简单加以论述。

1. 凝析油的价格计算

凝析油的销售价格应在码头的离岸价格（F. O. B）条件基础上按照以下公式计算：

$$P = P(\text{Tapis}) \times X$$

式中　P——每一提油回合的凝析油适用价格；

P(Tapis)——每一提油回合中首次提油的前一周、提油发生的本周及提油之后一周所报道的TapisPlatts在前述各周每日平均价格的算数平均值。

X值按以下方式计算：

当$P_{(\text{Tapis})}$小于或等于USD22. 50时，$X = 85\%$；

当$P_{(\text{Tapis})}$大于USD22. 50时，$X = 81\%$。

X值是指用于反映本天然气田生产的凝析油销售的局限因素，如国家对凝析油销售管理的规定、相对的低产量和储罐容量及码头可靠泊油轮吨位的限制等。

2. 凝析油销售收入回收程序

（1）凝析油销售吸入回收程序为：根据计算出的凝析油价格和生产部门报送的每轮提油报告，向负责销售凝析油的作业者提供凝析油销售的付款指示。同时，制定每轮凝析油收入分配计划，通过传真形式发送至各个合同方。各合同方经审核并签字确认后发送至纽约信托银行，并以此作为收入分配的依据。

（2）负责销售凝析油的作业者根据付款指示扣除自有份额后，将余款在提单日后30日内汇至纽约信托银行。

（3）纽约信托银行收到款项后，根据之前收到的经三方签字确认的凝析油收入分配计划，按时将收入款项按指定比例分配至其余的合同各方的账户。

（四）关于合作天然气田销售合同中的照付不议量（Take or Pay Quantity）

所谓“照付不议量”就是指根据天然气销售和购买合同所规定的每一合同年的应计算天然气的数量（the “Take or Pay Quantity”）。也就是根据天然气销售和购买合同所规定的日合同量（Daily Contract Quantity. i. e. DCQ）确定的年合同量（Annual Contract Quantity. i. e. ACQ）。以南海某天然气田为例，其“照付不议量”的核算有以下特点：

（1）每一合同年的照付不议量应为该合同年的年合同量乘以0. 9（90%）。

（2）每一合同年的应计算天然气的数量（净照付不议量）应是该合同年的照付不议量减去买方按合同规定拒绝接收的质量不合格的那部分的日累计数量，或减去卖方在该合同年不论任何原因未能交付的那部分日累计数量，或减去买方不可抗力免除责任而不能接收的那部分日累计数量的总和。

（3）任一合同年的净照付不议量（Net Take or Pay Quantity）超出该合同年所交付的天然气数量的部分则为该合同年的“补提量”。也就是说，如果任一个合同年内所实际交付的天然气数量少于该合同年的净照付不议量，则买方对该合同年的差额天然气款项向卖方支付，这个差额就是该合同年的应“补提量”。

（4）上述差额天然气款项收到款后应计入“递延负债（Deferred Liabilities）”账户，并将资金按比例分配给合同各方。

（5）当买方免费补提天然气时，将相应的“递延负债”科目转至“天然气销售收入（Natural Gas Sales Trade）”科目。

（五）合作天然气田的产品分配在联合账簿中的反映和会计处理

国际合作天然气田的产品分配和合作油田的产品分配有所不同。合作油田的产品分配是以原油实物量为基础分配的，合作天然气田则不然，而是以实际收到的产品销售收入分配的；而且在投资回收程序和内容方面也有较大的区别。下面以上述南海某天然气田 2002 年 1 月份天然气实际销售为例在联合账簿中的反映和会计处理：

（1）2002 年 1 月份天然气实际销售给某公司天然气 7，565，249 百万英热单位（MMDTU）［8，055，534 百万标准立方英尺（MMSCF）］。该月的暂行天然气价格为 5.28175USD/MMBTU，应收天然气货款共计 USD39，957，753.90。根据权责发生制的会计原则应在 2002 年 1 月末作应计数（Accruals）计入联合账簿，并于次月初自动冲转。

（2）2002 年 2 月 6 日向天然气买方出具月度销售发票，应做相应的会计记录计入联合账簿。

（3）天然气买方某公司根据销售合同的规定在收到发票后的 2 月 21 日当天，向指定的纽约信托银行汇付该货款共计 USD39，957，753.90。

（4）纽约信托银行在 2 月 21 日当天收到款项后，应根据先前收到的作业者提交的经合同各方签字确认的天然气收入分配计划立即将该收入款项按指定比例划款至合同各方的专用账户。天然气销售收入的分配是根据石油合同规定的投资回收程序确定的。2002 年度投资回收的分配比例是：首先回收当月生产费用 USD2，900，000.00，其中国家石油公司回收 51%，合同者 A 回收 34.3%，合同者 B 回收 14.7%。回收当月生产费用后的余额为 USD37，057，753.90，其中回收勘探费用占 30%，其中国家公司回收 10%，合同者 A 回收 63%，合同者 B 回收 27%；回收开发费用［只计开发成本，无开发投资合同利息（Deemed Interest）］占 70%，其中国家石油公司回收 51%，合同者 A 回收 34.3%，合同 B 者回收 14.7%。2002 年 2 月的投资回收分配应为：

生产作业费回收(Operating Cost Recovery)

(按当月实际发生数回收): **USD2,900,00.00**

其中:合同者 A(34.3%) USD 994,700.00

合同者 B (14.7%) USD 426,300.00

国家石油公司(51.0%) USD1,479,000.00

勘探费用回收:(Exploration Cost Recovery)(30%) **USD11,117,326.17**

其中:合同者 A (63%) USD7,003,915.49

合同者 B (27%) USD3,001,678.06

国家石油公司 (10%) USD 1,111,732.62

开发费用回收:(Development Cost Recovery)(70%) **USD25,940,427.73**

其中:合同者 A(34.3%) USD8,897,566.71

合同者 B (14.7%) USD3,813,242.88

国家石油公司(51.0%) USD13,229,618.14

(5)根据上述2002年1月天然气销售收入的分配数额,在当月月末对投资回收应在联合账簿中做相应的会计记录。

上述会计事项的记账分录(Accounting Entry)在联合账簿中应反映如下:

Accounting Event Description	Debit A/C	Credit A/C
(1) Jan. 31, 2002 (Accrual)		
Natural Gas Receivable - XX Company	**USD39,957,753.90**	
Natural Gas Sales Trade		**USD39,957,753.90**
Feb. 1, 2002(Accrual)		
Natural Gas Sales Trade	**USD39,957,753.90**	
Natural Gas Receivable - XX Company		**USD39,957,753.90**
(2)Feb. 6, 2002(According to actual amount of the Invioce)		
①Natural Gas Receivable - XX Company	**USD39,957,753.90**	
Natural Gas Sales Trade		**USD39,957,753.90**
②Natural Gas Sales Trade	**USD39,957,753.90**	
Operating Cost Recovery Payable		**USD2,90,000.00**
-Contractor A(34.3%)		USD 994,700.00
- Contractor B (14.7%)		USD 426,300.00
- State Petroleum Co. (51.0%)		USD1,479,000.00
Exploration Cost Recovery Payable		**USD11,117,326.17**
- Contractor A(63%)		USD7,003,915.49
- Contractor B(27%)		USD3,001,678.06

– State Petroleum Co. (10%)		USD 1,111,732.62
Development Cost Recovery Payable		**USD25,940,427.73**
– Contractor A(34.3%)		USD8,897,566.71
– Contractor B(14.7%)		USD3,813,242.88
– State Petroleum Co. (51.0%)		USD13,229,618.14

(3) **Feb. 21,2002(Trust Bank received Sales Revenue)**

Cash in Bank – Bankers Trust Company	**USD39,957,753.90**	
Natural Gas Receivable – XX Company		**USD39,957,753.90**

(4)Feb. 21,2002(Allocation of the Sales Revenue)

Operating Cost Recovery Payable	**USD2,90,000.00**	
– Contractor A(34.3%)	USD994,700.00	
– Contractor B (14.7%)	USD426,300.00	
– State Petrdeum Co. (51.0%)	USD1,479,000.00	
Exploration Cost Recovery Payable	**USD11,117,326.17**	
– Contractor A(63%)	USD7,003,915.49	
– Contractor B(27%)	USD3,001,678.06	
– State Petroleum Co. (10%)	USD1,111,732.62	
Development Cost Recovery Payable	**USD25,940,427.73**	
– Contractor A(34.3%)	USD8,897,566.71	
– Contractor B(14.7%)	USD3,813,242.88	
– State Petroleum Co. (51.0%)	USD13,229,618.14	
Cash in Bank – Bankers Trust Company		**USD39,957,753.90**

(5)Feb. 28, 2002(Investment Recovery)

①Recovery of Funds Invested in Production (投入生产作业费资金回收)	**USD2,90,000.00**	
– Contractor A(34.3%)	USD 994,700.00	
– Contractor B (14.7%)	USD426,300.00	
– State Petroleum Co. (51.0%)	USD1,479,000.00	
Recovery of Operating Costs (生产作业费回收)		**USD2,900,000.00**
②Exploration Investment Recovery (投入勘探资金回收)	**USD11,117,326.17**	
– Contractor A	USD7,003,915.49	
– Contractor B	USD3,001,678.06	
– State Petroleum Co.	USD1,111,732.62	
Fixed Assets Owned by SPC (国家公司拥有的固定资产)		**USD11,117,326.17**

③Development Investment Recovery **USD25,940,427.73**

（投入开发资金回收）

- Contractor A USD8,897,566.71
- Contractor B USD3,813,242.88
- State Petroleum Co. USD13,229,618.14

Fixed Assets Owned by SPC **USD25,940,427.73**

（国家公司拥有的固定资产）

第八节　联合账簿的会计核算货币和货币汇兑损益（Currency for Accounting and Gains or Losses from Currency Conversion）

一、货币折算的原则

我国的石油合同都规定了联合账簿应以美元为会计核算的货币单位（The U. S. dollars shall be the unit of currency）。美元应是合同各方投资和投资回收所使用的货币。用美元以外的货币进行经营活动时，应按照合同规定的货币折算原则，把实际使用的其他货币折算为美元计入联合账簿。有关的银行账户和其他的流动资产或流动负债账户应同时用美元和实际使用的货币记账。货币折算的原则一般在合同中有以下规定：

（1）当作业者筹款收到合同一方的人民币时，折算为美元使用的兑换率应是收到筹款之日中国银行公布的适用于任何个人或商业性单位的买进价和卖出价的算术平均数（实际执行中一般都采用中国银行公布的中间价，如有关日期中国银行不营业，则以中国银行前一个工作日公布的兑换率为准）。

（2）用人民币进行的任何交易，应按照上一个月最后一个工作日中国银行公布的人民币与美元兑换汇率的中间价［这就是所谓的记账汇率（Exchang Rate for Accounting），现在海洋石油对外合作的各个外国石油作业者都是采用此方法。］，折算为美元计入联合账簿。

（3）采用美元和人民币以外的其他货币进行的交易，应按进行交易的实际美元成本，以美元计入联合账簿。

（4）国家石油公司和组成合同者的各外国石油公司都不应在合同另一方蒙受损失或获得利益的情况下，在货币汇价上获得利益或蒙受损失。

（5）作业者应尽最大努力，把汇兑损失减少到最小。由于货币兑换或折算产生的损益，应计入联合账簿。

二、货币折算的案例

下面是用人民币和美元以外的其他货币折算的实际案例：

（1）2006年8月1日南海00/00合同区作业者XY International Oil Co. 按照合同规定，依据上一个月最后一个工作日（2006年7月31日）中国银行公布的人民币与美元兑换汇率的中间价1∶7.8800作为8月份的记账汇率，并将联合账簿的人民币银行存款的账面余额RMB 100，000.00/USD12658.23（上个月的记账汇率为1∶7.9000），根据当月的记账汇率（1∶7.8800）调整为RMB 100，000.00/USD12，690.36。因而产生的汇兑损益USD32.13，做调整计入联合账簿。

（2）2006年8月3日南海00/00合同区，作业者XY International Oil Co. 收到国家石油公司（State Petroleum Co.）按照筹款通知汇来的8月份人民币筹款RMB 1，000，000.00元。作业者依照合同规定，按收到款的当日中国银行公布的人民币兑换美元的外汇汇率的基准价（中间价）1∶7.8700折算为美元USD127，064.80，计入联合账簿。

（3）2006年8月5日以人民币购置公务汽车（BUICK牌）一台，价格为RMB450，000.00元。

（4）2006年8月12日以人民币购置办公用品共计RMB 100，000.00元。

（5）2006年8月16日以人民币支付水电费用共计RMB 120，000.00元。

（6）2006年8月20日以人民币支付雇员差旅费用RMB 200，000.00元。

（7）2006年8月21日以人民币支付办公楼物业管理及维修费用RMB 150，000.00元。

（8）2006年8月31日，根据联合账簿的月度结账程序，把本月末人民币银行存款账户余额RMB80，000.00/USD10，313.53，按照当月记账汇率（1∶7.8800）调整为RMB 80，000.00/USD10，152.28，因而产生的汇兑损益USD160.65，作调整计入联合账簿。

上述会计事项的记账分录（Accounting Entry）和人民币银行存款账户（Cash in Bank - RMB）反映如下：

Accounting Event Description	Debit A/C	Credit A/C
(1) Cash in Bank - RMB	USD32.13	
General & Administrative Expenses		USD32.13
(2) Cash in Bank - RMB	RMB1,000,000.00/USD127,064.80	
Funds Received for Production - SPC		RMB1,000,000./USD127,064.80

(3) Fixed Assets RMB450,000./USD57,106.60
  Cash in Bank - RMB RMB450,000./USD57,106.60
(4) G & A - Office Consumable RMB100,000./USD12,690.36
  Cash in Bank - RMB RMB100,000./USD12,690.36
(5) G& A - Utilities RMB120,000./USD15,228.43
  Cash in Bank - RMB RMB120,000./USD15,228.43
(6) G & A - Business Travel RMB200,000./USD25,380.71
  Cash in Bank - RMB RMB200,000./USD25,380.71
(7) G & A - Maintenance RMB150,000./USD19,035.53
  Cash in Bank - RMB RMB150,000./USD19,035.53
(8) G & A❶ - Foreign Exchange Gain or Loss USD160.65
  Cash in Bank - RMB USD160.65

A/C Cash in Bank - RMB❷

Description	Debit		Credit		Balance	
	RMB	USD	RMB	USD	RMB	USD
7.31 Balance carried forward					100,000.	12,658.23
8.1 E/R adjusted 1:7.8800		32.13				12,690.36
8.3 Cash Called	1,000,000.	127,064.80			1,100,000.	139,755.16
8.5 Purchased Business Car			450,000.	57,106.60	650,000.	82,648.56
8.12 Office consumable			100,000.	12,690.36	550,000.	69,958.20
8.16 Utilities			120,000.	15,228.43	430,000.	54,729.77
8.20 Business travel			200,000.	25,380.71	230,000.	29,349.60
8.21 Maintenance			150,000.	19,035.53	80,000.	10,313.53
8.31 E/R adjusted 1:7.8800				160.65	80,000.	10,152.28

第九节 联合账簿的结账和报告程序
(Month - End Closing and Reporting Procedure)

一、联合账簿的性质与特点

联合账簿的结账和报告程序是根据石油合同的规定和联合账簿的性质与

❶ G & A 是外国石油作业者对“经营管理费(General and Administrative Expenses)”的简称。

❷ 根据《石油合同》附件2《会计程序》的规定,联合账簿中美元以外的外币账户(包括资产和负债账户)应同时以美元和外币记账。

特点来确定的。联合账簿的性质与特点是：

（1）联合账簿是指作业者所设立的为执行《石油合同》反映由合同各方分担的为进行联合石油作业所发生的全部支出和收入的账簿。根据《石油合同》的规定，联合账簿不核算产品的销售利润和净利润，只反映合同各方为进行联合石油作业所投入的资金，勘探和开发建设的投资支出和生产作业费用支出，以及生产产品的收入分配和所有投资支出和生产费用支出的回收情况。

（2）联合账簿的会计核算采用权责发生制（Accrual Basis）。各项勘探、开发工程实际工作量的完成应与费用的实际发生相互匹配；生产作业的实际完成和产品收入的实现应与费用的实际发生相互匹配。不论费用是否已经用现金实际支出，在同一个会计期间内已经发生的费用，为了与实际完成工作量相匹配，都必须在联合账簿中反映出来。

（3）联合账簿的会计年度统一采用日历年制，自每个日历年度的1月1日起至12月31日止为一个会计年度。联合账簿会计核算的会计期间划分为年度、季度和月份，作业者应按日历月份每月结算账目和编制会计报表报送合同各方，并据此向合同各方出具结算账单（Joint Interest Billing）和发出筹款通知（Cash Call Notice）。

二、联合账簿的结账和报告程序

根据以上联合账簿的性质与特点，海洋石油各个合同区的联合账簿的结账和报告程序大体上按以下步骤进行。

各个合同区联合账簿的财务与会计核算的电脑系统一般都有若干个模块（Module），如总账（General Ledger）、应付账款（Accounts Payable）、应计未付费用（Accrual）和财务报告（Fianacial Report）等，所以在每月末联合账簿的结账和报告程序都是分步实施的。当然每个步骤都是由专人负责的，有些工作步骤可能是平行进行的。每月的具体结账时间一般是从当月的倒数第二个工作日开始，至下月初的第二个工作日结束。

（一）应付账款结账程序

应付账款结账程序为：

（1）结账前应检查当月录入的应付账款信息是否正确，如检查已录入财务软件系统的借贷数字是否一致等。

（2）运行 Payables Approval 发票审批处理程序，完成财务软件系统中当月的发票审批工作。

（3）运行 Payables Accounting Process 会计分录生成报告程序，完成财务软件系统中会计分录的自动生成。

(4) 运行 Payables Transfer to General Ledger 的处理程序，已付款会计分录自动转入各明细账户，将已付款会计分录按明细科目转入各有关明细账户。

(5) 运行应付未付账款余额报告程序，检查某些长期未付出发票款的原因，并做出适当处理。

(6) 由于应付账款的所有会计事项都在一个“应付账款”账户内，因此，在编制试算表（Trial Balance）之前，应将“应付账款”账户进行分类，把“应付账款”账户的全部会计事项分割为“应付账款—勘探作业（Accounts Payable—Exploration）”、“应付账款—开发作业（Accounts Payable—Development）”和“应付账款—生产作业（Accounts Payable—Production）”三类账户。

(7) 打印上述应付账款明细报告并存档。

（二）应计未付费用（Accruals）的结账程序

根据权责发生制的会计核算原则，联合账簿在每月末结账时，应将本月会计期间各项石油作业已经发生和完成的工作量及其相应发生的费用，应在联合账簿中全部反映。其中，凡是费用已经发生但尚未收到供应商提供的发票时，应根据器材或各种服务的供应合同规定的价格和实际发生的器材或各种服务的数量，预计费用金额，做出会计处理，计入联合账簿。

应计未付费用的种类繁多，但按其用途分类，大体上有两类，一类是各项石油作业专用的应计未付费用，如钻井作业用的钻井船租费、供应船租费和直升飞机费用等，开发作业用的工程设计费用、工程项目组费用和工程施工进度费用等，生产作业用的设备维修费用等；另一类是属于共同费用性质的应计未付费用，如作业者的管理机构中的外籍雇员的工资及福利费用、作业者办公室用的水电费用和物业管理费用等。

上述各项应计未付费用做了预计和会计分录计入联合账簿后，一般在本会计期间（月）结账终止之后，下一个会计期间（月）开始时，应将全部应计未付费用分项逐笔做会计分录转回，并计入联合账簿。但属于共同费用性质的应计未付费用除外（由于共同费用在月末已经分配计入了各项石油作业成本），应在实际收到供应商的发票后按实际数额再做会计分录并计入联合账簿，同时，将上一个会计期间（月）的应计未付费用，做会计分录原数冲回，并计入联合账簿。

（三）编制试算表（Trial Balance）

通常在一个会计期间的最后一日（月末），编制财务报表之前，应编制一张试算表，以测试总账科目的借贷余额是否相等。试算表（Trial Balance）就是一张在一个特定的时间点（一般都是在一个会计期间的最后一日）反映全部总分类账户借贷余额的一览表。试算表的格式如下：

Trial Balance Report

As of Dec. 31，2005

Operator’ s Name: ________________ Currency: USD

Exploration （ or Development or Production）					
Account Number	Description	Opening Balance	Monthly Beginning Balance	Monthly Net Activity	Ending Balance
1011101	Cash in Bank - Exp.	000，000.00	000，000.00	000，000.00	000，000.00
……	…………				
……	…………				
	Total	000，000.00	000，000.00	000，000.00	000，000.00

注：“Opening Balance ”指本会计年度的年初数；“Monthly beginning Balance”是指本月月初数；“Monthly Net Activity”是指本月发生数；“Ending Balane”是指本月月末数。

试算表是编制财务报表的依据，一般应按勘探作业、开发作业和生产作业分别编制。因此，编制试算表之前，首先应确保所有的会计分录已全部过入了总分类账户，要做必要的检查，做出确认。然后，应对上述三项作业共有的资产和负债做出适当的分割和调整记录。其内容和编制程序大致如下：

（1）分割“应付账款（Accounts Payable）”账户，将其分割为勘探、开发和生产三类。

（2）分割非库存核算物资（Non - Stock）（如文具、办公用品等），也将其分割为勘探、开发和生产三类。

（3）如某些“库存材料（Inventory）”原先没有按勘探、开发和生产作业分别核算的，则也应将其分割为勘探、开发和生产三类，做出调整会计分录。

（4）为上述这些调整会计分录的需要，应要增设一些内部调整账户（Inter - Ledger Adjustment）。如勘探应付生产账款（Payable Exploration to Production）、开发应付勘探账款（Payable Development to Exporation）和开发应付生产账款（Payable Development to Production）等。

（5）上述这些调整会计分录（Adjusting Entries）完成并过入总分类账户后，就可以编制试算表。但这些调整会计分录，一般应在本会计期间（月）

结账终止之后，下一个会计期间（月）开始时全部转回。

（四）分配共同费用（Common Costs Allocation）

共同费用（Common Costs）是指那些不能直接划分为哪一项石油作业的直接成本（Direct Cost）的一些成本中心（Cost Centre）发生的费用。这些成本中心发生的费用是同时为勘探、开发和生产作业（也可能是几个油田）服务的。如 FPSO（浮式生产、储油、卸油系统）发生的成本、费用可能是同时为几个油田生产服务的；PMT（工程项目管理组）可能是为同时开发的几个油田服务的；还有作业者办公室的行政管理费用（G & A）和办公设施、设备，以及环保、健康与安全管理费用等都是同时为各项石油作业服务的。因此，有关成本中心发生的共同费用应合理地分配到各项石油作业成本。

共同费用的分配一般是在一个会计期末完成上述调整后的试算表（Adjusted Trial Balance Report）之后，结账之前进行的。分配的方法是按各个成本中心发生共同费用的特点来确定的。如

（1）FPSO 成本中心发生的共同费用是按所服务的各个油田原油生产产量作为分配标准来分配；

（2）PMT 成本中心发生的共同费用是按开发建设的油田设计规模来分配；

（3）G&A 成本中心发生的共同费用是按各项石油作业发生的直接成本或有关管理部门工作人员所花费的工时作为分配标准来分配。

（五）计算上级管理费（Overhead）

上级管理费是作业者依据《石油合同》的附件 2《会计程序》中的具体规定计算并计入联合账簿的。（在本章第五节中已经作了详细论述）

（六）编制财务会计报告（Preparing Financial Statement）

联合账簿每个会计期末（月末）结账程序的最后一个步骤是最终结账，编制财务会计报告，分别报送国家石油公司、作业者的母公司和各石油合同者（月报、季报、年报），以及当地税务机关（年报）。

关于联合账簿在每个会计期末的结账程序，洋海石油各个合同区的作业者都有比较具体的详细规定，现综合几个合同区的特点，将有关重点摘录如下，以供参考。

<u>Joint Account Month – End Closing Procedure</u>

1. Overview

The steps in the accounting monthly closing include:

(1) Recording the effects of business transactions in Journals

(2) Accrual

(3) Posting to general ledger accounts from the journal

(4) Analyzing business transactions from SAP (Special Accounting Processing) system

(5) Making a trial balance

(6) Adjusting some account balances

(7) Cost allocation

(8) Overhead calculation and inputting

(9) Preparing financial statements, DR&CR reports, JIB (Joint Interest Billing) reports

(10) Reversing some adjusting entries

2. Cost Accrual

As Petroleum Contract, the Operators Group' s account records are based upon the accrual accounting, all expenses incurred during the same accounting period will be shown regardless whether cash relating expenses is paid. Therefore, it is often necessary to adjust some account balance at end of accounting period to achieve a proper matching of costs incurred after the journals have been posted, but before financial statements are prepared. In the Operators Group the accrual for monthly closing include common costs accrual, WBS (Work Breakdown System) accrual, etc..

For WBS accruals, all accrual costs need to be reversed manually at the beginning of the next accounting period. But for common costs, a reversal entry will be generated only when actual invoices have been received and posted to the general account.

The inputting and posting function in SAP system is xxxx

The following are coding:

Common Costs Accrual

- Offshore doctor labor cost

Dr. 7030102 (Operating Personnel)

Cr. 3016103 (Accrued Liabilities - Services)

- Offshore labor cost, Allowance and OT

Dr. 7010201 (National Labor)

7010202 (National Labor - OT)

7010203 (National Labor - Allowance & Bonus)

Cr. 3016103 (Accrued Liabilities - Services)

- Onshore labor cost

Dr. 7010201 (National Labor)

7010202 (National Labor - OT)

7010203 (National Labor - Allowance & Bonus)

Cr. 3016103 (Accrued Liabilities - Services)

- Water & Electricity for Villa

Dr. 7110203 (Living & Accommodation - Utilities)

Cr. 3016103 (Accrued Liabilities - Services)

- Catering Cost

Dr. 7030201 (Catering Service Costs)

7030202 (Special Catering Supplies)

Cr. 3016103 (Accrued Liabilities - Services)

- Mooring Master Cost

Dr. 7030104 (Operating Personnel - Mooring)

Cr. 3016103 (Accrued Liabilities - Services)

- Vessel Cost

Dr. 7130002 (Supply Vessels)

Cr. 3016103 (Accrued Liabilities - Services)

- Helicopter Cost

Dr. 7130001 (Helicopters)

Cr. 3016103 (Accrued Liabilities - Services)

- Oil PMT Cost

Dr: 7010301 (Outsourcing Labors - Expatriate)

Cr. 3016102 (Accrued Liabilities - Services)

- Expatriate cost

Dr. 7010101 (Expatriates Salaries)

7010102 (Expatriates Salaries - DCSA) (海外津贴)

Cr. 3016103 (Accrued Liabilities - Services)

WBS Accrual

Note: All the accruals for WBS need to be reversed in the beginning of next accounting period, after the closing of previous accounting period.

- PMT WBS accrual

Dr. 2020007 (PMT - A. F. E. Accrual)

Cr. 3016103/3016102 (Accrued Liabilities - Services)

- Maintenance WBS Accrual

Dr. 7030702 (Production General A. F. E. Accruals)

Cr. 3016103 (Accrued Liabilities - Services)

- Drilling WBS accrual

Dr. 7030702 (Production General A. F. E. Accrual)

7140223 (Drilling A. F. E. Accruals - Exploration)

Cr. 3016103 (Accrued Liabilities - Services)

- Exploration WBS Accrual

Dr. 2010311 (3D Seismic Accrual)

2020007 (PMT – A. F. E. Accrual)

Cr. 3016101 (Accrued Liabilities – Services – Explo.)

- PE WBS accrual (Petroleum Engineering)

Dr. 7030853 (Workover A. F. E. Accrual)

7030893 (Sidetrack A. F. E. Accrual)

7030809 (Petroleum Engineering Accrual)

Cr. 3016103 (Accrued Liabilities – Services – production)

- Rig Operations

Dr. 7030702 (Production General A. F. E. Accruals)

Cr. 3016103 (Accrued Liabilities – Service – P.)

- Facility WBS accrual

Dr. 7030702 (Production General AFE Accruals)

Cr. 3016103 (Accrued Liabilities – Services – P.)

Note:

- Adjustment should be made for following A/C or C/C before WBS Accrual.

1) 1100 TO 2100 (Some Exploration Cost Centre should be allocated to Development Cost Centre).

2) 3100 TO 2100 (Some Production Cost Centre should be allocated to Development Cost Centre), review balance of WBS.

3) Fixed asset (to pick out the transaction with amount less than USD1000.00 and make adjustment to ET Expense.).

4) 7030331 (Maintenance Project Materials).

3. Trial Balance

Usually at the end of the accounting period or before financial statements are prepared, a trial balance is made to test the equality of the debit balances and credit balances of the ledger accounts. A trial balance is a listing of all ledger accounts and their debit or credit balances on a specific point of time.

The equality of the two totals in the trial balance does not necessarily mean that the accounting information has been processed correctly in the former steps. An inequality in the totals of the debits and credits would automatically signal the presence of an error.

The following graph is one page of trial balance of the Operators Group. On the list, Opening Balance means beginning balance of current year; Monthly Beginning Balance means beginning balance of current month; Monthly Net Activity means current month data; Ending Balance means cumulative data.

Trial Balance Report

As of June 2003

Exploration Operation

Operator' s Name:

Account	Description	Opening Balance	Monthly Beginning Balance	Monthly Net Activity	Ending Balance
1011201	CITIBank - USD	00,000.00	00,000.00	00,000.00	00,000.00
1011401	Bank of China - RMB	00,000.00	00,000.00	00,000.00	00,000.00
1030002	Receivable - Employee	00,000.00	00,000.00	00,000.00	00,000.00
1040102	Deposit to 3rd	00,000.00	00,000.00	00,000.00	00,000.00
1200002	Equipment & Tools	00,000.00	00,000.00	00,000.00	00,000.00
1200003	Electronic Equipment	00,000.00	00,000.00	00,000.00	00,000.00
1200006	Other Assets	00,000.00	00,000.00	00,000.00	00,000.00
3010303	Payable explo. to Dev.	00,000.00	00,000.00	00,000.00	00,000.00
3011102	Accounts Payable	00,000.00	00,000.00	00,000.00	00,000.00
3016102	Accrued Liability - SRV - E.	00,000.00	00,000.00	00,000.00	00,000.00
5011001	Funds Received for Explo.	00,000.00	00,000.00	00,000.00	00,000.00
5021001	Funds Invested in Explo.	00,000.00	00,000.00	00,000.00	00,000.00

In the Operators Group, some necessary processes need to be made for trial balance.

- Post all transactions in SAP system.
- Separate AP (Accounts Payable) to E. D. P. (Exploration, Development, Production).
- Separate No - stock to E. D. P.
- Inter - ledger adjustment.
- Make trial balance.

Post all transactions in SAP system

Before make adjustment for trial balance, need make sure all transactions have been posted in the general account. In SAP system, all un - posted transaction can be checked in the function as below:

Separate AP to E. D. P.

Since all accounts payable transactions have been recorded directly in one general account - 3011100. Adjustments need to be made to separate this account from the general account (3011100) to Exploration, Development, and Production. A reversal entry will be generated manually before next monthly closing.

Coding: Cr. 3011101 (Accounts Payable - Exploration)

3011102 (Accounts Payable - Development)

3011103 (Accounts Payable - Production)

Dr. 3011104 (Accounts Payable - Offset)

Note: This separation transaction needs to be reversed in the beginning of next accounting period, after the closing of previous accounting period.

Separate Non - stock to E. D. P.

With the same reason of Accounts Payable, the Non - stock account also needs to be separated to Exploration, Development, and Production. A reversal entry will be generated manually before next monthly closing. The report balance should equal to GR/IR (Goods Received/Invoice Received) account balance. A reversal entry will be generated manually before next monthly closing.

Coding: Dr. /Cr. 3018101 (Accrued Liabilities - Non - Stock Material - E.)

3018102 (Accrued Liabilities - Non - Stock Material - D.)

3018103 (Accrued Liabilities - Non - Stock Material - P.)

Cr. /Dr. 3018104 (GR/IR Clearance - Non - Stock Material)

Note:

1. The amount to be adjusted is the difference between the amount of Goods received and invoice received.

2. This separation transaction needs to be reversed in the beginning of next accounting period, after the closing of previous accounting period.

Run Trail Balance Report

After above steps have been processed and adjusting entries have been posted, a trail balance report can be made to test the equality of total debit balance and total credit balance of all ledger accounts.

Note: If the trial balance does not turn out to be in equality, following steps can be taken.

- To check the separation of AP to E/D/P to see whether A/C 3011100 (Accounts Payable) and 3011104 (Accounts Payable - Offset) could offset each other.
- To check the separation of Non - stock AP to E/D/P to find out whether A/C 3018101 (Accrued Liabilities - Non - Stock Material) and 3018104 (GR/IR Clearance - Non - Stock Material) could offset each other.
- To check Transaction Code: XXXX for workorder settlement to find the right posting date of settlement or whether the settlement transaction has been implemented.
- To compare standard SAP report F. 08 with Trial balance data. (F. 08 is a report recording all transaction actually happened while Trial Balance is the Operators Group custom - made one. There might be data omission for Trial Balance). Pay attention to adjust

the expenditure account amount from TB.

Inter – Ledger adjustment

After the adjusting entries are already posted and an adjusted trial balance is made, the inter – ledger adjustment can be made according trial balance report.

Costs Allocation

Costs allocation are used primarily for cost centers where direct cost allocation is not possible because the operations performed are so varied that individual activity type cannot be clearly defined or where it is too complicated to enter all activities.

Allocations are carried out at the period end (during period – end closing).

In the Operators Group, there are 10cycles of allocation, among which the allocation for chemical costs relates to primary cost elements, other nine (9) relates to secondary cost elements. The allocation cycles are as follows:

1) Chemical Expense allocation.

2) Fixed Asserts allocation.

3) FPSO cost allocation.

4) Marine cost allocation.

5) Production common G&A cost allocation.

6) EHS (Environment Health Safety) cost allocation.

7) Exploration cost allocation.

8) PMT G&A cost allocation.

9) Drilling Department G&A cost allocation.

10) Common G&A cost allocation.

Chemical Expense allocation

Fixed Assets allocation

The furniture and equipment are recorded, as Fixed Assets only if the unit value exceeds 1000 US Dollars and the useful life is longer than one year. No depreciation is accounted for in the Operators Group books.

FPSO & Marine cost allocation

Operating costs of the Common Facilities will be allocated to each oil field in proportion to the net oil production contribution of each such oil field to the overall net oil production of the oil fields within the contract area 00/00 utilizing such facilities.

EHS cost allocation

Exploration Common G&A cost allocation

Exploration Common G&A will be allocated to either the production cost or the exploration cost on the basis of time actually spent by exploration staff working. Exploration department will provide timesheets for their staffs and a summation of hours worked by each employee, which can be used to split Exploration common G&A costs between exploration and production. The timesheets and summation will sent to Finance Department at the last day of each accounting period. The timesheets splits hours worked for each employee into three categories: Reservoir support, Exploration Block 00/00and Exploration Block 01/01.

PMT G&A cost allocation

Drilling Department G&A cost allocation

Common G&A cost allocation

G&A cost allocation

General and administrative expenses are classified and charged to minor accounts. The allocation for such accounts is charged in proportion to the exploration costs, development costs and operating costs actually incurred in the end of each accounting period. The G&A accounts in the Operators Group accounting system are including the following:

7010101	Expatriate Salary	7100002	Business Entertainment
7010102	Expatriates DCSA	7100003	Team Building
7010103	Expatriates IIT - China	7110101	Offi&Store Lease
7010104	Expatriates IIT - U. S. A.	7110102	Office Maintenance
7010105	Expatriates benefit - other	7110103	Office Utilities
7010201	National Labor	7110201	Livin&Accom. - H. Rent.
700202	National labor OT	7110202	Living&accomm. - R. /M.
7010203	NATL Labor allo. &Bonus	7110203	Living&accomm. - Utilit.
7020001	Medical expense	7120002	Photo Print&Reprod
7020002	Moving & relocation	7120003	Subscriptions
7020003	Education Assista.	7120004	Bank charge. /guaran. Fee
7020004	R. & R. Travel	7120005	Miscellaneous
7020005	Home leave	7120006	Legal Fee&expense
7020006	Storage Fees	7120008	Passport/Visa Fees
7030601	Principal W/O - A	7120009	Computer Charge
7030602	Principal W/O - B	7120010	Foreign Exchange G/L
7030603	Principal W/O - C	7120011	Misc. Income
7030604	Principal W/O - CNOOC	7120012	Donations to P. R.
7040501	Dir. Consumable M&S	7120017	Emplo. Involvement
7040502	Dir. N - consumable M&S	7130006	Office Tramps Rental
7050005	Insurance	7150001	SUM Pre - ideas Exp.
7060006	Communicat - rental	7190002	CNOOC overhead
7060007	Post/Courier Servi.	8200400	Pre - SAP - C G&A alloc.
7070005	Onshore Training CST	8220400	COM. G&A alloca.
7100001	Busi. Travel&Per. EXP.		

Overhead

Overhead refers to the costs for the managerial and operational services provided by the Operator' s superior management organizations for the Petroleum Operations, including management, administration, accounting, treasury, audit, tax, legal maters, employee relations, financing, the collection of economic data and costs which are not chargeable Accounting Procedure of Petroleum Contract for general consultation as procurement, planning, research and operational activities.

As Petroleum Contract, the overhead is calculated in accordance with relevant tiers and based on the sum of the total actual costs of exploration, development and operating. Overhead costs are recorded in the Joint Account separately. In this way, overhead needs to calculate on each block, each petroleum operation, and each platform.

Currently the Overhead is calculated at end of each accounting period. Accounting processing procedures is set as below.

Overhead Base

As Petroleum Contract, the overhead need be calculated based on the sum of the total actual costs. Actual costs are including exploration costs, inventory costs, fixed assets costs, PMT costs, operating costs and G&A costs, etc.. Relevant accounts and cost centers are listed as below.

Account Code	Description
109xxxx	Inventory Accounts
12xxxxx	Fixed Assets Accounts
2010101 - 2030011	Exploration Costs accounts
2020006 & 2020007	Pre - project Costs and Accruals accounts
403xxxx	PMT Costs Accounts
7xxxxxx	Operating Costs accounts
8xxxxxx	Common Costs Accounts

A report for overhead base can be print out under the function code XXX in SAP system.

- **Overhead Rates Applied**

1) The overhead rates for Exploration - 00/00

Direct Costs (USD/Year)	Percentage Rate %
0 ~5, 000, 000	5
5, 000, 001 ~ 10, 000, 000	3
10, 000, 001 ~ 20, 000, 000	2
Over 20, 000, 000	1

2) The overhead rates for Exploration - 01/01

Direct Costs (USD/Year)	Percentage Rate %
0 ~5, 000, 000	5
5, 000, 001 ~ 15, 000, 000	3
15, 000, 001 ~ 25, 000, 000	2
Over 25, 000, 000	1

3) The overhead rates for Development

Direct Costs (USD/Year)	Percentage Rate %
0 ~5, 000, 000	5
5, 000, 001 ~ 10, 000, 000	3
10, 000, 001 ~ 20, 000, 000	2
20, 000, 001 ~ 30, 000, 000	1
Over 30, 000, 000	0. 5

4) The overhead rates for Production

Direct Costs (USD/Year)	Percentage Rate %
0 ~2, 000, 000	2
20, 000, 001 ~ 30, 000, 000	1. 75
30, 000, 001 ~ 40, 000, 000	1. 25
Over 40, 000, 000	1

Overhead Calculation

According to the Petroleum Contract, the overhead for Exploration, Development and Production Operations are calculated as follows:

O/H = Direct Annual Exploration Costs × Overhead Rates
+ Direct Annual Development Costs × Overhead Rates
+ Direct Annual Production Costs × Overhead Rates

- **Overhead Allocation Vouchers**

After review and check overhead costs against Petroleum Contract to ensure the correct overhead base, rates and calculation. Entries generated after invoices verification.

1) Overhead Account Code

7190001 ACT Overhead

7190002 CNOOC Overhead

2) Overhead Cost centers

Cost Center	Description
1000000	Exploration 00/00
2000000	Exploration 01/01
3000000	Development AB Oil Field
4000000	Development XY Oil Field
5000000	Production AB Oil Field
6000000	Production XY Oil Field

3) The inputting and posting function code in SAP system is XXXX.

4) Adjust A/P TO E/D/P, Refer to Report XXXX for A/C 3011100 and 3011104. Make adjustment for 3011103 and 3011104. (As interledger adjustment have already been made when inputting Overhead voucher and assignment for accounts payable is "P").

5) Interledger adjustment to make sure Trial Balance to be in equality.

Debit and credit items. (Trans. Code: XXXX)

Use XXXX to reconcile the items amount in DRCR report by summarizing the amount of certain A/C group of E/D/P listed in three sheets of reports.

JIB (Joint Interest Billing)

The Operators Group will provide relevant accounting reports and statements based on the Accounting System to CNOOC and each company comprising the contractor. Monthly reports will be submitted within five days after the end of each month.

CNOOC: 2 COPIES + Balance sheet

Contractor A 1 copy

Contractor B 1 copy

Contractor C 1 copy

Local Tax Authorities 1 copy (Yearly Financial Report Only)

Totally 6 copies.

第九章　联合经营石油勘探开采的会计报表 (Financial Statement)

合同区的会计报表是反映各个报告期作业者执行联合管理委员会决策，以及石油作业联合经营管理和经济活动情况的会计信息总结资料。按照惯例，作业者应根据《石油合同》的规定，并应遵照合同区所在地资源国的国家石油公司制定的有关联合经营石油作业的会计制度来拟订、设置和编报合同区会计报表，并按照《石油合同》规定报送合同各方（包括国家石油公司）与合同区所在地的税务主管机关。

作业者负责编报的合同区会计报表的内容、格式、分析说明和编报的要求，除了必须执行《石油合同》的规定外，还应参照国家石油公司制定的《联合经营石油作业会计制度》所规定的各项要求，这在洋海石油执行的《标准合同》附件2《会计程序》中有明确规定（会计程序1.8.2款规定：所有会计凭证、账户、账簿和报表，应按国家公司制订的石油作业会计制度执行。），我们在实际工作中应坚持这条合同中的原则规定，从执行每一个《石油合同》开始，就要求作业者按照这条合同规定执行，决不能放任作业者自行其事，按照其作业者母公司的会计制度设置会计报表。不然，可能会给国家石油公司在汇总和分析研究合同区会计信息方面造成诸多不便。

第一节　编制合同区会计报表的目的

编制合同区会计报表的目的为：

（1）为本合同区的各个合同者提供会计信息。全面反映合同区的财务状况、勘探和开发等石油作业的投资完成情况和油（气）田生产作业与生产成本及其产品收入分配情况。

（2）提交国家石油公司，作为国家石油公司财务、会计报表汇总的主要依据。

(3) 为各个合同者投资决策提供可靠依据。

(4) 作为各非作业者对作业者负责的联合账簿审计的主要会计资料。

(5) 作为向联合经营石油作业所在地税务主管机关申报税务的主要会计文件。

第二节 合同区会计报表的种类及编报的要求

根据海洋石油《联合经营石油作业会计制度》的规定，合同区的会计报表主要有以下 14 种：

(1) 资产负责表 (Balance Sheet) (按月、季、年度编报)。

(2) 货币资金情况表 (Statement of Funds in Currency) (按月、季、年度编报)。

(3) 勘探费用账单 [Joint Interest Billing (Exploration)] (按月、季、年度编报)。

(4) 勘探费用支出明细表 (Joint Interest Billing for Exploration Expenditures) (按月、季、年度编报)。

(5) 上级管理费计算表 (勘探) [Statement of Overhead (Exploration)] (按月、季、年度编报)。

(6) 开发费用账单 [Joint Interest Billing (Development)] (按月、季、年度编报)。

(7) 开发费用支出明细表 (Joint Interest Billing for Development Project) (按月、季、年度编报)。

(8) 开发投资合同利息计算表 (Statement of Deemed Interest on Development) (按月、季、年度编报)。

(9) 上级管理费计算表 (开发) [Statement of Overhead (Development)] (按月、季、年度编报)。

(10) 生产作业费用账单 [Joint Interest Billing (Production)] (按月、季、年度编报)。

(11) 生产作业费用明细表 (Joint Interest Billing for Production Operations) (按月、季、年度编报)。

(12) 上级管理费计算表 (生产) [Statement of Overhead (Production)] (按月、季、年度编报)。

(13) 原油 (天然气) 生产和收入分配表 (Allocation of Crude Oil/Gas Production and Revenue) (按月、季、年度编报)。

（14）投资回收情况表（Monthly Status Report of Expenditures Recovery）（按月、季、年度编报）。

第三节　合同区会计报表的内容与格式

一、资产负债表

BALANCE SHEET

As of ________

Operator's Name: ____________　　J/A Statement: 01

Contract Area:　　Currency: USD _

A/C Code	Account Description	Exploration	Development	Production	Total
	Assets				
	Current Assets				
1101	Cash on Hand（库存现金）				
1111	Cash in Banks（银行存款）				
1121	Working Funds（备用金）				
1131	Cash in Transit（在途现金）				
1141	Notes Receivable（应收票据）				
1151	Accounts Receivable（应收账款）				
1161	Other Accounts Receivable（其他应收款）				
1171	Prepaid Expense（预付费用）				
1191	Inventories（库存材料）				
1200	Materials and Supplies in Transit（在途器材）				
	Total Current Assets（流动资产合计）				
	Non - Current Asset（非流动资产）				
2101	Fixed Assets（Exploration）（固定资产 - 勘探）				
2111	Fixed Assets（Development）（固定资产 - 开发）				
2121	Fixed Assets（Production）（固定资产 - 生产）				
2102	Investment in Exploration Expenditures（勘探投资支出）				
2112	Investment in Development Expenditures（开发投资支出）				
2113	Deemed Interest on Development Funds（开发投资合同利息）				
2122	Production Costs（生产费用）				
2123	[Production Costs Recovery（生产费用回收）]				
	Total Non - Current Assets（非流动资产合计）				
	Total Assets（资产总计）				

续表

	Current Liabilities（流动负债）
3101	Notes Payable（应付票据）
3102	Accounts Payable（应付账款）
3104	Salaries and wages Payable（应付工资）
3105	Accrued Expenses（应计未付费用）
3106	Value Added Taxes Payable（应付增值税）
3107	Royalty Payable（应付矿区使用费）
310801	Exploration Recover - Contractors Payable（应付合同者勘探投资回收）
310811	Development Recovery - Contractors Payable（应付合同者开发投资回收）
310812	Development Recovery - SPC Payable（应付国家石油公司开发投资回收）
310821	Deemed Interest Recovery - Contractors Payable（应付合同者合同利息回收）
310822	Deemed Interest Recovery - SPC Payable（应付国家石油公司合同利息回收）
310831	Production Cost Recovery - Contractors Payable（应付合同者生产费回收）
310832	Production Cost Recovery - SPC Payable（应付国家石油公司生产费回收）
310901	Share Oil/Gas Payable - SPC（应付国家石油公司留成油）
310911	Allocable Remainder Oil /Gas Payable - Contractors（应付合同者分成油）
310912	Allocable Remainder Oil/Gas Payable - SPC（应付国家石油公司分成油）
3110	Other Accounts Payable（其他应付账款）
	Total Current Liabilities（流动负债合计）
	Invested Funds and Recoveries（投入资金与回收）
510111	Funds Received for Exploration - Contractors（已收勘探资金 - 合同者）
511101	Funds Received for Development - SPC（已收开发资金 - 国家石油公司）
511111	Funds Received for Development - Contractors（已收开发资金 - 合同者）
512101	Funds Received for Production - SPC（已收生产资金 - 国家石油公司）
512102	Funds Received for Production - Contractors（已收生产资金 - 合同者）
515111	Funds Invested in Exploration - Contractors（投入勘探资金 - 合同者）
516101	Funds Invested in Development - SPC（投入开发资金 - 国家石油公司）
516111	Funds Invested in Development - Contractors（投入开发资金 - 合同者）
517101	Funds Invested in Production - SPC（投入生产资金 - 国家石油公司）
517111	Funds Invested in Production - Contractors（投入生产资金 - 合同者）
519101	Deemed Interest - SPC（合同利息 - 国家石油公司）
519111	Deemed Interest - Contractors（合同利息 - 合同者）
610111	Exploration Recovery - Contractors（勘探投资回收 - 合同者）
611101	Development Recovery - SPC（开发投资回收 - 国家石油公司）
611111	Development Recovery - Contractors（开发投资回收 - 合同者）
611201	Deemed Interest Recovery - SPC（合同利息回收 - 国家石油公司）

续表

611211　Deemed Interest Recovery – Contractors（合同利息回收 – 合同者）
612101　Recovery of Funds Invested in Production – SPC（生产费回收 – 国家石油公司）
612111　Recovery of Funds Invested in Production – Contractors（生产费回收 – 作业者）
6161　Fixed Assets Owned by SPC（国家石油公司拥有的资产）
Total Invested Funds and Recoveries（投入资金与回收合计）
Total Liabilities & Funds Invested and Recoveries（负债与权益合计）

二、货币资金表

FUNDS STATEMENT

As of ____________

Operator's Name: ______________　　J/A Statement No. 01.1

Contract Area: ______________

Description	Currency	RMB		HK Dollars		Total
	USD	RMB	Equiv. /USD	HKD	Equiv. /USD	USD

Exploration Funds:（勘探资金）
Cash on Hand（库存现金）
Cash in Banks（银行存款）
Bank __________
Bank __________
Subtotal（小计）
Development Funds:（开发资金）
Cash on Hand（库存现金）
Cash on Banks（银行存款）
Bank __________
Bank __________
Subtotal（小计）
Production Funds:（生产资金）
Cash on Hand（库存现金）
Cash in Banks（银行存款）
Bank __________
Bank __________
Subtotal（小计）
Total（合计）

三、勘探/开发/生产费用账单

JOINT INTEREST BILLING

For Exploration /Development /Production Operations

As of ____________

Operator's Name: ______________ J/A Statement: 02

Contract Area: ______________ Currency: USD

Name of Contractors To Petroleum Contract	Share %	Cash Called From Inception	Billed From Inception	Cash Balance

State Petroleum Co. （国家石油公司）

Contractor A（合同者 A）

Contractor B（合同者 B）

Contractor C（合同者 C）

Total

四、勘探费用支出明细表

JOINT INTEREST BILLING FOR EXPLORATION EXPENDITURES

For the Month of ____________

Operator's Name: ______________ J/A Statement: 02. 1

Contract Area: ______________ Currency: USD

Activities	Cumulative As of Previous Year	Current Month	Current Year Cumulative	Cumulative From Inception

Exploration Geological Surveys（地质调查勘探作业）

Geological Surveys & Works（地质调查费）

Consumption of Materials & Supplies（材料消耗）

Outside Services（外部服务费）

Subtotal（小计）

Exploration Geophysical Surveys（地球物理勘探作业）

Seismic Survey - Crew（地震调查）

Data Collection Costs （数据采集）

Processing & Interpretation of Seismic Data （地震资料数据处理与解释）

Data Purchasing from Outside（外购资料费）

Other Outside Services（其他外部服务费）

Subtotal（小计）

续表

Exploration Drilling（勘探井作业）

Consumption of Material & Supplies（材料消耗）

Drilling Bits（钻头）

Drilling Tubular（Including Conductor, Casing and Tubing）（导管、套管、油管）

Mud Materials（钻井液材料）

Cement & Additives（水泥与添加剂）

Wellhead Equipment（井口装置）

Fuel/Lubricant（油料）

Other Drilling Materials（其他钻井材料）

Contractual Services（合同服务）

Drilling Rig Rental Cost（钻机租赁费）

Cementing Services（固井服务费）

Mud Engineering（钻井液设计服务费）

Meteorological Services（天气预报服务费）

Sub－sea Wellhead Services（井底调查服务）

Directional Drilling Services（定向井服务）

Diving Services（潜水服务）

Rig Positioning Services（钻机定位服务）

Fishing Tools（打捞工具）

Electronic Logging（电测服务）

Helicopter Service（直升飞机服务）

Supply Vessels（供应船服务）

Communication Service（通讯服务）

Drilling Technical Supervision（钻井技术监督）

Typhoon Evacuation（台风撤离）

Insurance（保险费）

Subtotal（小计）

General & Administrative Expenses（行政管理费）

Expatriate Salaries & Burden（外籍人员工资与福利）

Personnel Living & Accommodation（住房及生活补贴）

National Contract Labor（当地雇员工资）

Business Travel & Subsistence（出差费与津贴）

Medical Expenses（医疗费）

Relocation & Transportation（调遣费和运输费）

Materials and Supplies（材料消耗）

Office & Storage Lease（办公室及库房租赁费）
Maintenance（维修费）
Utilities/Energy（公共设施/电费）
Communications（通讯费）
Transportation（运输费）
Legal Expense（律师费）
Insurance（保险费）
SPC Assistance Charge（国家石油公司协助费）
Technical Services（技术服务费）
Postage & Courier（邮电及通信费）
Bank Charge（银行服务费）
Subscription（订阅费）
Miscellaneous（杂费）
Subtotal（小计）

Allocated G & A（行政管理费）
Overhead（上级管理费）

Fixed Assets（固定资产）
Inventory（库存材料）

Total Exploration Costs（ 勘探费用总计）

五、开发费用支出明细表

JOINT INTEREST BILLING FOR DEVELOPMENT EXPENDITURES

For the Month of ____________

Operator’ s Name: ______________ J/A Statement: 03. 1

Contract Area: ______________ Currency: USD

Activities	Cumulative As of Previous Year	Current Month	Current Year Cumulative	Cumulative From Inception

Development Costs（开发费用）

Offshore Facilities Engineering and Construction（海上设施建设工程）

Platform（平台）

Turn Key Engineering（交钥匙工程设计费）

Jacket Construction（导管架建造）

Deck Construction（生产平台建造）

Living Quarters（生活平台）

Facilities（设施）

Pipelines（输油气管线）

Evacuation（撤离费用）

Total Platform（平台小计）

Template（底盘）

General Service（一般性服务）

Certification（验证）

Inspection（检测）

Marine Survey（海洋调查）

Total General Service（一般性服务小计）

Common Facilities（共用设施）

Tanker - Pur/Mob（油轮 - 采购及动员费）

Tanker Conver/Positioning（油轮 - 定位费用）

Tanker Facilities（油轮 - 设施）

SPM（单点系泊）

Platform Facilities（平台设备）

Gas Supply Well（天然气供应井）

Evacuation（撤离费用）

续表

Total Common Facilities（共用设施小计）

Drilling/Completion（钻井/完井）
Transition（转移费）
Drilling（钻井）
Evacuation（撤离费用）
Tie－back/Completion（回接/完井）
Total drilling/Completion（钻井/完井小计）

Support Work（支持性工作）
Support Engineering/Study（工程设计/研究支持费）
Modification（变更费用）
Total Support Work（支持性工作小计）

Overall Insurance（保险费）
Project（工程项目保险）
Common Insurance（公共保险）
Total Insurance（保险费小计）

Project Management Team（工程项目组）
PMT Costs（工程项目组费用）
Total PMT Costs（工程项目组费用小计）

General Production Costs（试生产费用）

Allocated & Direct G & A（直接与分配的行政管理费）
Allocated Common G & A（分配的共同费用）
Direct G & A（直接行政管理费）
Beijing Office（北京办事处）
SPC Assistance Charges（国家石油公司协助费）
Total Allocated G & A（直接与分配的行政管理费小计）
Total Development Costs（开发费用合计）
Debit and Credit Items（借/贷项）
Overhead（上级管理费）
Contractors Overhead（合同者上级管理费）
SPC Overhead（国家石油公司上级管理费）
Total Overhead（上级管理费小计）
Total Development Investment（开发投资支出总计）
Deemed Interest（合同利息）
Total Joint Interest Billing（联合账簿账单总计）

六、上级管理费计算表

STATEMENT OF OVERHEAD

Exploration/Development/Production Operations

For the Month of ________

Operator’s Name：________　　J/A Statement：02. 2/03. 2/04. 2

Contract Area：________　　Currency：USD

Period	Basis for O/H Applicable	Rate for O/H	Overhead Amount
January（1 月）			
February（2 月）			
March（3 月）			
April（4 月）			
May（5 月）			
June（6 月）			
July（7 月）			
August（8 月）			
September（9 月）			
October（10 月）			
November（11 月）			
December（12 月）			
Total（总计）			

Current Month Costs（当月费用）

Total Costs（费用总额）________

Deduction（1）（减项）________

Deduction（2）________

Basis for Current Month Overhead（O/H 计算基数）________

Current Year Costs（当年费用）

Total Costs（费用总额）________

Deduction（1）（减项）________

Deduction（2）________

Basis for Current Year Overhead（O/H 计算基数）________

七、合同利息计算表

STATEMENT OF DEEMED INTEREST

On Development Cash called

For the Month of ____________

Operator's Name: ______________ J/A Statement: 03. 3

Project Name: ______________ Currency: USD

Description	Interest Rate %	Number Of Days	Basis For Deemed Int.	Deemed Interest Amount	Interest Allocation		
					SPC	contractor A	Contractor B
On 2001 Invest. & Deemed Int.	9.00	365					
On Dec. 2001 Cash Called	9.00	365					
On Jan. 2002 Cash Called	9.00	334					
On Feb. 2002 Cash Called	9.00	306					
On Mar. 2002 Cash Called	9.00	275					
On Apr. 2002 Cash Called	9.00	245					
On May 2002 Cash Called	9.00	214					
On Jun. 2002 Cash Called	9.00	184					
On Jul. 2002 Cash Called	9.00	153					
On Aug. 2002 Cash Called	9.00	122					
On Sep. 2002 Cash Called	9.00	92					
On Oct. 2002 Cash Called	9.00	61					
On Nov. 2002 Cash Called	9.00	31					
On Dec. 2002 Cash Called	9.00	0					
Total							

Current Month Deemed Interest:（当月合同利息）____________

Current Year Deemed Interest:（当年合同利息）____________

Deemed Interest from Inception:（自合同生效起累计合同利息）____________

八、生产作业费用明细表

JOINT INTEREST BILLING FOR PRODUCTION OPERATIONS EXPENDITURES
For the Month of ________

Operator's Name: ____________　　J/A Statement: 04. 1
Contract Area: ____________
Oil/Gas Field Name: ____________　　Currency: USD

Activities	Cumulative As of Previous Year	Current Month	Current Year Cumulative	Cumulative From Inception

Production Direct Costs（直接生产作业费）
Labor（人员费用）
Travel（差旅费）
Catering（生活补贴）
Transportation（运输费）
Fuel（油料）
Communication（通讯费）
Maintenance – Spare Parts（维修费 – 另配件）
Maintenance – Consumables（维修费 – 消耗材料）
Maintenance – Outside Repair（维修费 – 外部修理费）
Maintenance – Inspect, Survey（维修费 – 检测、调查）
Drilling Workovers（修井费）
Insurance（保险费）
Training/Safety（培训/安全）
Miscellaneous（其他）
Total Production Direct Costs（直接生产作业费合计）

Store House Stock（Variation）（库存材料 – 差额）
Fixed Assets（固定资产）

G & A（行政管理费）
Direct G & A（直接行政管理费）
Allocated Common G & A（分配的共同费用）
SPC Assistance Charges（国家石油公司协助费）
Beijing Office（北京办事处）
Total G & A（行政管理费合计）

Overhead（上级管理费）
Total Production Costs（生产作业费总计）
Debit and Credit Items（借/贷项）
Joint Interest Billing（联合账簿账单总计）

九、原油（气）生产和收入分配表

ALLOCATION OF CRUDE OIL/GAS PRODUCTION AND REVENUE

For the Month of ______

Operator' s Name: ______ J/A Statement: 05

Contract Area: ______

Oil/Gas Field Name: ______

Description	Barrels			Dollar Value		
	Current Month	Year to Date	Inception To Date	Current Month	Year to Date	Inception To Date

Crude Oil/Gas Lifted［销售原油（天然气）总量］

Value Added Tax（增值税）

Royalty（矿区使用费）

Operating Costs Recovery – SPC（生产作业费回收 – 国家石油公司）

Operating Costs Recovery – Contractors（生产作业费回收 – 合同者）

Development Costs Recovery – SPC（开发投资回收 – 国家石油公司）

Development Costs Recovery – Contractors（开发投资回收 – 合同者）

Deemed Interest Recovery – SPC（合同利息回收 – 国家石油公司）

Deemed Interest Recovery – Contractors（合同利息回收 – 合同者）

Exploration Costs Recovery – Contractors（勘探投资回收 – 合同者）

Share Oil – SPC（留成油 – 国家石油公司）

Allocable Remainder Oil – SPC（分成油 – 国家石油公司）

Allocable Remainder Oil – Contractors（分成油 – 合同者）

十、投资回收情况表

MONTHLY STATUS REPORT OF EXPEDITURES RECOVERY

For the Month of ___________

Operator’s Name: ________________ J/A Statement: 06

Contract Area : ________________ Currency: USD

Description	State Petrolrum Corporation				
	Operating Costs	Exploration Costs	Development Costs	Deemed Interest	Total

Funds Invested（累计投资支出总额）

Already Recovered as of the Report Date（累计已经回收的投资总额）

Un - Recovered（尚未回收的投资总额）

Description	Contractors				
	Operating Costs	Exploration Costs	Development Costs	Deemed Interest	Total

Funds Invested（累计投资支出总额）

Already Recovered as of the Report Date（累计已经回收的投资总额）

Un - Recovered（尚未回收的投资总额）

Description	Total SPC and Contractors				
	Operating Costs	Exploration Costs	Development Costs	Deemed Interest	Total

Funds Invested（累计投资支出总额）

Already Recovered as of the Report Date（累计已经回收的投资总额）

Un - Recovered（尚未回收的投资总额）

第十章　资源国国家石油公司接替合同区作业者地位时，财务管理和会计核算部门如何做好接替工作

第一节　移交和接替工作的主要内容

根据国际合作联合开发石油资源的惯例和我国《石油合同》的规定，一个合同区内任何一个油（气）田，在该油（气）田实际已发生的开发费用全部回收完毕之后，作为资源国的国家石油公司有权可以在任何时候接替该油（气）田的生产作业；或在合同区内任何一个油（气）田，在开发费用回收完毕之前，在条件具备的情况下，经联合管理委员会协商同意，国家石油公司可以接替该油（气）田的生产作业。接替生产作业就标志着作业者地位的转移，由国家石油公司来担当该油（气）田的生产作业者。接替工作是一项复杂的系统工程，财务、会计方面的移交与接替工作是整个油（气）田作业权接替的重要组成部分，时间紧迫，内容繁多，工作量繁重。要做好财务、会计方面的移交与接替工作，首先要根据一个油（气）田的生产作业接替工作的总安排与交接程序，以及《石油合同》与《会计程序》中的有关规定，拟订一个财务、会计方面的移交与接替工作的实施计划和具体交接程序，与原作业者的外方财务经理协商一致，以便共同执行，步调一致。移交与接替工作的内容应注意着重抓好以下几点：

(1) 到当地政府税务主管部门重新办理税务登记。由于作业者地位的转移，要以新的作业者公司的名义重新办理税务登记。

(2) 根据国家石油公司的要求，在当地和/或开展石油作业需要的地方开设新的银行账户，以便延续进行联合石油作业的需要。

(3) 核对清算原作业者的往来账户。尤其是原作业者母公司的单方账户，必须全面核对清楚，彻底清算分离。

(4) 根据国家石油公司的要求，选用适当的电脑会计信息系统。原来作

业者运用的电脑会计信息系统可以继续运用，但要根据现在作业者公司的母公司（国家石油公司）的要求，进行适当的调整和改进。接替后的财务、会计报表和会计信息要满足上级管理部门（国家石油公司及其地区分公司）、政府主管部门和税务部门的需要，也要满足各个合同者在石油合同规定范围内的需要，对于各个合同者（包括原作业者的母公司）的特别要求，也应适当考虑，协商解决。

(5) 根据国家石油公司的要求和《石油合同》的规定，制定新的筹款程序和资金管理办法（包括用款权限及审批程序、执行程序等）。

(6) 根据国家石油公司的要求和《石油合同》的规定，明确接替后财会部门的职责范围和财务职能定位，确定财会部门编制人数及岗位职责。

第二节　移交和接替工作的具体案例

海洋石油在二十多年来的实践中已经接替了多个合同区作业者的地位，积累了一定的经验。现就某合同区油（气）田的实际接替的案例介绍如下：

案例

根据《石油合同》的规定，从 2004 年 1 月 1 日起，NH 油（气）田的作业权由某外国作业者公司（XYC）移交给国家石油公司（SPC），SPC 专门设立了国家石油公司 NH 油气作业公司（SPCNH）负责该油（气）田的管理和作业。

鉴于这是 SPC 第一次从国际大石油公司手中接替油（气）田作业权，合作双方高度重视，专门成立了接替项目组并任命了专职的接替项目经理，全面负责接替项目的计划、实施、协调、督促。此外，还成立了由合作双方组成的接替项目指导委员会，指导接替工作并协调、解决接替过程中出现的问题。接替项目组于 2002 年 6 月制定了详细的接替工作计划，报经某合同区联合管理委员会批准后，将相关工作具体落实到每一个职能部门和每一个责任人，定期检查落实完成情况。经过两年多的努力，合作双方实现了作业权的平稳移交。

财务工作的接替是 NH 油（气）田作业权接替的重要组成部分。根据接替工作计划，财务接替的主要工作包括明确接替后的财务职能定位，确定财务机构和人员、人员分流，明确会计政策，选用适当的财务信息系统，分离某外国作业者（XYC）单方账户，核对清算原作业者账户，建立核算和财务报告系统，制定外汇业务操作流程，开设新的银行账户，调整财务授权体系，制定筹款程序，制定收入分配程序，办理税务登记，解决历年审计遗留问题，财产清查及移交，会计资料移交等。此外，财务部门还负责了作业公司注册等工作，并参与了接替过程中许多其他工作。

总体来看，财务接替工作基本顺利，合作双方配合较好。但由于财务工作是双方的利益交汇点，在财产清查移交、审计遗留问题的解决、对账清账过程中，还是产生了一些分歧。经过全体工作人员艰苦而细致的工作，双方最终达成了一致，完成了财务接替的全部工作。下面简述几个主要方面。

（一）作业公司的设立

为了当好作业者，SPC 注册成立了国家石油公司 NH 油气作业公司（SPCNH），SPC 并授权其负责 NH 油（气）田的作业管理。SPCNH 的注册登记工作包括申请公司设立、办理营业执照、企业法人代码证、申请进出口经营权、办理税务登记、外汇登记、海关登记、项目认证等。此外，由于 NH 油（气）田的油气产品主要销往香港，根据香港法律的要求，必须在香港办理注册登记手续。在国家有关管理部门的支持下，SPCNH 在香港办理了营业执照和税务登记，开设了银行账户，并继续享受接替前的税收优惠政策。

在境内办理公司注册登记的主要工作详见列表。

序号	任　务	所需条件	所需时间	完成时间	其　他
1	向外经贸部申请成立新作业公司的批文	确定新公司的名称、性质及法律地位、经营范围，以及相关文件	1 个月	2002 年 10 月	
2	向国家工商行政局申请办理新公司的注册登记	外经贸部批准	6 个月	2003 年 6 月	
3	申请外汇登记证及开立外汇账户	外经贸部批准和新公司的注册登记	4 个月	2003 年 9 月	包括开立境内及境外外汇账户，继续使用境外托管银行进行收益分成
4	申请进出口经营权	外经贸部批准和新公司的注册登记	3 个月	2003 年 8 月	
5	项目认证及当地海关登记	新公司的注册登记	2 个月	2003 年 9 月	国家税务总局、财政部和海关总署关于进口物资关税免税批文
6	税务登记	新公司的注册登记	5 天	2003 年 8 月	
7	国家机关的其他登记及确认项目	新公司的注册登记、外汇登记与外汇账户开立、进出口经营权	2～3 个月	2003 年 9 月	包括海关系统需要的其他登记，以及其他税务减免等

（二）某外国作业者（XYC）母公司单方账户的分离及对账清账

由于 XYC 在世界各地有大量的投资项目，各项目之间资金往来比较频繁。XYC 担任 NH 油（气）田作业者期间，将中国上游业务的总部设在蛇口，并只设了一套财务机构，事实上存在 XYC 母公司单方业务与联合账本共用一个账套的情况。为了保证接替工作的顺利进行，采取了两个措施，一方面，要求 XYC 于 2004 年 6 月分离其单方账户，经 3 个月并行后于 2004 年 9 月彻底分离。从 2003 年 10 月开始，将 XYC 单方账户移到北京办公室，蛇口办公室不再直接收、付 XYC 单方项目的资金；另一方面，双方用了将近 3 个月的时间，对 XYC 担任作业者期间的筹款用款情况进行了详细核对，对其中非直接筹款造成的账面投资与实际用款差异进行逐项认定，主要包含以下内容：

（1）由中方自行支付的，经合作各方确认可回收的费用，联合账本视为筹款资金投入。

（2）1995 年 NH 油（气）田试运行销售收入直接向中方支付，视为筹款资金的抵减。

（3）1995 年前发生的银行利息及汇兑损益，联合账本账务处理视为筹款资金投入。

经排除差异因素的影响，NH 油气田历年筹款用款及结余情况符合下列等式：

筹款 - 已使用资金 = 筹款 -（账面投资 - 差异因素）= 现金余额

（三）财务职能定位、机构和人员

关于接替后的财务职能定位、工作范围及工作内容，新的作业机构与它的上级机关地区分公司进行了反复磋商，原作业者也提出了很多的意见和建议。经各方同意，接替后的财务职能必需能够同时满足 NH 油气田内部管理的要求、石油合同的要求、上级公司的管理要求、政府管理部门的要求。在此基础上，明确了接替后财务工作的主要内容和工作程序，明确了接替后财务机构。接替后的财务机构仍然保留了 XYC 担任作业者期间的基本架构，设了预算和内部控制、管理会计、AP、资金和税务四个功能模块，但人员有较大幅度的缩减，由原来的 29 人减少到 16 人（含 XYC 财务代表一人）。合作双方根据有关程序制定了人员选拔、培养、分离方案并得到了顺利实施。

在人员选拔及分离过程中，员工沟通始终是一项非常重要的工作。除了日常工作中与员工保持密切交流外，NH 油（气）田财务部门还在每个重大方案正式出台前召开员工沟通会，向员工通报情况并征询意见和建议。2003 年 5 月，在组织机构完全中方化之前，又分别向每一位员工通报了岗位安排及配套措施。充分的交流和沟通，以及坚持公平、公开、公正的人员管理办法，是机构调整得以顺利实行的关键。

（四）接替后的核算、分析及报告系统的建立

接替后上级管理部门、政府部门及合作伙伴根据石油合同的规定提出了对会计报表的要求。上级管理部门及政府部门的要求均比较明确，合作伙伴的要求相对复杂。接替前，XYC 及其他合同者均提出了一整套的报表，要求接替后作业公司报送。由于《石油合同》并没有规定详细的报表内容及报送方式，合作在一些报表要求上产生了分歧。另外，就其他合同者的报表报送问题，也存在各种不同的看法。为此，双方进行了多次磋商，最终决定了向合作伙伴报送的报表内容和报送方式。

在明确了各方的报表要求后，结合 NH 油（气）田内部管理的要求，我们修订了 NH 油（气）田的会计科目体系表。为了便于历史上纵向比较，修订后的科目体系表沿用了 XYC 的基本核算框架，同时，为了满足各方报表需求，又增减了一些会计科目。如，原生产作业费主科目根据费用发生的目的划分，油漆，防腐，压力安全阀维修等，与现场的作业流程及生产设备划分相符。在保持原主科目结构不变的情况下，增加了明细科目以区分费用发生的性质，如日常维修，外聘服务等，满足了中方报表核算较细的要求。另外，冻结了部分为 XYC 单方业务设立的会计科目，以免出现不必要的误操作。这样，既保持了 NH 油（气）田历史会计信息的持续可比性，又满足各方的要求，也兼顾了操作的便利。

在 XYC 担任作业者期间，由于 SPC 与 XYC 在会计核算上的方法差异较大，部分报表只能使用 BO 从数据库中取数后人工编制，数据的口径无法做到完全一致。由于接替后中方的报表需求大量增加，在分析中方报表需求的基础上，结合科目体系表的修订，我们对主要的会计报表在 ORACLE 系统中进行了定义，做到了主要报表的自动生成。

NH 油（气）田内部的管理报表已经使用多年，比较成熟，没有进行大的调整。

对于财务信息系统的选用问题，XYC 选用的财务系统是 ORACLE11. 5. 4 版，存货及生产管理系统使用了 MAXIMO 系统，与 SPC 当时推广的系统基本一致，只是版本较早，且只上了 AP 和 GL 模块。由于这套系统基本可以满足近期的需求，也比较成熟，公司领导同意 NH 油（气）田继续使用原来的 ORACLE 和 MAXIMIO 系统。

NH 油（气）田有一套相对成熟的财务分析、报告及预测系统，主要特点是抓大放小，注重预测。为了满足接替后管理需求的变化，针对分析内容较细，时间要求紧的情况，采取了分析模型基本固定，建立基础数据库等方法，从接替后的实际工作看，基本满足了新的要求。

在具体核算方法上，NH 油（气）田原来使用的时间写实系统、费用归结及分配系统均得到保留。

（五）财务管理制度及工作程序的修订

为了适应接替后的需要，我们对 NH 油（气）田相关的财务管理制度和工作程序进行了修订。其中工作订单程序、筹款程序、收入分配程序经双方共同修订后颁布，分级授权管理办法经上级批准颁布，其他如预算管理制度、资金管理制度、费用预提工作程序、A. F. E. 管理办法等属于内部管理制度和程序，在内部广泛征求意见后由管理层批准施行。

（六）资金管理

根据对账结果，XYC 北京办公室向 NH 油（气）田支付了 000.000.00 美元，XYC 单方账与联合账本正式分离。然而，联合账本中仍然有大量 XYC 通过 ICB（Inter - Company Billing）系统进行结算而造成的往来账。这些往来账由于涉及到世界各地的许多公司、项目，或者还涉及到第三方公司，情况非常复杂，有些账龄也比较长。为了解决这些历史上形成的旧账，采取了以下措施进行清理：

（1）联合账本已代 XYC 结清部分账单，相关资金通过减少/增加 XYC 方筹款进行偿付。

（2）经 XYC 确认，部分账单决定取消，联合账本不再代 XYC 进行支付。

（3）原 XYC 总部历史未结应收款，转为 XYC 自行处理，NH 油（气）田不需再代 XYC 进行收取。

（4）部分往来账包含 NH 油（气）田及 XYC 单方业务，仍由 NH 油（气）田进行清理，并向 XYC 北京结算其单方业务相应的款项。

由于作业权移交后仍有部分开给 XYC 的发票跨至 2004 年支付，经外汇管理部门同意，合作双方同意保留原 XYC 的部分银行账户，由接替后的 SPCNH 进行操作，专门用于上述发票的支付。除此以外的银行账户都陆续结清关闭。SPCNH 经人民银行和外汇管理局批准，开立了相应的人民币和外汇账户。由于当时国内外汇管理比较严格，SPCNH 专门聘请了当地银行的专家讲课，并编制了外汇业务操作指南，保证接替后外汇业务的顺利开展。此外，合作双方还就接替前后的资金安排达成了一致意见，实现了平稳过渡。

（七）审计

NH 油（气）田历年合作伙伴审计还有部分审计遗留问题，时间跨度从 1996 年 ~1998 年，经过 SPC 审计部门和 NH 油（气）田中方与 XYC 反复磋商，原作业者在接替前最终解决了这些问题。此外，合同各方对2004年度进行的2002年、2003年合作伙伴审计和审计异议的解决办法也做出了安排。

（八）会计资料交接

合同区从1982年签订石油合同至2004年NH油（气）田作业权交接，历经20多年，时间跨度长，资料量大。为了做好资料移交，合作双方制定了详细的资料清理移交计划，抽调专人工作。虽然由于合作伙伴对资料清理及移交的范围产生过分歧并因此延迟了移交时间，但总体来说，资料清理工作做的比较细致，移交得也比较顺利。

（九）支持及风险管理

在NH油（气）田接替过程中，得到了上级的大力支持。SPC地区分公司多次与原作业者就接替相关的问题进行磋商，另外，2003年6月，SPC相关部门在蛇口召开了专门的接替工作会议，就接替计划、接替的主要工作内容进行了讨论，解决了存在的问题。2003年8月，XYC也在NH油（气）田当地召开了专家协助会，全面评估了接替工作的状况。

同时，接替过程中采取了很好的风险管理措施，对接替过程及接替后可能出现的风险进行识别，并将风险防控措施落实到人，保证了接替工作的顺利进行。

第三部分

联合经营石油勘探开采审计

第十一章　联合账簿审计概述

第一节　联合账簿审计的重要意义

审计是进行经济监督的一种重要手段，是一种独立的经济监督活动。审计是独立检查会计账目，监督财政、财务收支真实、合法、效益的行为。按照审计主体分类，我国有由国家审计机关所实施的“国家审计”，由部门和单位内部设置的审计结构或专职审计人员所实施的“内部审计”和由依法成立的社会审计机构接受委托所实施的“社会审计”。石油工业按照其专营的中石油、中石化和中海油三个集团公司都是国有的经济性质，其对外合作审计应是由“国家审计”或“内部审计”来实施。按照《石油合同》的规定和以往二十多年来的惯例，石油工业对外合作开发石油资源的审计都是由上述三个集团公司的内部审计部门来实施的。但石油工业对外合作开发石油资源的审计不同于一般的合资经营企业的审计，其被审计对象是外国石油作业者，但作业者（或作业集团）并非是一个独立法人，作业者仅是指按照《石油合同》的规定，负责实施石油作业的经济实体。因此，具体的审计对象仅限于作业者所设立的用于记录联合经营石油作业所发生的全部财务收入和支出，以及其他会计事项，并记录和反映各个合同者对全部财务支出应分担的份额和产品收入分配的“联合账簿”。所以，确切地说，石油工业对外合作开发石油资源的审计就是作为非作业者的国家石油公司对作业者“联合账簿”的审计。在国际上一般称之为“联合账簿”审计（Joint Account Audit），也称“联合经营权益审计（Joint Interest Auditing）”。在北欧石油工业的会计界一般称为 Joint Venture Audit。

追溯“联合账簿”审计（Joint Account Audit）的由来，大致是这样的：

（1）“联合账簿”审计是在美国随着联合经营石油作业的产生的必然需要，最早规范“联合账簿”审计的是 1952 年 9 月由美国内部审计师协会

（The Institute of Internal Auditors.）出版的名为《The Audit of Joint Operations in the Petroleum Industry（石油工业联合经营审计）》的书。

（2）北美石油会计师协会理事会（COPAS）在 1965 年 9 月发行的第 3 号公报，把“联合账簿”审计定名统称为“Joint Interest Audit in the Petroleum Industry”或“Joint Account Audit”.

（3）传入我国是 20 世纪 80 年代初，改革开放初期，石油工业对外合作开发石油资源开始的。编者于 1981 年 5 月在挪威参加联合国开发署举办的“石油工业管理研讨班”时，挪威国家石油公司总审计师阿斯波先生在讲课时对联合账簿审计定义为：

“依据联合经营石油作业协议，检查和评估负责联合经营石油作业的作业者。在一般情况下，这种审计是由几个投资者（非作业者）的审计师们联合进行工作。”其英文为：

“Joint Venture Audit：seek to evaluate another company’s, the operator of the joint venture’s, adherence to the joint venture agreement. Normally these audits are done in cooperation with auditors from the joint venture partners.

石油工业对外合作开发石油资源耗资巨大，无论勘探阶段或油（气）田的开发建设阶段，都需要耗费大量的资金，尤其在海上耗资更大。开发一个合同区石油资源的勘探阶段，其勘探投资支出，少者几千万美元，多者需要几个亿美元；进入开发阶段，就需要更大的投资支出，建设一个年产原油百万吨级的油田，一般需要投资 3～4 亿美元；在挪威、英国等开发的北海（North Sea）石油区，建设一座年产原油 $500 \sim 1000 \times 10^4$t 级别的生产平台，需要投资 5～10 亿英镑（大约 10～20 亿美元）。如此巨额的投资是需要参与合作开发石油资源的合同各方来分担的。作为资源国的中方一般要分担开发投资的 51%，即使是由外国石油公司承担百分之百（100%）风险的勘探阶段投资，也是需要在投入开发生产油田的产品收入中回收。因此，作为代表资源国参与合作开发的国家石油公司，理所当然必须对全部合同区合作开发石油资源的投资支出和产品收入的分配，进行具有法律效力的审计核实和确认。通过对联合账簿的审计，审查核实投资支出和产品收入分配的合法性、合理性和效益性，监督作业者严格执行合作各方共同签订的《石油合同》的各项规定，有效地、经济地进行各项石油作业活动，实现联合开发石油资源的共同目标。

一、联合账簿审计的目的

联合账簿审计的目的，从总体上来讲，就是为了检查和评估作业者负责进行的联合经营石油作业活动是否认真按照合同各方共同签订的《石油合同》的规定执行，监督作业者有效地、经济地严格遵照合同规定进行各项石油作业活动。从而维护企业和国家的合法经济权益，并促进石油工业的国际合作。

通常在非作业者根据《石油合同》进行的联合经营石油作业审计的“审计报告”中，对联合账簿审计的目的都有这样一段具体的描述：

根据石油合同和公认的联合经营石油作业的会计准则（惯例），检查、核实作业者计入联合账簿的各项支出和作业者向合同各方结算的应分担的投资支出，是否正确、合理和公平。在“审计报告”中（英文本）的原文是：

— The objective of the audit was to examine and verify the correctness, reasonableness and equitableness of the various expenditures charged to the joint account and the allocation of their shares of settled billing made by the Operator to the parties in accordance with the Petroleum Contract as well as the generally accepted accounting practices in the joint interest operation of the petroleum industry.

关于联合账簿审计的目的，美国 John E. Jolly 和 Jim Buck 著作并于 1988 年出版的《石油工业联合经营会计实务（Joint Interest Accounting Petroleum Industry Practice）》一书中有这样一段论述，现摘录如下以供参考：

Audit Objectives

—To make an examination of the operator's accounts utilizing tests of the transactions considered to be necessary to determine:

1. The Operator has charged the Non - Operators in accordance with the operating agreement, the accounting procedure and any other agreement that may be applicable.

2. The Operator has performed prudently and properly accounted for all joint account charges.

[联合账簿审计的目的：根据需要审查作业者联合账簿的各种会计事项，以确定：

1. 作业者计入非作业者的各项费用是否符合石油作业协议（石油合同）、会计程序和其他有关协议；

2. 已经计入联合账簿的全部费用支出是否恰当、合理。]

二、联合账簿审计的主要任务

联合账簿审计的主要任务是审查、核实、确认每个会计年度内或特定期限内作业者进行联合经营石油作业所发生的全部财务支出和收入，对违反合同规定或与联合经营石油作业无关的支出，以及不正确的会计核算问题提出纠正和剔除的建议意见；核实合同各方应分担的支出份额和应分配得到的产品收入（包括投资回收和产品分成收入）；对投资和生产费用支出的控制和管理问题提出改进意见，最后提出审计报告，提交作业者据以纠正和改进。按照《石油合同》的规定，这个“审计报告”是确认勘探、开发投资支出和生产费用支出，以及产品收入分配的法律依据，各合同者据以回收各项投资和费用支出，分成产品收入。

三、联合账簿审计的范围

联合账簿审计所涉及的范围，根据其审计的目的，一般应包括以下五个方面：

（1）作业者是否严格执行《石油合同》的各项规定，富有成效地进行各项石油作业活动。

（2）作业者进行的各项经营活动是否经济合理，是否符合石油作业国际合作的惯例。

（3）为了使联合经营石油作业活动顺利地、有效地进行，作业者是否建立了与石油作业活动相应的、适当的内部控制系统、程序和管理制度。如成本、费用的内部控制和对采办合同的管理、各项服务合同的管理等。

（4）作业者建立的会计制度和会计核算程序是否能够及时地、正确地记录和明确清楚地反映联合经营石油作业活动的全部支出和产品收入的分配，以及其他交易事项。

（5）作业者计入联合账簿的所有石油作业的支出和收入的分配是否正确、合理，是否符合《石油合同》的各项规定和石油作业国际合作的惯例。

第二节　联合账簿审计的依据和准则

联合账簿审计的主要依据是合同各方共同签订的《石油合同》。这里涉及两个方面的问题，一是审计的权利依据，即依据什么（具有法律效力的）有权审计作业者的联合账簿；二是审计作业者联合账簿时依据什么来提出审计异议和做出审计结论，即在审计中判别是非、判断是否合规合法、衡量正误的准则或标准是什么。

一、联合账簿审计权利的依据

按照联合经营石油作业国际合作的惯例，《石油合同》中都制定了专门的审计条款，其主要内容一般包括如下：

（1）在每一个会计年度结束后的 24 个月内，非作业者一方有权审计作业者的联合账簿。作业者应向审计人员提供全部联合经营活动的会计记录、档案和其他查账所需的一切资料，以便审查核实和鉴定计入联合账簿的全部支出和收入。

（2）非作业者在必要时可对联合账簿进行专项审计。

（3）审计人员在审查器材采购和各项服务合同时，有权进一步查阅采办及承包合同条款规定、各种原始记录和其他有关文件，如采购定单、工程变更通知单，以及与承包商来往信件和查询资料等。

（4）非作业者应在审计工作开始前30d书面通知作业者，以便作业者做好准备。

（5）在审计期间，必要时审计人员有权深入到现场（如仓库、生产平台、计量装置等）进行检查。

（6）各非作业者应在与作业者商定的适当时期内进行审计，以尽量减少由于审计工作而引起的对作业者的不便。为了提高效率和节省时间、费用，各非作业者可以协商组成联合审计小组进行联合账簿的审计。在审计期间，审计人员不应妨碍石油作业的正常进行。

（7）作业者在收到非作业者的审计查询通知和/或审计报告后，应在60天内（通常的规定）以书面形式对每项审计异议或查询问题分别给予答复，并应尽力使每项审计查询的要求得到合理的解决。

（8）审计费用应由参与审计的非作业者各方分担，作业者一般不承担审计费用。

根据以上的通常规定和惯例，我国现在对联合账簿审计的作法主要是作为主权国参加合作开发石油资源的中方，大都以非作业者一方单独对作业者进行联合账簿的审计。但中海油在条件成熟的合同区，由参与投资最大的中方牵头，和另外一个或几个非作业者的外方组成联合审计小组进行联合审计，这样做既有利于同外国石油公司交流审计经验，提高审计效率和效果，也有利于提高我们审计人员的专业水平；同时，也方便了作业者，节省多次接待非作业者审计的时间和精力，并节省各非作业者的审计费用。

注：联合账簿审计权利在我国对外合作开发石油资源的《标准合同》中一般包括如下内容（英文本）：

Auditing Right to the Joint Account Stipulated in the Petroleum Contract:

(1) Any non - operator party to the Contract shall have the right to audit all the Operator's joint account, accounting books and records after the end of each calendar Year and give the Operator a written notice of the auditing results. The auditing shall be completed within twenty - four (24) months after the end of each Calendar Year.

(2) A special auditing of the Operator's joint account accounting books and records may be made due to some special requirements during a Calendar Year.

(3) The auditors shall be entitled to access to all relevant joint account records, files and other information and may inspect such sites and facilities as necessary.

(4) If the auditing referred to in Article x. x. x herein is conducted, the Operator shall be given thirty (30) days notice prior to the date of commencement of such auditing. There shall be no impediment to normal Petroleum Operations during any audit.

(5) Upon receipt of a notice of the non - operator Party's audit reports or exceptions to the auditing results, the Operator shall separately give response in writing and resolve these matters in due time (no later than sixty (60) days thereafter).

(6) The expenses of audits for any non - operators shall be borne by any non - operator which who conducts the audit. Expenses for any joint audit conducted by the non - operator shall be allocated in proportion to their respective participating interests in the development costs.

二、联合账簿审计的准则

审计准则是审计工作实践的总结,反过来又去指导实践,服务于审计实践,作为在审计中衡量是否合规合法的准绳。由于联合账簿审计从广义上讲,它仍属于内部审计的范畴,但它又不同于一般的内部审计,因为它的审计主体和审计客体(审计对象)不属于同一个企业或单位。因此,联合账簿的审计准则不同于一般的内部审计准则,它所采用的准则是多方面的,主要有:

(1) 合同各方签订的《石油合同》及其附件2《会计程序》(Accounting Procedure)。根据我国国务院发布的《中华人民共和国对外合作开采海洋石油资源条例》或《中华人民共和国对外合作开采陆上石油资源条例》的规定,在《石油合同》生效之前,必须报经中国政府的有关主管部门(原为对外经济贸易合作部,现为商贸部)批准,经批准之后的《石油合同》是具有法律效力的法律依据。也就是说,《石油合同》及其附件2《会计程序》是联合账簿审计的最主要的依据和准则。

(2) 我国政府颁布的有关法律、法令、条例、规定和制度,如《会计法》、《审计法》和增值税、营业税、所得税、个人所得税、外商投资企业和外国企业所得税等各种税法,以及财政部颁布的《外商投资企业会计制度》、《企业财务通则》、《企业会计准则》和《中国注册会计师独立审计准则》等。

(3) 联合经营石油作业的国际合作中所公认的、共同接受的一些会计原则(Generally Accepted Accounting Principles)和国际惯例(Generally Accepted Accounting Practices)。如北美石油会计师协会理事会1980年发布的《石油工业联合账簿会计程序》(Joint Account Procedures in Petroleum Industry)、1987年修订发

布的《联合经营海上石油作业会计程序》（Accounting Procedure Offshore Joint Operations）和1998年修改发布的《石油工业联合账簿审计程序》（Joint Interest Audit Procedures in the Petroleum Industry），以及国际内部审计师协会（The Institute of Internal Auditors）发布的《国际内部审计实务标准》（Standards for the Professional Practice of Internal Auditing）等；还有美国注册会计师协会（AICPA）财务会计标准委员会FASB发布的SFAS No. 19“石油天然气公司财务会计核算与会计报告（Financial Accounting and Reporting by Oil and Gas Producing Companies）”和SFAS No. 69“石油天然气生产经营活动披露”（“Disclosures About Oil and Gas Producing Activities” which established required disclosures for oil and gas producing companies）等。

第三节　联合账簿的审计程序

一、国际上联合经营石油作业联合账簿的审计程序

关于国际合作联合经营石油作业联合账簿审计的有关规则、惯例和程序等，国际上最有权威的咨询单位还是北美石油会计师协会理事会（COPAS）。关于联合账簿的审计程序，北美石油会计师协会理事会（COPAS）依据和参考了美国内部审计师协会（IIA）1952年出版的一书《石油工业联合经营石油作业审计（The Audit of Joint Operations in the Petroleum Industry）》和北美石油会计师协会Oklahoma－Tulsa分会出版的《石油工业联合经营石油作业审计程序指南（Audit Procedure Guide for Use in Joint Interest Operations of the Petroleum Industry）》，在1965年9月发布了第3号公报《石油工业联合账簿审计指南（The Initiation of Joint Account Audits, Protocol and Guides in the Petroleum Industry）》。在1980年7月COPAS审计委员会参照了国际内部审计师协会加拿大分会发行的《Petroleum and Mining Joint Venture Audit Guide》等，对第3号公报做了进一步修改，修改后的版本《Joint Interest Audits in the Petroleum Industry: Guides to Protocol and Procedures》于1980年10月重新做了发布。当然，这也是指导性的参考文件。公报中说明审计的目的、范围和程序还要根据审计的性质和具体情况来确定。该公报中提出了两个建议的版本：

（1）Suggested Procedures to Consider in Conducting Joint Interest Audits（Prepared by the Petroleum Accountants Society of Oklahoma）。

（2）Joint Interest Audit Procedures（Prepared by COPAS Audit Committee）。

1998年该公报又做了进一步的修改，发布了修订文本，其目的是：第

一，提供更多的较之先前的修订版本中包括的石油工业中一些特有的规则；第二，参照并结合当今在会计和审计工作中电子技术的普遍运用；第三，增加一些有关适时的审计信息和惯例，以便促进审计异议问题的解决。所有这些都是为了更多地反映当今石油工业的一些惯例。其基本内容是把上述两个建议的版本统一起来，并把联合账簿审计的各个环节，比如审计的准备工作、制定审计计划、现场审计的进行、撰写审计报告和审计异议问题的处理与解决，以及在参与审计各方中如何分摊审计费用等，都进一步做了详细的描述。这个版本至今仍在使用，详细内容请参阅 1998 年修订后的再版“AG-194 Joint Interest Audits in the Petroleum Industry: Guides to Protocol and Procedures”。该程序中联合账簿审计的重大事项的日程要求和中海油现行规定的日程要求，编者做了一些对比，其差别具体如下：

联合账簿审计的重大事项

事项名称	负责人	时间要求
1. 进行审计的确定	非作业者	根据联合经营协议（合同）的规定，一般在每个日历年度终了后两年内进行审计。（中海油与此相同）
2. 审计日程安排	首席审计师	在审计前可以建议在每年的夏天进行审计，但至少在审计开始之日前三个月提出通知（建议）。（中海油为 30d，各合同区联合账簿审计安排在全年分别进行）
3. 商定和确认审计	首席审计师 作业者 参加审计者	至少在审计开始之日前 90d 确定。（中海油为 30d）
4. 提供所需审计资料	作业者	在审计开始之日前 60d 提供有关的审计资料，其他一些资料可在审计开始之日前提供（但如果有必要提前，作业者可以在要求指定的时间内提供审计所需要的会计凭证、文件及其他需要的审计资料等，以便使首席审计师有足够的时间来研究确定有关审计事项。）（中海油为审计开始前 30d）
5. 审计的基础工作	首席审计师 审计参加者	在审计开始之日前（中海油相同）
6. 首次审计会议	审计组成员 作业者	在到达作业者办公室的当天进行（中海油相同）
7. 查账和分析	首席审计师 审计组成员	在作业者办公室按事先安排的审计日程完成，以及其他所需时间。（中海油相同）
8. 现场审计终结会议	审计组成员 作业者	在现场审计完成之日，在作业者办公室召开。（中海油相同）

9. 编制并提交审计报告	首席审计师	必须在撤离作业者办公室 90d 内完成，应尽可能地提前。（中海油为 30d 内完成）
10. 结算审计费用	首席审计师	同时把审计报告的复印件提交各审计参加者。
11. 对审计异议和资料查询的答复	作业者	必须在收到审计报告后 180d 内答复应尽可能地提前。（中海油为 60d 内答复）
12. 对作业者答复的反馈（同意接受或争辩）	首席审计师	在收到作业者答复后 90d 内回复（中海油为 30d 内回复）
13. 回复/争辩	首席审计师 作业者 审计组成员	各方在收到上一次回复或争辩意见（书面的）之后 90d 内相继进行对审计异议遗留问题的解决。（中海油为 30d 内）
14. 决议（解决审计异议遗留问题）会议	审计领导 作业者 审计参加者	通常在作业者第二次直接答复之后，当作业者与首席审计师对未解决的审计异议遗留问题的解决已经达成初步协议的情况下，应尽可能地召开会议，做出决议。（中海油与此相同）

二、我国联合经营石油作业现行的联合账簿审计程序

中国海洋石油总公司在 1985 年曾经发布过《海洋石油合同联合账簿审计程序》，但这个文件只是对内的。后来在实践中又做了不断修改，为了使审计师们便于掌握和执行，使这个审计程序更具有操作性，中海油在 1993 年又发布了《石油合同联合账簿审计实施条例》。这个《条例》比较详细，但也只是对内部的规定，而不对外发布。对外国石油作业者没有发布过关于联合账簿审计程序的正式文件，但为了便于联合账簿审计的实际工作，中海油审计部门根据《石油合同》的规定和国际上的惯例，在 1985 年拟订了一个专门用于对外国石油作业者的“联合账簿审计程序”，原文本为：“Audit Procedure of Joint Interest Offshore Oil Operations ”。虽然不是以正式文件发布的，但由于既符合《石油合同》的规定，又符合国际惯例，因此，所有的外国石油作业者都接受并执行了这个“程序”的规定和要求，效果很好，中外双方都比较满意。

（一）中海油对外国石油作业者的联合账簿审计程序原文本（英文本）

Audit Procedure of Joint Interest Offshore Oil Operations

In accordance with the provisions of the Petroleum Contract and its Annex II, Accounting Procedure, and the international practices in the joint interest offshore oil operations, the Audit Procedures are hereby formulated in order to facilitate CNOOC (hereinafter referred to as Non –

Operator) the efficient auditing of the Joint Account maintained by the Operator. From the year of 1985 onwards, Non – Operator shall observe and carry out the Provisions of the Procedures, and Operators are required to extend to Non – Operator cooperation and assistance in dealing with Non – Operator's audit in the light of the Procedures.

1. Audit Notice

1.1 Non – Operator shall notify Operator of upcoming audit thirty (30) days prior to the commencement of the audit.

1.2 Audit Notice shall cover:

1.2.1 commencement date of the audit and estimated audit period;

1.2.2 Number of auditors and the name of the lead auditor designated;

1.2.3 Audit objective, and

1.2.4 Such audit location.

1.3 Operator shall, fifteen (15) days prior to the commencement of the audit, notify Non – Operator of its acknowledgment and confirmation of the said Audit Notice.

2. Audit Coordinator

Operator shall designate an Audit Coordinator and notify Non – Operator of such designation prior to the commencement of the audit. The Audit Coordinator, on behalf of the Operator, shall work in coordination with Auditors on audit matters. His responsibilities are as follows:

2.1 Arrangement of audit premises and necessary office facilities and appliances for Auditors;

2.2 Attendance to the Opening and Exit Meetings in company of the Operator's Finance Manager and to other formal meetings relevant to the audit during the audit period;

2.3 Consultation and liaison with Operator's relevant departments for all the audit activities of Auditors to ensure provision of the various audit data and documentation as required by Auditors;

2.4 Take – over of all the Audit Memos issued by Auditors, including Preliminary Findings and Information Requests; and consultation with Operator's finance department and other departments concerned to expedite the timely responses from Operator.

3. Opening Meeting

3.1 The Opening Meeting shall be held on the commencement date of the audit at Operator's office or other appropriate location mutually agreed upon by both sides.

3.2 The Lead Auditor shall preside over the Opening Meeting participated in by the following personnel:

3.2.1 The person in charge of financial affairs of Operator's company, the manager of Finance department and the Audit Coordinator designated by Operator;

3.2.2 All the members of Audit Team.

3.3 The Opening Meeting shall cover the follows:

3.3.1 Formal announcement by Lead Auditor of the commencement of the audit;

3.3.2 Mutual introduction by Audit Team and Operator of its respective personnel to be involved in the audit;

3.3.3 Briefings by Operator's finance manager or Audit Coordinator of Operator on the following:

3.3.3.1 Performance of the Petroleum Operations, financial situation and other necessary explanations of Petroleum Operations within the accounting year to be audited;

3.3.3.2 Necessary explanations of the Operator's current Accounting System and Accounting Procedure;

3.3.3.3 Account structure and its components being used in the Operator's current accounting practices and their interrelationship with the financial statements, as well as the account coding system;

3.3.3.4 The Operator's present organization and its personnel.

3.3.4 Provision by Lead Auditor of the proposes time schedule for the audit.

4. Data and Documents to be furnished for the Audit by the Operator

4.1 During the audit, the Operator shall, at the request of Audit Team, provide duly to Audit Team with the accounting records, files and other data in connection with the Joint Account. Immediately after the Opening Meeting, the following data shall be furnished:

4.1.1 All the accounting records of the Joint Account for the accounting year to be covered by the audit, including but not limited to all the accounting books, source documents, original vouchers, approved documents, analyses, workpapers and financial statements;

4.1.2 Approved annual budgets and Authorization for Expenditures (A.F.E.s);

4.1.3 Operator's current accounting system and accounting procedure;

4.1.4 The Chart of Accounts and Account Coding System applicable to the Joint Account maintained by the Operator;

4.1.5 Chart of Operator's organization and personnel;

4.1.6 Various service contracts and work orders for various services to the petroleum operations;

4.1.7 Well Completion Report and Daily Drilling Report;

4.1.8 Standard sheet for the personnel costs or Employee Contract, or Assignment Letters and the personnel time sheets.

4.1.9 Purchase Order.

As the progress of the work demands, the Audit Team may notify the Audit Coordinator of all the other data and documents that might be needed during the audit by issuing "information Request" to obtain the said data and documents from relevant departments of the Operator.

4.2 If, during the audit, the auditors have the necessity of visiting the work sites, facilities and equipment directly related to the petroleum operations for the purpose of checking and sorting out materials and equipment, they shall be accompanied by the Audit Coordinator who shall contact the relevant department of the Operator for such visits.

5. Audit Memo

5. 1 The Audit Memo shall be prepared and filled out in the unified forms during the audit whenever the Audit Team requests audit data from the Operator, inquires into the relevant issues and raises audit findings to the Operator. The Audit Memo shall signed and approved by the Lead Auditor and submitted to the Audit Coordinator who shall be responsible for consulting with the finance manager or personnel in charge of the relevant departments and for promptly making decisions and corresponding responses and results to the Audit memo.

5. 2 The form of the Audit Memo, according to their nature and usage be classified into Information Request and preliminary Finding (Attached hereto copies of the forms).

5. 2. 1 Information Request

Auditors shall fill out the Information Request with their request for the Operator to provide audit – related data or with inquiry into certain issues.

5. 2. 2 Preliminary Finding

Auditors shall fill out Preliminary Finding with every audit exception determined during the audit and their recommendations for its treatment. Every Preliminary Finding shall be given a serial number, stating the main reasons and their basis and the amount of claims. The copies of relevant source documents and their supporting documents shall be attached as well.

6. Operator's Reply and Inquiring Meeting

6. 1 The Operators shall make their best endeavours during the audit to furnish written replies as soon as possible to every Audit Memo submitted by the Auditors confirming their intention as to whether or not to accept the audit findings. For those audit findings not to be accepted, the Operator shall substantiate and justify their argument for the rejection in the written replies.

6. 2 For the purpose of the efficient and prompt handling of the audit findings, the Operator and the Audit Team shall cooperate to hold Inquiring Meetings whenever necessary for bilateral consultation and exchange of the views on the Audit Memo in order to facilitate the timely provision of the written replies by the Operators. The audit findings upon which both sides can not reach an agreement shall be kept open for further consultation.

7. Exit Meeting

7. 1 Prior to the Exit Meeting, the Lead Auditor shall consult and exchange views with the Audit Coordinator or Finance Manager of the Operator on the general status of the issued Information Requests and Preliminary Findings. They shall also clarify and confirm the responses or the outcome of the Audit Memo.

7. 2 The following personnel shall be present at the Exit Meeting:

7. 2. 1 The president or general manager in charge of the financial affairs of the Operator;

7. 2. 2 The finance manager of the Operator;

7. 2. 3 Audit Coordinator of the Operator;

7. 2. 4 Members of the Audit Team.

7. 3 The Exit Meeting shall cover, but not limited to, the following:

7. 3. 1 Submission by the Lead Auditor to the Operator of the summary of the status of the Information Request and Preliminary Findings;

7. 3. 2 Bilateral confirmation by Audit Team and Operator of the status of each Information Request and each Preliminary Finding issued during the audit. The following points shall be clearly identifies:

7. 3. 2. 1 Data which are required in the Information Request have not been provided by the Operator, but must be provided at all events;

7. 3. 2. 2 Preliminary Findings which have been closed;

a. those audit findings which have been accepted and agreed by the Operator shall be excepted, adjusted and credited into Joint Account;

b. those audit findings which have been rejected by the Operator with justifiable and equitable reasons and basis as provided in the Operator' s responses which have been accepted by the Audit Team;

7. 3. 2. 3 Preliminary Findings which have been kept open for further consultation;

a. those audit findings without thorough verification by or adequate data and basis from the Operator, so to be kept open for further responses and provision of accounting data after the further investigation by the Operator;

b. those audit findings upon which both sides have divergent views and can not reach an agreement, and which are to be highlight in the Audit Report and elevated to JMC for further consultation and resolution.

7. 4 The Auditors have the right to raise more Audit Memos after the Exit Meeting, but before the submission of the final audit Report.

8. Audit Report

8. 1 The Audit Report shall be issued within thirty (30) days after the Exit Meeting and all of the Audit Reply written by the Operator received.

8. 2 The Audit Report shall be cover the summary of all the Audit Memos raised in the audit, the status and outcome of each Audit Memo. All Audit Memos that have been closed or open by mutual agreement at the Exit Meeting shall be put into the Audit Report.

8. 3 The Audit Report shall be prepared and signed by Lead Auditor, and submitted to the Operator and JMC, simultaneously, to the relevant departments of CNOOC pursuant to the provisions of the Petroleum Contract.

8. 4 Operator shall make written replies to the Audit Report within the deadline set forth in the Petroleum contract.

9. Special Audit

The procedure for a special audit shall be constituted through consultation between both sides at the time when actual need for such an arises.

（二）中海油对外国石油作业者的《联合账簿审计程序》的中文本

本文本只供内部参考使用，与提供给外国石油公司的英文原本稍有差别，如对中方财务专业代表的要求一节，英文原本被删除。

联合账簿审计程序

根据《石油合同》及其附件二《会计程序》的规定，和海上石油作业的国际惯例，为了有效地进行我方作为非作业者（以下称非作业者）对作业者联合账簿的审计工作，特制订本审计程序。

一、审计通知：

1. 非作业者应在审计开始之日前三十天通知作业者。

2. 审计通知的内容应包括：

（1）审计开始的具体日期，予期的审计期限；

（2）审计组人数，以及委派的首席审计师姓名；

（3）审计的目的；

（4）审计地点。

3. 作业者应在审计开始之前十五天通知非作业者确认上述审计通知事项。

二、审计准备和审计计划

审计工作开始之前，必须充分做好准备工作。审计准备主要应包括以下内容：

1. 审计开始之前至少一个月就必须组建审计小组。由审计部门确定审计组成员，委派首席审计师。首席审计师的职责应是：

（1）编制审计工作计划；

（2）具体领导审计小组开展工作。把审计计划中所要求审计的项目逐一分配给小组成员，随时掌握和控制审计工作进展情况，协调各审计人员的工作；

（3）审核和签发审计查询通知（包括资料查询单及审计异议书）；

（4）主持召开首次，末次审计会议和其他审计查询会议；

（5）代表审计组与作业者磋商、洽谈有关审计事项；

（6）负责汇编审计报告；

（7）负责向审计部和中方首席代表汇报审计结果及处理意见。

2. 审计组全部成员应认真学习、研究和熟悉至少是以下各项审计文件：

（1）石油合同的主要经济条款及其附件二会计程序和标准合同附件四人员费用。

（2）经联合管理委员会批准的年度预算和支出授权书（A. F. E）；

（3）联合管理委员会，技术委员会和采办委员会的会议纪要和决议事项；

（4）查阅历次审计档案。了解作业者在经营管理和会议核算上的弱点和存在的问题。特别是要弄清楚上次审计的遗留问题，查阅上次审计报告。了解上次审计中提出的审计异议哪些已经解决；哪些还没有解决，需要进一步继续追究和审查。

3．由中方的财务专业代表向审计组汇报和介绍作业者的会计核算和财务状况。

4．编制实际支出与预算及A.F.E的对照表，以便发现某些支出项目的超支异常现象，研究和确定审计的重点。

5．如与其他非作业者联合组成审计组进行审计。则应由首席审计师与其他非作业者商讨本次审计的范围、重点和日程安排。

6．编制审计工作计划。

（1）审计工作计划是进行联合账簿审计的行动纲领，应于审计正式开始前制订，报经总公司审计部审查批准，并抄送中方首席代表。

（2）审计工作计划的内容应包括以下内容。

1）首席审计师和审计组成员名单；

2）审计的目的；

3）审计的范围；

4）具体的审计内容和审计重点；

5）审计工作的具体日程安排和审计组成员分工。

三、审计联络员

在审计开始之前，审计组应商请作业者派出一名审计联系员。

1．为审计组安排审计工作办公室和必要的办公设施及用具；

2．会同作业者的财务部门经理参加首次和末次审计会议，以及在审计期内所有有关审计工作的正式会议；

3．审计组的一切审计工作活动均通过审计联络员，并负责与作业者的有关部门联系接洽，以确保提供审计组所需要的各项审计资料和文件；

4．接受审计组提出的全部审计查询通知，包括审计异议通知书和资料查询单，并与作业者的财务部门及其他有关部门联系，以便作业者及时做出答复。

四、首次审计会议

1．首次审计会议应在审计开始的第一天在作业者办公室召开。

2．首次审计会议由首席审计师主持召开，参加人员应是：

（1）审计组的全体成员

（2）作业者公司主管财务的负责人（总经理或副总经理），财务部门经理和作业者派出的审计联络员。

3．首次会议应包括以下内容：

（1）首席审计师宣布本次审计工作正式开始；

（2）审计组和作业者双方各自介绍参与本次审计工作的成员；

（3）由作业者的财务经理或审计联络员介绍：

1）被审计的会计年度的石油作业完成情况，财务状况以及其他与联合经营石油作业有关需要说明的情况；

2）对作业者现行的会计制度和会议核算程序做必要的说明；

3）介绍作业者现行会计核算的账户结构和组成内容，与会计报表的关系，以及会计账户编号体系；

4）介绍作业者现行的组织机构及人员状况。

（4）首席审计师提出本次审计工作的计划日程安排。

五、作业者提供的审计所需资料、文件和有关事项

1. 作业者在审计期间应及时向审计组提供审计所需的联合账簿的会计记录、档案和其他资料。首次审计会议后应立即首先提交如下资料：

（1）所审计的该会计年度的联合账簿的全部会计记录，包括全部会计账簿、原始单据、原始凭证、批准文件、分析资料、工作底稿和会计报表；

（2）批准的年度预算和 A. F. E. 。

（3）作业者现行的会计制度和会计核算程序；

（4）作业者联合账簿使用的会计科目名称和会计科目编号体系。

（5）作业者的组织机构和人员；

（6）为石油作业提供各种劳务的服务合同以及工作定单；

（7）钻井完井报告和钻井日报表；

（8）人员费用标准或雇员合同以及人员考勤记录；

（9）物资采购定单。

审计所需的其他资料和文件，由审计组根据工作进展需要，随时填写“资料查询单”通知审计联络员，并向作业者有关部门索取。

2. 审计人员在审计期间需要察看与石油作业直接有关的现场和设施、设备，清查器材和设备，应由审计联系员陪同并与作业者有关部门联系进行。

六、审计实施阶段的工作程序

1. 审计组每个成员按照分工负责的审计项目，应本着“全面审计、突出重点”的原则，认真细致地查阅会计记录和有关文件，认真编制统一的审计工作底稿。

2. 运用统计、汇集、分析和对比的方法，严格依据国家颁发的有关法律、法规、条例和合同规定，对发现的审计异议要反复核实查证，及时编写审计异议书或资料查询单，由首席审计师审查签发，提交作业者的审计联络员。

3. 向作业者发出的审计异议书和资料查询单应分别顺序编号，登记并存放入专门的汇集档案，作业者的回答和处理结果应及时分别计入审计异议书和资料查询单的登记簿。

4. 审计期间作业者提供的所有会计记录和审计文件，审计组内要有专人负责保管，制订审计组内的文件资料管理使用办法。在末次审计会后要认真做全面检查和清理，如数移交退还作业者。

5. 审计组内要按实际需要建立定期的碰头会议制度，及时研究和撑握审计工作进展动态，重大的审计异议要集体研究，慎重处理。

6. 每个审计专题项目完成后，根据实际需要由分工负责人编写审计专题报告。审计专题报告是对内的审计文件，主要内容是审计人员对所负责的审计项目做出具体分析、评价和结论，并附上审计工作底稿归入审计档案。审计专题报告的编制可以在审计结束后进行。

七、审计查询通知

1. 审计组在审计期间要求作业者提供审计资料、查询有关问题和提出审计异议，应填写格式统一的审计查询通知书，由首席审计师签发后提交审计联络员，审计联络员负责与作业者的财务部门经理或有关部门的负责人联系，及时做出相应的回答和处理。

2. 审计查询通知的格式按其性质和用途分为两种：

（1）资料查询单，填写审计人员要求作业者提供资料和查询问题的有关事宜。

（2）审计异议书（或称初步发现审计异议），填写审计人员发现的每项审计异议和提请作业者处理的建议意见。审计异议书应顺序编号。说明提出审计异议的主要理由和依据，以及剔除的数额，并附上有关的原始单据和附件的复印件。

八、作业者对审计异议的回答和审计查询会议

1. 作者者对审计组提出的各项审计异议，应努力尽速地在审计期间逐项做出书面答复，表明是否接受审计异议的态度和处理意见；对不接受的审计异议，应在书面答复中申述理由，提出依据。

2. 为了迅速地处理各项审计异议，作业者与审计组双方都应相互合作，根据实际需要不定期地召开审计查询会议进行磋商，交换对发现的审计异议的处理意见，以便使作业者及时做出书面答复。对双方持不同意见的审计异议，应充分阐明各自的理由，并提出相应的根据，通过友好协商，坚持以理服人，以法为据的原则，实事求是地解决，一时不能达成协议的，可以挂起来，提交末次审计会议解决。

九、末次审计会议

1. 末次审计会之前首席审计师要将提出的资料查询和审计异议处理的汇总情况，逐一与作业者的审计联络员或财务部门的经理商讨，充分地交换意见，落实处理意见或处理结果，并向中方首席代表和审计部门汇报，取得对审计异议处理的一致意见。

2. 末次审计会议参加的人员应是：

（1）作业者主管财务的总经理或副总经理；

（2）作业者财务部门经理。

（3）作业者审计联络员；

（4）审计组成员。

3. 末次审计会议的内容应包括但不限于下列内容：

（1）首先由首席审计师向作业者提交资料查询和审计处理情况汇总表；

（2）作业者与审计小组双方确认在本次审计期间提出的每项资料查询和每项审计异议的处理结果。应明确分清：

1）哪些审计查询资料，作业者尚未提供，必须由作业者设法继续提供的；

2）哪些审计异议双方已协商一致可以结案的：

①作业者同意接受的审计异议，应剔除调整贷记联合账簿的数额；

②作业者不同意的审计异议，其答复的理由和提供的依据是合理的，已被审计小组

所接受。

3）哪些审计异议双方意见不一致，需要进一步协商解决的：

①作业者对提出的审计异议尚未彻底落实清楚，或应提供的依据和资料不全，需要由作业者进一步调查后再给以答复和提供会计资料；

②双方意见分歧又达不成协议的审计异议，需要在审计报告中单独列明并提交“联合管理委员会”审议决定的。

4．末次审计会后，审计组有权继续提出审计异议直至提出最后的审计报告为止。

十、审计报告

1．审计报告应在末次审计会后，审计组收到作业者对全部审计异议的书面答复之后三十天内提出，作业者对全部审计异议的书面答复截止日期由审计组和作业者在末次审计会上商定。

2．审计报告的内容应包括本次审计中提出的全部审计异议的总结，每项审计异议的处理情况和结果，包括末次会议双方议定的和没有议定而有争议的审计异议，都应写入审计报告。

3．审计报告应由首席审计师编写和签署，按照合同规定提交作业者和联管会中方首席代表，并同时报送总公司的审计部。

4．作业者应按照合同规定期限对审计报告做出相应的书面答复。

十一、非作业者要求进行的专项审计的程序按实际需要由非作业者和作业者双方临时共同商定。

十二、中方财务专业代表对联合经营审计的职责

中方财务专业代表应协同并参加对作业者进行每个会计年度联合账簿的审计，其职责是：

1．审计开始前向审计组介绍作业者的会计核算和财务管理状况，每个会计年度投资支出完成的情况，已掌握的计入联合账簿的各项支出中存在的问题。

2．财务专业代表应参加每个会计年度联合账簿审计的全过程，具体协助和配合审计组审查分析和处理有关审计重点项目。但为了对作业者工作方便起见，可以不列入审计组正式成员各单。

3．监督和落实审计报告中提出的各项审计异议的处理，并在下次审计开始之前向审计组介绍作业者对各项审计异议的处理结果。

（2）中国石油天然气总公司（CNPC）在1997年发布了内部的《石油工业对外合作油气开采联合账簿审计规范》。这个《规范》分为总则，审计依据，组织领导，审计内容和重点，审计程序、方式和要求以及附则共六章，与中海油在1993年发布的《石油合同联合账簿审计实施条例》基本相似，在本章中不再予以引述。

第十二章　联合账簿审计的准备阶段工作

联合账簿是由作业者按合同区分别设置的。对联合账簿的审计通常是在作业者办公室现场进行，时间较短，按惯例一般为二至四周。如一个作业者同时负责几个合同区的石油作业，投资较大，工作量较多的情况下，审计时间可增加到六至八周。为了保证高效率、出成果，在到作业者办公室现场审计之前，充分做好现场审计的前期工作是十分重要的。审计准备阶段必须抓好以下几项主要工作。

第一节　组建审计小组（Audit Team）

现场审计开始之前至少一个月就必须组建审计小组，以便有足够的时间做好审计准备阶段的工作。审计小组由一名首席审计师（或称审计组长）和若干名审计师（员）组成，通常是 3 ~ 5 人，至少 2 人。审计组成员由国家石油公司审计部门委派。在审计组成员中，最关键的是要配备好首席审计师（Lead Auditor）。他应是一名具有丰富经验与有资格（Qualification）的审计师，不但专业业务精通，熟悉西方石油公司的会计核算程序和制度，而且要有较高的组织能力和谈判技术，同时还要有较高的外语水平。因为联合账簿审计工作的联络和工作语言一般都用英语，尤其是由几个非作业者派出的审计师（员）组成的联合审计小组，则其英语水平更为重要。首席审计师的主要职责应包括：

（1）负责与各非作业者的审计部门协商审计范围、审计重点和日程的安排，与作业者协调确定审计日期和地点，并拟订审计通知（Audit Notice）。

（2）编制具体的审计项目工作计划（Audit Program）。

（3）具体组织领导审计小组开展工作。分配和协调审计组成员工作；掌握和控制审计工作进展情况；召开审计组成员会议；研究审计中发现的问题，并提出处理意见。

（4）审核和签发所有的资料查询单和审计异议通知书。

（5）主持召开首次、末次会议和其他审计查询会议。

（6）负责与作业者磋商、洽谈有关审计异议的处理意见与解决办法，以及其他审计事项。

（7）编制联合账簿审计报告。包括正式提交作业者的审计报告和对内部的审计评价报告或内部通报等。

（8）负责向主管审计部门和联合管理委员会中的中方首席代表汇报审计结果和处理意见的建议，并及时向有关部门通报审计情况。

第二节　发出审计通知（Audit Notice of Joint Account）

按照《石油合同》规定，在非作业者确定对作业者联合账簿审计后，应提前在审计开始之日前30d书面通知作业者。在一般情况下，国家石油公司在发出书面审计通知之前都要与作业者事先协商一个双方均认为是方便的时间，确认之后，再正式发书面通知。审计通知的内容应包括审计开始的具体日期及预期的审计期限、审计目的和范围、审计组人数及委派的首席审计师姓名和要求作业者提供资料的清单等四项主要内容。

现将国家石油公司对某合同区联合账簿的审计通知实例引录如下，以供参考。

联合账簿审计通知实例（对外国石油作业者只发英文本，其原文如下）：

AUDIT NOTICE OF 2000 JOINT ACCOUNTS

Dear Mr. Finance Manager:

In accordance with Article 19 of the Petroleum Contract, I formally notify you that the audit of 2000 Joint Accounts for 00/00 Contract Area will be started on May 15, 2001. The field work of the audit will be lasted about four (4) weeks at the Operator's office in Shenzhen China. An audit team of the State Petroleum Corporation consists of three (3) members and will be led by Mr. John. Li, Lead Auditor.

I would kindly request the Operator have the following information available before or on the date of May 15, 2001:

1. All accounting records including vouchers and ledgers for 2000.

2. The Financial Statements and the Trial Balance Sheet as of Dec. 31, 2000.

3. Coding System and Chart of Accounts updated.

4. Organization Chart for 2000.

5. Personal status including employee's name, position, date of arrival and departure, and

family status.

6. Payroll register, employee's contract and/or related assignment letter, and their timesheet by month.

7. All service contracts, purchase orders, material receiving and transferring report, inventory report for the year of 2000.

8. Work orders and its summary and related supporting documents.

9. Other necessary data and information will be provided when required.

I would expect the Operator to be well prepared to render us the desired cooperation and assistance in the light of the stipulations of the Petroleum Contract. I hope that the Audit Team would work smoothly at your office with your great cooperation. Thank you!

Sincerely yours

____________________ (Signature)

Director of Audit Dept., the State Petroleum Corp.

(2000 年度联合账簿审计通知：

根据《石油合同》第十九条规定，我正式通知您，00/00 合同区 2000 会计年度联合账簿的审计将于 2001 年 5 月 15 日开始，审计期限四周，将在作业者的深圳办公室进行。国家石油公司的审计组将由 3 人组成，首席审计师李江。我希望作业者在 5 月 15 日或之前提供如下审计资料：

1. 2000 年度联合账簿的全部会计记录；

2. 2000 年度联合账簿的会计报表；

3. 现行的总账科目一览表和会计科目编号系统；

4. 2000 年度组织结构一览表；

5. 人员情况，包括雇员姓名、职务、到职日期和离职日期，以及雇员的家庭情况；

6. 工资表、雇员合同或有关雇员的委任信，以及全部雇员的工时记录；

7. 2000 年度的全部服务（外部提供）合同、采购订单、材料收、发报告和材料库存报告；

8. 工作订单及其汇总报告与辅助性文件；

9. 其他必要的审计文件，请在需要时提供。

我期望作业者根据《石油合同》的规定做好必要的准备，给予我们良好的合作和协助。并且，我希望审计组在你们的大力协助和配合下，圆满完成在你们办公室的现场审计工作。）

第三节 认真学习、研究和熟悉各项审计文件和资料

由于每个合同区的外国石油作业者的财务管理、内部控制和会计核算制度以及石油作业的内容、产品分成的模式等都不尽相同，因此，审计组的每个成员在审计准备阶段都必须认真细致地查阅、学习、熟悉和研究分析各项

审计文件和会计资料，做好充分的准备。这是做好联合账簿审计工作的重要一环，不可忽视，其学习研究的内容至少包括：

（1）《石油合同》的主要经济条款及其附件二《会计程序》和人员费用规定等其他文件。

（2）经联合管理委员会批准的年度预算和支出授权批准书（A. F. E）。

（3）联合管理委员会及其下属的技术和采办委员会等的会议纪要和决议事项，以及作业者和中方代表商谈有关支出问题的往来信件与备忘录。

（4）查阅历次审计档案，了解作业者在经营管理和会计核算上的薄弱环节和存在的问题。特别是要弄清楚以前审计的遗留问题，查阅以前的审计报告，了解以前审计中提出的审计异议哪些已解决；哪些还没有解决，需要进一步追究和核查。

（5）查阅年度会计决算，分析并编制实际支出与预算支出授权批准数的对照表，以便发现某些支出项目的超支异常现象，研究确定审计的重点。

（6）查阅作业者和各分包商签订的各项服务合同。重点了解和熟悉合同价格和结算条件等各项经济条款。

第四节　制定审计工作计划（Audit Program）

按照联合开发石油资源国际合作的惯例，对外合作的每个审计项目都要认真编制审计工作计划，这是审计准备阶段的重要环节。审计工作计划也称审计实施方案（Audit Program），由首席审计师负责编制。其主要内容应包括执行本次审计任务的审计目的、范围；审计的具体内容和审计重点；审计组成员名单以及审计工作的具体日程安排与审计组成员分工。审计计划草案拟订后要报送国家石油公司审计主管部门审批，批准之后的审计工作计划就是实现国家石油公司授权和委托联合账簿审计目标的指令，是审计组全体成员进行工作的具体行动纲领，也是审计组检查和掌握各项审计工作的进展情况，协调好全组每个成员的工作，每个审计组成员可据以检查自己是否完成任务的标准。另外，审计工作计划也是每个审计项目档案的重要组成部分之一，可为以后的各次审计选择确定审计重点内容提供参考。

如与其他非作业者联合组成审计组进行的审计，首席审计师在拟定审计工作计划时要事先与其他非作业者的审计部门联系，就审计范围、审计重点和日程安排等有关事宜进行沟通，协商一致，列入计划，以便审计目标更加集中明确，步调一致，取得较高的工作效率和较好的审计成果。

下面是一个国际石油公司对合同区联合账簿审计的审计工作计划实际案

例。这个案例做得比较详细，供读者参考。

一、审计工作计划实际案例（英文原稿）

Proposed Audit Program

For CA 071

Ⅰ. Audit Objectives

Examine and verify the correctness and reasonableness of the various expenditures 2000 charged to the joint account and the allocation of their shares of settled billings made by the Operator to the parties in accordance with the Exploration and Production Agreement between the parties.

Review and evaluate the properness and perfectness of the Operator's performance as to financial registration, expenditures, allocation and cost control and establish their correctness.

Ⅱ. Audit Scope

1. Financial statements and cost control

(a) Budgeting, A. F. E. and allocation of expenditures.

(b) Cash call procedure and its status.

(c) Cost control and expenditure control.

(d) Accounting procedure for fixed assets and controllable materials.

(e) Exchange rate accounting.

2. Invoice Payments.

3. The Operator's Personnel Charges and Overhead.

4. Material Procurement and Handling.

5. Contract Administration.

Ⅲ. Detailed Audit Program

1. Exploration drilling cost USD 64. 15mill.

The actual drilling cost 2000 for the exploration well 8/3 – 2 was USD 64. 15. mill. which overran 9. 5%. The total amount of overrun was USD 5. 55 mill. as compared with the approved budget amount of USD 58. 6 mill. (except testing). So the following problems should be verified and investigated.

1.1 Verify rig costs (account coding 30100) According to the contract

The actual rig cost 2000 was USD 31. 42 mill. (except fuel) which overran 39. 6%. The amount of overrun was USD 8. 92 mill. compared with the control limitation of USD 22. 5 mill. in the approved A. F. E..

Verify the logs for the rig and the well report and the rig's actual service time and investigate the price for settlement clearly, and then establish their reasonableness and correctness of the overrun.

1.2 Verify the supply boat costs and the stand - by boat costs (account coding 30155, 30106).

The actual expenditures 2000 for supply boat were USD 8.469mill. which has overrun by 111.7% as compared with the approved A. F. E. amount of USD 4 mill. The overrun amount was USD 4.469 mill.

The actual service time of the supply boats and the price for allocation of cost and settlement should be verified in accordance with the supply boat pool system and their reasonableness and correctness of the overrun be established, Review supply boat contract with the owners.

The actual expenditures 2000 for the stand - by boats were USD 0.863 mill. which has overrun by 23.3% as compared with the control limitation USD 0.7mill. in the approved A. F. E.. The reasons for the overrun should be investigated and the reasonableness of this overrun be determined.

1.3 Verify the direct wages and overhead (account coding 20000).

The direct wages and overhead 2000 actually incurred under the 8/3 - 2 exploration drilling cost were USD 2.919 mill. which compared with the control limitation USD 1.681mill. in the approved A. F. E., overran 73.9%, the amount of overrun was 1.238 mill..

To verify whether the time sheet and the calculation method in allocation of the cost correspond to the settled billings.

1.4 Verify the mud material and chemicals (account coding 30123)

The actual expenditures 2000 were USD 1.987 mill. which compared with the control limitation USD 0.95 mill. in the approved A. F. E., overran 1.09 times, the amount of overrun was USD. 1.037mill.. Verify the drilling logs or reports and the quantity actually consumed, and investigate charges in books to determine their correspondence to the actually consumed quantity, and also establish the reasonableness and correctness of the overrun of the mud engineering (a/c 30133).

1.5 Verify the helicopter transportation (account coding 30110)

The actual expenditures of helicopter transportation 2000 were USD 1.6mill. which overran 60% that is USD 0.6 mill. as compared with the control limitation 1 mill. in the approved A. F. E..

The actual service time (flight tickets, passengers manifests etc.) and settlement price should be verified in accordance with the service contract to determine their correspondence to the settled billings.

1.6 Verify the rig inspection (account coding 30101)

The actual expenditures 2000 were USD 1.064 mill. which overran 49.2% that is USD 0.351mill. as compared with the approved A. F. E.. The reasons for the overrun should be investigated to determine the reasonableness of the overrun.

1.7 Verify the rig mobilization (account coding 30115) and the rig demobilization to determine the reasonableness of their overrun.

Rig mobilization: Actual expenditures 2000 were USD 0. 591mill.

A. F. E. 0. 396 USD mill.

Overrun USD 0. 195 mill.

Rig demobilization: Actual expenditures 2000were USD 0. 164 mill.

A. F. E. USD 0. 110 mill.

Overrun USD 0. 054 mill.

1. 8 On a sampling bases review and verify consumption of the fuel, lubes etc. to determine the reasonableness of their overrun (account coding 30102).

Actual cost of fuel and lubes 2000 were USD 1. 736 mill.

A. F. E. USD 1. 5 mill.

Overrun USD 0. 236 mill.

1. 9 Verify the diving equipment personnel costs to determine the reasonableness of the overrun according to the Service Contract (account coding 30107).

Actual diving equipment personnel costs 2000 were USD 0. 929 mill. which overran 36. 6% that is USD 0. 249 mill. as compared with the control limitation of USD 0. 690 mill. in the approved A. F. E..

1. 10 Verify the mud logging equipment personnel cost to determine the reasonableness of its overrun (account coding 30105).

Actual expenditures 2000 : USD 0. 898 mill.

A. F. E. USD 0. 650 mill.

Overrun USD 0. 248mill.

1. 11 Make a sampling examination and verification of the miscellaneous department charges (account coding 21000).

1. 12 Make sampling examination and verifications of other service companies' charges (communication, electronic logging, cementing, coring, consultants, etc.) and material consumptions (casing, bits, cemented).

1. 13 In accordance with the relevant provisions in the Accounting Agreement, verify the calculation method for the depreciation of the special rig equipment to determine the reasonableness and correctness of its accrual depreciation for the current year.

2. General Exploration Expenditures USD 2. 6 mill.

The actual total expenditures 2000 for exploration general were USD 2. 605 mill. which has overrun by 15. 7% as compared with the approved budget USD 2. 25 mill. , the overrun is USD 0. 3535 mill.. In order to find out the reasons for the overrun and determine the reasonableness of it, we propose to verify and review the following problems:

2. 1 Examine the geology interpretation costs. The actual expenditures 2000 for direct wages and overhead in respect to geology costs were USD 0. 8 mill. which overran 37%, that is an

overrun of USD 0. 222 mill. as compared with the approved A. F. E. . It should be verified whether the timesheet and the amount allocated correspond to the actually settled billings.

2. 2 Make a sampling examination and verification of the costs for the geophysical interpretation and reprocessing.

2. 3 Verify other exploration charges.

The actual expenditures 2000 were USD 0. 9267 mill. which overran 85. 3% that is an overrun of USD 0. 4267 mill. as compared with the approved budget. Especially investigate clearly the reasons for the overruns of direct wages and overhead (account coding 20000) , miscellaneous department charges (account coding 21000) and tool rental (account coding 30113) and establish their reasonableness and correctness of the overruns.

2. 4 Review the seismic survey contract, and verify the actual expenditures 2000 for seismic survey.

3. General and Administrative Charges

3. 1 Verify that the Operator' s Head Office cost of allocation is based on the actual service time given to CA 071 , and also make a sampling examination and verification of the reasonableness of the miscellaneous department charges.

3. 2 Make a sampling examination and verification of the reasonableness of the accounting expenses in the amount of USD 0. 163mill. and investigate the reason why the 2000 accounting expenses was not provided for in A. F. E. .

4. The Prices of Material Purchase and Inventory

4. 1 On a sample basis review and verify the prices of material purchases by the Operator to the Joint Operation and its handling charges to determine their reasonableness.

4. 2 Evaluate discrepancies and/or correction entries of stock – taking 20. 12. 2000.

5. Feasibility Studies

- Evaluate cash call procedure and examine the reasons of relatively large overrun of actual cash called over actual expenditures. (Up to the end of 2000 , the total cash expenditures were USD 46. 279 mill. and the actual cash called were USD 54. 024 mill. , the balance of the cash called was USD 7. 744 mill. which has overrun by 16. 73% as compared with the actual expenditures that were actually required.)
- Review A. F. E. ' s records and its approval procedure, and evaluate the budget control procedure.
- Review the procedures for material purchase and its control, check up if there is surplus and overstock resulted from unreasonable purchases, for instance, from purchases which exceed the acquisition plan.
- Review the time – writing system and the cost allocation according to the time sheet.

Ⅳ. Proposed Audit Plan

1. Timing

The audit is scheduled to last for four (4) weeks from Monday May 15, 2001 to Friday June 13, 2001.

The audit team will start the audit on May 15, 2001 in the Operator's offices Shenzhen China. And opening meeting will be held in the Operator's offices at 9:00 a.m..

The close - out meeting is scheduled to take place in the final week of the audit.

2. Audit Team

Audit team will comprise 3 auditors from State Petroleum Corporation:

Lead Auditor Mr. John Li	4 weeks
Auditor A	4 weeks
Auditor B	4 weeks

3. Manpower plan

Available resources:

- Pre - audit preparation work, lead:	3 days
- Audit team (field audit work) (3 for 4 weeks)	60 days
- Audit follow - up and report writing, lead:	7 days
Total days planned:	70 days

二、审计工作计划的中文译文

上述审计工作计划的中文译文如下（仅供读者参考）。

CA 071 审计实施工作计划

一、审计的目的

根据合同各方签订的勘探和生产合同，审查和核实2000年度计入联合账簿的各项支出和作业者开账单向合同各方分配结算的份额是否正确和合理。

审查和评价作业者对财务账目的登记、费用的分配和成本的控制是否恰当完善，以确定它们的正确性。

二、账务报告和成本控制与管理

1. 预算、预算支出批准授权书（A. F. E.）、支出的分配；

2. 筹款程序和实况；

3. 成本和支出的控制；

4. 固定资产及控管物资的会计核算程序；

5. 外汇兑换率的核算；

（二）付款的依据

（三）作业者的人员费用及管理费用

（四）材料的采购和保管

（五）合同的管理

三、具体的审计项目计划

1. 2000 年 8/3 －2 探井实际钻井成本发生额 6415 万美元，批准预算 5860 万美元（试油费除外）超支 9.6%，超支计 555 万美元，为此应核实和查明以下问题：

1.1　根据钻井船合同核实和查明以下问题：

2000 年钻机费用实际发生额 3，142 万美元（除油料外），批准的 A. F. E. 控制限额 2，250 万美元，超出 39.6%，超支计 892 万美元，应核实其工作记录和钻井报告，查明其实际使用时间和结算价格，以确立其超支是否合理。

1.2　核实供应船和救护船（待命）船费用（A/C30155，30106）：

2000 年供应船费用实际支出额为 846.9 万美元，较批准的 A. F. E. 控制限额 400 万美元超出一倍多，超支计 466.9 万美元，应根据服务合同核实其实际时间及分配结算的价格，以确立其超支是否合理。

救护船费用 2000 年实际支出 86.3 万美元，（A/C30106）较批准的 A. F. E. 控制限额 70 万美元超支 23.3%，应查明其超支原因，确定其超支是否合理。

1.3　审查直接人工费及经营管理费用（A/C20000）：

2000 年 8/3 －2 井钻井成本部分实际发生直接人工及经营管理费 292.3 万美元，较批准的 A. F. E. 控制限额 168.1 万美元超出 73.9%，超支计 124.2 万美元，应核实其工时记录和费用分配计算的方法与结算的账单是否相等。

1.4　审查钻井液材料成本（A/C30123）：

2000 年实际支出额 198.7 万美元，较批准的 A. F. E. 控制限额 95 万美元超出 1.09 倍，超支计 103.7 万美元。应核实钻井工作记录和实际使用量，查明其与入账数额是否相等，并查明钻井液设计费的超支是否合理。

1.5　核实直升飞机运输费用（A/C30110）：

2000 年实际支出额 160 万美元，较批准的 A. F. E. 控制限额 100 万美元超出 60%，超支计 60 万美元，应据服务合同核实其实际使用时间（班机及装运货）及结算价格与结算账单是否相等。

1.6　核实钻井船检验费（A/C30101）：

2000 年实际支出 106.4 万美元，较批准的 A. F. E. 控制限额超出 49.2%，超支计 35.1 万美元，查明其超出原因，以确立其超支是否合理。

1.7　核实钻井船动员费（A/C30115）和钻井船复员费（A/C30116），以确立其超出的是否合理。

钻井船动员费：2000 年实际支出 59.1 万美元，A. F. E. 为 39.6 万美元，超支 19.5 万美元。

钻井船复员费：2000 年实际支出 16.4 万美元，A. F. E. 为 11 万美元，超支 5.4 万美元。

1.8　抽样检查和核实柴油、润滑油等油料消耗，查明其超支是否合理（A/C30102）：

2000 年实际油料成本 173.6 万美元，A. F. E. 为 150 万美元，超支 23.6 万美元。

1.9　根据服务合同，核实潜水设备人员费用，查明其超支是否合理（A/C30107）：1982 年实际潜水设备人员费用 92.9 万美元，较 A.F.E. 68 万美元超出 36.6%，超支计 24.9 万美元。

1.10　根据服务合同，核实钻井液测井设备、人员费用，查明其超支是否合理（A/C30105）。

1982 年实际支出 89.8 万美元，A.F.E. 为 65 万美元，超支 24.8 万美元。

1.11　抽样检查和核实各管理部门的杂项费用（A/C2100）。

1.12　抽样检查和核实其他服务公司的费用（通讯、电测、固井、取芯、咨询等）和材料消耗（套管、钻头、水泥等）。

1.13　根据会计程序的有关规定，审查与钻井船专用设备的折旧计算方法，核实其折旧额是否正确。

2. 勘探作业费

1982 年勘探作业费实际支出 260.5 在万美元，较批准预算数的 225 万美元，超出 15.7%，超支计 35.35 万美元，为查明其超支原因，并确立其是否合理，拟核实和审查以下问题：

2.1　审查地质资料解释费。地质费中直接人工费及经营管理费用，2000 年实际支出 82.2 万美元，较批准的 A.F.E. 控制额 60 万美元，超出 37%，超支计 22.2 万美元，应核实其工时记录和分配计算额与实际结算账单是否相符（A/C20000）。

2.2　抽样审查和核实地球物理勘探资料处理解释和资料再处理解释费用（A/C20000，A/C030218，A/C0302210）。

2.3　核实其他勘探费用。2000 年实际支出 92.67 万美元，较预算 50 万美元超出 85.3%，超支计 42.67 万美元，着重查明其直接人工费及经营管理费（A/C21000）的工具租费（A/C30113）等项目和超支原因，证实其是否合理。

2.4　审查地震调查合同，核实 2000 年地震调查的实用支出。

3. 一般行政管理费用

3.1　核实作业者总公司的管理费用的分配是否以是对 CA071 提供服务的实际工时为基础，并抽样审核和核实其中的各管理部门的杂项支出是否合理。

3.2　抽样审查和核实会计部门的费用（16.3 万美元）是否合理，2000 年会计部门费用支出，在 A.F.E. 中未列此项目，查明其原因。

4. 器材采购价格及管理费用

抽样审查和核实作业者为联合经营作业所采购的器材价格和保管费用等是否合理。

5. 可行性研究课题

——评价资金筹措程序，审查实际筹款超出实际需用量较大的原因（截止 2000 年末现款总支出 4627.9 万美元，实际筹款额 5402.4 万美元，现款结余 774.4 万美元，较实际所需支出超出 16.73%）。

——审查 A.F.E. 记录文件及批准程序及评价预算控制管理

——审查器材的采购和管理程序，检查是否有不合理的采购，如超计划采购而造成的器材多余积压。

——审查工时记录的编制程序，核实工时费用的分配是否依据工时记录，计算是否正确合理。

四、计划审计期限与人员安排

（1）审计日程

本次审计计划安排共4周，从5月15日（星期一）至6月13日（星期五）。

审计组将于2001年5月15日在作业者深圳办公室开始工作，并于上午9.00召开首次审计会议。

末次审计会议将于现场审计期间的最后一周举行。

（2）审计组

审计组成员将由国家石油公司委派，共有3人组成。

首席审计师	李江	4周
审计师 A		4周
审计师 B		4周

（3）审计工作量

审计准备工作（首席审计师）	3工作日
现场审计（3人4周×5d）	60工作日
审计报告编制和后续审计工作（首席审计师）	7工作日
共计	70工作日

第五节 由联合管理委员会中方（专业）代表介绍《石油合同》执行情况

联合管理委员会（以下简称联管会）是执行《石油合同》的管理机构。根据我国海上石油对外合作的惯例，联管会及其下属专家小组中都设有中方代表，而且国家石油公司有权指派专业代表到作业者与石油作业有关的行政部门和技术部门长期和作业者的人员一道工作。现场审计开始之前，应有中方的财务、采办和作业技术等专业代表负责向审计组介绍作业者的会计核算、财务管理、预算支出的控制和物资采办程序的执行情况，以及双方专业代表就有关石油作业的专项支出所达成的协议等，并应分析说明审计的会计年度中投资支出完成情况和日常工作中掌握的计入联合账簿的各项支出和收入所存在的问题，以便审计组更好地评价审计风险及选定审计重点。

第十三章　联合账簿审计实施阶段的工作

审计实施阶段工作是联合账簿审计全过程的中心环节，其主要工作应按照批准了的本次审计工作计划（审计实施方案）的要求和安排来做，在实施过程中发现新的重大的审计风险时，则可以把审计重点内容做适当调整，但应及时向主管审计部门报批同意。

第一节　召开首次审计会议，进驻现场审计

按照惯例，首次审计会议（Opening Meeting）通常在审计小组到达作业者办公室，开始现场审计的第一天召开。会议由首席审计师主持召开，参加的人员一般应当包括审计组全体成员、作业者主管财务和经营管理的负责人（President or Vice President）、财务部门经理和作业者委派的审计联络员。这是一次正规的例行会议，它标志着联合账簿审计正式开始，审计组和作业者双方都应十分重视，做好充分准备，以达到预期效果。

首次审计会议通常应包括以下内容：

（1）首席审计师宣布本次审计工作正式开始。

（2）审计组和作业者双方各自介绍参加本次审计工作的成员。

（3）首席审计师提出本次审计的目的、范围和初步的审计日程安排，以及审计的工作程序，如怎样提出审计查询通知，与作业者在审计期间例行会议或审计查询会议的日程安排等。

（4）应由作业者的财务部门经理或审计联络员介绍以下情况：

1）被审计会计年度的石油作业完成情况，财务状况以及其他有关需要说明的情况。

2）对作业者现行的会计制度和会计程序做必要的说明。

（5）首次审计会议的最后一项议程，要明确作业者首先应该提供的审计资料，并应于首次会议后立即提交。首次提供的审计资料一般应包括如下几

项：

1）所审计会计年度联合账簿的全部会计记录，包括全部会计账簿、记账凭证、原始单据、批准文件、分析资料、工作底稿和会计报表。

2）批准的年度预算和支出授权书（A. F. E.）。

3）作业者现行的会计制度和会计核算程序（Accounting System & Accounting Procedure）。

4）作业者联合账簿使用的会计科目名称（The Chart of Accounts）和会计科目编号体系（Accounting Coding System）。

5）作业者的组织机构和人员表（The Chart of Organization）。

6）为石油作业提供各种劳务的服务合同及工作订单。

7）钻井完井报告和钻井日报表（The Well Completion Report & Daily Drilling Report）。

8）雇员合同（Personnel Contract or Assignment Letter）以及作业者母公司的雇员政策等资料。

9）物资采购订单（Purchase Order）。

10）人员考勤记录或工时记录（Time Sheet）。

11）工作订单（Work Order）及其汇总清单。

上述审计资料是审计过程中需使用和必不可少的，如作业者提出不能马上提供的，也要明确期限，尽早提供，其中雇员合同及人员费用标准涉及作业者公司对每个雇员的保密问题，作业者一般非常慎重，可以在作业者指定的便于保密的适当场所由少数指定的审计人员谨慎使用，但不得拷贝（这是所有作业者保密规则所要求的，审计人员应严格遵守。）。所需的其他审计资料与文件由审计组根据实际需要，随时填写“资料查询单”通知审计联络员向作业者有关部门索取。

第二节　要求作业者选派审计联络员

在作业者办公室进行的现场审计工作一开始，作业者就应选派一名审计联络员，代表作业者与审计组成员具体联系各项审计工作事宜。审计联络员（Audit Coordinator）一般由作业者的财务部门派出一名具有丰富经验、熟悉作业者本公司会计业务的会计师来担当。目前，一些国际石油公司的财务部门都设置了这个联络员的岗位，配备的人员会计专业业务精明，石油作业情况熟悉，并具有较高的外语水平，实际上是专门用以应接联络各种审计人员（包括非作业者、税务、C. P. A. 及内部审计）的人物，十分重要。他也是处理好作业者与非作业者合作关系的纽带之一。我国的国家石油公司担任石油作业者后，也要接受各非作业者（外国石油公司）的审计，也应配备审计联络员的岗位。

审计联络员的主要职责一般应包括如下：

(1) 负责为审计组安排审计工作办公室和必要的办公设备及用具；

(2) 会同作业者的财务部门经理参加首次审计会议和末次审计会议，以及在审计期间有关审计工作的查询会议等。

(3) 审计组的一切审计工作活动，应由审计联络员负责与作业者的有关部门联系接洽，及时提供审计组所需要的各项审计资料和文件。

(4) 负责接受审计组提出的全部审计查询通知，包括审计异议通知书和资料查询单，并与作业者的财务部门及其他有关部门联系，以便作业者及时做出答复。

(5) 与审计组协商每项审计异议的初步处理意见；审计组与作业者双方意见分歧时，也是沟通双方的意向，提出妥善的双方均能接受的处理办法的联络者。

(6) 陪同审计人员察看与石油作业直接有关的现场和清查物资与设备。

第三节　建立一整套统一周密的实施阶段审计工作程序

现场审计工作都有一定的时限，一般都是时间紧、工作量大，审计组从一开始要就建立一套周密统一的工作程序，使现场审计工作有条不紊、高效地进行，如期完成本次审计任务，达到审计目标。

(1) 审计师分配具体工作任务。一般在首次审计会召开前，首先审计师就要召集全体审计组成员进行预备会议，详细介绍审计工作计划，向每个成员布置工作任务。首席审计师还要尽可能地介绍一些事先已经了解好的作业者公司财务管理和会计核算的背景情况，以及上次审计中的主要问题和需要在本次审计中进一步追查的问题，使每个审计组成员都十分明确本次的审计目的、内容、审计重点和方法步骤等，明确各自应该完成的具体审计项目和要求完成的期限。首席审计师可以编制一张审计项目进度表，及时填写，以便控制与掌握全面的审计进展情况。

(2) 采用统一的审计工作底稿。审计工作底稿是审计的原始记录，每个审计组成员都要按照自己分工负责的审计项目，认真细致地查阅会计记录和有关文件，编制统一的审计工作底稿。它是统一汇集具体审计项目的原始记录，据以做出分析、对比和提出审计数据，审计完毕之后，还要写明对该项目的审计结论。因此，工作底稿必须书写清晰，便以查阅、存档。

（3）规定统一的审计查询通知的提出、审批和处理程序。

审计人员对发现的审计异议必须经过反复核实查证，有根有据，事实和数据确凿，及时填写审计查询通知书，经首席审计师审定签发，并要及时送交作业者的审计联络员，以便给予作业者有充分的时间研究，及时做出答复，取得较好的审计结果。切忌将审计查询通知书拖延积压，甚至到现场审计终了时一并提交给作业者。

审计查询通知书按国际石油公司的惯例，通常按其性质和用途分为两类。第一类称为审计异议书（Audit Memo – Preliminary Findings or Audit Inquiry）（参审计异议书格式），这是审计人员提出要求从联合账簿中剔除某些支出的异议性意见（Exceptions），而且是有比较充分的依据和理由的；第二类称为资料查询单（Audit Memo – Information Request）（参资料查询单格式），一般是审计人员要求作业者提供某些会计资料和文件，或对某些会计事项的原始单据不全，要求作业者进一步提供；或某些支出内容不清楚，需作业者进一步加以说明和澄清，以证实其是否合理，是否应该计入联合账簿。

审计异议书格式

Audit Team

State Petroleum Co.

Audit Memo

PRELIMINARY FINDING

PF No.

Date:

To:

Operator:

Contract Area:

Subject:

Amount Charged: USD ________

Amount Should Be: USD ________ Auditor: ________

Amount Claimed: USD ________ Lead Auditor: ________

资料查询单格式

Audit Team

State Petroleum Co.

Audit Memo

INFORMATION REQUEST

IR No.

Date:

To:

Operator:

Contract Area:

Subject:

Auditor: __________

Lead Auditor: __________

（4）在审计组内部应制定出规范的审计资料及文件的管理使用办法。应指定专人负责保管作业者提供的全部审计资料；应与作业者建立适当的审计资料交接手续。在现场审计结束时，应对作业者提供的全部审计资料全面检查和清理，如数移交退还作业者。

（5）审计组应根据工作需要，建立定期碰头会议及报告制度；审计组内还应严格审计保密纪律，审计异议的发现以及对重大审计疑点项目所采取的行动步骤，在核实审查过程中，审计人员都应注意保密，直至发出审计查询通知书才能向作业者公开，事先不能向作业者透露，以免由于不落实不确切而影响信誉；与作业者进行审计谈判的策略、对策必须保密，只限于审计组内部讨论，并只能由首席审计师或由其指定的专人与作业者会谈或向上级主管审计部门报告。

（6）必须建立一个及时的、规范的审计工作报告制度。

审计人员在完成各自分工负责的具体审计项目之后，都要分别写出各个专题项目的审计工作报告，对审查的内容做出具体的风险评价和结论，并附上审计工作底稿，提交首席审计师审查，经检查符合预定的具体审计目标后，应由首席审计师签认并归入档案，首席审计师负责汇编全面的联合账簿审计报告。

第四节　从实际出发，采用有效的审计方法

审计人员要按照“全面审计，突出重点”的原则，恰当地运用汇集和分析对比的方法，对每个具体审计项目逐项进行分析研究，审定各项石油作业支出的正确性，合理性。“全面审计，突出重点”的原则是根据近20多年来联合经营海上石油作业的特点和对外合作审计积累的经验而确定审计方法的指导思想。所谓“全面审计”是指从总体而言，按照联合账簿审计的目的，要对每个会计年度计入联合账簿的全部石油作业支出和收入，做全面的审查核实，确认是否正确合理，据以核定各方的投资及生产费用支出的分担份额与回收数额，以及收入的分配；“突出重点”是指具体审计时对上述的支出和收入采取有选择地、有重点地进行审查的方法，它是属于判断抽样法的范畴，但实际作法又不同于一般的判断抽样法，这是按照审计人员的分析判断，根据各合同区作业者的内部控制制度和会计核算质量的实际情况，抓住与中方经济权益相关密切的重大支出和收入项目，对合规性合理性最易出现问题、审计风险较大的薄弱环节，单独抽列出来，作为重点进行全面审查。如各个外国石油作业者母公司及其关联公司提供的技术服务费（Technical

Services)、人员费（Personnel Cost）、各项分包商服务费（Sub - Contractor's Services)、行政管理费（General & Administrative Expenses）和上级管理费（Overhead）等五项费用，历年来一直都作为每次审计的重点，而对这些重点审计项目则又采用了全面审计的方法，即在该会计年度的该项目的全部支出的会计事项都要进行全面审查核实，而不是采用抽取一定规模或一定时限之内的“样本”来审计。但对一些合规性、合理性不易出现问题、审计风险很小的财务收支项目，则采用统计抽样的方法，审计人员可以花费较少的时间完成非重点审计项目，集中更多的时间审查重点项目，取得更多的审计成果。因此，这种“判断抽样法”也是对联合账簿财务收支的总体来讲的，是根据联合账簿审计项目时间紧、工作量大的特定条件下采取的一种“事半功倍”的有效方法，是正确处理审计深度与广度之间矛盾的捷径。

第五节 选择并确定审计重点内容

一、联合账簿的具体审计范围

根据联合账簿审计的范围选好选准具体的审计重点内容，是完成各个合同区联合账簿审计目标，有效地维护中方合法经济权益，做好对外合作审计工作最重要的环节。联合账簿的审计范围一般应包括以下六个方面：

（1）作业者执行《石油合同》所进行的各项经营活动是否符合合同规定，是否经济合理，是否符合海上石油作业的国际惯例。

（2）作业者为执行《石油合同》，是否建立了与其经营活动相适应的内部控制系统、程序和管理制度，如对成本的控制和对器材采购合同、各项服务合同的管理等。

（3）作业者建立的会计制度和核算程序，是否能够正确及时地记录和明确清楚地反映联合经营石油作业的全部支出和收入，以及投资的回收和产品的分配。

（4）作业者计入联合账簿的全部支出和收入是否正确、合理，是否符合合同规定和通常的国际惯例。

（5）作业者筹措资金的使用和分配是否合理，是否符合合同规定。

（6）联合经营石油作业的勘探、开发投资支出和生产作业费的回收，以及产品的分配是否按照合同的规定执行。

二、联合账簿的审计重点内容

选择具体审计重点内容的原则是按照上述审计范围，根据审计风险程度的大小来确定。审计重点一旦确定，这就意味着审计组要投入最大的力量，最多的精力，集中优势兵力来进行具体的审计工作。因此，对审计风险程度的评估与判断更为重要。根据多年来的实践，以下是联合账簿审计风险较大的几个方面：

（1）作业者内部控制和财务管理与会计核算的薄弱环节。

（2）《石油合同》及其附件二会计程序中有关规定比较含糊不清的一些财务支出，如行政管理费用的分配和产品收入的分成等。

（3）由作业者母公司及其关联公司提供的技术服务费日费率标准与工作订单控制程序问题。

（4）与非作业者，尤其是国家石油公司经济权益相关密切的重大支出和收入项目。

（5）发生差错可能性较大，容易出问题的支出和收入项目。

对每个合同区联合账簿审计风险的评估和审计重点内容的确定，一方面是根据审计人员的经验，另一方面还要多听取联管会中方专业代表的意见。因此，在现场审计开始初期对被审计年度的会计核算和内部控制制度执行情况综合分析之后，可对审计重点做适当的调整，做到选准选好。

第六节　收集审计证据，提出审计异议

在现场审计过程中，审计人员按照事先确定的具体审计项目，通过对一个报告期或会计年度内主要会计事项的全面核查，就可能不断地发现一些审计异议问题。联合账簿审计发现异议的会计事项及内控制度方面的问题大致有以下几类：

（1）由于会计核算技术上的差错，误记或错计入联合账簿的支出和收入，作业者应做适当调整或剔除。

（2）由于作业者对某些合同条款规定的理解错误，出现某些支出和收入分配不当或计算错误而错列或未列入联合账簿应予纠正的。

（3）合同分包商（第三方）向作业者结算计入联合账簿的各项服务费用不符合协议规定条款，应由作业者向合同分包商追索调整的支出。

（4）与联合石油作业无关的各种费用支出计入了联合账簿，应予剔除的。

(5) 审计人员对作业者的会计核算、费用控制和资金管理等内控制度方面提出一般程序性的意见（General Procedure Comments）。

审计组向作业者提出审计异议要有充足的审计证据，每份审计查询通知，尤其是审计异议书后都必须随附必要的和足够的原始凭证、会计资料与有关文件的复印件。审计证据越全面、齐全、确凿，作业者同意接受审计异议的可能性越大，审计成功率越高。因此，审计人员要把联合账簿审计的全过程成为边审核会计事项边收集审计证据的过程。当然，收集审计证据必须注意：一是要有针对性，即要收集与各项审计异议有关的证据；二是要有充分性，即收集的审计证据要齐全、完整，既要有会计资料，又要有有关法规、合同、协议和联管会纪要与备忘录等的引证依据；三是可靠性，即收集的证据应是质量高、可靠性强和事实确凿的。具备了上述三个条件的审计证据，就能使审计组在与作业者磋商对审计异议处理的审计谈判中处于十分有利的主动地位。

第七节　做好审计查询和审计谈判工作

联合账簿审计的成功与否、是否达到了预期的审计目标，一个重要的标志就是审计人员通过审查核实能否发现所有计入联合账簿的不合规的、不合理的财务支出和产品收入分配的问题，提出审计异议（Audit Exception），并且为作业者所接受同意，做出纠正、调整和改进，切实维护中方的合法经济权益。因此，审计组要充分利用《石油合同》所赋予的权利，督促作业者对审计组在审计期间提出的全部审计异议给予及时的答复和处理。按照一般惯例，作业者对审计异议书的答复，应确切地表明是否接受审计异议的态度和处理意见；对不同意接受的审计异议，应详尽地申述理由，并提出有关依据。作业者在收到审计异议通知后，按照我国所采用的《标准合同》的规定，应及时在现场审计期间，或者最迟不得晚于60d内做出书面答复，审计组也应对作业者关于审计异议的答复，在审计过程中及时做出反应，并要如实按其原意写入审计报告。

为了及时有效地处理各项审计异议，审计组与作业者双方都应相互合作，根据实际需要定期或不定期地召开审计查询会议（Audit Inquiry Meeting），进行会谈磋商，交换对审计异议的处理意见，促使作业者及时答复。

审计查询会议是审计谈判的主要形式，这是多年来联合账簿审计实践中形成惯例的一种好作法。参加的人员可以包括作业者财务部门经理、审计联络员和全体审计组成员；也可由首席审计师和作业者主管财务的总裁、财务部门经理等少数人参加，在小范围内进行磋商。

审计谈判的指导思想，是认真贯彻依法审计的原则，信守合同规定，尊重国际惯例，平等互利，维护合同双方的合法经济权益，促进合作。审计谈判的目的就是为了正确、恰当、合理地处理各项审计异议，对双方坚持不同意见，分歧较大的审计异议问题，可以充分地阐明各自的理由，友好协商，达到彼此理解，以维护双方的合法经济权益，促进合作。并作为解决处理审计异议的原则基础，双方都不能只考虑单方的利益，片面地曲解合同或某些国际惯例。总之，审计异议处理的办法和结果，原则上都要达到作业者和审计组及其上级主管部门都能够接受满意。

审计谈判中，审计组应及时做好请示报告工作，以取得审计部门的领导支持和同意。对于重大审计异议问题的处理政策和意见，首席审计师要事先直接向主管审计部门负责人报告，并与国家石油公司的条法、财务等有关部门协商一致，报经国家石油公司领导批准后，才能与作业者磋商处理。现场审计结束后，仍然没有达成协议，与作业者争议较大，而且又涉及双方权益较大的审计异议问题，可以提交作业者的上级机构（母公司）财务主管部门和国家石油公司的审计主管部门进行会谈磋商，以便更有效地尽快合理解决审计异议遗留问题。

在这里列举一个案例，国家石油公司对南海某合同区联合账簿的审计，连续两年现场审计结束后，对某些涉及双方经济权益较大的审计异议问题，与作业者争议较大，积累了的很多审计异议遗留问题（Outstanding Issues），涉及计入联合账簿的勘探投资支出一千多万美元，该合同区已发现油（气）田，并即将进入开发阶段，急需由各非作业者审计确认勘探投资支出总额（这是经常要发生的正常情况）。当然，在审计确认投资之前，必须解决所有的审计异议遗留问题，国家石油公司按照惯例与作业者协商确定，由国家石油公司委派审计主管人员到作业者的母公司，与其管理层的财务主管进行审计谈判，协商解决所有的审计异议遗留问题。经过审计谈判，作业者及其母公司同意接受了70%的审计异议遗留问题；其余30%的审计异议遗留问题，作业者及其母公司进一步提供了足够的会计资料和开支合理的正当理由，也得到了合理解决，圆满结案。最终，解决了所有的审计异议遗留问题，并确认了全部勘探投资支出总额，达到了作业者及其母公司和国家石油公司都能够满意接受的结果。下面就是审计谈判的书面文件 —审计会谈纪要（Audit Meeting Resolution）的英文原文本及中文译文。

Audit Meeting Resolution

Participants:

State Petroleum Co.	Mr. Xxx xxx	General Director, Audit Dept.
State Petroleum Co.	Mr. Xxx xxx	Chief Auditor, Audit Dept.
State Petroleum Co.	Mr. Xxx xxx	Auditor, Audit Dept.
International Oil Co.	Mr. Xxx Xx Xxx	General Controller
International Oil Co.	Mr. Xxx Xx Xxx	Finance Manager, Operations
International Oil Co.	Mr. Xxx Xx Xxx	Manager of Internal Controller

The above representatives met at International Oil Company's office in Houston, Texas on October 12 - 16, 2001 to (1) discuss and resolve the outstanding audit issues for 1999/2000 and (2) finalize the cumulative investment expenditures by category as recorded through December 31, 2000. The resolutions are as follows:

1. Both parties have resolved satisfactorily all outstanding audit issues for 1999/2000 and the corresponding adjustments to the investment spending have been verified and recorded to the Joint Account.

2. The amounts finalized by both parties in connection with the cumulative investment spending by category as recorded through December 31, 2000 are as follows:

(a) Recoverable Exploration Expenditures — 000.00 MM

(b) Development spending shared by Contractors and SPC (49%/51%) — 00.00MM

(c) Contractors non - recoverable exploration expenditures — 00.00MM

(Refer to Attachment I for above summary)

IOP representative: Xxxxxxxxxx (Signature)

SPC representative: Xxxxxx (Signature)

Attachment Ⅰ

Resolved Exceptions

Agreed by Operator

As of Oct. 16, 2001

(作业者同意从联合账簿中剔除的支出)

Number	Description of Exceptions	Claim Amount (USD)	Comments
PF 02	Pension costs should be recovered As part of payroll burden	00,000.00	Agree. Correction shall be made in November 2001
PF 06	Contract service costs should not be Billed to Joint Account as a development		Agree. Contractors share of cost well be transferred from Location

	Cost		30(Development cost centre)
		000,000.00	to Location00(Non-recoverable)
PF 08	Technical service charges for marketing, Reserve & reservoir study, pre-definition Phase engineering.	0,000,000.00	Agree to credit Location30 and transfer to Location 00
PF 10	Overhead charges transferred from Operator's home office	000,000.00	Agree to credit Location 30 and transfer to Location 00

Attachment Ⅱ

Resolved Exceptions

Conceded by SPC

As of Oct. 16, 2001

(国家石油公司承认同意的支出)

Number	Description of Exceptions	Claim Amount(USD)	Comments
PF 15	Technical service charges - Drilling Turnkey Contracts	000,000.00	Turnkey contracts for the drilling of the CA00/00 wells included only the scope of drilling to total depth. All work, technical service, supervision, etc. required for the well is outside the scope of the turnkey contract for drilling the well. The technical services in question apply to the testing phase of the well, therefore, the Operator does not agree with the exception. The auditors agree with the Operator's explanation. Audit exception is closed.
PF 19	Mis-entry transaction for well 00/00 Site survey cost	00,000.00	The auditors agree with no exception.

审计会谈纪要中文译文(仅供参考):

国家石油公司代表:某某某，　国家石油公司审计部总经理

某某某，　国家石油公司审计部主任审计师

某某某，　国家石油公司审计部审计师

国际石油公司代表：某某某，　国际石油公司总审计师

某某某，　国际石油公司生产作业财务经理

某某某，　国际石油公司内部控制经理

上述国家石油公司代表和国际石油公司代表于2001年10月12日至16日，在美国休斯顿国际石油公司办公室进行了会谈，就解决1999～2000年的审计遗留问题和截止2000年12月31日的计入联合账簿的各项累计投资支出，做了认真协商，达成协议如下：

1. 双方均满意地解决了1999～2000年度的审计异议遗留问题，并对已经计入联合账簿的各项投资支出做了核实和调整。

2. 双方同意并确认以下各项截止2000年12月31日的累计投资支出：

（1）可以回收的勘探投资支出总额　USD 000，000，000.00

（2）合同者和国家石油公司共同分担的开发投资支出（49%/51%）　USD 000，000，000.00

（3）合同者不能回收的勘探投资支出　USD 0，000，000.00

（以上参见附件一）

国家石油公司代表（签字）　　国际石油公司代表（签字）

联合账簿审计的《审计会谈纪要》是审计谈判的正式书面文件，按照石油合同中的有关规定和惯例，这个书面文件对作业者和合同各方都具有约束力，都应据以执行。

第十四章　联合账簿审计的内容和方法

第一节　检查作业者的内控制度及其执行情况（Internal Control Procedure），合同区财务预算执行情况，以及会计制度（Accounting system）和会计核算程序（Accounting Procedure）的执行情况

联合账簿审计的主要任务之一，首先就是要检查作业者的内部控制体系是否适当和有效；内部控制制度是否已经建立健全，并发挥了预期的效果，还存在哪些控制缺陷和潜在的风险。第二就是要检查作业者所建立的会计制度和会计核算程序是否能够正确及时地记录和明确清楚地反映联合石油作业的全部支出和收入。当然，这些都是总结性的综合审计工作，但这也是做好全部审计工作的基础。审计工作人员在进行具体查账工作开始时，首先，要求了解和弄清被审计的作业者的“联合账簿”的会计核算程序，以及“联合账簿”与作业者本公司会计核算账目之间的联系，这对有效地展开查账工作十分重要。一个作业者往往同时进行几个合同区的石油作业活动；同时又进行其公司本身的经营活动，反映其全部经营活动的会计核算工作是连续地、错综交叉地进行的，事实上没有单独的“联合账簿”，作业者只是根据不同的合同区和经营活动，分别汇集、分类明细核算。所谓“一本总账，几套会计报表”。但又必须“桥归桥，路归路”，不能混淆、不能任意分摊费用。

（1）首先审查的一般核算程序，主要内容是：

1）作业者现行的全部会计科目和明细分类核算科目及其使用说明（Chart of accounts）。

2）会计科目编号的方法与程序（Coding System）。

3）书面的会计制度和核算程序（Written Operation's Accounting System and/or Accounting Procedures）。

4）记账凭证的编制程序及其审批手续，以及其他所有支付款的审批和

控制程序（Voucher's Preparing and Control Procedure）。

5）间接费用的分摊方法及其核算程序（G & A Allocation and Overhead）。

6）联合经营石油作业账单（对非作业者的结算凭据）的编制程序（Joint Interest Billing's Procedure）。

（2）审查内部控制制度是否已经建立健全并发挥了预期效果。主要是：

1）合同区预算的编制程序和预算控制与管理制度（Budget Procedure）。

2）物资和由第三方提供的各种服务的采办程序（Purchase Order Procedure）。

3）由作业者母公司及其关联公司提供的各种服务的工作订单程序（Work Order Procedure）。

4）预算支出授权批准书程序（A. F. E. Procedure）。

5）筹款程序（Cash Call Procedure）。

（3）核对作业者编制的账单中所列各项支出是否与作业者的"联合账簿"相符；各个合同者（Contractor）分担的投资和费用支出是否符合合同规定。

（4）按照各项投资和费用的实际支出，分别对照经 JMC 批准的年度预算和单项预算支出批准书（A. F. E.），检查其是否超支。如果超过预算的，是否按照合同规定办理了追加审批手续，以便进一步确定审计的重点。

（5）检查上次审计中提出的审计异议与剔除项目，是否按照合同各方已经确定的事项进行了调整。要列出清单，逐项查对核实。

（6）检查作业者是否执行了由合同各方商定了的关于某项会计程序上的变更。

（7）核实在账单中反映的应计未付费用（Accrual）是否恰当，是否符合石油作业活动的实际需要。并查明其在下一年度实际发生的发票计费额是否及时、相应地冲转。并检查其应计未付费用（Accrual）是否错误地计入了计算合同利息（Deemed Interest）的基数。

（8）检查在联合账簿中反映的异常支出和收入，查明其发生的原因，并取得明确、合理的说明和依据（Abnormal Charges or Credits）。

（9）总体上先审查作业者各个月份的筹款情况，是否符合实际支出情况（Overall Review the Operator's Cash Calls）。

第二节　各项服务费用的审计（Various Services Fee）

一、各项服务费用的内容及其审计中应注意的重点

石油勘探开发作业，尤其是海上的石油作业，作业者往往在一个合同区

内不同的区块上同时进行几口井的钻井、完井和试油等作业，同时，也可能有几个作业者同时在临近的合同区进行石油作业。在这种情况下，为了提高石油作业的效率，节约成本，主权国组织成立一些专门为石油作业提供各种服务的专业服务公司，其中有的是国内外企业联合经营的合资公司（Joint Venture)，有的是本国专门组建的专业公司。如钻井公司（Drilling Rig)，直升飞机公司（Helicopter Services)，供应船（Supply Boat)，潜水作业（Diving Services)，固井作业（Cementing）和测井作业（Logging)，以及其他钻井设备服务等专业公司。有些共用的设备，如供应船、救护船（Stand - by Boat or Rescue Vessel）和直升飞机等都是根据各作业者的需要，有计划地进行统一集中调度使用。在国外，如在北海油田挪威组建的供应船服务公司（Supply Boat Pool）就是其一种形式。其专业服务费用的计费结算，一般是按照各个工程项目的实际使用时间，根据专业服务合同规定的结算价格和有关计时的条款规定计算。

（1）各项服务费用的内容。各项服务费用的内容一般包括：

1）支付给设备拥有者的租费（ Rental ）。

2）把设备运送到作业区及运回拥有者基地的一切有关费用，即动员和复员费用（ Mobilization and Demobilization ）。

3）操作费用（ Operating Costs ）。

（2）审查各项服务费用应着重注意的重点。审查各项服务费用应着重注意以下几个主要重点：

1）审查发票的实际结算费率（ Actual Invoiced Rate ）是否符合服务合同的规定。

2）检查发票实际结算的各项服务供应时间是否符合实际使用时间。

3）检查某些已经包括在日费率中的成本费用，是否又单独重复计算。

二、各项服务费用的审计

（一）钻井船（钻机）费用的审计（Rig Cost）

1. 审计重点

在海上钻井租用钻井船的费用是较大的，如在北海（North Sea）的石油开采区租用钻井船的费用要占全部钻井成本的30% ~40%，在联合账簿审计工作中理所当然地要作为重点之一来审查。因此，要全面审查全部钻井船费用的结算发票，通常是一个月结算一次钻井船费用，应逐月或逐次（每次结算）审查。审查其结算价格是否符合合同规定，结算的钻井船使用时间是否符号钻井报表上记录的实际使用时间等，审查的重点是：

（1）每口井开始作业和完井作业的各该月份，其从上口井位搬迁至本口井位，以及从本口井完井作业之后搬迁至下一口井井位的详细日程，要对照钻井日报（Daily Drilling Report）逐一核实（一般在钻井日报上都有较详细的记录）。

（2）核实发票的结算作业时间（Operating Time），停止作业时间（Breakdown Time）以及修理时间（Repair and Maintenance Time）和待命时间（Stand - by Time）等是否与钻井日报相符。租用钻井船的合同模式有很多，但一般对上述不同性质的占用时间，合同规定的日费率是不同的。作业时间的日费率最高，待命时间和修理时间次之，停止作业时间的日费率最低，人力不可抗拒的停工时间在合同中单另规定。按照海上钻井船作业所签订的合同惯例，钻井船的日费率一般分为（钻井作业日费率与其他费率相比的比率是以北海油区某一钻井合同为例）：

Drilling Service Time：(Example)（以钻井作业时间日费率为100%，其他费率与之相比）

1）Moving Rate（迁移日费率）	99.4%
2）Operating Rate（钻井作业日费率）	100.0%
3）Down Time Rate（停工时间日费率）	99.0%
4）Equipment Break Down Rate（设备故障时间日费率）	98.9%
5）Stand - by Rate（待命时间日费率）	99.4%
6）Inactive Rate（暂停不用时间日费率）	98.9%
7）Termination Rate（终止日费率）	85.4%
8）Force Majeure Rate（人力不可抗拒日费率）	85.4%
9）Zero Rate（零费率）	0%

注：

Zero rate means that the Operator shall pay Drilling Contractor at zero rate, i.e., make no payment whatsoever, for each day of the specified term during which:

The drilling vessel is drydocked for any purpose, from the time the drilling vessel leaves for the port where the drydock is located until it recommences drilling operations.（零费率是指作业者对钻井承包商按照零费率支付，即钻井船在进入干船坞检修之后的每天不支付任何费用，一直至钻井船重新开始作业为止。）

Down Time Rate means that the Operator shall pay Drilling Contractor at the downtime rate for the time of delay in drilling resulting from the drilling vessel being off location due to severe weather conditions or inability of the vessel to station itself properly because of unusual seabottom conditions or resulting from failure, malfunction, damage to, or loss of underwater contract equipment (including the riser system and blowout equipment but excluding the drilling vessel's positioning system) not covered by Section 9.6 (Equipment Breakdown Rate). [停工时间日费率是指作业者对钻井承包商按照停工时间日费率支付，即指钻井船由于严重的天气条件，或由于非正常的海底条件而不能恰当地定位；或钻井设备的故障、失灵和损坏，或由于水下设备（包括升降系统、防喷设备，但不包括钻井船定位系统）的损坏，而延误钻井作业的时间。]

另外，按照在北海钻井作业的惯例，有的钻井合同对修理停工时间有一定的限制，在每个月内，前24个修理小时（累计计算）可作为作业时间计算，但每月累计超出合同规定的修理停工小时（24h）之后，就要相应地减少日费率。在审计时既要核对钻井船的工时利用记录（Billing Work Sheet），又要认真细致地与钻井日报（Daily Drilling Report）逐日对照核实。有时是明显的不一致，就要提出查询或剔除意见，要求作业者向钻井船承包商追索退款。

（3）核实钻井船日费率的调整是否符合合同规定。

（4）核实钻井船的油料消耗和价格。主要是柴油（Fuel）和润滑油（Lubricants）计入联合账簿的实际成本，要与钻井日报的实际消耗量记录对照；并要注意期初和期末存货量是否均计入了联合账簿（对本口井成本，应是加期初存货量，减期末存货量），存货数量是否与钻井日报相符；油料的结算价格是否符合合同规定或与当地的市场供应价格相吻合；如果由作业者关联公司直接供应的油料，则更要注意审查其价格是否合理。另外，还要检查其油料运货记录和签收程序是否齐全。

（5）检查钻井船的船检费用（Inspection and Certificaton）是否合理地分摊到其他井或其他合同区作业的井。

（6）要检查每口井占用钻井船的时间是否超出了批准预算，一般每口井在开始作业之前都要编制一个预算（A. F. E.），包括全部钻井成本、设计井深，全部完成作业时间等。全部完成作业时间，以北海油区为例，在20世纪80年代初打一口3500m的探井，一般平均是：

Drilling Operation（钻井作业）

1）Moving to Location（搬迁时间）	2 Days
2）Rigging and Running Anchors（钻井船定位）	4 Days
3）Drilling and Completion（钻井和完井作业）	80 Days
4）Coring（取芯作业）	4 Days
5）Logging（测井作业）	5 Days
6）Special Inspection（检测）	3 Days
7）Plugging（封堵）	1 Day

8）Cutting and Anchors（切除井口及起锚迁移） 1 Day

9）Contingency（不可预计） 10 Days

Total（总计） 110 Days

2. 案例

对钻井船费用的审计列举以下两个实例。联合账簿审计的工作语言，在联合开发石油资源的国际合作中大都使用英语，因此，为了便于读者学习和尽快掌握实际工作的操作能力，下面所作的全部案例，将全部使用英语，中文只作适当解释，以供参考。

案例一：钻井承包商误将修理停工时间作为作业时间日费率结算

（1）审计工作底稿：

Audit Worksheet

Account：77100 Drilling Contractor

Well Number：Exploration Well 2/2－1，2/2－2

Subject：Rig Rental

The comparison of the quantities of "Operating Rate" hours（ *T1* ）and "Repair Rate" hours（ *T4* ）charged into Joint Account and the quantities stated in the "Daily Rig Time Distribution" of Final Well Complete Report shows the following discrepancies（经审核和对比分析，发现计入联合账簿的钻井作业小时（*T1*）和修理小时（*T4*）的数量与完井总结报告中反映的钻井作业小时（*T1*）和修理小时（*T4*）不一致，其差异见表19）：

表19 计入联合账簿中的钻井作业时间和修理时间与完井报告中的钻井作业时间和修理时间差异

Voucher No.	Invoice No.	Rig Used Date	Quantities Accounted for in Joint Account		Quantities showed in Final Well Complete Report		Variance	
			Operating Rate *T1*	Repair Rate *T4*	Operating Rate *T1*	Repair Rate *T4*	*T1* Hours	*T4* Hours
640110	7/2000	18.04	24	0	20	4	＋4	－4
640110	7/2000	27.04	16	0	15.5	0.5	＋0.5	－0.5
640110	7/2000	28.04	24	0	23.5	0.5	＋0.5	－0.5
640110	7/2000	05.05	6	0	15.5	0.5	＋0.5	－0.5
640110	7/2000	07.05	7	0	6	1	＋1	－1
640110	7/200	10.05	24	0	23.5	0.5	＋0.5	－0.5
Well	2/2－1	Sub－Total					＋7	－7
640283	8/2000	17.05	24	0	23	1	＋1	－1
640283	8/2000	24.05	19.5	0.5	19	1	＋0.5	－0.5
640283	8/2000	27.05	24	0	23.5	0.5	＋0.5	－0.5

续表

Voucher No.	Invoice No.	Rig Used Date	Quantities Accounted for in Joint Account		Quantities showed in Final Well Complete Report		Variance	
			Operating Rate *T1*	Repair Rate *T4*	Operating Rate *T1*	Repair Rate *T4*	*T1* Hours	*T4* Hours
640283	8/2000	29.0	24	0	22.5	1.5	+ 1.5	- 1.5
640283	8/2000	02.06	12.5	0	3	9.5	+ 9.5	- 9.5
640283	8/2000	02.06	24	0	23	1	+ 1	- 1
640283	8/2000	02.06	24	0	23.5	0.5	+ 0.5	- 0.5
640283	8/2000	02.06	17.5	0	16.5	1	+ 1	- 1
640283	8/2000	02.06	24	0	23.5	0.5	+ 0.5	- 0.5
Well	**2/2 - 1**	**Sub - Total**					**+ 16**	**- 16**
640312	10/2000	19.06	13.5	0.5	12.5	1.5	+ 1	- 1
640312	10/2000	19.06	16	0.5	15.5	1	+ 0.5	- 0.5
640312	10/2000	19.06	24	0	23	1	+ 1	- 1
640312	10/2000	19.06	24	0	23.5	0.5	+ 0.5	- 0.5
640312	10/2000	19.06	12.5	0	11.5	1	+ 1	- 1
640312	10/2000	19.06	24	0	23.5	0.5	+ 0.5	- 0.5
640312	10/2000	19.06	24	0	23.5	0.5	+ 0.5	- 0.5
Well	**2/2 - 1**	**Sub - Total**					**+ 5**	**- 5**
Well	**2/2 - 1**	**Total**					**+ 28**	**- 28**
640312	10/2000	06.07	24	0	23	1	+ 1	- 1
640401	8/2000	21.07	18.5	0	17.5	1	+ 1	- 1
640401	8/2000	25.07	23.5	0	23	0.5	+ 0.5	- 0.5
640401	8/2000	29.07	18.5	0	17.5	1	+ 1	- 1
640401	8/2000	14.08	2.5	0	1.5	1	+ 1	- 1
Well	**2/2 - 2**	**Sub - Total**					**+ 3.5**	**-3.5**
640567	12/2000	18.08	24	0	23.5	0.5	+ 0.5	- 0.5
Well	**2/2 - 2**	**Total**					**+ 5**	**- 5**
Grand Total							**+ 33**	**- 33**

Audit Conclusion（审计结论）:

The auditors have examined drilling rig cost in the amount of USD 9, 561, 480.00 and all of these invoices of DYVI Drilling Co. and its monthly billing schedule, in which the rig used time has been compared with the "Daily Rig Time Distribution" of Final Well Complete Report and the rig day rates have been compared with the calculation escalation document issued by DYVI Drilling Co. . Most of the calculating data is corresponding to the facts, but some of the "Operating Rate" hours calculated are incorrect, for which it should be charged in accordance with the "Repair Rate" . According to the analysis mentioned above, totalling 33 hours should be calculated in accordance with the "Repair Rate" at USD 83, 300. 00 per day stipulated in the Drilling Agreement between the rig owner DYVI Drilling Co. and the Operator, however the rig cost of 33 hours has been charged at USD 89, 600. 00 per day of "Operating Rate" to the Joint Account by the Operator. Therefore the audit exception should be taken, credit equal to:

(USD 89, 600 - USD 83, 300) × 33/24 = USD 8, 662. 50

[审计师们审查了钻井船费用共计 USD 9, 561, 480. 00, 及其 DYVI 钻井公司的全部发票和各月份的结算账单，经与完井总结报告中的每日钻井船时间使用分析记录和 DYVI 钻井公司发布的有关钻井船日费率计算调整的文件对比分析，发现大部分的计算数据是符合实际的，但根据上述分析表明，有部分应作为修理时间费率计算的时间，错误地作为作业时间费率计算，共计有 33h，按照作业者和 DYVI 钻井公司签订的钻井合同规定，应以每日 USD83, 300. 00（*T4*，修理时间日费率）计算，但实际以每天 USD89, 600. 00（*T1*，作业时间日费率）计算计入了联合账簿。因此，应提出审计异议：

[(USD 89, 600 - USD 83, 300) × 33/24 = USD 8, 662. 50]

（2）审计异议通知书：

AUDIT MEMO
PRELIMINARY FINDING

PF No. 01
Date: May 22, 2001

To: Mr. Finance Manager
Operator: International Oil Co.
Contract Area: CA 071
Subject: Overcharge Rig Cost

Re: Voucher No. 640110, No. 640283, No. 640312, No. 640401, No. 640567
Invoice No. DYVI 7/2000, No. DYVI 8/2000, No. DYVI 10/2000, N0. DYVI 12/2000

Reference is made to the vouchers mentioned above and invoices issued by the Rig Owner, DYVI Drilling Co. and the Audit Worksheet attached. Based on the "Daily Rig Time Distribution" of Final Well Complete Report the auditors found that the Rig Owner's invoices for April, May, June, July and August 2000, there were included totalling 33 repair time hours to be charged into CA 071 Joint Account at USD 89, 600. 00 per day of Operating Rate (*T1*) instead of Repair Rate (T4) in the amount of USD 83, 300. 00 per day according to the attached Audit Work Sheet (summary of daily rig logs and Final Well Complete Report) .

However these invoiced rig rentals mentioned above have been charged to the Joint Account. Therefore the auditors are of the opinion that the above mentioned rig cost should be adjusted in accordance with the Drilling Agreement between the rig owner DYVI Drilling Co. and the Operator.

And the auditors would recommend the Operator to ask the Rig Owner for a credit, equal to:

(USD 89, 600 - USD 83, 300) ×33/24 = USD 8, 662.50

Your earlier response will be appreciated.

Operator's Reply:

We initially accept the auditor's exception PF No. 01. But we need to further investigate, than to ask the Rig Owner to make an appropriate adjustment.

(审计异议通知书 No.1　多计钻井船费用

审计查证依据：会计凭证 No. 640110，No. 640283，No. 640312，No. 640401，No. 640567

发票号 No. DYVI 7/2000，No. DYVI 8/2000，No. DYVI 10/2000，No. DYVI12/2000

据查证上述会计凭证和由 DYVI 钻井公司出具的发票，并依据所附上的审计工作底稿，审计师们根据完井总结报告中的每日钻井船时间使用分析记录，发现 DYVI 钻井公司开出的 2000 年 4、5、6、7、8 月份发票中共有 33h 的修理时间（*T*4），错误地作为作业时间按每天 USD89，600.00（*T*1 作业时间日费率）计算收费计入了联合账簿。根据钻井合同规定，应按每天 USD83，300.00（*T*4 修理时间日费率）计算。为此，审计组建议作业者应向钻井承包商 DYVI 钻井公司追索回多计的差额 USD 8，662.50 [（USD 89，600 - USD 83，300）×33/24]，并从联合账簿中剔除该项多支付款。

作业者答复：我们原则上同意接受审计组的 No. 1 审计异议，但我们还需要做进一步调查之后，再要求钻井承包商做出适当调整。)

案例二：停工计费时间超出合同规定的限定时间

（1）审计工作底稿：

Audit Worksheet

Audit: ABC Drilling Co., Exploration Well No. 6

Subject: Rig Time

	July	**August**	**September**	**October**	**Total Hours**	**Total Days**
Stand - by Time	26	78	160	36	300	12.5
Breakdown Time	6	50	28	24	108	4.5
Total	**32**	**128**	**188**	**60**	**408**	**17.0**

Contract Terms (Stipulated in the Drilling Agreement)

According to the Agreement between the Operator and Rig Owner, all stand - by time is chargeable at a rate of USD85, 300.00 per day. Breakdown time, however, is according to this specific agreement only chargeable up to 36 hours per calendar month.

In this case, breakdown time charged for August equals 50 hours, i.e. the rig owner has no contractual basis for charge of the 14 hours which exceed the contractual 36 hours.

Conclusion:

Breakdown charges for August are excessive.

Excess charges to the Joint Account:

USD 85, 300.00 × 14/24 = USD 49, 758.33

(根据作业者和钻井承包商签订的钻井协议，停工待命时间按每天 USD85, 300.00 计费，但每日历月该项计费时间最高不能超出 36h。经审查 8 月份钻井承包商结算收费的停工待命时间共 50h，超出协议规定最高不能超出 36h 的限度，共超过 14h。

审计结论：8 月份多计停工待命时间共 14h，计 USD 49, 758.33。)

（2）审计异议通知书：

AUDIT MEMO

PRELIMINARY FINDING

PF No. 02

Date: May 25, 2001

To: Mr. Finance Manager or Audit Coordinator

Operator: International Oil Co.

Subject: Overcharge of Breakdown Time for Rig in August, 2000

According to Exhibit 2, Section c, in the Agreement between Rig Owner and the Operator the maximum chargeable breakdown time per calendar month equals 36 hours.

The Rig Owner's invoice for August, 2000 includes 50 hours of breakdown time, according to attached summary of daily rig logs.

The invoice is paid in full and charged to the Joint Account. As there was no contractual basis to pay 14 hours of breakdown time, which exceeded the contractual limit, we recommend the Operator to ask the Rig Owner for a credit, equal to:

USD 85, 300.00 × 14/24 = USD 49, 758.33

We would appreciate the Operator's reply as soon as possible.

Operator's Reply:

The Operator initially accepts the auditor's exception PF No. 02, but needs to further investigate.

(审计异议通知书 No. 2　2000 年 8 月份多计钻井船停工待命时间费用

根据作业者和钻井承包商签订的钻井协议附件 2 c 款，规定能够计费的停工待命时间每个日历月最高限额为36h。但2000年8月份钻井承包商依据钻井日报记录，开发票实际结算收费的停工待命时间共50h，作业者已全部付款并计入了联合账簿。该款超出了合同规定的最高限额共计14h，我们建议作业者应向钻井承包商追索回多计的差额USD 49，758.33。

作业者答复：作业者原则上同意接受审计组的PF No.2审计异议，但需要做进一步调查。）

（二）供应船费用的审计（Supply Boats）

海上石油作业使用的供应船服务一般都是由所在国统一组织的供应船公司提供，有时在一个或几个合同区内的石油作业点由几条供应船交叉服务，承运石油作业用的器材、设备；也有时一条供应船在一次航程内（从海上石油作业供应基地至海上作业区）为几个作业点提供服务。因此，作业者实际支付的供应船费用是按照各作业点实际使用的供应船服务时间（供应船的航海日志均有详细记录）来分配计算的。在大多数情况下是按照钻井或基地作业的实际占用时间为基础来统一分配计算的（一般是每个月分配计算一次），而不是依据供应船的实际航行时间计算的。在审计过程中要着重注意下面几个方面：

（1）在每口井开始作业前或完成作业后，即在钻井船到达作业点之前和完成作业撤离作业点之后是否有分配计入联合账簿的供应船费用。

（2）供应船费用的具体分配程序与方法。

（3）供应船费用的具体分配依据，即实际占用供应船的服务时间是否符合供应船的航海日志（Log Books）或实际钻井作业所占用的时间。

（4）供应船服务公司收费结算用的日费率是否与合同规定相符。

现就供应船费用的审计列举一个实际案例。

案例：供应船的服务费用计费时间的开始日期在钻井船到达作业点之前

（1）审计工作底稿：

Audit Worksheet

Well Completion Report：（钻井完井总结报告反映的数据）

Contract Area ：066

Rig Name ：DYVI AlPHA

Well Number：2/2－1

Water Depth：59m（水深）

Total Drilled Depth ：4003m.（钻井井深）

Released from Previous Well，Date：April 6，2000（从上一口井撤离日期）

Rig on Location，Date：April 7，2000（钻井船到达本口井井位日期）

Spudding of Well，Date：April 9，2000（开钻日期）

Total Depth Reached，Date：June 18，2000（钻井至目的井深日期）

Well Completed，Date：July 3，2000（完井日期）

Well Abandoned, Date: July 4, 2000（弃井日期）
Released from this Well, Date: July 4, 2000（钻井船撤离本口井井位日期）
Total Days from Spud to Release of Rig: 87d（钻井周期）
Total Days from Mobilization to Release of Rig: 90d（全部建井周期）
Present Status of Well: Plugged and Abandoned
（目前井的状况：已打水泥塞封堵并弃井）

（2）审计异议通知书：

AUDIT MEMO

PRELIMEINARY FINDIAG

PF No. 03

Date: May 25, 2001

To: Mr. Finance Manager
Operator: International Oil Co.
Subject: Overcharge of Anchor handling, Towing and Supply Services Vessels Cost

---

In accordance with the Final Well Report Drilling Rig, "DYVI ALPHA" was released from previous well on April 6, 2000 and reached on the Location of well 2/2 - 1 on April 7, 2000. The hire of supply service vessel "Normand Trader" should be charged to the Contract Area 066 starting on April 7, 2000. Therefore the Joint Account was overcharged 6 days for the hire of supply service vessel in April 2000.

We recommend the Operator to ask the sub - contractor for a credit in the amount of USD 36, 000.00 [6 × USD 6000.00 (Day Rate)].

Your earlier response will be appreciated.

Auditor:
Approved by Lead auditor:

Operator's Reply:
The Operator needs to further investigate.

（审计异议通知书 No. 2　　多计起下锚、拖航和货运等供应船服务费用

经核查，根据钻井完井总结报告记载，钻井船 DYVI ALPHA 于 4 月 6 日撤离上一口井，并于 4 月 7 日到达 2/2 - 1 井位置。供应船 Normand Trader 号租用服务费应从 2000 年 4 月 7 日起开始计费，据此，2000 年 4 月份 066 合同区联合账簿中多计入了 6d 的供应船服务费用。我们建议作业者应向供应船承包商追索回多计的 6d 供应船服务费用，共计 USD 36, 000.00。

作业者答复：作业者需要作进一步调查。）

（三）直升飞机服务费用的审计（Helicopter Services）

为石油作业提供服务的直升飞机，通常也是由所在主权国的直升飞机服务公司按照作业者的计划要求统一安排，为各个石油作业区提供运输服务。在一般情况下，每一个合同区的作业者与直升飞机服务公司事先都分别签订服务合同，直升飞机的服务费用的计算是根据合同规定的计费条件和飞行记录（Flight Records）所记载的实际使用的飞行时间。有时，一架直升飞机在一次航程内为几个作业点连续提供服务。当然服务费用就根据飞行记录所记载的实际使用的飞行时间来分配计算。审计的侧重点应是：

（1）核对发票上结算的飞行时间是否与飞行记录相符，凡是没有飞行记录的都应提出查询。

（2）对一架直升飞机一次航程为几个作业点服务的飞行时间，要核对其分配是否合理。

（3）结算价格（一般以小时费率来计算）是否符合合同规定。

现就直升飞机费用审计列举下列一个实际案例。

一架直升飞机一次航程为几个作业点服务的飞行时间应按各作业点占用的实际飞行时间合理平均分摊，但往往由于作业者计算上的疏忽，将几个作业点的服务时间全部分配到一个作业点的成本中心（Cost Centre）。下面这个例子就是多次将为两个作业点服务的飞行时间计算到一个作业点合同区的成本支出。

案例：

（1）审计工作底稿：

Audit：Contract Area 079 Well 30/9 – 2

Subject：Helicopter Services

Flight Records No.	Date	Customer	Timer
FR No. 79122	06/12	Rig NORTRYM Well 30/9 – 2	1:04
FR No. 79122	06/12	Rig ROSS ISLE	**1:16**
FR No. 79110	06/08	Rig NORTRYM Well 30/9 – 2	1:07
FR No. 79110	06/08	Brogue Dolphin	**0:49**
FR No. 78635	06/02	Rig NORTRYM Well 30/9 – 2	1:01 1/2
FR No. 78635	06/02	Rig Brogue Dolphin	**0:44 1/2**

Conclusion：

The Flight Records No. 79122，No. 79110，No. 78635 mentioned above reflect that three times of flight service did not serve to Contract Area 079 well 30/9 – 2 in the amount of 2. 825 hours（1:16 +0:49 +0:44. 5）during June 2000. Therefore the allocation of flying hours made by the Operator is incorrect in June 2000 ，and audit exception should be taken.

Credit equal to:

2. 825 (hours) × USD 12, 548.00 = USD 35, 448.10

（审计结论：上述飞行记录 No. 79122，No. 79110，No. 78635 反映 2000 年 6 月份有 3 次直升飞机飞行服务时间共 2.825h（1: 16 + 0: 49 + 0: 445）不是为 079 合同区 30/9-2 井服务，而是为其他合同区服务的。因此，作业者对直升飞机服务费用的分配有误，应予调整。）

（2）审计异议通知书：

AUDIT MEMO

PRELIMINARY FINDING

PF No. 04

Date May 26, 2001

To: Mr. Finance Manager

Operator: International Oil Co.

Subject: Helicopter Services

Reference is made to the attached voucher No. 30642-07-2000 and its supporting documentation, invoice and flight records. Based on the flight records we have found that the allocation of flying hours made by the Operator is incorrect in three (3) records and the result is an overcharge of 2.825 hours amounting USD 35, 448.10 to the Joint Account of Contract Area 079 well 30/9-2 during June 2000.

The three (3) flight records should split the flying hours as follows:

Flight Records	**Rig "NORTRYM"**		
Number	**Well 30/9-2 (Timer)**	**Other Operation (Timer)**	
FR No. 79122	1:04	Rig ROSS ISLE	1:16
FR No. 79110	1:07	Rig Brogue Dolphin	0:49
FR No. 78635	1:015	Rig Brogue Dolphin	0:445
Total			2:495

Credit is requested: USD 12, 548.00 × 2.825 = USD 35, 448.10

We would therefore recommend the Operator to make a credit in the amount of USD 35, 448.10 to the Joint Account of CA 071 well 30/9-2.

Operator's Reply:

We agree with the audit exception of PF No. 04.

The error occurred due to a clerical mistake.

We will correct the error by book, a credit to the Joint Account CA 071 well 30/9-2 in the amount of USD 35, 448.10, at the earliest convenience.

（审计异议通知书 No. 4　　直升飞机服务费用

据查 No. 30642 - 07 - 2000 会计凭证及其附件、发票和飞行记录，我们发现作业者在2000年6月份对3张飞行记录的飞行小时费用分配有误，总共多计入079合同区30/9 - 2井2. 825h的直升飞机服务费用，计USD 33, 448. 10。为此，我们要求作业者做适当调整，从上述CA079 30/9 - 2井成本账户中剔除。

作业者答复：我们同意接受PF No. 4审计异议。这个错误是由于我们办事人员计算工作的失误。我们将尽快纠正，在联合账簿CA079 30/9 - 2井成本中剔除USD 33, 448. 10.）

（四）其他服务费用的审计（Other Services for the Joint Operation）

为石油作业服务的其他服务费用项目较多，包括救护船费用（Stand - By/Rescue Vessel）、固井费用（Cementing Services）、电测费用（Electrical Logging）、钻井液测井费用（Mud Logging）、钻井液设计费（Mud Engineering）、潜水作业费（Diving Services）、试井费（Well Testing）、通讯费用（Communication）等。其费用支出总额约占全部钻井成本的10% ~15%左右。通常作业者都必须分别与各个专业服务公司签订合同，有的事先要经过招标程序，选择有竞争性的供应商，即选择服务质量高、服务费价格合理或较低的。在审计中的重点，基本上与前述各项服务费的原则相同，但由于每项的开支额所占比重较小，可以采取抽样审查的办法，有选择、有重点地进行审计。审查中要特别注意核查结算收费的服务时间是否符合各项工作记录的实际使用时间。下面就上述各项服务费用的审计列举几个案例如下。

案例一：多计救护船费用

（1）审计工作底稿：

Audit Worksheet

Well Completion Report：（钻井完井总结报告反映的数据）

Contract Area：071

Rig Name：ROSS ISLE

Well Number：71/3 - 2

Water Depth：96m（水深）

Total Drilled Depth：4320m.（钻井井深）

Released from Previous Well, Date：July 6, 2000（从上一口井撤离日期）

Rig on Location, Date：July 7, 2000（钻井船到达本口井井位日期）

Spudding of Well, Date：July 9, 2000（开钻日期）

Total Depth Reached, Date：Oct. 18, 2000（钻井至目的井深日期）

Well Completed, Date：Oct. 25, 2000（完井日期）

Well Abandoned, Date：Oct. 27, 2000（弃井日期）

Released from this Well, Date：Oct. 28, 2000（钻井船撤离本口井井位日期

（2）审计异议通知书：

AUDIT MEMO

PRELIMINARY FINDING

PF No. 05

Date：May 26，2001

To：Mr. Finance Manager

Operator：International Oil Co.

Subject：Overcharge of Stand – by/Rescue Vessel Cost

The Drilling Rig，ROSS ISLE，was released from previous well on July 6，2000 and reached on the Location of well 71/3 – 2 on July 7，2000 in accordance with the final well completion report. And the Rig was released from the location of well 71/3 – 2 to the Port Base inspection on October 28，2000 indicated by the Monthly Billing Schedule of Rig ROSS ISLE.

The hire of stand – by/rescue vessel should be charged from July 7，2000 to October 28，2000. However，the hire of stand – by/rescue vessel has been charged from July 1，2000 to October 31，2000 according to the Invoice No. 466 and No. 556 issued by NORCHART Co.

Therefore the stand – by/rescue vessel' s hire of 9 days was overcharged to the Joint Account of CA 071 well 71/3 – 2（i. e. from 1st to 6th July and from 29th to 31st October 2000）.

We would recommend the Operator to ask the sub – contractor for a credit，equal to：

（6 × USD 1800. 00） + （3 × USD 1，880. 00） = USD 16，440. 00

Your earlier response will be appreciated.

Enclosed：

（1）Invoices No. 466 July and No. 544 October 2000 of NORCHART Co. .

（2）Monthly Billing Schedule of Rig ROSS ISLE for July and October 2000.

Auditor：

Approved by Lead Auditor：

Operator' s Reply：

The Operator accepts Auditor' s exception PF No. 05 and should ask the sub – contractor to make an appropriate adjustment as soon as possible.

（审计异议通知书 No. 5　　救护船费用

经核查，根据钻井完井总结报告记载，钻井船 ROSS ISLE 号于 2000 年 7 月 6 日撤离上一口井，并于 7 月 7 日到达 71/3 – 2 新井位置。在该钻井船月度结费账单上又指明，该钻井船于 2000 年 10 月 28 日撤离 71/3 – 2 井，返回港口基地进行检验。因此，救护船租用服务费应从 2000 年 7 月 7 日起开始计费，至 2000 年 10 月 28 日钻井船撤离止。但实际上 NORCHART 公司以 No. 466 和 No. 544 号发票结算的救护船租用费是从 2000 年 7 月 1 日至 2000 年 10 月 31 日，共多计 9d 的救护船租用费（即 2000 年 7 月 1 日至 7 月 6

日和10月29日至31日）。我们要求作业者应向救护船承包商追索回多计的9d救护船服务费用，共计USD 16，440.00。

作业者答复：作业者同意接受PF No.05审计异议，将要求救护船承包商尽快做出适当调整。）

案例二：基地服务费分配方法的审计

本案例是审计组进行对作业者海岸供应基地费用分配的审查。首先对海岸供应基地的总的费用与预算进行对比，并分析、评价海岸供应基地费用分配方法是否公平、合理。

AUDIT WORKSHEET

Audit：CA 066 Exploration Well No. 2/2 -2 cost

Operator：International Oil Co.

Subject：Coast Base Services

	Aactual	**Budgeted**	**Difference**
Cost	**380，000**	**310，000**	**70，000**
Analysis of Difference：			
Base Operating Costs			
Operation of base	2，125，162	1，700，000	
Purchasing cost	1，016，106	1，100，000	
Depreciation of inventories	400，000	400，000	
Capital expenditures	1，120，000	1，120，000	
Total	**4，661，268**	**4，320，000**	
Warehouse issues (Total year)	24，980，000	24，000，000	
Base service charge (%)	18.66%	18.00%	
Deliveries to well No. 2/2 -2			
Material and supplies	841，000	719，500	
Power tongs	25，000	15，000	
Testing equipment	48，000	50，000	
Casing	1，122，465	937，725	
Total	**2，036，465**	**1，722，225**	

Base service charges to well No. 2/2 -2

2，036，465 at 18.66 %	380，004
1，722，225 at 18.00%	310，000

Audit Conclusion：

Charges to CA 066 well No. 2/2 - 2 are reasonable and correct. Actual rate of Base Services differs a few from budget rate.

[审计结论：基地服务费用分配费率与预算比较稍有差异，对 CA 066 合同区 2/2 - 2 井分配的费用是合理的、正确的。]

第三节　材料成本的审计（Material Costs）

一、材料成本审计的主要环节

材料成本是指用于联合经营石油作业的各项材料费用支出。审计核实材料费用支出是联合账簿审计的一项重要内容，尤其是勘探阶段和开发阶段的钻井工程作业，材料费用的支出占相当大的比重，一般要占钻井作业总投资支出的30%左右；而且更需要核实确认计入联合账簿的各项材料消耗的数量和金额是否符合实际消耗量，计价是否正确合理。因此，对计入联合账簿的各项钻井作业的主要材料消耗，如钻头、套管、油料、水泥和钻井液材料等，都是必须审查核实的项目。而对开发阶段的各项油田建设工程，如导管架、平台建造、输油管线建设和油气集输系统建设等，由于按惯例采取工程造价总承包(Lump - sum)的方式，工程款按进度(Milestone)结算总价付款，在对联合账簿审计时，不必去审计油田建设工程的材料消耗。这里讲的材料成本的审计，实际上只是对作业者直接掌握施工的石油作业的材料消耗支出。

作业者对器材物资的管理和核算，在石油合同的会计程序中都有专门的条款做了具体规定，如对物资的采办程序，物资采购额度的权限，物资采购成本包括的内容，物资核算与计价方法，物资的保管和实物盘点制度，以及对使用过的物资和剩余物资的作价办法和处理权限等都作了比较详尽的规定。这些规定都是审计人员据以审计的依据和衡量并做出评价的准则。

联合经营石油作业的材料费用支出的审计应抓住以下几个主要环节：

（1）检查作业者是否按照合同规定要求，建立了一套完整的物资采办程序，采办物资是否严格按照采办程序办事。

（2）审查核对物资的实际采购结算价格是否符合采购订单（Purchase Order）的定价。

（3）计入联合账簿的各项材料费用，计价是否正确、合理，是否符合合同规定。

（4）审查核对计入联合账簿的材料消耗数量是否与石油作业原始记录，如钻井日报（Daily Drilling Report），记载的实际消耗数量相符。

（5）用余的物资是否及时办理了退库手续，冲减了联合账簿的石油作业成本。

（6）检查作业者的库存物资账实是否相符；是否按照合同规定定期进行了实物盘点；物资盘点的盈亏处理是否符合合同规定。

二、案例

下面介绍几个材料成本审计的实际案例。

案例一：钻井工程钻头使用剩余数没有办理退库手续，钻头成本多计入联合账簿

（1）审计工作底稿。

审查核实钻头成本的重点是根据钻井完井报告（Final Well Completion Report）中的“钻井材料消耗与成本总结分析报告（Total Consumption & Cost Analysis Report）”记载的各种规格的钻头实际消耗数量及成本与已经计入联合账簿的钻头成本及数量进行对比分析。核实其是否一致，是否存在把全部领用但尚未使用的钻头成本一并计入了联合账簿，而没有办理退库手续或结转到下一口井的成本。

Audit Worksheet

Audit: Exploration Well No. 2/2 – 2

Subject: Bit Costs

The Total Consumption and Cost Analysis Report for bits in the “Well Completion Report” reflects as follows:

	Unit	A. F. E.		Actual Used		Variance	
Type of Bits	**Price**	**Quantity**	**Amount**	**Quantity**	**Amount**	**Quantity**	**Amount**
HUG J – 6	2000	2 ea.	4,000.00	1 ea.	2,000.00	1 ea.	2,000.00
SWT 8/2	6000	25 ea.	150,000.00	22 ea.	132,000.00	3 ea.	18,000.00

The bits cost has been charged to the Joint as follows:

Type of Bits	**Unit Price**	**Quantity**	**Amount**
HUG J – 6	US$2000.00	5 ea	US$10,000.00
SWT 8/2	US$6000.00	25 ea	US$150,000.00

Audit Conclusion:

The auditors analyzed the bits cost charged to the Joint Account and the actual used quantities and actual cost reflected in the Final Well Completion Report. And found that two types of bits were overcharged to the Joint Account in the amount of USD 26, 000.00, which were surplus materials and should be credited to the Joint Account for the exploration well No. 2/2 – 2. The details are as follows:

Voucher No.	Type of Bits	Charged to J/A	Actual Used W. C. R.	Difference	Unit Price	Amount USD
6028	HUG J-6	5	1	4	2,000	8,000.
6039	SWT 8/2	25	22	3	6,000	18,000.
Total				**7**		**26,000.**

（审计结论：审计组分析了已经计入了联合账簿的钻头成本，与完井总结报告中记载的各种规格的钻头实际消耗用量及实际成本进行了对比，发现有两种规格的钻头共7个，计USD26，000.00，多计入了联合账簿。这是用余的材料，应冲减No.2/2-2井勘探井成本。）

（2）审计异议通知书。

AUDIT MEMO

PRELIMINARY FINDING

PF No. 06

Date May 28, 2001

To: Mr. Finance Manager

Operator: International Oil Co.

Subject: Overcharge of Bit Costs

Ref. Voucher No. 6028, No. 6039

A/C 30120

After review of the above vouchers and related material transfer, we found that seven (7) bits were overcharged to the Bit Costs of the Joint Account in accordance with the "Total Consumption and Cost Analysis Report" for the bits in the Final Well Completion Report. The details are as follows:

Voucher No.	Type of Bits	Charged to J/A	Actual Used W. C. R.	Difference	Unit Price	Amount USD
6028	HUG J-6	5ea.	1ea.	4ea.	2,000	8,000.
6039	SWT 8/2	25ea.	22ea.	3ea.	6,000	18,000.
Total				**7ea.**		**26,000.**

We are of the opinion that there were surplus materials of the bits on the worksite of well 2/2-2, which should be returned to the Operator's base warehouse and be credited to the Joint Account for the exploration well No. 2/2-2 cost.

We would therefore request the Operator to further verify the difference mentioned above and to make appropriate adjustment.

Your earlier response will be appreciated.

Auditor:

Approved by Lead Auditor:

Operator's Reply:

The Operator accepted auditor's exception PF No. 06. A credit in the amount of USD 26, 600.00 has been made to the Joint Account well No. 2/2 -2. (see Journal Voucher No. 200196)

[审计异议通知书 No.6　多计钻头成本

经审查核实上述会计凭证和有关的材料发料单据，并根据完井总结报告中记载的钻头实际消耗量与实际成本，我们发现有两种规格的钻头共7个，计 USD26，000.00，多计入了联合账簿。我们认为，这是 No.2/2 -2 井现场用余的钻头材料，应退回作业者的基地仓库，并冲减联合账簿 No.2/2 -2 井的成本。为此，我们要求作业者进一步核实，并做出适当的调整。

作业者的答复：作业者同意接受审计组 PF No.06 审计异议，并已从联合账簿 No.2/2 -2 井的成本中剔除 USD 26，600.00（参见 2001 年 9 月 No. 200196 转账会计凭证）。]

案例二：钻井工程用套管剩余数没有冲减钻井成本

钻井工程用的各种规格的套管，包括导管（30 inches）、表层套管（20 inches）、技术套管（9 inches to 13 ⅜ inches）和油层套管（5 ½ inches to 7 inches）、油管（1 ¼ inches to 4 ½ inches）等，下套管作业施工前的备料，根据套管程序的设计要求，送往施工现场的各种套管数量要比实际需用量多出一定的数量，这是因为技术和质量要求的原因（一是运输路途中的损坏因素，如套管丝口损坏；二是供应生产厂商的质量因素；三是套管程序的临时设计变更因素），一般备料数量要比实际需用量高出5% ~15%，尤其是海上施工，更必须有充足的备料，等待施工完毕之后再把用余套管办理退料手续，或结转下一口井使用，并冲减本口井的成本。但在实际工作中，作业者往往忽略了这个必要的程序，造成虚增该口井的钻井成本。因此，对套管的实际用量与成本的审计是材料成本审计的重点内容之一。

每一口井钻井作业所用的各种规格套管的实际使用数量（包括套管附件）在钻井日报（Daily Drilling Report）和完井总结报告（Final Well Completion Report）中都有详细的记录，尤其是井身实际设计程序对实际使用的各种规格的套管更有明细的图解（参见本节审计工作底稿中的附图）。审查核实套管成本时最重要的环节，就是首先要根据上述钻井作业的原始记录，核实和确认各种规格套管的实际使用数量。然后，再审查核对计入联合账簿的各种套管的数量与成本是否符合上述确认的实际使用数量。

下面是一个对套管的实际用量与成本的审计的实际案例：

（1）审计工作底稿。

Audit Worksheet

Audit ：CA 029 Exploration Well No. 15/6 – 6

Subject：Casing Costs

The Total Consumption and Cost Analysis Report for various casing in the "Well Completion Report" reflects as follows（完井总结报告中关于各种规格的套管的实际消耗数量反映如下）：

Type of	Unit	Unit	A. F. E.		Actual Used		Variance	
		Price	Quantity	Amount	Quantity	Amount	Quantity	Amount
Casing	ea. /m	ea. /USD	ea. /m	USD	ea. /m	USD	ea. /m	USD
Conductor 30″	ea. /m	11,000	15/196	165,000	15 /196	165,000	0	0
Casing 20″	ea. /m	3,538	38/470	146,604	37/447	142,746	1	3,858
Casing 13 ⅜″	ea. /m	1,946	108/1236	210,168	105/1202	204,330	3	5,838
Casing 9 ⅝″	ea. /m	1,136	250/2760	284,000	252/2779	286,272	(2)	(2,272)
Casing 7″	ea. /m	908	340/3740	308,720	335/3686	304,180	5	4,540
Total				**1,114,492**		**1,102,528**		**11,964**

The Diagram of Casing and Pipe in Well No. 15/6 – 6

Casig and Pipe in Well No. 15/6-6

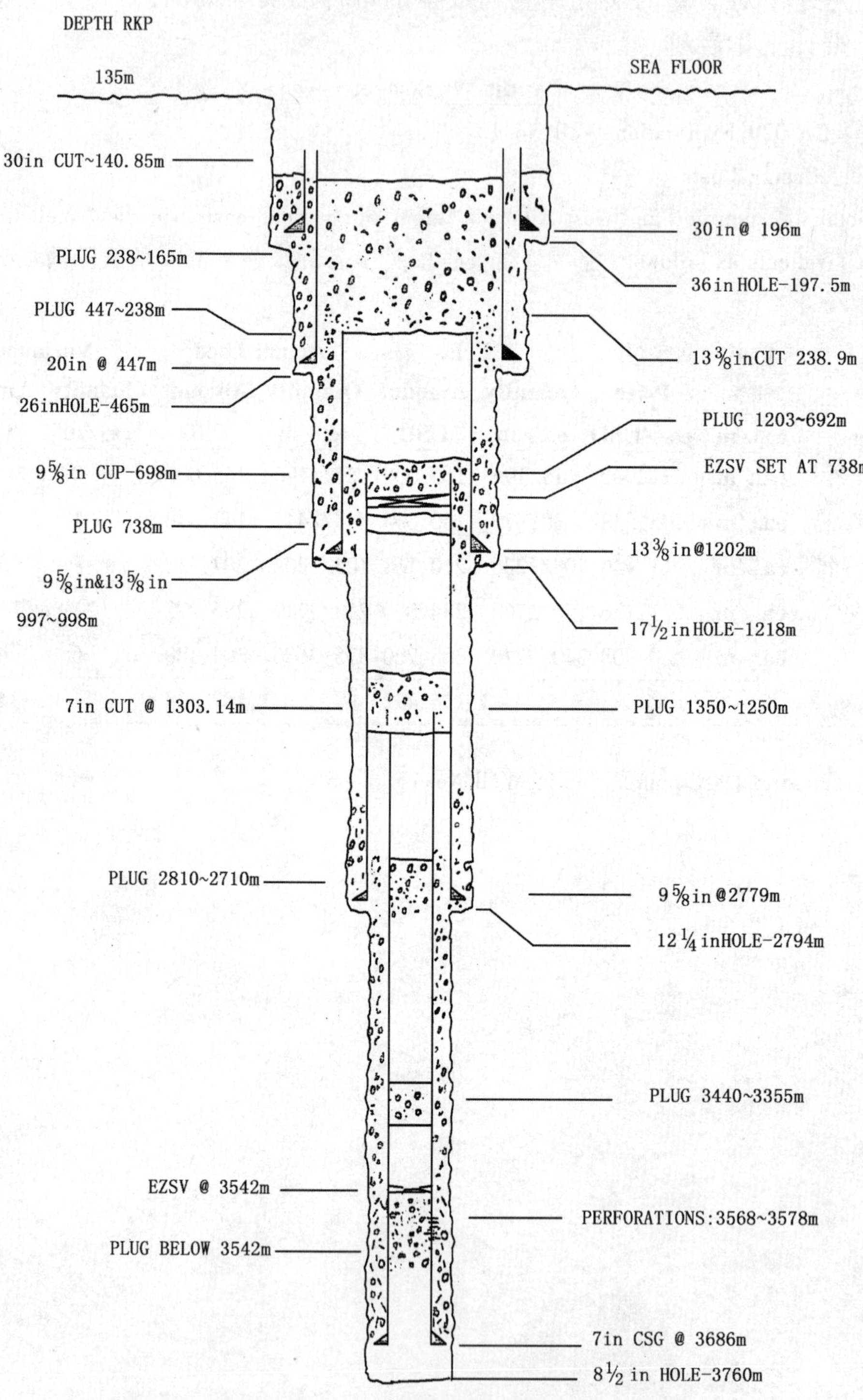

The various casing costs have been charged to the Joint Account as follows:（已经计入联合账簿的各种规格的套管成本如下）

Type of Casing	Unit ea. /m	Unit Price ea. /USD	Quantity ea. /m	Amount USD
Conductor 30″	ea. /m	11,000	16/209	176,000.00
Casing 20″	ea. /m	3,538	40/483	154,320.00
Casing 13 ⅜″	ea. /m	1,946	112/1288	217,952.00
Casing 9 ⅝″	ea. /m	1,136	277/3054	314,672.00
Casing 7″	ea. /m	908	380/4180	345,040.00
Total				**1,207,982.00**

Audit Conclusion:

The auditors analyzed various casing costs charged to the Joint Account and the actual used casing quantities and actual casing costs reflected in the Final Well Completion Report. And the auditors found that all of various casing costs were overcharged to the Joint Account, the differences between the casing costs charged to the Joint Account and actual casing used quantities and costs reflected in the Final Well Completion Report are as follows（审计结论：审计组核实分析了已经计入联合账簿的各种规格的套管成本和完井总结报告中反映的关于各种规格套管的实际消耗数量与实际成本，发现已经计入联合账簿的各种规格的套管成本均超过实际消耗数量而超计，已经计入联合账簿的各种规格的套管成本和完井总结报告中反映的关于各种规格套管的实际消耗数量与实际成本之间的差异反映如下）：

Description	Unit	Quantities Accounted In J/A	Quantities Reflected in W. C. R.	Variance ea. /m	Unit Price ea/USD	Total Discrepancies USD
Conductor 30″	ea. /m	16/209	15 /196	1/13	11,000	11,000.00
Casing 20″	ea. /m	40/483	37/447	3/36	3,538	10,614.00
Casing 13 ⅜″	ea. /m	112/1288	105/1202	7/86	1,946	13,643.00
Casing 9 ⅝″	ea. /m	277/3054	252/2779	25/275	1,136	28,400.00
Casing 7″	ea. /m	380/4180	335/3686	45/494	908	40,860.00
Total						**104,517.00**

The auditors are of the opinion that these differences mentioned above were remaining various casing of the well 15/6 - 6 , but not reflected in the record of closing inventories which could be missed by the final physical inventories. Therefore the audit exception should be taken and ask the Operator to make appropriate adjustment to the Joint Account for the exploration well

No. 15/6 - 6.（审计组认为上述反映的差异是15/6 - 6井实际使用完后剩余的套管，但在完井后的库存实物盘点记录中遗漏了这部分套管。因此，审计组应提出审计异议，要求作业者对已经计入联合账簿的15/6 - 6勘探井成本做出适当调整。）

（2）审计异议通知书。

AUDIT MEMO

PRELIMINARY FINDING

PF No. 07

Date: May 10, 2001

To: Finance Manager

Operator: International Oil Co.

Subject: Overcharge of Casing Costs

Re: Voucher No. 20356, No. 20589, ……

Well 15/6 - 6 Final Well Completion Report

Well 15/6 - 6 Daily Drilling Report

The comparison between the quantities of casing as booked in exploration well 15/6 - 6 costs of the Joint Account CA 029, and the relevant consumption stated in Final Well Completion Report shows the following discrepancies:

Description	Unit	Quantities Accounted In J/A	Quantities Reflected in W. C. R.	Variance ea. /m	Unit Price ea/USD	Total Discrepancies USD
Conductor 30″	ea. /m	16/209	15 /196	1/13	11,000	11,000.00
Casing 20″	ea. /m	40/483	37/447	3/36	3,538	10,614.00
Casing 13 3/8″	ea. /m	112/1288	105/1202	7/86	1,946	13,643.00
Casing 9 5/8″	ea. /m	277/3054	252/2779	25/275	1,136	28,400.00
Casing 7″	ea. /m	380/4180	335/3686	45/494	908	40,860.00
Total						**104,517.00**

The auditors are of the opinion that the discrepancies mentioned above should be remaining casing of the well 15/6 - 6 , but not reflected in the record of closing inventories which could be missed by the final physical inventories. Therefore we recommend the Operator to further investigate and make appropriate credit in the amount of USD 104, 517.00 to the Joint Account CA029 well 15/6 - 6.

Auditor:

Approved by Lead Auditor：

Operator's Reply：

The Operator agrees to accept Auditor's exception PF No. 07 and the adjustment has been made upon the request issued by the Auditor.

（审计异议通知书 No. 7　超计套管成本

已经计入联合账簿 CA 029 合同区 15/6 - 6 勘探井成本的各种规格的套管和完井总结报告中反映的关于各种规格套管的实际消耗数量与实际成本之间的差异反映如下表。

审计组认为上述反映的差异是 15/6 - 6 井实际使用完后剩余的套管，但在完井后的库存实物盘点记录中遗漏了这部分套管。因此，审计组要求作业者应进一步调查核实，并对已经计入联合账簿的 15/6 - 6 勘探井成本做出适当调整。

作业者的答复：作业者同意接受审计组 PF No. 07 审计异议，并按照审计组的要求，联合账簿已经做了适当调整。）

案例三：钻井液材料的审计

（1）审计工作底稿。

AUDIT WORKSHEET　　　　No. 1 of 2

Audit：International Oil Co. CA 066 Exploration Well No. 2/2 - 2

Subject：Mud &Chemicals - Page No. 1/2

	Actual	Budget	Difference
Mud &Chemical Costs (USD)	416, 000.00	294, 500.00	121, 500.00

The "Total Consumption & Cost Analyses" report for mud and chemicals in the "Well Completion Report" is the bases for the analysis of the costs related to mud and chemicals. This report is a summary of the daily mud - logs, and is issued by the mud contractor.

The mud contractor has registered a consumption of mud and chemicals used in the hole, which equals a total cost of USD 349, 000.00 i. e. USD 67, 000.00 lower than the booked amount of USD416, 000.00.

The auditors analyzed the invoices and opening/closing inventories for the various types of mud and chemicals to the corresponding figures of the "Total Consumption & Cost" report.

The following significant discrepancies between the mud contractor and the charged amounts were disclosed：

	Used M/T	Charged M/T	Overcharge M/T	%	Loss USD
Barite	1, 769	2, 221	452	26	51, 920
Bentonite	220	267	47	21	12, 800

Audit Conclusion:

The loss of Barite and Bentonite mentioned above is considerably higher than accepted industry practice. However, the error is of procedural nature; there financial exception will not be taken. But a general procedure comments will be taken by the auditors.

(在完井总结报告中的钻井液及化工材料消耗与成本分析报告是分析钻井液及化工材料成本的基础。这个报告是每日钻井液记录的总结，是由钻井液承包商编报的。

钻井液承包商记录了在钻井作业中实际使用的钻井液及化工材料消耗，总计为 USD 349，000.00，比实际已计入联合账簿的 USD416，000.00，少了 USD 67，000.00。

审计组分析了有关钻井液及化工材料的发票和各种钻井液及化工材料的期初、期末实物盘点的情况，以及在“钻井液及化工材料消耗与成本分析报告”中相应的有关数据。钻井液承包商记录的数额与实际已计入联合账簿的数额有较大的差异，具体反映如下表：

	实际使用数 M/T	已计入联合账簿数 M/T	超计数 M/T	%	损失金额 USD
重晶石	1，769	2，221	452	26	51，920
膨润土	220	267	47	21	12，800

审计结论：

上述重晶石和膨润土的损耗数超出了石油工业一般能够接受的惯例，审计组认为在操作程序上有问题，可以考虑不提出剔除金额，但要提出一般程序性的改进意见。)

AUDIT WORKSHEET

Audit: International Oil Co. CA 066 Exploration Well No. 2/2 - 2

Subject: Mud &Chemicals - Page No. 2/2

Total Consumption & Cost Analysis

Well Total Depth: 4, 650m

Total Days: 124d

Material	**Unit Size**	**Program**	**Used**	**Variance** (+ **or** -)	**Cost USD**
Barite	M/T	1, 632	1, 769	+147	203, 430. 00
Bentonite	M/T	266	220	-46	71, 720. 00
Chrome Lignosulf.	25kg	2, 000	2, 750	+750	41, 256. 00
Caustic Soda	25kg	580	1, 117	+597	13, 363. 00
CMC	25kg	100	71	-39	3, 580. 00
……					
……					

Cost/Day USD 2, 184. 52

Total Cost for well No. 2/2 - 2	USD 349, 000. 00
Program Cost for Well	USD 294, 500. 00
Cost Variance	USD 54, 500. 00

（2）审计异议通知书。

AUDIT MEMO
PRELIMINARY FINDING

PF No. 08

Date: May 30, 2001

To: Finance Manager

Operator: International Oil Co.

Subject: Reconciliation of Mud &Chemicals Consumption for Well No. 2/2 – 2

Our review of consumption of Barite and Bentonite revealed significant differences between the "Total Consumption and Cost Analysis" in the Well Completion Report for mud and chemicals and the book charges.

The differences represent a loss of 26% and 21% respectively.

In comparison the usually accepted loss rate in the offshore industry is from 10 to 15 percent.

The difference between the normally accepted and the actual loss figures represent a value of approximate USD 25, 000. 00.

Operator has today no established control procedures with regard to physical verification of bulk quantities of mud and chemicals received from suppliers.

We accordingly recommend the Operator to establish the necessary control procedure in order to minimize losses. We would appreciate the Operator's reply as soon as possible.

Auditor:

Approved by Lead Auditor:

Operator's Reply:

We agree that the loss of Barite and Bentonite charged to well No. 2/2 – 2 is considerably higher than average loss for the offshore industry.

However, we immediately intended to establish new procedures for physical verification of bulk quantities of mud and chemicals.

These procedures will result in physical verification of quantities by the Operator's personnel at the place of delivery of all major bulk deliveries of mud and chemicals.

［**审计异议通知书 No. 8**

经审核，我们发现实际计入联合账簿成本的重晶石和膨润土的消耗数量与完井总结报告的“钻井液及化工材料消耗与成本分析报告”中记载的实际消耗数量有较大的差异。这个差异分别为26%和21%。通常，海上石油工业可以与之相比较的惯例，其损耗率为10%～15%。

在通常可以接受的损耗率与实践损耗数之间的差额大约为25，000美元。

作业者从供应商那里收到的散装的钻井液及化工材料，至今尚未建立实物量验收的控制程序。

为此，我们建议作业者应尽快建立适当的控制程序，为了把损耗减少到最低限度。

作业者答复：

我们同意接受审计异议，实际计入联合账簿No.2/2－2井成本的重晶石和膨润土的消耗数量，确实超出了海上石油工业的平均损耗数。我们考虑对散装材料，将尽快建立适当的新的实物量验收控制程序。作业者的操作人员将在所有散装材料运达的地点建立钻井液及化工材料的实物量验收控制程序。]

第四节　人员费用的审计
（Personnel Costs or Labor Costs）

一、人员费用的定义

人员费用是指为执行《石油合同》从事经营、管理、财务会计、劳资关系、采办、法律、工程、地质、地球物理、钻井和生产作业等工程技术和管理人员所花费时间的报酬与雇员福利、津贴等有关的费用。根据我国目前进行的对外合作开发石油资源的实际情况，上述这些人员中包括由作业者调来的外籍雇员（Expatriates）；由作业者在香港雇佣的香港雇员以及由作业者在当地雇佣的本地雇员。

“人员费用”的定义在我国采用的《标准合同》（英文本）中是这样描述的：

Definition of Personnel costs

The personnel costs mean the remuneration and other related charges concerned paid on the basis of the working time spent by personnel who are engaged in administration, management, accounting, finance, tax, employee relations, procurement, legal affairs, computer services, engineering, geology, geophysics, drilling and Production Operations as well as all other work for the implementation of the Contract.

在石油作业的勘探、开发阶段，人员费用的支出一般占投资支出总额的10%左右；在生产阶段要更高些，一般人员费用占直接生产费用支出总额的15%左右。尤其是外籍雇员的人员费用，平均费用水平高，所占比重大。根据某合同区的分析统计，在生产阶段初期人员费用支出占直接生产费用支出总额的15%，其中外籍雇员的人员费用就占了13%，本地员工的人员费用只占2%。在作业者的管理机构中，外籍雇员人均年费用水平比本地员工的人均年费用水平要高出5倍~8.9倍，如1997年外籍员工的人均年费用水平为15.9万美元，比本地员工的人均年费用水平高出近9倍；外籍员工工资及福利费两项合计占行政管理费总额的38.3%。外籍雇员人员费用的组成内容也很复杂，各个外国石油公司又不尽相同，各自都有自己的雇员政策。因此，人员费用的标准也是很不一致的（在《标准合同》中对外籍雇员的人员费用标准没有做限定性的规定），而且，每年都有变化和增长，并随着物价指数的变化逐年调整。另外，特别是在开发阶段，外籍雇员的变换和临时来作业地的一些轮换的工程技术人员比较频繁，人员费用的计算经常出现某些差错。因此，在每个会计年度的审计工作项目中，应该把外籍雇员人员费用的审计作为一项必审的重要内容。审计人员必须认真细致、不厌其烦地审查核实人员费用支出。审查的方法在一般情况下，对初次审计的作业者应采取全面审计的方法，以便摸清情况，比较全面地了解和掌握该作业者（国际石油公司）的雇员政策和人员费用标准等情况；随后的审计，则可以根据作业者对人员费用内部控制制度的强、弱的实际情况，据其薄弱环节，采取有重点地审查的方法。尤其是作业者机构大、工程技术和管理人员比较多的情况下，审查应有所侧重，否则，往往由于审计工作量太大，搞得不深不透，审计效果不佳。

二、外籍雇员人员费用的内容及组成部分

（一）外籍雇员人员费用的内容

外籍雇员人员费用的内容一般包括：（以美籍雇员为例）

(Personnel cost of Expatriates including:)

（1）基本工资（Base Salary）。

（2）海外津贴（Incentive for Expatriates（Overseas Allowance）]。

（3 生活津贴（Excess Commodities Service Allowance）。

（4）住房补贴（Housing Allowance）：

减：原在美国住房（Minus：U. S. Housing Equivalent Deduction）；

加：在中国住房费（Add：Housing in China）。

（5）个人所得税（Individual Income Tax）：

减：原在美国的个人税（假设税）（Minus：U. S. Hypothetical Tax）；

加：在中国缴纳的个人所得税（Add：Chinese Individual Income Tax）。

（6）雇员福利［Employees Welfare Funds（Burden or Bonus）］。

（7）休假工资（Vacation Assistance）。

(8）雇员辞职或退休金（Employee Resignation or Retirement）。

(9）雇员搬迁费用（Mobilization and Demobilization）。

(10）税收保护（Tax Protection）。

（二）外籍雇员人员费用的组成部分

从以上外籍雇员人员费用的内容分析，大致可以分为六个组成部分：

(1）基本工资。这是外籍雇员在美国国内的基本工资，也是基本工资以外雇员福利等的计算基础。基本工资采用月薪制，一般每年调整一次。

(2）雇员福利。雇员福利分为工资单内的雇员福利和工资单外的雇员福利两种。工资单内的雇员福利又分为两个部分，一部分是根据美国政府的有关规定必须计提的社会福利基金，如社会保险金（Federal Insurance Contribution (FICA)]、退休（养老）金（Pension)、医疗保险（Medical and Dental Plans)、失业及伤残保险（Unemployment and Disability Insurance）等；另一部分是根据公司的福利政策计提的雇员福利基金，如公司为了鼓励雇员长期为公司服务，雇员可以自由选择参加公司的各项福利计划（Incentive)，并授权公司每月代扣部分工资投入福利计划，公司根据雇员的选择相应提取部分福利基金投入福利计划。这部分公司投入的福利基金是人员费用的雇员福利部分，但不直接发给雇员个人。工资单外的雇员福利实际上是根据本公司的雇员政策所发生的费用支出，一般都是实报实销。如教育补贴（外籍雇员子女在联合石油作业所在国当地上学的费用补贴)；外籍雇员直系亲属伤病危亡需要紧急回家的交通费补贴等。

(3）假期费用。假期有长假和短假两种，长、短假期都是根据雇员为公司工作的时间（年限）来计算享受的。假期发生的费用主要是休假期的工资和交通、生活费用补贴。

(4）住房补贴。外籍雇员在海外工作，公司支付在海外驻地的住房和生活设施费用，但外籍雇员到海外工作以前本人所应负担的原在美国住房和设施费用，仍应由其本人负担。这些数字是根据统计资料理论计算出来的每月在工资中做减项调整。

(5）搬迁费用。是指外籍雇员调动到海外（联合石油作业所在国）工作所发生的搬迁费用。

(6）税收保护。税收保护分为美国税收保护和中国税收保护两个部分。美国税收保护是指外籍雇员由于到海外而增加的美国税收负担，也可以理解为原美国税收以外的美国税收负担，应由作业者给予补偿。中国税收保护是指外籍雇员在中国缴纳的个人所得税超过其原来在美国所缴纳的个人所得税部分，也应由作业者给予补偿。

三、人员费用审计的主要环节

人员费用审计的几个主要环节：

根据以上在国际合作开发石油资源的石油作业中人员费用开支的实际情况，对外籍雇员的人员费用应作为审计的重点，并应抓住以下几个主要环节：

(1) 查明作业者的外国石油公司的雇员工资和福利政策，审查核对实际计发的工资以及其他有关费用是否符合雇员合同中规定的标准和该公司的雇员政策。

(2) 详细核对调入和调出人员的起薪和停薪的时间，是否符合工时考勤记录和公司雇员政策。

(3) 各种津贴是否符合公司雇员政策中的规定。

(4) 休假工资的计算是否符合雇员合同规定。

(5) 为石油作业提供临时服务的各类人员，按照实际工日和日费率计算的，必须详细核对工时考勤记录的实际工作日数和合同或工作订单中规定的日费率。

(6) 轮换班人员（Routine）的实际计发的人员费用与工时考勤记录是否相符。

(7) 人员费用的分配是否正确、合理，是否符合石油合同及会计程序的规定。

四、案例

下面列举几个人员费用审计的实际案例。

案例一：多计离任后作业者公司的外国雇员（Expatriate）的工资及福利费用

审计异议通知书：

AUDIT MEMO

PRELIMINARY FINDING

PF No. 09

Date: May 28, 2001

To: Finance Manager

Operator: International Oil Co.

Subject: Overcharge of Personnel Cost

Re: Voucher No. 06724 A/C Code 09 – 801001, 09 – 801030

Voucher No. 10802 A/C Code 09 – 801001, 09 – 801030

Voucher No. 11820 A/C Code 09 – 801001, 09 – 801030

In our verifying the A/C 09 – 801001 and A/C 09 – 801030, we found that the Operator overcharged USD 12, 275.68 for expatriate Messrs. R. E. Homer and D. B. Walkers' salaries and benefits which occurred after they had left the Operator's Office in china (See attached Assignment Letters and Time Sheet).

In accordance with Accounting Procedure under the Petroleum Contract and the generally accepted practices in joint operations of petroleum industry these salaries and benefits mentioned above should not be charged into the Joint Account.

Total credit in the amount of USD 12, 275.68 to the Joint Account is requested.

Your earlier response will be appreciated.

Auditor:

Approved by Lead Auditor:

Operator's Reply:

We accept the audit exception PF No. 09.

The error will be correct in June 2001 by voucher No. 06856 in the amount of USD 12, 275.68.

[**审计异议通知书 No. 9　多计人员费用**

经审查 09 – 801001 和 09 – 801030 账户，我们发现作业者将 R. E. Homer 和 D. B. Walkers 两位先生离任之后的工资及福利费用共 12, 275.68 美元计入了联合账簿（参见随附的雇员合同和工时考勤记录复印件），根据石油合同的会计程序规定和联合经营石油作业的惯例，离任之后的工资及福利费用不应再计入联合账簿，请予在联合账簿中剔除该项费用。

作业者答复:

我们同意接受审计异议 PF No. 09,并将于 2001 年 6 月予以纠正(会计凭证 No. 06856)。]

案例二：外籍雇员的个人所得税重复计入联合账簿

石油作业者的外籍雇员的人员费用（工资总额）中是含税的，即已经包括了应由雇员本身缴纳的个人所得税。当然，外籍雇员的个人所得税一般都是由作业者代扣代缴给当地税务部门的。但有的作业者有时把向中国税务当局代缴的外籍雇员个人所得税又计入了联合账簿，这是重复计费，应提出审计异议给予剔除。

审计异议通知书：

AUDIT MEMO
PRELIMINARY FINDING

PF No. 10

Date: May 28, 2001

To: Finance Manager
Operator: International Oil Co.
Subject: Double Charge of Individual Income Tax of Expatriates

---

Re: Voucher No. 12081, No. 12082
Expatriate Tax Returns No. 2000162, No. 2000163, No. 2000164, No. 2000165,
……
A/C 770100

Reference is made to the vouchers and expatriate tax returns mentioned above. The auditors found that the Individual Income Taxes of expatriates for the year of 2000 have been wholly charged to the Joint Account in the amount of USD 96, 856. 00.

The auditors are of the opinion that the Individual Income Tax of expatriate has already included in the Personnel Costs in accordance with Article 5. 2. 2 of the Accounting Procedure under the Petroleum Contract, and the Individual Income Tax of expatriate should not be charged into the Joint Account according to Article 5. 2. 9 of the Accounting Procedure under the Petroleum Contract. However, aforesaid the Individual Income Taxes of Expatriates for the year of 2000 were double charges to the Joint Account.

We would therefore recommend the Operator to make a credit of USD 96, 856. 00 to the Joint Account.

Your earliest response will be appreciated.

Auditor:
Approved by Lead Auditor:

Operator's Reply:

We agree with the audit exception PF No. 10.

The IIT of expatriates for the year of 2000 in the amount of USD 96, 856. 00 will be credited to the Joint Account at the earliest convenience.

[审计异议通知书 No. 10　外籍雇员的个人所得税重复计入联合账簿

经审核上述会计凭证和外籍雇员的税务申报表，审计组发现2000年度的个人所得税共计96，856.00美元，全部计入了联合账簿。

审计组认为，根据石油合同的会计程序5.2.2款规定，个人所得税已经包括在人员费用之内，并根据石油合同的会计程序5.2.9款规定，缴纳的个人所得税不能再计入联合账簿。因此，上述计入了联合账簿的2000年度个人所得税是重复计费。

为此，审计组建议作业者应从联合账簿中剔除上述重复计费的96，856.00美元。

作业者答复：

我们同意接受审计异议 PF No.10。计入联合账簿的个人所得税96，856.00美元，我们将尽早做出剔除处理。]

案例三：人员费用标准较大地超过一般水平

审计部门对某日本国际石油公司作为作业者的南海合同区人员费用进行了两个会计年度审计之后，发现该公司外籍雇员的工资较大地超出了普遍水平。1986年该公司外籍雇员的月平均工资为7，744美元，比同地区作业的国际石油公司日本外籍雇员的月平均工资（4，940美元）高出57.76%，与渤海合同区日本外籍雇员平均工资水平相比较，则差别更大。以部门经理级为例，该公司的月平均工资比渤海合同区高出61.3%。不仅超出其他日本作业者的水平，而且还超出了同地区美国国际石油作业者的水平。显然，这是很不合理的。该公司外籍（日本）雇员的月平均工资水平应与其他日本作业者基本接近，更不应高于同地区其他美、英等外国作业者的平均水平。审计组根据查证，还发现该作业者集团外籍（日本）雇员的工资计发，是按照几家母公司每月提供的计发依据的数据计算后先汇款给几家母公司。外籍雇员实际所得是否与计入联合账簿的金额一致，是否违反合同规定（《标准合同》第19条规定：作业者应按照支付给合同者人员的实际的人员费用计入联合账簿。），几家母公司是否从中获利等产生了疑问。因此，审计组先后提出了审计查询和审计异议，但均未取得合理、满意的审计查证资料，并与作业者的争议较大，成为重大的审计异议遗留问题。为此，国家石油公司审计部门与该作业者集团的母公司代表进行了多次审计谈判，提交了充分的审计查证资料，作业者集团也进一步说明了由于几个母公司的雇员工资政策不统一的特殊情况，经过几轮磋商之后，最终达成协议，取得了双方都能接受的一致意见，作业者同意将外籍（日本）雇员的工资标准做出适当的调减，从被审计会计年度的第二年起，将外籍（日本）雇员总的人员费用标准减少14%，每年人员费用总额可以减少60多万美元。解决审计异议遗留问题的会谈纪要

（英文稿）如下：

Meeting Resolution of Personnel Costs

State Petroleum Corporation (hereinafter called "SPC") and the five Japanese Companies comprising the Operators Group under the Petroleum Contract for the Contract Area 00/00 (hereinafter called "Operator") hereby mutually confirm the conclusion with regard to the outstanding issue of audit exception 2000 reached on the first day of November, 2001 in Beijing as follows:

The Operator agrees to revise the table of pay scale for personnel costs to such level as per attached sheet in order to reduce the current amounts of Overseas Allowance, welfare Expense and Bonus. The revised table shall be retroactively effective as from January 1, 2001.

SPC agrees that the personnel costs charged already to the Joint Account in 1999 and 2000 shall not be adjusted by the Operator, and the audit exception PF No. 10 of 2000 could be closed with no claim.

Attachment I USD

Item	**Class (Adjusted)**			**Total (a)**	**(Original)**
	A	**B—G**	**Total (b)**	**Difference**	**(a—b)**
Monthly salary	0, 000.	0, 000.	22, 492.	22, 492.	0
Net Bonus	0, 000.	0, 000.	9, 154.	11, 923.	2, 769.
Retirement Allowance	000.	000.	2, 523.	2, 523.	0
Social Insurance	000.	000.	2, 861.	2, 931.	70
Welfare Expense	0	0	0	1, 839.	1, 839.
Total Domestic Personnel Costs	0, 000.	0. 000.	37, 030.	41, 708.	4, 678.
Overseas Allowance	0, 000.	0, 000.	13, 500.	17, 000.	3, 500
Total Personnel Costs			**50, 530.**	**58, 708.**	**8, 178.**
					- 13. 93%

[关于解决人员费用审计异议遗留问题的会议纪要

根据00/00合同区石油合同的规定，国家石油公司和由五个日本石油公司组成的作业者集团经过协商，对2000年的联合账簿审计遗留问题于2001年11月1日达成协议，双方确认解决意见如下：

作业者同意依据本文件附表一修改现行的人员费用工资水平，以减少现行的人员费用中的雇员海外津贴和福利费用。修改后的人员费用标准追溯到自2001年1月1日起执行。

国家石油公司同意，对1999年和2000年作业者已经计入联合账簿的人员费用，可以不再做出调整；2000年审计提出的PF No. 10审计异议可以结案，不再要求剔除金额。]

案例四：作业者强调保密原因，不提供工资单（Payroll Register）等人员费用审计资料

有些外国作业者在执行石油合同初期的联合账簿审计中，对审计组提出的要求提供外籍雇员的工资单（Payroll Register）和雇员合同（Employee's Contract or Assignment Letter）等审计资料，往往强调保密等种种原因不予合作，不愿意提供，甚至有个别作业者拒绝接受对外籍雇员人员费用的审计。中海油和中石油在对外合作初期都发生过这种实际情况。在这种情况下，审计人员应根据合同规定，一方面要耐心说服，并要承诺严格遵守合同中关于保密条款的规定；一方面坚持要求作业者信守合同和联合开发石油资源国际合作的惯例，必须给予提供全部人员费用的资料。中海油在对外合作初期发生上述这种情况后，为了加强对外籍雇员人员费用的控制与审计监督，在第三、四轮招标的《标准合同》中有针对性地增加了一些条款与规定，给联合账簿审计增加了更加强有力的依据，审计人员应充分利用这些条款说服作业者，对人员费用的审计给予良好的合作和支持。这些条款主要如下：

The Terms of Personnel Costs Stipulated in the Petroleum Contract:

(1) After the effective date of the Contract, the Operator shall work out a staffing plan and a personnel costs plan with respect thereto (including salary or wage standards of each personnel and its breakdown content, such as basic salary or wage, overseas allowance, area allowance, insurance, various benefits and subsidies and the extra portion of individual income tax paid by the Contractor's employees in China exceeding the individual income tax payable by them in their home countries etc.) before the beginning of each Calendar Year.

(2) During the exploration period, the Operator shall submit a staffing plan for its organization and a personnel costs plan with the annual Work Program and budget to JMC for review and examination.

(3) In the development period and production period, the Operator shall submit a staffing plan for its organization and a personnel costs plan with the annual Work Program and budget to JMC for review and examination and the Contractor shall provide to the State Petroleum Co. with an itemized plan of personnel costs of the Expatriate Employees, SPC shall bear the obligation of confidentiality to such information provided by the Contractor.

(4) The Operator shall charge the personnel costs of the Contractor's personnel actually incurred to the Joint Account.

(5) State Petroleum Corporation shall have the right to audit the personnel costs charged to the Joint Account.

第五节　对作业者母公司及其关联公司的技术服务费的审计（Technical Services）

严格控制作业者母公司及其关联公司为合同区提供的技术服务费，对于降低对外合作开发石油资源的勘探阶段和开发阶段的建设成本，是一项十分重要的工作，在上述第二部分的“合同区预算的控制和管理”的章节中已经对加强作业者母公司及其关联公司的技术服务费的控制与管理，做了比较详尽的论述。对其进行严格的审计监督是加强对其控制和管理的重要手段。

技术服务费是指岩样分析（Rock Specimen Analysis）、油品化验（Oil Quality Tests）、地质评价（Geological Evaluation）、资料处理（Data Processing）、工程设计（Design and Engineering）、井场地质（Well Site Geology）、钻井监督（Drilling Supervision）、专题研究（Special Research Programs），以及其他技术服务的费用。为了加强对作业者母公司及其关联公司的技术服务费的管理和控制，在中海油采用的《标准合同》附件2《会计程序》中有专门的条款（5.1.4 和5.2.14 款），对其做了一些限定性的规定，这也是联合账簿审计的主要依据。

一、技术服务内容

作业者母公司及其关联公司为合同区提供的技术服务，具体包括但不限于以下内容：

（1）地质研究与解释（Geological studies and interpretation）。

（2）地震资料处理（Seismic data processing）。

（3）测井记录分析与解释（Well log analysis，correlation，and interpretation）。

（4）实验室试验服务（Laboratory services）。

（5）井场地质（Well site geology）。

（6）工程设计（Project engineering）。

（7）油源岩分析（Source rock analysis）。

（8）岩石物理分析（Petrophysical analysis）。

（9）地球化学分析（Geochemical analysis）。

（10）开发评价（Development evaluation）。

二、技术服务费日费率

作业者母公司及其关联公司为合同区提供的技术服务费是按照实际提供

服务的工作日数和日费率（Day Rate），由作业者的母公司通过 ICB（Inter-company Billing）向作业者结算的。但按照《标准合同》附件 2《会计程序》的规定，必须事先编制预算和执行工作订单程序。

（一）技术服务费日费率的组成

作业者母公司为合同区提供的技术服务费日费率的组成内容，根据某美国国际石油公司提供的数据，一般应包括三个主要内容，一是专业人员的基本工资；二是雇员的工资福利；三是提供技术服务的后勤支持（管理）费用（Supporting Cost），具体内容如下：

The Content of Day Rate of Technical Service：

（1）Base Salary of Technical Personnel（工程技术人员的基本工资）。

（2）Payroll Burden（工资福利）：

1）Pension and Annuity Costs［退休（养老）年金］。

2）Federal Insurance Contribution（FICA）（联邦社会保险基金）。

3）Medical and Dental Plans（医疗保险）。

4）Life Insurance（人寿保险）。

5）Employees Stock Plan（Employees Savings Plans）［雇员储蓄（福利）计划］。

6）Unemployment and Disability Insurance（失业及伤残保险）。

7）Misc. Other Employee Benefits（雇员其他福利）。

（3）Supporting Cost（Uplift Recovery Factor %）［支持性（管理）费用］。

关于支持性（管理）费用，各个美国的国际石油公司都是根据实际发生的提供技术服务的母公司管理部门的管理费用，先算出一个应该回收的百分比（Uplift Recovery Factor %），按照这个百分比来计算应该回收的支持性（管理）费用。这个百分比就是由提供技术服务的母公司管理部门的管理费用总额（不包括专业人员的基本工资和雇员工资福利）占人员费用总额（专业人员的基本工资加上雇员工资福利）的比率。但按照惯例这个管理费用总额中应扣减为其本公司单方利益服务的费用（Stewardship services）。支持性（管理）费用的回收比率（Uplift Recovery Factor %）的计算公式如下（某美国国际石油公司提供）：

$$\frac{\text{Total Departmental Expense} - (\text{Profes. Salaries} + \text{Payroll Burden})}{\text{Professional salaries} + \text{Payroll Burden}}$$

$$= \text{Uplift Recovery Factor } \%$$

Note: Amounts of departmental expense should exclude stewardship services provided to the Corporation（部门管理费用中不应包括为本公司提供服务的一般性管理活动的费用。）。

Stewardship Activities:

These are defined as activities undertaken by a corporate shareholder with respect to overseeing its equity investments in related corporations. Stewardship services are generally characterized by the fact that such activities are considered to be for the sole benefit of International Oil Corporation (IOC). In order to determine the cost to IOC of providing stewardship services, each department of IOC participates in an annual study to determine the amount of time spent by its professional personnel in such activities. The percentage thus determined is then applied to the respective department's General and Administrative expense for the year and the result is charged to IOC.

［**一般性管理活动：**公司股东为了监督检查公司的投资权益而进行的工作（活动）。一般性的行政管理服务活动是为公司利益单方服务的。为了确定其提供一般性行政管理服务的成本，母公司的各个部门都要研究确定提供这种专门服务的专业人员所花费的时间及费用成本。因此，确定一个百分比（比例），把每年这些有关部门的一般性行政管理服务费用计入母公司账户。］

（二）关于技术服务费日费率的计算案例

Man－day Rate Calculation:

Estimated Professional Salary Costs(年度基本工资总额)	USD 5,896,700.00
Payroll Burden(工资福利为基本工资的25.00%)	USD 1,474,175.00
Total Payroll Costs(年度人员费用总额)	USD 7,370,875.00
Productive Man－days (Days)(年度专业人员总工作日数)	18,924.
Average Payroll Cost per Productive Man－day (USD/Day)(日平均)	389.50
Various daily "Mission Allowances"(各种日补贴)	－
Total Payroll Costs per Man－day (USD/Day)(日平均人员费)	389.50
Supporting Cost(Uplift Recovery Factor 110%)［支持性(管理)费用］	428.45
Proposed Man－day Rate for 2001 (USD/Day)(2001年度技术服务费率)	**817.95**

Productive Man－Days（工作日数）

Total Days Availalle(年度总日数)	**365**

Less Adjustments:(减)	
Weekends（周末休息日）	(104)
Holidays（法定假日）	(10)
Vacation Days（年休假）	(20)
Sick Days（病假）	(3)
Other（其他）	–
Total Adjustments（调减合计 ）	**(137)**
Average Productive Man – days per Year（年平均工作日数）	**228**
Professional Manpower –2001（年度专业人员总人数）	**83**
Total Productive Man – days –2001（年度专业人员总工作日数）	**18,924**

（三）技术服务费率组成及核算流程示意图

技术服务率组成及核算流程如图6所示：

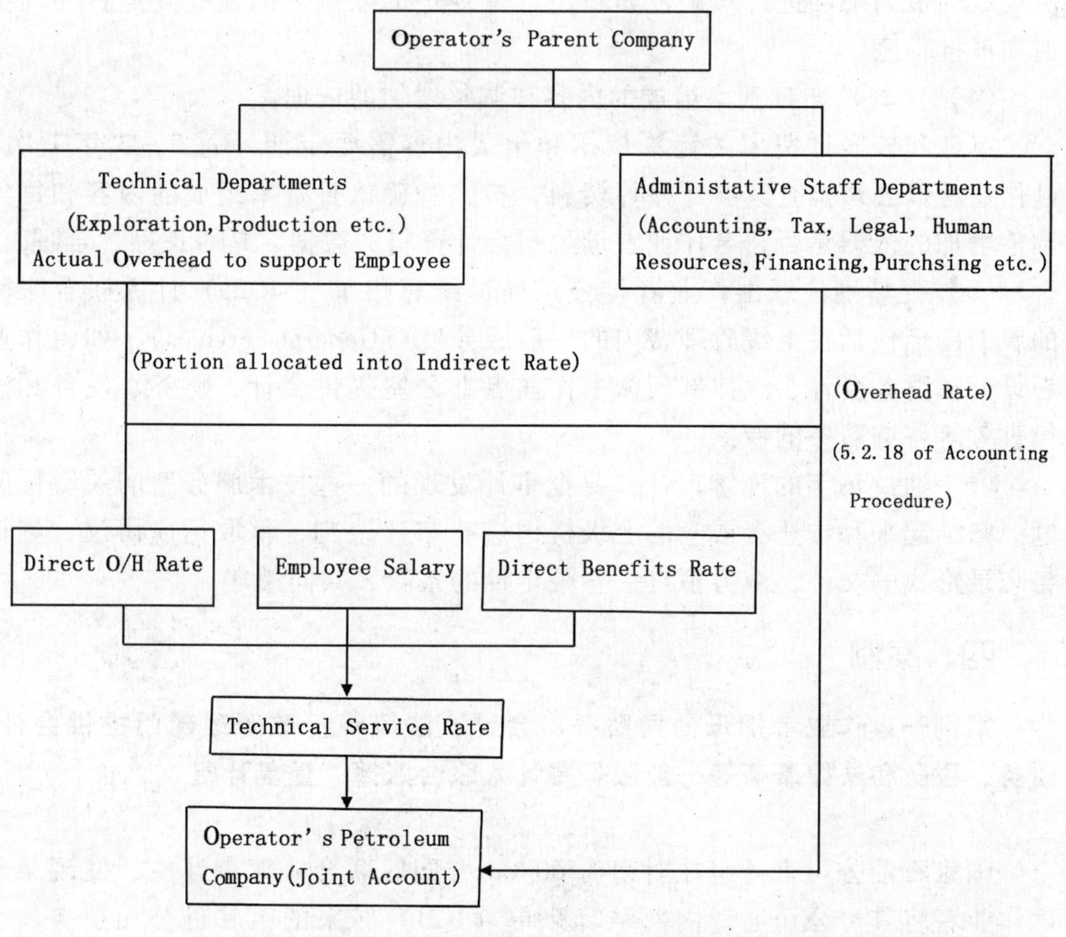

图6 技术服务率组成及核算流程

以上为美国某国际石油公司提供的关于技术服务费率的组成内容和计算办法，是有代表性的，在联合账簿审计中，国家石油公司的审计人员赴作业者母公司检查、核实和确认日费率组成的内容是否正确、合理时，按照惯例，其母公司应提供详尽的会计资料，以便审计人员核实、确认。

三、审计技术服务费的主要环节

对作业者母公司及其关联公司为合同区提供的技术服务费的审计应抓住以下几个主要环节：

（1）详细核对提供技术服务的“工时记录”（Time Sheet），检查“工时记录”中实际提供的工时或工日数是否与作业者母公司转来的结算账单（Inter－company Billing）相符。

（2）检查实际结算的日费率(Day Rate)是否符合工作订单中的规定数额。

（3）把实际结算的某项技术服务的总工作日数和费用总额与批准的订单中规定的最高限额进行对比，如超出订单规定的限额，则检查其是否办理了追加审批程序。

（4）审查核实日费率组成的内容和调整增加的依据。

审计和核实日费率的计算依据和组成内容需要定期（每2～3年1次）赴作业者母公司检查其会计核算资料，核实和确认日费率组成的内容和每年调整增加的依据是否符合作业者母公司会计资料的数据，是否正确、合理。

（5）要特别注意由作业者母公司通过结算账单（ICB）计入联合账簿的属于已经包括在上级管理费内的一般服务费（General Services），如由作业者母公司财务会计、法律部门派来作业者办公室提供会计、财务、税务和法律事务等咨询服务的专家。

（6）通过每年的连续审计，要把审计发现的一些技术服务费的关键性问题，归结起来和作业者或它的上级机构进行审计谈判，争取达成协议，签订备忘录形式的文件，双方拟订一些限定性的条款，共同遵守。

四、案例

案例一：作业者把母公司财务、会计、法律等行政管理部门提供会计、财务、税务和法律事务等一般服务费计入联合账簿，重复计费

国家石油公司审计组在对南海00/00合同区联合账簿审计中，发现某外国作业者将其母公司通过内部结算账单（ICB）转来的由其母公司财务、会计、法律和行政管理等部门提供的会计、财务、税务和法律事务等一般服务费计入了00/00合同区联合账簿。根据我国采用的《标准合同》的《会计程序》的有关规定，由作业者的上级管理机构对石油作业提供的一般服务费用，包括经营、管理、会计、财务、公司内部审计、税务、法律事务、劳资关系、筹资、经济资料收集等一般性服务，已经包括在按石油合同规定比例计取的上级管理费之内计入了联合账簿，作业者又把母公司转来的由其母公司财务、会计、法律和行政管理等部门提供的会计、财务、税务和法律事务等一般服务费计入联合账簿，实质上是重复计费，应提出审计异议，从联合账簿中予以剔除。

（1）审计异议通知书。

AUDIT MEMO

PRELIMINARY FINDING

PF No. 11

Date: May 28, 2001

To: Finance Manager

Operator: XX International Oil Co.

Subject: Double Charge of General Services Cost Provided by Operator's Parent Company

---

Re: Voucher No. 12285, No. 12287, No. 12290

ICB No. GS - 605, ICB No. GS -712, ICB No. GS -821

Reference is made to the vouchers and Inter - company billings issued by the Operator's Parent Company mentioned above. The auditors found that the managerial and operational services costs provided by administrative departments, such as finance, accounting, legal matters, employee relations of the Operator's Parent Company for the year of 1995 and 1996 have been charged to the Joint Account of Contract Area 00/00 in the amount of USD 1, 354, 821.00.

The auditors are of the opinion that managerial and operational services costs provided by the Operator's superior management organizations for the Petroleum Operation, including management, administration, accounting, treasury, intercompany audit, tax, legal matters, employee relations, financing etc. , should be included in the Overhead according to Article 5. 2. 18 of the Accounting Procedure under the Petroleum Contract. However the managerial and operational services costs provided by administrative departments of the Operator's Parent Company for the year of 1995 and 1996 have been charged to the Joint Account of Contract Area 00/00, that could be double charges to the Joint Account. The auditors would therefore request the Operator to further verify and credit to the Joint Account accordingly.

Your earlier response will be appreciated.

Auditor:

Approved by Lead auditor:

Operator's Reply:

The Operator agrees to accept audit exception PF No. 11 in principle, but needs to further investigate.

［**审计异议通知书 PF No. 11**　作业者母公司提供的一般服务费用重复计费

经审核上述会计凭证和由作业者母公司转来的内部结算账单(ICB),审计组发现1995年、1996年度由作业者母公司行政管理部门,如财务、会计、法律事务、人事等行政管理部门提供的一般服务费用共计1,354,821.00美元计入了00/00合同区联合账簿。

审计组认为，根据石油合同的会计程序5.2.18款规定，由作业者的上级管理机构对石油作业提供经营管理服务的费用，包括经营、管理、会计、财务、公司内部审计、税务、法律事务、劳资关系、金融等应包括在“上级管理费”之内，但作业者已将上述1995年、1996年度由作业者母公司行政管理部门提供的一般服务费用计入了00/00合同区联合账簿。这是对联合账簿的重复计费。

因此，审计组要求作业者进一步核实，并从联合账簿中剔除该项重复计费。

作业者答复：

作业者原则上同意接受PF No.11审计异议，但需要做进一步调查核实。］

（2）后续审计（Follow Up）。

上述PF No. 11“关于作业者母公司提供的一般服务费用重复计费”的审计异议提出之后，作业者及其母公司财务部门十分重视，经过反复核实和研究之后，作业者要求委派母公司的财务主管和专家与国家石油公司审计部门主管进行会谈和协商。会谈中由其会计专家详细介绍了该公司的有关技术服务费率的组成内容和核算办法，并进一步提供了有关技术服务费的会计资料，说明上述1995年、1996年度由作业者母公司提供的一般服务费中确实还包括了相当部分的技术服务费，并非全部都是审计异议提出的那种一般服务费。双方经过友好协商，达成协议，取得了双方都能接受的解决审计异议遗留问题的一致意见。其会谈纪要的英文原稿如下：

Resolution of Audit Meeting

The Parties had a meeting friendly discussing the remaining audit exceptions from 1995 through 1996. Emphasis was put on the technical service charges transferred from the Operator's parent company. At the meeting, the Parties exchanged ideas on this subject. The following resolutions were reached by the Parties at the meeting:

1. The technical service charges transferred from the Operator's parent company from 1995 to 1996 which were charged to the Joint Account will be split proportionally. Fifty - three percent (53%) amounting USD 718, 055.00 will be deemed as indirect cost which should be included in Overhead and be credited to the Joint Account while forty - seven Percent (47%) amounting USD 636, 766.00 will be deemed as direct cost which will remain in the Joint Account.

2. From January 1, 1997 the following service costs incurred in the following department of the Operator's parent company should not be charged to the Joint Account as direct costs:

(1) The service costs incurred in all 9000 Departments of Administration such as Accounting, Employee relations, Compensation and Benefits and Administration Department etc. .

(2) General Service costs incurred in Exploration - Administration (A/C9200), Legal Department (9220) and Engineering - Administration (9230). Any specific service which is required by joint operation shall be subject to Work Order Procedure in advance.

[**关于解决审计异议遗留问题的会谈纪要：**

合同各方对1995年和1996年的审计异议遗留问题，着重是由作业者母公司转来的技术服务费用，经过友好协商，充分交换了各方意见，一致达成如下协议：

1. 已经计入联合账簿的1995年和1996年由母公司转来的技术服务费用将按比例分开处理，其中53%，计718，055.00美元，作为间接费用处理，应包括在上级管理费之内，并应从联合账簿中剔除；其余47%，计636，766.00美元，应作为直接费用处理，仍应保留在联合账簿之内。

2. 自1997年1月1日起，下列作业者母公司有关部门发生的服务费用不应作为直接费用处理：

(1) 所有A/C 9000管理部门，如会计、雇员关系、福利补偿和行政管理部门等发生的服务费用。

(2) A/C 9200勘探部门行政管理、A/C 9220法律部门和A/C 9230工程设计部门行政管理发生的费用为一般性服务费用。如联合石油作业需要专业服务，则应事先按工作订单程序办理。]

案例二：解决有关技术服务费日费率的审计异议问题，与作业者母公司达成的协议条款

国家石油公司审计部门代表非作业者多次在对美、英、法、意等几个外国石油作业者母公司技术服务费率进行了专项审计之后，与作业者母公司财务主管部门等协商，就解决有关技术服务费日费率的审计异议问题，达成了一些协议，下面这个案例是具有代表性的，而且，在最近20多年来已经成为我国石油作业国际合作中的惯例。

Example: (with regard to Man - day Rate of Technical Services)

Meeting Resolution Concerning Technical Services

Provided by the Operator's superior Organizations or Affiliates

- The technical service cost should be charged on the basis of actual cost, and that no profit should be made.
- Any specific service, such as technical service provided by Operator's Parent Company or its affiliates should be subject to Work Order Procedure in advance according to Article 5.1.4 of the Accounting Procedure of the Petroleum Contract.

- The specific service costs incurred in all General administration departments, such as accounting, finance, legal, employee relation department of the Operator's Parent Company should not be charged to Joint Account as direct costs.
- The Operator shall provide relative source document of technical services, such as time sheet attached by Inter - company Billings of Operator's Parent Company.
- The Operator stressed that State Petroleum Corporation is authorized and welcome to audit the specific elements of the man - day rate of the technical services provided by Operator's Parent Company.

[有关技术服务费日费率的案例：

关于作业者的上级机构或关联公司提供技术服务的会谈纪要

1. 技术服务费应以实际成本为基础，不应产生利润。

2. 由作业者母公司及其关联公司提供的各种服务，如技术服务，应按照石油合同会计程序5.1.4款规定，事先办理工作订单手续。

3. 作业者母公司的会计、财务、法律、人事等行政管理部门提供的服务费用，不应作为直接费用计入联合账簿。

4. 作业者应提供技术服务费用的原始凭证，如工时记录，并应随附在作业者母公司的内部结算账单后面。

5. 作业者强调国家石油公司有权审计由作业者母公司提供的技术服务费的日费率的组成内容。]

第六节 间接费用的审计（Indirect Costs）

根据国际合作联合开发石油资源的惯例，联合账簿的间接费用一般包括两个部分：一是作业者在石油作业所在主权国家设置的管理机构的经营管理费（或称行政管理费）（General & Administrative Expenses）；二是上级管理费（Overhead）。经营管理费和上级管理费的定义、组成内容和核算办法等在本书第二部分第三章第五节中已做了详细论述。

经营管理费和上级管理费的审计较为繁杂，审计人员的工作量也较大，而且这对非作业者和作业者之间的利害关系冲突较为明显。在当今的国际合作中，有的非作业者在必要时把间接费用审计的内容，单独划出来，作为专项审计，称之为"Overhead Pool Audit"，单独组织专门的审计小组进行审计，以便有更充分的时间，做比较详细的核实、审查。

一、经营管理费和上级管理费的审计重点

对经营管理费和上级管理费的审计，应着重审查核实以下几个方面的重

点：

（1）作业者是否把与联合经营石油作业无关的一些费用列入间接费用计入了联合账簿。如作业者为其母公司宣传的广告费用（Advertisement）、展览费用（Exhibition）、慈善捐赠（Donation），以及母公司的雇员培训费用（Emplyee Training）、为母公司需要的外部审计费用（External Audit Fee）等。这些费用 应 属于作业者母公司100%的公司费用，与联合石油作业无关，不能计入联合账簿。

（2）作业者是否把石油合同生效前的费用计入了联合账簿。如作业者的母公司的代表、专家在合同谈判期间发生的差旅费用、办公费，以及合同签字费等。

（3）各项管理费用的实际支出是否超出了预算及 A. F. E.，如果经营管理费的实际支出总额超出预算5%或分项费用超出预算10%，则应进一步审查和分析其超支的原因，并向作业者提出质询。

（4）经营管理费的分配核算应是间接费用审计的主要重点。要详细检查其分配的方法和依据是否符合石油合同的规定。如果是按作业者各个管理部门为石油作业服务所花费的时间作为分配依据，则要认真核查各个部门的工时记录（Time Sheet）与会计部门分配经营管理费的数据是否相符。

（5）上级管理费的计算依据是否正确，计取的比例是否符合石油合同的规定。

二、案例

案例一：作业者北京办事处费用分配问题

国家石油公司审计组在对南海00/00合同区联合账簿审计中，发现某外国作业者对其北京办事处的管理费用分配，会计部门不是根据会计程序规定，按照由北京办事处工作人员按实际提供服务时间编制的原始的工时记录为依据，而是以会计部门自己修改了的记录作为依据来进行分配。这也是违反了公认的会计核算原则，为此，审计组提出了审计异议。

审计异议通知书：

AUDIT MEMO
PRELIMINARY FINDING

PF No. 12

Date: May 10, 2001

To: Finance Manager

Operator: International Oil Co.

Subject: The Apportionment of Beijing Office Costs

Re: Voucher No. R1284062 , No. R1284065

Reference is made to the working papers of Operator's final statement and above mentioned vouchers for apportioning Beijing Office costs. We have found that the apportionment of Beijing Office costs was not based on original monthly timesheet issued by Operator's representative, but on the revised one by accountants. (See attached monthly timesheet and its summary)

We consider that above mentioned allocation of Operator's Beijing Office costs could not be in compliance with the Accounting Procedure of the Petroleum Contract and generally accepted accounting principle, and the apportionment of Beijing Office costs should be according to the original monthly timesheet showing the service time signed by the Operator's representative in Beijing. We would therefore recommend the Operator to make an adjustment of the apportionment of Beijing Office costs.

A credit of USD 25, 600.00 is requested to the Joint Account.

Operator's Reply:

We agree with the audit exception of PF No. 12. An adjustment will be made in the amount of USD 25, 600.00 to the Joint Account at the earliest convenience.

[**审计异议通知书 PF No. 12** 作业者北京办事处管理费用分配

经审核上述会计凭证及其辅助文件，作业者会计报表的分配北京办事处管理费用的工作底稿，我们发现作业者北京办事处管理费用的分配标准不是以作业者工作代表编制的原始的月度工时记录为基础，而是以会计部门修改的记录为基础进行分配的。（参见随附的月度工时记录复印件）

我们认为，上述北京办事处管理费用分配违反了石油合同会计程序的规定和公认的会计核算原则，北京办事处管理费用的分配标准，应根据由北京办事处作业者工作代表签认的反映实际服务时间的原始的月度工时记录为基础。因此，我们建议作业者应对北京办事处的费用分配标准做出适当的调整，并应从联合账簿中调减25, 600.00美元。

作业者答复：

我们同意接受审计异议 PF No. 12，我们将尽快做出调整，从联合账簿中剔除25, 600.00美元。]

案例二：经营管理费（General and Administration Expenses）

下面的案例是国家石油公司审计组在对南海 00/00 合同区联合账簿审计中，发现某外国作业者将合同生效前发生的管理费用和一些与联合石油作业无关的费用，如接待母公司来华人员的招待费、研究中国有关石油法律的律师研讨会费用、展览费用（为母公司的）、介绍母公司情况的小册子印刷费用等计入了联合账簿，应提出审计异议，要求作业者将上述这些费用，从联合账簿中剔除。

审计异议通知书：

AUDIT MEMO

PRELIMINARY FINDING

PF No. 13

Date: May 30, 2001

To: Finance Manager

Operator: International Oil Co.

YSubject: G & A Pool

---

(1) Business Entertainment

Re: Voucher 20 - 08 - 050, A/C 984 - 769 - 110

The charges as referenced above are the costs for entertainment of corporate personnel from Operator's parent company which we think to be the costs of 100% corporate nature and which should not be charged into the Joint Account.

Credit is requested: USD 8, 200.00

(2) The "Petroleum Lawyers' Seminar" for 2000

The costs for the above referenced seminar should be 100% corporate costs since the said costs are not referable to the Joint Operations.

Credit is requested: USD 6, 000.00

(3) Exhibition Costs

The charges as referenced above are the costs for the Operator's parent company and no relevance to the Joint Operation, which we think to be 100% corporate fee and should not be charged to the Joint Account.

Credit is requested: USD 38, 000.00

(4) Printing of Company Brochure

The above referenced costs are of the printing of the company brochure about general information of the Operator's parent company. In our opinion, this type of costs is of corporate nature which should be 100% Operator's parent corporate fee.

Credit is requested: USD 22, 500.00

(5) **General Administrative Expenses Incurred Prior to Effective Date of the Petroleum Contract**

The charges as referenced above are the expenses, such as travel costs of contract experts and interpretation fee, for the Operator's parent company to sign the Petroleum Contract and no relevance with the Joint Operation. And these expenses were incurred prior to effective date of the Petroleum Contract. The auditors are of the opinion that these expenses are of corporate nature which should be 100% Operator's corporate fee, and should not be charged into the Joint Account.

Credit is requested: USD 85, 000.00

Operator's Reply:

We agree with the audit exception PF No. 13. The adjustment will be made in the amount of USD 159, 700.00 to the Joint Account at the earliest convenience.

[**审计异议通知书 PF No. 12** 作业者的行政管理费用

(1) 招待费用。

经审核上述会计凭证计入联合账簿的招待费用是接待作业者母公司派来的工作人员，我们考虑，这是属于100%母公司公司费用性质的费用，不应计入联合账簿。我们要求从联合账簿中剔除该项费用共计8，200.00美元。

(2) 2000年律师研讨会。

上述律师研讨会费用是与联合石油作业无关的，应属于100%母公司公司费用性质的费用。我们要求从联合账簿中剔除该项费用共计6，000.00美元。

(3) 展览费用。

上述展览费用是作业者母公司发生的费用，是与联合石油作业无关的，这是属于100%母公司公司费用性质的费用，不应计入联合账簿。我们要求从联合账簿中剔除该项费用共计38，000.00美元。

(4) 母公司的小册子印刷费用。

上述母公司的小册子是为了介绍作业者母公司情况而发生的印刷费用，我们认为这种性质的费用，应属于100%母公司公司费用性质的费用。我们要求从联合账簿中剔除该项费用共计22，500.00美元。

(5) 合同生效前发生的管理费用。

上述合同生效前发生的管理费用，如合同谈判专家发生的差旅费用和翻译费用，是为了作业者母公司签订石油合同而发生的费用，是与联合石油作业无关，并且，这些费用是在合同生效前发生的管理费用。审计组的意见，这些费用是属于100%母公司公司费用性质的费用，不应计入联合账簿，应从联合账簿中剔除该项费用共计85,000.00美元。

作业者答复：

我们同意接受审计异议 PF No.13，我们将尽快做出调整，从联合账簿中剔除159，700.00美元。]

第七节　合同利息的审计（Deemed Interest）

这里讲的合同利息（Deemed Interest），是指根据国际合作勘探、开发石油资源所花费的实际投资支出数额计算计入联合账簿的各合同者出资而应回收的投资利息。在国际上现在的惯例做法，有的合同模式计算投资利息，用计入联合账簿的投资支出作为基数，并按照勘探、开发阶段的不同利率计算分别计入联合账簿；有的合同模式则规定不计投资利息。我国目前执行的石油合同规定，勘探阶段投资不计合同利息，只计开发阶段投资的合同利息。但有的属于双边谈判签订的石油合同，勘探阶段的投资，也同样计算合同利息。关于合同利息的定义和计算方法在本书第一部分第四章第二节（三）"关于制订和执行会计程序应注意的几个问题"和第二部分第八章第三节"开发费用的主要核算内容"中已经做了较为详细的说明，在这里不再一一赘述。

一、合同利息的审计重点

合同利息审计的重点一般应包括以下几个方面：

（1）计算合同利息的起止日期是否正确，是否符合石油合同的规定。

（2）计算合同利息的基数是否正确、合理，并是否符合石油合同的规定。是否包括了不应作为计算合同利息基数的"应计未付费用（Accruals）"，如有，则应做剔除调整。

（3）有的石油合同中规定"任一日历月份收到的发票不应作为以前月份收到的发票记账"。因此要详细检查发票日期和发票收到的确切日期，是否有提前入账的支出。

二、案例

案例一：费用支出提前入账，多计合同利息

国家石油公司审计组在对某合同区联合账簿审计中发现作业者把1986年度1月份收到的各项外购服务费用的发票（总价587万美元），在发票上把收到日期涂改为1985年12月30日，并做账作为1985年度的费用支出计入了联合账簿。显然，这是提前入账，多计了一个季度（3个月）的合同利息。（该合同区石油合同会计程序中规定：本季度计入联合账簿的投资支出，从下一个季度的第一天开始计算合同利息。）为此，审计组要求作业者将上述投资支出调整列入1986年度联合账簿，并从联合账簿中剔除多计合同利息。

（1）审计异议通知书。

AUDIT MEMO
PRELIMINARY FINDING

PF No. 14

Date: March 30, 1987

To: Finance Manager

Operator: XY Oil Co.

Subject: Overcharged Deemed Interest

Re: Voucher No. 960398, No. 960399

Invoice No. DC1221

Reference is made to above mentioned vouchers and its work sheet of Deemed Interest. The auditors have found that the received date of an invoice No. DC1221 issued by Dyce Drilling Co. was revised, the original received date was exactly on January 3, 1986, but revised on December 30, 1985 by the accountant of Financial Department of the Operator. However the expenditures mentioned above have been charged to the Joint Account in the amount of USD 5, 870, 000.00 in December 1985, and based on that one the Deemed Interest has been started calculating from January 1, 1986 through the end of the year of 1986.

The auditors are of the opinion that the calculating bases of invoice received date of Deemed Interest should be on the original received date of aforesaid invoice and not be based on the revised date by the accountant of Financial Department of the Operator in accordance with Accounting Procedure under the Petroleum Contract and generally accepted accounting principles. The expenditures for drilling operation mentioned above should be charged to the Joint Account in January 1986, not be in December 1985, and based on that one the Deemed Interest should be started calculating from April 1, 1986 through the end of the year of 1986.

The auditors would therefore recommend the Operator to make an appropriate adjustment of Deemed Interest for the year of 1986.

Credit is requested, equal to:

$$\text{USD}5,870,000 \times \frac{92}{365} \times 7.5\% = \text{USD}110,967.12$$

(See attached audit work sheet)

Operator's Reply:

The Operator agrees to accept the auditor's exception PF No. 14 in principle, but needs to further investigate and verify.

[审计异议通知书 PF No. 14　多计合同利息

经审查上述会计凭证及其合同利息计算的工作底稿，审计组发现作业者财务部门的会计人员把由 Dyce 钻井公司开出的发票，更改了它的发票实际收到日期，作业者实际收到发票的日期为 1986 年 1 月 3 日，但更改为 1985 年 12 月 30 日，而且，将此笔费用支出计 5，870，000.00 美元提前计入了 1985 年度的联合账簿，并据此从 1986 年 1 月 1 日起，开始计算合同利息一直至年底。

审计组认为，根据石油合同会计程序的规定和公认的会计核算准则，作业者计算合同利息的基础，应是以上述发票的实际收到日期为准，而不应以作业者财务部门会计人员修改的发票收到日期入账。上述这笔费用支出不应计入 1985 年度 12 月份的联合账簿，而应计入 1986 年度 1 月份的联合账簿，并根据合同规定，据此从 1986 年 4 月 1 日起，开始计算合同利息一直至年底。

因此，审计组要求作业者应从联合账簿中剔除多计的合同利息为：

$$\text{USD5，870，000} \times \frac{92}{365} \times 7.5\% = \text{USD110，967.12}$$

作业者答复：

作业者原则上同意接受审计异议 No. 14，但还需要做进一步核实

（2）审计工作底稿。

AUDIT WORKSHEET

Operator：XY Oil Co.

Subject：Calculating Bases of Deemed Interest

Re：Voucher No. 960398，No. 960399

A/C 270200 Drilling Rig Rentals

Invoice Number：No. DC1221

Supplier：Dyce Drilling Co.

The rendered service was used by drilling operation of the Operator.

Invoice Amount：US$5，870，000

Invoice Date：December 29，1985

Invoice Received Date by the Operator：January 3，1986（See attached copy of the original invoice）

Audit Conclusion：

We have found that the received date of the invoice No. DC1221 issued by the supplier, Dyce Drilling Company, was revised, the original received date was exactly on January 3, 1986, but revised on December 30, 1985 by the accountant of Financial Department of the Operator. In accordance with Article 7. 2 of the Accounting Procedure under the Petroleum Contract, the chargeable service fee rendered by the supplier should be in compliance with the invoice received date and not be charged into the Joint Account prior to the invoice received date. However the expenditure mentioned above has been charged to the Joint Account in the amount of USD 5, 870, 000. 00 in December 1985, and based on that one the Deemed Interest has been started calculating from January 1, 1986 through the end of the year of 1986.

The Deemed Interest for above mentioned expenditure has been charged to the Joint Account in 1986, equal to :

$$\text{USD5, 870, 000} \times \frac{365}{365} \times 7.5\% = \text{USD440, 250.00}$$

We are of the opinion that the calculating bases of invoice received date of Deemed Interest should be on the original received date of aforesaid invoice and not be based on the revised date by the accountant of Financial Department of the Operator in accordance with Accounting Procedure under the Petroleum Contract and generally accepted accounting principles. The expenditure for drilling operation mentioned above should be charged to the Joint Account in January 1986, not be in December 1985, and based on that one the Deemed Interest should be started calculating from April 1, 1986 through the end of the year of 1986.

The Deemed Interest for above mentioned expenditure should be charged to the Joint Account in 1986, equal to :

$$\text{USD5, 870, 000} \times \frac{273}{365} \times 7.5\% = \text{USD329, 282.88}$$

Credit is requested:

$$\text{USD5, 870, 000} \times \frac{(365 - 273)}{365} \times 7.5\% = \text{USD110, 967.12}$$

[审计结论:

我们发现作业者财务部门的会计人员把由 Dyce 钻井公司开出的发票，更改了它的发票实际收到日期，作业者实际收到发票的日期为 1986 年 1 月 3 日，但更改为 1985 年 12 月 30 日，而且，将此笔费用支出计 5，870，000.00 美元提前计入了 1985 年度的联合账簿，并据此从 1986 年 1 月 1 日起，开始计算合同利息一直至年底。根据石油合同的会计程序 7.2 款规定，供应商提供的服务费用应依据发票的实际收到日期入账，不应在发票实际收到日期之前，提前入账。计入联合账簿的合同利息为：

$$\text{USD5, 870, 000} \times \frac{365}{365} \times 7.5\% = \text{USD440, 250.00}$$

我们认为根据石油合同的会计程序的规定和公认的会计核算准则，作业者计算合同利息的基础，应是以上述发票的实际收到日期为准，而不应以作业者财务部门会计人员修改的发票收到日期入账。上述这笔费用支出不应计入 1985 年度 12 月份的联合账簿，而应计入1986年度1月份的联合账簿，并根据合同规定，据此从1986年4月1日起，开始计算合同利息一直至年底，计入联合账簿的合同利息应为：

$$USD5,870,000 \times \frac{273}{365} \times 7.5\% = USD329,282.88$$

因此，应从联合账簿中剔除多计的合同利息为：

$$USD5,870,000 \times \frac{(365-273)}{365} \times 7.5\% = USD110,967.12$$]

案例二：把“应计未付费用”（Accurals）作为计算合同利息的基数，多计合同利息

（1）审计异议通知书。

AUDIT MEMO
PRELIMINARY FINDING

PF No. 15

Date: May 30, 2001

To: Finance Manager

Operator: International Oil Co.

Subject: Deemed Interest

Re: Voucher No. 200098, No. 200186

Reference is made to above mentioned vouchers and its work sheet of Deemed Interest. The auditors have found that the calculating basis of Deemed Interest for each month of the year of 2000 included accruals in the amount of USD 45, 800, 000.00 from January 31, 2000 through the end of the year of 2000. (See attached audit work sheet)

The auditors are of the opinion that the calculating bases of Deemed Interest should not be included accruals and be based on cash basis in accordance with Article 6 of Accounting Procedure under the Petroleum Contract and generally accepted accounting principles.

The auditors would therefore recommend the Operator to make an appropriate adjustment of Deemed Interest for the year of 2000.

Credit is requested : USD 1, 849, 000.00 (see attached audit work sheet)

Auditor:

Approved by Lead Auditor:

Operator's Reply:

The Operator agrees to accept the auditor's exception PF No. 13. An adjustment of Deemed Interest in the amount of USD 1, 849, 000.00 will be made to the Joint Account at the earliest convenience.

[**审计异议通知书 PF No. 15**　合同利息

经审查上述会计凭证及其合同利息计算的工作底稿，审计组发现2000年度每个月计算合同利息的基数中都包括了“应计未付费用（Accruals）”，自2000年1月31日至2000年底共计包括了45，800，000.00美元（参见随附审计工作底稿），审计组认为，根据石油合同的会计程序第6条的规定和公认的会计核算准则，合同利息的计算基数中不应包括“应计未付费用”。

审计组要求作业者对2000年度的合同利息做出适当调整，并从联合账簿中剔除多计合同利息1，849，000.00美元（参见随附审计工作底稿）。

作业者答复：

作业者同意接受审计异议No. 14，并尽早做出调整，从联合账簿从剔除多计合同利息1，849，000.00美元。]

（2）审计工作底稿。

AUDIT WORKSHEET

Operator: International Oil Co.

Subject: Deemed Interest

Description	Accruals for Calculating Basis of D. M.	Interest Rate %	No. of. Days	Amount of Deemed Interest
For Feb. 2000	4，500，000.00	9.00	334	370，600.00
For March 2000	4，200，000.00	9.00	306	316，900.00
For April 2000	3，000，000.00	9.00	275	203，400.00
For May 2000	2，800，000.00	9.00	245	169，200.00
For June 2000	3，200，000.00	9.00	214	168，900.00
For July 2000	4，200，000.00	9.00	184	190，600.00
For Aug. 2000	4，000，000.00	9.00	153	150，900.00
For Sep. 2000	3，800，000.00	9.00	122	114，300.00
For Oct. 2000	3，600，000.00	9.00	92	81，700.00
For Nov. 2000	3，200，000.00	9.00	61	48，100.00
For Dec. 2000	4，500，000.00	9.00	31	34，400.00
For Jan. 2001	4，800，000.00	9.00	—	—
Total	**45，800，000.00**	**9.00**		**1，849，000.00**

注：根据本合同区石油合同会计程序规定，当月合同利息的计算基数是依据上月末各项投资支出账户的累计余额计算。即当月末各项投资支出账户的累计余额，从下一个月1日起开始计算合同利息。上述审计工作底稿中作为合同利息计算基数的“应计未付费用(Accruals)”，均为上月末各项投资支出账户的累计余额中包括的“应计未付费用”数。

第八节　产品生产及收入分配的审计
(Allocation of Production and Revenue)

联合经营石油作业投入生产阶段后，原油和天然气产品生产的分配是中外合作勘探、开发海上或陆上石油资源中一个十分重要的环节，直接影响国家利益和合作各方的经济权益。因此，国际合作油（气）田原油（天然气）生产和提油（气）的会计核算和审计工作是极其重要的。国际合作油（气）田的产品分配是根据联合开发石油资源的合同模式来确定的。按照我国现行的与外国石油公司签订的《石油合同》模式，都是产品分成合同（Production Sharing contract），合作油（气）的产品分配和各合同者投资的回收都应在“联合账簿”中连续地反映。

一、原油（天然气）生产和分配的审计要点

原油（气）生产和分配的审计重点主要有以下几方面：

1）审查核实原油（天然气）的产量和油品（API 比重）/质量的记录，确认监测和记录原油（天然气）生产过程与产量的计量程序和油品质量的检测程序是否精确、可靠。必要时，审计人员可以要求作业者的计量与技术人员陪同到生产现场去视察和检查。

2）审查核实原油（天然气）的发运提油（气）量。要认真核对由合同各方同意的计量和质量检验部门（国家商品检验局）签认的商品质量和重量检验证书的数目与作业者会计部门实际分配计算的数目是否相符合。

3）核实确认原油（天然气）的结算价格是否正确、合理，并是否符合合同规定的定价程序。

4）审查确认合同各方和国家石油公司的份额油数量；反映在联合账簿中的生产费用和勘探、开发投资回收数额，是否正确无误。

5）检查作业者在每次发运提油（气）完毕之后是否按照合同规定的程序及时向购货方结算。

二、案例

案例一：关于投资回收程序执行问题

国家石油公司审计组在审计某合同区油气田 1996 年度联合账簿时，发现作业者为了维护其母公司的单方利益，片面曲解石油合同关于投资回收程序的规定，没有按照石油合同原来规定的投资回收程序的原则进行产品收入的分配，使国家石油公司蒙受损失，少得到产品收入。因此，审计组提出了审计异议，但在现场审计期间，作业者不同意审计组的观点，并坚持其片面曲解的立场，最终提交其母公司协商，双方取得了一致意见，圆满解决。作业者对原来已经执行的错误作法做了调整，退还了国家石油公司少得到的产品收入。其案例的详细内容是：

（1）石油合同中的原则规定。

按照石油合同中关于投资回收程序的原则规定，在回收完上一个月发生的生产作业费和到上一个月为止累计未回收完的生产作业费后（第一顺序），首先用于回收输油气管线的投资（包括资本和投资利润），直到项目终止（第二顺序。其中中方占51%，其他合同者占49%），每年以固定（*X*）亿美元［每个日历月为上述金额的十二分子一（1/12）］，按合同各方各自的参股权益比例分配给各方。然后，再回收第一阶段的勘探投资（第三顺序。其中国家石油公司占 14.6875%，其他合同者占 85.3125%）。（英文原文：First, the volume corresponding in value to the Operating Costs incurred in the immediately preceding Month and the unrecovered portions of the Operating Costs incurred in all preceding Months, if any, shall be delivered to the Parties, in proportion to their respective Percentage Interest as specified above, for reimbursement of said Operating Costs, to the extent available; then, the volume corresponding in value to U. S. D 000，000，000. 00 each Calendar Year, until the end of the term of the Project, will be delivered (one – twelfth (1/12th) of such amount each Calendar Month) to the Parties, in proportion to their respective Percentage Interest as specified above, as a fixed amount for recovery of the investment associated with the Oil and Gas Pipeline, including capital and a return on such investment.)

（2）1996 年度实际执行情况。

1996 年度全年产品销售收入 14，973 万美元，其中，回收生产作业费 4614 万美元，输油气管线投资 9，811 万美元，第一阶段勘探费用 555 万美元。全年 12 个月中只有 3 月份和 11 月份的产品收入在回收完生产作业费后（第一顺序），余额超过上述第二回收顺序输油气管线投资每年固定（*X*）亿美元金额的十二分子一（1/12），其中三月份是按上述石油合同规定的投资回收程序的原则，用于弥补以前月份不足年度固定回收金额十二分子一的部分（输油气管线投资）；但11月份则把超过部分的余额555万美元，用于回收第一阶段勘探投资（第三顺序），没有先用于弥补以前月份不足年度固定回收金额十二分子一的部分（输油气管线投资），这就违反了石油合同规定的投资回收程序的原则。

（3）存在的问题。

由于国家石油公司和其他合同者在投资回收的第二顺序和第三顺序中各自的参股分配比例不同（国家石油公司在投资回收的第二顺序中为51%，第三顺序中为14.6875%），上述3月份、11月份产品收入在回收完生产作业费后（第一顺序），余额超过第二回收顺序输油气管线投资每年固定（X）亿美元金额的十二分子一（1/12）的部分，是用于弥补以前月份按第二顺序分配的不足部分，还是用于回收第三顺序的投资（第一阶段勘探费），将直接影响各方的权益。而且，在以后的生产期内还会不断出现这样的问题，使国家石油公司少分配得到产品收入，蒙受损失。因此，必须进一步明确上述投资回收程序，纠正作业者为了维护其母公司的单方利益，片面曲解石油合同关于投资回收程序规定的作法。

审计组认为，1996年11月份按第三顺序实际回收第一阶段勘探费555万美元，是违反了石油合同规定的投资回收程序的原则。审计组要求作业者应按照先前（1996年3月份）的正确做法给予纠正，把11月份的产品收入，回收完生产作业费后（第一顺序），余额超过第二回收顺序输油气管线投资每年固定（X）亿美元金额的十二分子一（1/12）的部分（555万美元），再用于弥补以前月份按第二顺序分配（回收输油气管线投资）的不足部分，重新做出调整，增加国家石油公司回收投资金额201.5万美元（USD5，550，000. ×（51% －14.6875%）＝USD2，015，344.），并在今后继续按此正确的投资回收程序执行。

（4）审计异议通知书。

AUDIT MEMO

PRELIMINARY FINDING

PF No. 16

Date：May 30，1997

To：Finance Manager

Operator：International Oil Co.

Subject：Recovery Procedure of the Investment Associated with Oil and Gas Pipeline

---

Re：9611085，Revenue Distribution Schedule No. 11

Reference is made to above mentioned voucher and Revenue Distribution Schedule No. 11 . The auditors found that the gas revenue distribution for November 1996 was not in compliance with Article 9. 2 of the Petroleum Contract.

The volume corresponding in value to USD000，000，000. 00 each Calendar Year，until the end of the term of the Project，as a fixed amount for recovery of the investment associated with the oil and gas pipeline，including capital and a return on such investment according to the Petroleum Contract. The auditors are of the opinion that the recovery amount of the investment of oil and gas pipeline should be based on a yearly basis，not on a monthly basis. So the revenue of the reimbursement of oil and gas pipeline investment should be prior to that of Exploration Costs and the revenue distribution for November 1996 from the Gas Field should not be used to recovery of Exploration Costs.

The auditors would therefore request the Operator to make an appropriate adjustment for the gas revenue distribution of November 1996.

The claimed amount equal to：

USD5，550，000. ×（51% －14. 6875%）＝USD2，015，344.

Operator's Reply：

The Operator disagrees with the audit exception PF No. 16.

[**审计异议通知书 PF No. 16**　输油气管线投资回收程序

经审查上述会计凭证和收入分配表，审计组发现 1996 年 11 月份的产品收入分配不符合石油合同 9. 2 条的规定。根据石油合同规定：每日历年相当于固定金额（X）亿美元的产量，按照上述规定的各自的权益百分比分配给合同各方，用于回收输油气管线投资，包括资本和投资的利润，直到该项目期终止。审计组认为，输油气管线投资回收应以一个日历年度为基础，而不应以一个日历月为基础。因此，输油气管线投资的回收，应先于勘探投资，1996 年 11 月份天然气田的产品收入不应分配于回收勘探费用。

审计组要求作业者对 1996 年 11 月份的产品收入分配做出适当调整，并要求追索退回少分配给国家石油公司的输油气管线投资回收额 USD2，015，344. 。

作业者答复：作业者不同意接受 PF No. 16 审计异议。]

（5）后续审计（Follow Up）。

在现场审计期间，审计组提出上述审计异议之后，作业者不同意接受审计异议，并坚持其片面曲解的立场，并说明 1996 年 11 月份产品收入的分配是纠正 1996 年 3 月份的作法，与审计组的观点恰恰相反。为此，国家石油公司审计部门主管会同国家石油公司销售部门主管，专门致函作业者公司总裁，重申了国家石油公司的立场，并详细说明了合同规定的原意和要求调整的充分理由，并转告作业者母公司，提请复议，合理解决这个审计异议遗留问题。其专门致函的主要内容是：（英文本原稿）

Re: Recovery procedure of the investment associated with oil and gas pipeline

1) We want to declare again that the representative from marking department of SPC, in order to make partners to receive their own revenue as soon as possible, issued approval to the November 1996 Revenue Allocation Schedule. But we have confirmed that there would be a year end adjustment in accordance with the Petroleum contract.

2) From your letter I can tell that your recovery idea is on a monthly basis while the Contract, in our opinion, specifies the recovery investment amount for the pipeline on a yearly basis. And it is stipulated in Article 9. 2 of the Petroleum Contract, "the volume corresponding in value to USD 000, 000, 000. 00 each Calendar Year, until the end of the term of the Project, as a fixed amount for recovery of the investment associated with the Pipeline, including capital and a return on such investment. " It is only for convenience and practical accounting purpose that the amount is divided by 12 months. The core of the Article is still based on an annual fixed recovery amount for the pipeline costs. Therefore in the year end there should be an adjustment, provided that there was a deficiency in a certain month and an excess in another month.

3) When the Operator made the recovery amount assumption, the Operator did not consider, we assume, the return of the investment and the time value of the money, both of which are very important factors when such estimation is made. And to call the Operator attention we would like to quote the Article 9. 2 of the Petroleum Contract which states that volume corresponding in value to USD 000, 000, 000. 00 as a fixed amount for recovery of the investment associated with the Pipeline, including capital and a return on such investment. Then these two factors must be considered were the assumption made.

4) The original intention of the Contract is to allow every equity owners to recover all the historical costs as soon as possible. And all the production distribution should be subjected to the Article 9. 2 of the Contract which clearly states that the total production of Natural Gas and Condensate from the date of first delivery of Natural Gas from the Gas Field until expiration of the term of the Project, shall be allocated according the following provisions and priority sequence. That is operating costs, pipeline investment, then the exploration costs. So there is indeed a contractual support for the recovery of pipeline costs before the exploration costs are recovered.

[关于输油气管线投资回收程序：

1）我们再次申明，国家石油公司销售部门代表是为了合同各方尽快收到作业者负责分配的产品收入，签认批准了1996年11月份的产品收入分配表，但我们确认，根据石油合同规定，在年末是要进行年度总的调整结算的。

2）按您的来函说明，你们的理解，合同规定是以日历月份为基础的。但我们认为，合同规定应是以日历年度为基础的，合同第9条第2款规定：每日历年相当于固定金额（X）亿美元的产量，按照上述规定的各自的权益百分比分配给合同各方，用于回收输油气管线投资，包括资本和投资的利润，直到该项目期终止。这只是为了会计核算工作的方便，才将这个金额（年度）划分为12个月。这项条款规定的核心仍然是以输油气管线一个日历年度固定投资回收额为基础的。因此，在年度终了时，应进行年度总的调整结算，而在每月结算时，有些月份不足，有些月份超出。

3）我们考虑，当作业者做投资回收分配时，没有同时考量整个项目的投资回收和货币的时间价值，这是两个十分重要的因素。同时，我们提请作业者应注意，石油合同第9条第2款规定：每日历年相当于固定金额（X）亿美元的产量，按照上述规定的各自的权益百分比分配给合同各方，用于回收输油气管线投资，包括资本和投资的利润，直到该项目期终止。请作业者做投资回收分配时，应同时考虑以上两个重要因素。

4）签订本合同的原意，是企图让投资各方都能尽快地回收全部投资成本（历史成本），所有的产品收入分配应按照石油合同9.2条规定执行。该项规定清楚地表明，从天然气田投产开始，一直到该项目期终止，该天然气田所有生产的天然气和凝析油的产品收入，应按照下列优先程序和规定分配，即先回收生产作业费，再回收输油气管线投资，然后再回收勘探投资。这就说明确实是回收输油气管线投资在回收勘探投资之前。]

（6）作业者的最终答复（ The Operator's final reply）：

国家石油公司审计部门会同条法、销售等有关部门，经过反复多次与作业者及其母公司主管部门的交换意见和协商，为解决上述关于输油气管线投资回收程序的审计异议问题，取得了一致意见。作业者公司总裁做了最终答复如下：

The Operator's final reply issued by the President of the Operator：

Subject：Recovery of Investment associated with oil and gas pipeline

We have reviewed the correspondence on the issue with regard to recovery procedure of investment associated with oil and gas pipeline from both parties and have spent much time considering both positions. I admit that Article 9.2 of the Petroleum Contract is not as clear as we would like regarding the carry forward month to month of unrecovered pipeline cost in any calendar year. However after our discussions and discussion with those involved in the Petroleum Contract negotiations. I believe we should agree with SPC's position that within any calendar year un-recovered pipeline recovery should be carried forward to the next month. We will make an appropriate adjustment in the 1997 reconciliation process which occurs in December of 1997 and that we then consider the matter closed.

（作业者公司总裁做了最终答复：

主题：关于输油气管线投资回收

我们研究了双方“有关输油气管线投资回收程序”来往交换意见的信件，并且花了很多时间考虑了双方的立场。我承认，石油合同第 9.2 条关于将任一年度未回收完的管线投资每月向前累计的规定不是很明确的，然而，通过我们之间的讨论，以及通过与那些参与石油合同谈判的有关人员的讨论，我想，我们应该同意国家石油公司的意见，即任一年度内，未回收完的管线投资应该累计到下一个月。我们将在 1997 年 12 月进行的关于 1997 年度的结账过程中做出调整。）

案例二：作业者给国家石油公司少分配原油销售收入

（1）审计异议通知书。

AUDIT MEMO

PRELIMINARY FINDING

PF No. 17

Date: May 30, 2001

To: Finance Manager

Operator: International Oil Co.

Subject: Adjustment for 1999 Cash Distribution of Crude Oil Lifting

---

Re: Financial Statement for December 31, 1999

Statement of Allocation for Crude Oil and Revenue

Details of Crude Oil Sales and Cash Distribution for 1999

After reviewing the Statement of Allocation for Crude Oil and Revenue, Details of Crude Oil Sales and Cash Distribution for 1999 mentioned above, the auditors have found that the status of 1999 cash distribution for all the lifting parties was not proper. In accordance with the Petroleum Contract, the Supplementary Contract and Agreement Concerning Cooperation in Crude Oil Lifting and Marketing, the auditors have made further verification and reconciliation, which showed that State Petroleum Corporation had actually been an underlifter in the amount of USD533, 548.28 for the crude oil lifted in 1999. The auditors would therefore request the Operator to make appropriate adjustment for 1999 cash distribution accordingly. (See details attachment)

Your earlier response would be appreciated.

Operator's Reply:

The Operator agrees to accept the auditor's exception PF No. 17. An adjustment of 1999 Cash Distribution in the amount of USD533, 548.28 to State Petroleum Co. has been done from sales of Cargo No. 68 dated August 5th, 2000.

[**审计异议通知书 PF No. 17**　1999年度原油销售收入分配调整

经审查上述1999年度原油收入分配表和原油销售与收入分配明细表，审计组发现，1999年度合同各方提油收入分配是不合理的。根据石油合同、开发补充协议和原油提油与销售协议的规定，审计组对此做了进一步核实和调整计算（详见审计工作底稿），事实证明国家石油公司1999年度原油提油收入少分配到533，548.28美元。为此，审计组要求作业者对1999年度原油提油收入分配做出适当调整。

作业者答复：

作业者同意接受PF No. 17审计异议，国家石油公司1999年度原油提油收入少分配到的533,548.28美元,已经在2000年8月5日No. 68船提运销售的原油收入中做了调整。]

（2）审计工作底稿。

审计组对00/00合同区NH油田1999年度原油产品收入分配作了重新核实，其调整计算见表20：

Attachment I

表20　Reconciliation of Cash Distribution for 1999　US Dollar

Item	SPC	Contractor A	Contractor B	Contractor C	Total
Allocation of Crude Oil					
1. Operating Cost Recovery	6,921,417.80	8,305,701.36	8,305,701.36	4,152,850.67	27,685,671.19
2. DevelopmentCost Recovery	3,554,017.98	4,264,821.57	4,264,821.57	2,132,410.78	14,216,071.90
3. Deemed Interest Recovery	789,494.91	947,393.90	947,393.90	473,696.94	3,157,979.65
4. Exploration Cost Recovery	—	1,311935.04	1,311935.04	655,967.52	3,279,837.60
5. Allocable Remainder Oil	6,284,142.84	7,540,971.41	7,540,971.41	3,770,485.70	25,136,571.36
6. Value Added Tax	3,867,164.85				3,867,164.85
Total	**21,416,238.38**	**22,370,823.28**	**22,370,823.28**	**11,185,411.61**	**77,343,296.55**
Actual Cash Distribution					
Cash Distribution	17,120,233.61	22,542,359.25	22,542,359.24	11,271,179.60	73,476,131.70
Add. Value Added Tax	3,867,164.85				3,867,164.85
Less：Adjustment for 1998	104,708.36	(41,883.32)	(41,883.32)	(20,941.72)	
Total	**20,882,690.10**	**22,584,242.57**	**22,584,242.56**	**11,292,121.32**	**77,343,296.55**
Difference	**(533,548.28)**	**213,419.29**	**213,419.28**	**106,709.71**	

审计结论：

审计组通过上述对1999年度原油提油收入分配，进一步核实和调整计算，发现1999年度合同各方提油收入分配是不合理的，确认国家石油公司1999年度原油提油收入少分配到533，548.28美元，而其他三个合同者共多分配到原油提油收入533，548.28美元。其中，合同者A多分配到213，419.29美元；合同者B多分配到213，419.28美元；合同者C多分配到106，

709. 71 美元。拟向作业者提出审计异议，要求其进行适当调整。

案例三：作业者将“费用回收油（Cost Recovery Oil）”和“余额油（Remainder Oil）”比例计算错误

（1）审计异议通知书。

AUDIT MEMO

PRELIMINARY FINDING

PF No. 18

Date: May 30, 2001

To: Finance Manager

Operator: International Oil Co.

Subject: Cargo No. 27 Lifting Crude Oil Entitlement

Re: Lifting Crude Oil Entitlement Report

Reference is made to December 2000 Lifting Crude Oil Entitlement Report dated Jan. 5, 2001 for Cargo No. 25 – 27 provided by the Operator. The auditors found that the allocation of lifting Crude Oil for Cargo No. 27 was not in conformity with Article 13 of the Petroleum Contract. (See Attachment I thereafter)

The auditors therefore request the Operator to make an adjustment for the Lifting Crude Oil Entitlement for Cargo No. 27 according to Article 13 of the Petroleum Contract.

The aforesaid adjustment should be in amount of US D 47, 500. 00 (2246. 62bbls) from “Cost Recovery Oil” to “Remainder Oil”. (See attached Adjustment Worksheet for Crude Oil Entitlement)

Your earlier reply shall be appreciated.

Auditor:

Approved by Lead Auditor:

Operator's Reply:

The Operator agrees to accept the auditor's exception PF No. 18. An adjustment of Lifting Crude Oil Entitlement for Cargo No. 27 will be made in June 2001.

[审计异议通知书 PF No. 18　第 27 船油的原油提油分配报告

经审查上述由作业者于 2001 年 1 月 5 日编报的 2000 年 12 月第 25 – 27 船油的原油提油分配报告，审计组发现，其中第 27 船油的原油提油分配报告是不符合石油合同第 13 条规定的。为此，审计组要求作业者对第 27 船油的原油提油分配报告，按照石油合同第 13 条规定做出适当调整。（参见附件审计工作底稿）

上述要求的调整数额，是从“费用回收油”中调入“余额油”共计 47，500. 00 美元。

作业者答复：

作业者同意接受 PF No. 18 审计异议，对第 27 船油的原油提油分配，将于 2001 年 6 月做出调整。]

（2）审计工作底稿。

Audit Worksheet

Contract Area: NH 00/00 NH 10/10 Oil Field

Operator: International Oil Co.

Subject: Cargo No. 27 Lifting Crude Oil Entitlement

Adjustment Worksheet for Crude Oil Entitlement

Lifting Cargo No. 27

Production (Tonnes)	28, 341.40
Conversion	7.7036
Production (Barrels)	218, 330
Unit Price (Per bbl)	21.143
Total Amount	USD4, 616, 151.19

The production allocation should be:

	Barrels	**Value (USD)**
(1) Value Added Tax (VAT)	10,916.50	230,807.56
(2) Royalty	5,990.94	126,666.53
(3) Cost Recovery Oil	130,465.31	2,758,427.96
(4) Remainder Oil	70,957.25	1,500,249.14
Total Production	**218,330.00**	**4,616,151.19**

Item			**Actually Charged to Joint Account (bbl)**		**Amount should be (bbl)**
1. VAT (5%)			**10,916.50**		**10,916.50**
2. 62.5%					
(1) Royalty (2.7449%)			5,990.94		5,990.94
(2) Cost Recovery Oil					
Production Cost Recovery	26,571.74				26,571.74
Exploration Cost Recovery	35,376.51				34,627.71
Development Cost Recovery	70,763.63				69,265.84
Sub-total		(60.7751%)	132,711.88		130,465.29
Total		**(63.52%)**	**138,702.82**	**(62.5%)**	**136,456.20**
3. Remainder Oil		**(31.47%)**	**68,710.63**	**(32.5%)**	**70,957.25**
Grand Total (100%)			**218,330.00**		**218,330.00**

The adjustment of Remainder Oil should be :

(70, 957.25 - 68, 710.63) × 21.143 = USD47, 500.00

Audit Conclusion:

With regard to the "Cost Recovery Oil" and "Remainder Oil" stipulated in Article 13 of the Petroleum Contract:

1. Sixty two point five percent (62.5%) of the Annual Gross Production of Crude Oil Shall be used for the payment or recovery the following sequence:

(1) Royalty shall be paid in accordance with "Regulations on the Payment of Royalty for the Exploitation of Offshore Petroleum Resources".

(2) The Crude Oil less the amount of crude oil for payment of Royalty shall be "Cost Recovery Oil".

2. The remainder of the Annual Gross Production of Crude Oil after the allocation referred to in Artiacles13.2.1 (Value Added Tax 5 %) and 13.2.2 (Royalty + Cost Recovery Oil = 62.5%) herein shall be deemed as "Remainder Oil" (32.5%). The "Remainder Oil" shall be divided in "Share Oil " of the Chinese side and "Allocable Remainder Oil".

In accordance with the provisions of the Petroleum Contract mentioned above Cargo No. 27 Lifting Crude Oil Entitlement issued by the Operator was not in conformity with Article 13 of the Petroleum Contract, that the Remainder Oil charged actually to the Joint Account was 31.47%, but was not 32.5% as stipulated in Article 13 of the Petroleum Contract. (See above mentioned adjustment worksheet)

Therefore the audit exception should be taken to the Operator and ask the Operator to make an appropriate adjustment for Cargo No. 27 Lifting Crude Oil Entitlement.

[**审计结论**

石油合同第13条对“费用回收油”和“余额油”的规定是:

1. 年度原油总产量的62.5%的原油应按下列程序支付或回收:

(1) 按照《关于开采海洋石油资源缴纳矿区使用费的规定》支付矿区使用费;

(2) 支付矿区使用费后剩余的原油应作为“费用回收油”。

2. 年度原油总产量分配支付增值税(5%)和矿区使用费与“费用回收油”(62.5%)之后,剩余部分的原油作为“余额油”(32.5%)。“余额油”应分为“中方的留成油”和“分成油”两部分。

按照上述石油合同的规定,由作业者提出的第27船油的原油提油分配报告是不符合石油合同规定的,实际计算并计入联合账簿的“余额油”是31.47%,而不是石油合同第13条规定的32.5%。(参见表20)

为此,应向作业者提出审计异议,要求作业者对第27船油的原油提油分配报告做出适当调整。

调整增加的“余额油”应是:

(70, 957.25 - 68, 710.63) × 21.143 = USD47, 500.00 (参见表20)]

第九节　对资金筹措执行情况的审计(Cash Call)

联合经营石油作业的主合同和会计程序中一般对作业者进行石油作业所需资金的筹措程序和方法都做了具体的明确规定。有的合同区在进入开发阶段时,对开发阶段的资金筹措程序还专门做出补充协议,规定更具体明确。各个非作业者都必须按照《石油合同》及补充协议的规定按期向作业者交付各自应分担的资金份额。通常作业者按照石油作业所需要的资金的实际情况,按月事先向各非作业者发出酬款通知书,提出下一个月所需资金的数额及交付款的具体日期,以及后三个月的资金需要的预测情况,每月终了后,作业者还必须按规定期限向各非作业者报送月度预算的执行情况报告。关于联合石油作业勘探、开发和生产各个阶段的有关资金筹措程序的规定、执行和具体作法,在本书第二部分第三章第一节中已经做了详细论述,在这里不再重复。

一、对资金筹措执行情况的审计重点

在联合账簿审计中，对资金筹措执行情况的审计，主要重点是：

(1) 要详细核查作业者对石油合同中有关资金筹措规定的实际执行情况。检查作业者是否严格按照石油合同中规定的石油作业各个阶段的资金筹措程序办理。

(2) 详细核查每个月度的实际筹款数额，是否超出了资金的实际需要量。要逐月进行对比，发现各月连续地结存较多的现款结余，则说明作业者筹款不当，实际筹款数额超出了资金的实际需要。则要进一步检查作业者是否按照石油合同中关于资金筹措程序的有关规定，逐月进行调整，或及时退还给各个非作业者。

(3) 资金使用在时间上的浪费，也是最大的浪费。发现作业者筹款不当，要向作业者提出审计异议，要求作业者及时采取有效措施，改进资金筹措不当的状况，必要时，应要求作业者赔偿利息损失。

二、案例

案例：实际资金筹集数额大量超出资金实际需用额

国家石油公司审计组在对 066 合同区联合账簿审计中，发现作业者在 2000 年度和 2001 年初的筹款情况，经常出现筹款不当的现象，实际筹款数额大量地超出实际需要用款数额，并且，不能按照《石油合同》规定，将超筹的款项及时调整或退还给各合同者。审计组在现场审计中向作业者提出了审计异议，要求作业者尽快改进筹款程序的执行情况。

(1) 审计异议通知书。

AUDIT MEMO
PRELIMINARY FINDING

PF No. 19

Date: May 30, 2001

To: Finance Manager

Operator: International Oil Co.

Subject: Significant Excess of Cash Called Amounts Over the Cash Requirement

---

Re: Joint Interest billing

Statement of Funds in Currency

Monthly Budget Report

Reference is made to above mentioned Joint Interest Billing and Statement of Funds in Currency and Monthly Budget Report provided by the Operator. The auditors found that the cumulated excess cash balances sometimes exceeded significantly actual cash requirements of succeeding month, especially in November 2000 the excess cash balances exceeded 47.9% compared with the cash requirements of succeeding month, and also in January and February 2001 has consequently exceeded the cash requirements much more as enclosed work sheet attached thereafter. At the same time the cash overcall has not yet been refunded to the partners in next month according to the Petroleum Contract. Therefore the cash called was obviously unreasonable. (See attached Audit Worksheet)

We would recommend that the Operator should improve their cash call procedure as soon as possible. And the Operator shall state the difference between advance and actual payment each month by Monthly Budget Report to the Contractors and the next request for advances shall be adjusted accordingly.

Your earlier response would be appreciated.

Auditor:

Approved by Lead Auditor:

Operator's Reply:

We accept the auditor's exception PF No. 19.

We agree that the cumulated excess cash balances sometimes were truly exceeded actual cash requirements of succeeding month, and it was unreasonable for the Contractors.

However, we will immediately improve the cash call procedure and result in adjusting timely the excess cash balances from cash advance.

[**审计异议通知书 PF No. 19** 实际筹款数额大量超出了资金实际需用额

经审查上述由作业者提供的月度预算执行情况报告、联合账簿结算账单和货币资金情况表，审计组发现，有些月份月末结余的筹集资金的现款数额大量地超出在次月的资金实际需用总额，尤其是2000年11月份，月末结余的现款资金额超出次月（2000年12月）资金实际需用额的47.9%；同样，在2001年1、2月份，继续出现上述情况，并且更为严重（参见随附审计工作底稿）。与此同时，作业者未能按照石油合同规定，在次月将多余的筹集资金数，进行调整或退还给合同各方。这显然是不合理的。

为此，审计组要求作业者尽快改进其筹款程序，并应通过预算执行情况报告，向各个合同者通报每月实际用款数和实际筹集资金数的差异，说明原因，并对次月的筹款数做出相应的适当调整。

作业者答复：

我们同意接受审计组提出的PF No. 19审计异议。我们确认，确实有些月份月末结余的筹集资金的现款数额大量地超出在次月的资金实际需用总额，这对各个合同者是很不合理的。我们将立即改进筹款程序，并在今后将及时调整或退还超筹的款项。]

（2）审计工作底稿。

Attachment I

AUDIT WORKSHEET

Audit: International Oil Co.

Contract Area: CA 066

Subject: Cash Called

Actual Situation of Cash Called in 2000:

	Cash Called Cumulative USD	Cash Requirement Cumulative USD	Over Call (Under) USD	%
Jan. 2000	600,000.	1,735,000.	(1,135,000.)	(64.5)
Feb. 2000	2,200,000.	2,423,000.	(223,000.)	(9.2)
March 2000	4,100,000.	2,711,000.	1,389,000.	51.2
April 2000	3,500,000.	2,879,000.	621,000.	21.6
May 2000	3,500,000.	2,999,000.	501,000.	16.7
June 2000	3,500,000.	3,049,000.	451,000.	14.8
July 2000	3,500,000.	3,103,000.	397,000.	12.8
Aug. 2000	3,500,000.	3,405,000.	95,000.	2.8
Sep. 2000	3,500,000.	4,746,000.	(1,246,000.)	(26.3)
Oct. 2000	3,500,000.	16,602,000	(13,102,000.)	(78.9)
Nov. 2000	54,199,000	29,750,000	**24,449,000.**	**83.5**
Dec. 2000 (176,000)	54,024,000	46,279,000.	7,744,000.	16.7
Total 2000	**54,024,000.**	**46,279,000.**	**7,744,000.**	**16.7**
Jan. 2001	84,324,000.	68,324,000.	**15,800,000.**	**23.1**
Feb. 2001	87,024,000.	72,699,000.	**14,325,000.**	**19.7**

Audit Conclusion (Cash Called Analysis):

According to Article 1.2 of the Accounting Procedure under the Petroleum Contract for Contract Area 066 the Operator shall make reasonable effort to avoid accumulating excess cash balances from cash advance and if the actual payments prove to be significantly less than the advances, Operator shall refund the excessive amounts as soon as possible, but not later than 5 working days. As the actual situation mentioned above the cash called amounts prove to be significantly more than actual cash requirements, especially in November 2000 the accumulating excess cash balances exceeded 47.9 percent compared with the cash requirements of succeeding month. Consequently, the excess cash balances in January and February 2001 have also exceeded 261.0 percent and 2070.0 percent compared with the cash requirements of succeeding month. The cumulative over call amounts were USD 15.8mill. and 14.325 mill. respectively. But the cash overcall has not yet been refund to the partners. Therefore the cash called was obviously unreasonable. Audit exception should be taken.

[**审计结论。关于作业者的筹款情况分析。**

根据066合同区石油合同会计程序1.2款规定，作业者应努力尽量避免由于筹款不当而造成过多的现金结余。如果实际用款较多地少于筹款数额，作业者应尽快地退还超筹的款项，应不迟于5个工作日。根据上述分析的筹款实际情况，说明筹款数额较多地超出了实际需用的资金数额。尤其是在2000年11月份，当月累计的筹款现金余额，比次月实际现金需用量超出47.9%；随后，在2001年1、2月份更为严重，2001年1月份的累计的筹款现金余额，比次月实际现金需用量超出2.61倍；2001年2月份的累计的筹款现金余额，比次月实际现金需用量超出20.7倍。累计超筹款金额分别达到1,580万美元和1,432.5万美元。同时，超筹的款项也没有退还给各合同者。这说明作业者的筹款情况，显然是不合理的。应向作业者提出审计异议。)]

第十节　专项审计（Special Audit）

关于联合账簿的专项审计，通常在石油合同中也有明确规定。在我国采用的《标准合同》的第19条中规定：在一个日历年度期间，由于某种特殊需要，可以对作业者的联合账簿的会计记录进行专题审计。（A special audit of the Operator's joint account accounting books and records may be made due to some special requirements during a Calendar year.）所谓特殊需要，就是指作业者在进行石油作业中发生了某些特殊情况，如在开发阶段中某一项油田建设工程的投资支出严重超出预算或ODP报告中规定的限额；或者，在生产阶段的原油生产成本支出严重超出预算，都比较严重地影响了非作业者的权益时，作为非作业者的国家石油公司根据合同规定，有权提出进行专项审计。下面这个案例，就是国家石油公司在一个年度中期,注意到某作业者集团对某油田的生产作业成本不断超出预算,预算管理不严甚至失控的情况,根据《石油合同》规定,提出要求进行专项审计。通过专项审计,作业者集团对国家石油公司提出的审计异议和要求,进行了及时的整改,取得了良好的审计效果。

案例:对 CA00/00 合同区 NH10 -1 油田生产作业成本的专项审计

(1) 专项审计报告英文本。以下是国家石油公司审计组进行上述专项审计之后送交作业者集团的专项审计报告的英文原文本。

Special Audit Report

Contract Area: 00/00 NH10 -1 Oil Field

Operator: International Operators Group

Accounting Year: 2000

I. General Introduction

According to Article 19 of the Petroleum Contracts and its Annex II, Accounting Procedure, as well as the generally accepted international practices in offshore joint interest operations, a special audit of operating cost for the period January 1, 2000 through September 31, 2000 for Contract Area 00/00 NH10 -1 Oil Field was conducted and completed by the SPC audit team in the course of 2 weeks from October 28, 2000 to November 12, 2000 at International Operators Group's office in Shenzhen China. The audit team comprised 3 representatives from SPC.

The opening meeting was held on October 28, 2000 and the closing out meeting on November 12, 2000 between the members of Audit Team SPC and the Operator's representatives.

The auditors are satisfied to notice that the Operator, International Operator's Group, has done a lot of measures and modification in an effort to carry out Crude Oil Production plan of 2000.

II. Audit Objective and Scope

The purpose of the audit was intended to concentrate on the reasonableness, correctness and equitableness of actual operating cost for the period covered in the audit scope with emphasis on the execution of annual budget including analysis and investigation of the reason for budget overrun.

The scope of the audit covered, as described above, the operating cost both in actual and original budgeted and Joint Accounts related matters.

III. Audit Findings and Summary

1. In review of actual operating cost and in comparison with original budget approved by JMC, we found that the Operator has made much account of budget review but no efficient action and effective measures was taken in control of actual cost. The total actual operating cost in-

curred from Jan. to Sep. 2000 was exceeded the original budget by thirty (30) percent. (See Attachment I) . The typical example is maintenance fee which overrun 73% of the original budget. As for this it will be described in more detail hereinafter.

2. The contracts of sub – contractors have not been well controlled.

The main problems are as follows:

(1) Contract with Sub – contractor A

a. The contract clauses are not precise. For instance, bid proposals and operating annual budget are partial exhibits of the contract. As a result, there is no standard to be applied to for the payment.

b. Overtime pay billed is not in compliance with the general practice.

(2) Contract with Sub – contractor B

Based on EE of exhibit C, we found that invoices made by Sub – contractor B for labour cost are not in line with the service agreement which indicates that position means coverage 365 days per year and one position equals two (2) man back to back 28 days on/28 days off. Daily working schedule is 12 hours on/12 hours off. Actually there was only one (1) production site for each position in each 24 hours. For instance, the Safety Supervisor position was only provided one (1) people on production site in each 24 hours and the Turbine Technician Position was only provided two (2) people on production site for two (2) positions in each 24 hours. Exactly the execution of the service agreement carried out by Sub – contractor B was in conflict with the stipulation of the service agreement. (See Attachment II)

3. Personnel cost for International Operators Group staff.

Personnel costs paid to certain employees who have been working for International Operators Group over one year are not supported by proper documentation such as assignment letter which clearly indicates their salaries, benefits, etc. .

4. Material and inventory control

(1) All materials transferred to production and FPSO sites were not signed by receivers. It can not be identified that if the quantities of materials were received as delivered and any lose occurred on the transmissive way to site.

(2) It seems that all material consumables and non – consumables and spare parts purchased by Sub – contractor used in Nana Faxing were not well controlled by International Operators Group. In other word, it was out of control. All material consumables, non – consumables and spare parts transferred to FPSO site have never been confirmed by the receivers on the aforesaid site. Even though the contract states that prior approval by owner is required for any order or contract exceeding USD 25, 000.00, there was not approved by the Operator's representative when they were purchased and prior to purchase. In addition, some of catering goods were incorrectly accounted in the category of maintenance.

(3) Interim material.

All of the interim materials were not well defined and kept in proper manner. But the Operator has expressed that they has paid their attention to the control of them.

(4) The consumption of fuel in the platform, FPSO etc. were not recorded by users.

(5) General Administrative Expenses were always overrun in comparison with the budget and it has not been resolved since last year.

IV. Auditor's Opinion

Based on our examination and existing exposure, we would request the Operator to:

1. Take an active and efficient action in control of actual cost and expenses in terms of result of budget comparison. This is more important to reduce and control the operating costs and expenses.

2. Strengthen and improve contracting procedure, contract clauses must be precise, clear and the execution of signed contracts must be under control. If there is any problem, it must be corrected timely and rapidly.

3. Establish a set of International Operators Group's policies and regulations on the benefit and reimbursable expenses of the Operator's staff, which either principally satisfy with home offices of International Operators Group or apply to the Operator's operating and living environment in order to control the costs and expenses.

4. Improve materials and inventory control. In realizing the goal, the followings are required:

(1) Signature of users who receive and use the materials, consumables and non – consumables on the MT.

(2) Daily consumption record by users for fuel.

(3) Strengthening out and record of interim materials and necessary adjustment should be made, and the purchase control procedure should be improved.

5. Further review of Sub – contractor A's contract and all of the invoices billed by the Sub – contractor A in 2000 and claim on overcharge of labor is requested. At the meantime, we reserve the right to continue to audit the contracts with the Sub – contractor A and Sub – contractor B due to the potential possibility of high risk and further action may take, if necessary.

Finally, the auditors wish to thank the Operator's staff for their co – operation and assistance extended during the audit.

Attachment（I）

Actual VS Budget Comparison

NH28 Production Expenses

MUSD

Expenses Itemization	Budget For Jan. Throu. Sep.	Actual For Jan. Throu. Sep.	Variation		Description
			Amount	%	
I. Operating Cost					
1. Labor	3490	4709	-1219	-34.92	
2. Travel	360	174	186	51.67	
3. Catering	495	448	47	9.55	
4. Trasportation - Helicoptor	2070	2249	-179	-8.65	
5. Trasportation - Supply Boat	3753	2837	916	24.4	
6. Trastortation - Demurrage	300	10	290	96.3	
7. Fuel	540	2332	-1792	-331.9	
8. Communication	234	174	60	25.67	
9. Maintenance - Spare Parts	785	1441	-656	-83.6	
10. Maintenance - Consumables	1760	1862	-102	-5.8	
11. Maintenance - Outside Repair	527	2402	-1875	-355.8	-72.90%
12. Maintenance - Inspection Survey	175	219	-44	-24.9	
13. Drilling Workovers	1500	712	788	52.5	
14. Insurance	1246	1480	-234	-18.8	
15. Miscellaneous	480	1146	-666	-132.7	
16. Start - up Cost	0	425	-425		
Total Operating Cost	**17715**	**22620**	**-4905**	**-27.7**	
II. Store house Stock	**200**	**1741**	**-1541**	**-770.5**	
III. Fixed Assets	**0**	**35**	**-35**		
IV. G & A	**3012**	**3046**	**-34**	**-1.1**	
1. Direct G & A	1627	1936	-309	-19	
2. Allocated Common G & A	930	1080	-150	-16.1	
3. Training Activity	455	30	425		
V. Overhead	**609**	**529**	**80**	**13.1**	
Grand Total	**21536**	**27972**	**-6436**	**-29.9**	

（2）专项审计报告中文本。这是国家石油公司审计组进行上述专项审计之后，首先根据原先公司领导对这次专项审计的要求，以“情况反映”的方式另外专门写的专题报告，送交国家石油公司管理层征求意见。这个报告是在正式提交给作业者之前，因此，较之英文本送交作业者集团正式的专项审计报告（英文原文本）要更详细，另外增加了对作业者集团的预算管理的评价和批评的意见，但基本内容是一致的。

关于南海10－1油田生产成本专题审计报告

2000年10月28日～11月8日国家石油公司审计组，对作业者集团00/00合同区南海10－1油田2000年1～9月份的生产作业费进行了专题审计，现将情况报告如下：

一、生产作业费预算执行情况

2000年1～9月份生产原油6，795，301 bbl（86.6×10^4t），实际提油销售总量为6，267，668 bbl（798，813t），（包括商业性生产日1月27日之前一船油，计476，512 bbl）。原油销售总收入为12，764.7万美元（平均每桶售价20.366USD/bbl）；实际生产总成本为2，797.2万美元，占原油销售收入的22%，单位实际成本为5.04美元；（按不含1月27日前提油量计算）实际生产作业费较批准预算数（2，153.6万美元）超支30%。根据作业者的预测，10～12月份生产作业费将发生860.2万美元，预计全年生产作业费支出将达到3，657.4万美元，较去年12月份JMC批准预算数2，905.1万美元超出26%；并且较作业者今年10月编报的第二次修改预算数（3，475.4万美元）超出5.2%，计182万美元。

二、超预算的原因和存在的问题

（一）生产作业费超预算的主要原因

1. 生产操作人员费用增加，1～9月份实际成本470.9万美元，较预算超出35%，计121.9万美元。其原因一是较预算增加4名操作领班（Lead Operator，外籍雇员）每月平均增支44，000美元；二是平台和FPSO生产操作人员年初起改用承包商A承包公司的，比原EXPRO公司的人员劳务费增加30%（每个岗位劳务费月平均由10，000美元/人/月增至13，000美元/人月），另外增加一名防火技术员（Fire－Gas Tech.）；三是油轮系统用的承包商B公司的劳务人员原预算中未考虑交纳个人所得税，实际交纳后平均超支25%。

2. 油料费用超支较大。1～9月份账面实际支出233.2万美元（柴油4，019t，重油3，000t），较预算超出3.3倍。其原因主要是：（1）预算中供应船用油料费123.2万美元，包括在供应船服务费项目中，核算项目口径不一致，调整后油料超支31.6%；（2）油料价格上涨，原预算柴油250USD/t，重油240USD/t，实际平均价柴油为295USD/t（最高349USD/t，最低268USD/t），重油为320.50USD/t，分别增长18%和33.5%；（3）由于FPSO锅炉试运转和电缆旋转接头故障，导致消耗油料增加。

3. 维护修理费用较预算（342.7万美元）超支73%，计249.7万美元。其原因主要是油田工程建设中一些工作没有全部完成，包括乙二醇设备的改装、输油管线的收尾完工、FPSO锅炉试运转等，以及增加平台发电设备租用费等。

4. 预算外增加生产试运转费用73万美元（应列入开发费）。

5. G&A（行政管理费）超支。其中，生产部门（Production Dept.）1～9月份实际支出总额 193.6 万美元，较预算超出 19%，计 30.9 万美元；共同性的 G&A 分配计入生产成本的共计 108 万美元，较预算超出 16.1%，计 15 万美元。主要是人员费用（工资 + 福利）及住房、生活津贴均超预算。其原因一是预算考虑不周；二是钻井部门增加一名外籍雇员，以及增加人员交换接替期间的重叠人员费用及住房、生活津贴。

（二）存在的主要问题

1. 作业者的预算管理不严格，没有一套严密有效的成本控制程序。2000 年以来作业者已提出了 2 次修改预算报告，而且生产作业费的实际支出全年预计数还要突破第 2 次修改预算。虽然财务部门今年先后做了四次预算执行情况的分析对比，但只是根据实际成本支出的不断突破预算而不断修改调整预算，对成本的不断超支，作业者的整个管理层没有采取切实有效的控制措施，任其自然，可以说生产成本支出是处于失控的状态。

2. 作业者对承包服务合同的管理很不严格，对合同费用的控制很差。主要表现在对承包商 A 和承包商 B 两家承包公司，从合同的签订、执行到费用的结算控制管理都非常松散。承包商 A 是提供劳务，负责管采油生产系统的，合同规定一个岗位两个人，月费率是按岗位计算的。实际岗位和按岗位需上的人数均未按合同执行，但结算劳务费时，则以一个人顶一个岗位，按合同规定的岗位数计算，即承包商 A 多计收了一倍的劳务费。4 ~ 9 月份共结算 120 万美元，约多计 50 万美元左右，已向作业者提出查询，核实确认后，向 CPSI 追索。承包商 B 是作业者母公司的关联公司，它负责管油轮（FPSO）系统，自 1999 年 9 月投产以来至 2000 年 9 月末，先后 13 次，作业者给承包商 B 预付款共计 482 万美元。2000 年 1 ~ 9 月作业者据承包商 B 开来账单核销支出 358.5 万美元，其中操作人员工资和差旅费 162 万美元，占 45%；其余 55% 为维修服务费、零部件及消耗材料支出等。存在问题有：(1) 合同条款不严谨，预算和标书可以作为合同附件，有些不应支付的款项，如承包商 B 在新加坡基地材料库的审计，原预算为一人十个工作日，但实际为二人 70 个工作日，多支付了 4 万多美元，照付并计入了联合账簿（J/A），且这笔审计费本身按惯例是应由承包商 B 本公司承担，不应计入 J/A。(2) 合同规定采购或单项服务订单 2.5 万美元以上的都要经作业者审批，但实际执行很不严格，更突出的问题是材料和维修服务的结算发票都未经现场使用部门签字确认。只要承包商 B 一来账单，生产作业部就签认付款，是否确凿是 NH10 - 1 油田使用的，并不清楚，一些不正常的费用，如一个人正常工时只 120h，而加班工时达 145h，照样支付，审查结算程序控制很松，有漏洞。如加强控制，节支下降的潜力较大。

3. 库存器材资金不断增加。9 月末生产库存器材资金 174 万美元，较预算（20 万美元）超出近 8 倍。如包括勘探、开发等物资库存，9 月末共为 568 万美元，较年初（336 万美元）增加了 69%。据我方仓库监督人员反映，作业者对器材采购支出的控制是很松的，海上的机械、仪表、电气技工、操作员以及生产监督和岸上的设备工程师、维修监督等，谁都可以任意申购器材，没有严格的审批程序，盲目、重复采购现象不少。截止 9 月末，在赤湾基地库由于购回不用的暂存材料（Interim Storage）估计至少有 10 万美元以上，可能更多，存放时间大都在三个月以上。这部分器材采购支出已直接计入成本，是账外料，心中无数，时间久了，还会出现重复采购，造成积压浪费。

4. 人员费用问题。审计发现，目前作业者集团三家母公司来的外籍人员（共49人）大都没有雇用协议（Assignment Letter），没有统一明确的工资标准依据。今年工资增长幅度A公司为64%，平均增长9%，最高16%；B公司为43%，平均增长6.32%，最高10%；C公司为35%，平均增长6%～7%，最高8%。由于没有标准，无法评价其是否合理。

5. 行政管理费（G&A）问题。近几年来G&A总是超预算，作业者集团没有一套统一的开支标准和统一的费用控制制度，三家各按其母公司的规定执行，实际上又是相互攀比，又是相互照顾平衡。如人员调遣后的住房装修，家具重置以及休假制度等均有不合理支出，但没有统一的标准，也就没有控制。赤湾基地仓库有2套人马（一是MARINE BASE；一是Drilling & Production Warehouse），完全可以精简一套，但由于要"平衡"人员关系，难于实施。

6. 提油分配程序中的"X值"没有完全按合同规定以全年原油总产量平均计算，不合理，影响我方上半年的分成油收入。

三、关于对加强费用控制和降低成本措施的几点建议

1. 要求作业者要加强预算管理，制定一套成本控制的具体措施（要有可操作性的具体内容），切实改变目前只分析，不断调整预算，不控制费用，不断超支突破预算的现状。要按合同规定，强调预算的严肃性。

2. 要求作业者加强承包服务合同的管理，制定严格控制的具体措施，着重对承包商A和承包商B两家公司：对承包商A的问题要抓紧核实，追索回违反合同的支出，对承包商B明年要进行专项重点审计。

3. 要求作业者加强材料费支出的控制和管理

（1）要严格器材采购的申购审批程序，杜绝重复、盲目采购现象，拟定储备定额（具体的最高、最低限额），严格控制库存。

（2）对临时库存要清理入账，充分掘潜利用。

（3）要严格收发材料手续制度。送料到现场后必须要由用料单位的验收签认手续。

4. 要求作业者集团对G&A制定一套作业者集团统一的开支标准和费用控制制度。改变目前三家各执行一套实是互比互攀，互相迁就平衡，任其超支的状况。

5. 要求中方联管会的专业代表拟定明确的职责范围，加强对作业者成本费用控制的监督。每月做出成本、费用支出的分析对比报告，具体分析成本升降原因，提出要求作业者改进的具体建议，并监督实施。

第十五章 联合账簿审计终结阶段的工作

第一节 复查、汇总审计异议（Audit Exception）

现场审计过程结束之前，首席审计师应组织将审计组提出的全部审计查询通知（包括审计异议通知书和查询单）的处理情况加以整理、分析和汇总，分别编制审计异议通知书和资料查询单汇总表（Audit Memo Summary），并与作业者的审计联络员或财务部门主管逐项商讨，充分交换意见，落实各项审计异议的处理意见和处理结果，为审计结束会议作好准备。与此同时，首席审计师还要向主管审计部门汇报，以及向联管会的中方首席代表和财务等有关专业代表征求意见，以取得对审计异议处理政策和意见的一致性和合理性，以便于在审计结束会议上与作业者商谈表态，取得较好的审计成果。

第二节 召开现场审计结束会议，终止现场审计（Close - out Meeting）

现场审计结束会议，西方的审计师们习惯上称之为 Exit Meeting or Close - out Meeting，这是对全部现场审计过程的总结，这也是做好联合账簿审计工作的一个重要环节，其具体内容应包括但不限于下列各项：

（1）首席审计师概括地总结本次审计的内容和全部审计异议的处理情况，对作业者在整个审计过程中所给予的支持和合作表示谢意。

（2）由首席审计师正式向作业者提交资料查询单和审计异议处理情况汇总表。

（3）确认经作业者与审计小组双方同意的每项审计异议的处理结果，包括：

1）作业者同意的审计异议，已做剔除调整，贷计入联合账簿的金额。

2）作业者不同意的审计异议，而其回答的理由和提供的依据是合理的，已被审计小组所接受，不再要求剔除的项目。

3）原因还没有彻底弄清或会计原始凭证资料不全，需要作业者进一步调查后再给以答复和提供会计资料的。

4）双方意见分歧，又达不成协议，需要进一步协商解决的审计异议。

5）有哪些审计查询资料作业者尚未提供，必须由作业者设法继续提供的。

(4) 议定作业者应提交的在审计期间未于答复的审计查询通知，以及审计组提交审计报告的期限。

审计结束会议的参加人员应包括除上述参加首次审计会议的审计组全体成员和作业者主管财务有关负责人以外，还要邀请联管会中方首席代表和财务专业代表参加，以便在今后由他们具体监督作业者对已接受审计异议的纠正与整改工作的实施。

第三节　编制并向作业者提交审计报告 (Audit Report)

编写好审计报告是做好联合账簿审计工作的一个极其重要的部分。审计报告（Audit Report）是对一次审计工作全过程的书面总结，也是对作业者的“联合账簿”做出评价和结论的一份正式的书面文件。审计报告一般应在现场审计结束会议这后，审计组收到作业者对全部审计异议的书面答复之后三十天内提出，审计报告应由首席审计师编写和签署，由主管审计部门审核批准，并由主管审计部门的负责人代表非作业者的国家石油公司以正式文件形式签发，提交作业者并抄送联管会中方首席代表。如果是与其他非作业者联合进行的联合审计，则应将审计报告的拷贝件，抄送给其他各非作业者。按惯例作业者在收到联合账簿的审计报告之后，都十分重视，通常作业者的财务部门要把审计报告连同对每项审计异议的处理答复意见上报其母公司的财务主管部门审查同意。按我国的石油合同规定，作业者在收到审计报告之后，应及时（最迟不晚于60d）解决审计报告中提出的审计异议事项，并给予书面答复。

一、联合账簿审计报告的格式

联合账簿审计报告的格式按惯例应包括以下四个部分。

(1) 伴函

随同审计报告一并发出的伴函（Cover Letter），应以国家石油公司审计部门负责人的名义签发（美国的国际石油公司通常都是以总审计师（General

Auditor）的名义签发）。

（2）审计报告正文（Audit Report）。审计报告正文一般又分为以下四个小部分：

1）总概况

审计报告应概括地说明审计的联合账簿的合同区编号、作业者名称、会计年度、审计组的组成人员、审计的日期和地点、以及首次审计会议和审计结束会议的概况。

2）审计的范围、目的。

应扼要说明审计的具体范围，主要包括投资支出总额及其明细项目的组成内容等。

3）审计总结。

应简要地总结说明审计中总共提出了多少审计异议（PF）和资料查询（IR），作业者已同意接受并处理解决了哪些，尚待解决的是哪些，还有哪些与作业者意见分歧，需要进一步协商解决或提交联管会讨论决定的问题。

4）审计结论。

应总括地对作业者联合账簿做出评价和结论。在一般情况下，应按惯例照如下标准模式写入审计结论中：

"经审计核实，审计小组认为根据石油合同，以及联合经营石油作业的惯例，本次审计的某年度的会计报告和联合账簿，除了在本次审计报告中所列的审计异议项目外，如实公允地反映了某年度某合同区联合石油作业的全部会计事项，都是可以接受的，并表示满意。"

在英文原文本的审计报告中这段审计结论是：

"Based upon the audit tests performed, the auditors are of the opinion that the Financial Statements and the Joint Account records for the above referenced Contract Area for 19xx accounting year are acceptable in accordance with the Petroleum Contract and its Accounting Procedure as well as the generally accepted accounting practices in petroleum joint interest operations, and they properly reflect the joint Account transactions except those as detailed in this Audit Report. "

联合账簿审计报告的主要内容，实际上就是审计异议的总结。因此，按联合账簿审计报告的主要内容和格式，也可称之谓"审计异议报告（Audit Exception Report）"。

在发出审计报告时，如果还有争议的审计异议项目未解决的情况，则应在审计结论中增写以下内容：

"审计组将根据作业者对本次审计报告的最终答复，保留在适当的时候进一步提出审计异议的权利。”（The auditors would reserve the right to issue additional audit exceptions resulting from the Operator's final responses to the audit exceptions in due course.）

（3）审计异议处理情况汇总表［Status of Audit Memos（Attachment I）］。

审计异议处理情况汇总表应作为审计报告正文的附件一处理。

（4）审计异议分项明细总结［Summary of Audit Memos（Attachment Ⅱ）］。

应对本次联合账簿审计中提出的每项审计异议的内容、作业者的答复意见和处理结果,逐项简明扼要地写清楚,可作为审计报告正文的附件二处理。

联合账簿审计的工作语言，按照石油工业国际合作的惯例，大多数都使用英语，当然审计报告所用的文字也是英语。编写审计报告时应注意以下几点：一是文字要简明扼要；二是对每项审计异议必须要有充分的事实依据和理由；三是提出的审计处理意见和要求明确，不含糊，不模棱两可；四是报告中不能写入事先未经与作业者“见面”交涉过的问题。

二、对内部的审计情况反映

首席审计师在编写上述审计报告的同时，应按照国家石油公司对联合账簿审计的程序规定，还要编写一份对内部的审计情况反映，报送国家石油公司领导和主管审计部门，以及财务、合同条法等有关部门，以便及时提供审计信息和建议，改进石油工业对外合作的经营管理工作，其内部审计情况反映的主要内容包括：

（1）对作业者的会计核算、财务、资金管理和费用控制等内部控制体系进行分析，作出评价，指出其簿弱环节，提出改进的具体措施；

（2）客观公证地分析评价联管会的中方代表一方对预算管理和执行采办、工作订单程序等成本控制，以及监督执行石油合同和维护我方经济权益等方面的工作，提出存在的问题和改进的建议；

（3）通过审计发现的涉及石油合同条款方面的问题，如某些经济条款不严谨、不明确而影响双方权益，提出今后应注意改进的方面；

（4）上述各方面好的经验和作法。

三、实际案例

联合账簿审计报告的实际案例（英文原文本）：

An Example of Joint Interest Audit Report：

1. A Cover Letter with regard to the Joint Interest Audit Report issued by general auditor or

general director of audit department of State Petroleum Corporation.

To：Mr. President or General Manager of the Operator

Re：2000 **Fiscal Year Audit Report of the Joint Account**

Dear Sir：

We have completed the audit of Financial Statements and Joint Accounts for Contract Area 00/00 and 01/01 for the year of 2000.

Please find the enclosed Audit Report for the Joint Accounts of 2000 for Contract Area 00/00 and 01/01 in South China Sea.

I would like to express my appreciation of your cooperation and courtesy extended to our auditors by your staff during the audit.

Should you have any questions, please do not hesitate to contact me at your convenience.

We look forward to receiving your reply at your earliest convenience.

Sincerely yours

Rupert Wang（Signature）

General Auditor

State Petroleum Corporation

[1. 伴函 —— 由国家石油公司总审计师或审计部总经理就有关联合账簿审计报告发出一封伴函（随同审计报告），致作业者公司总裁。

致：作业者总裁（或总经理）

主题：2000 年度联合账簿审计报告

尊敬的某先生：

我们已经完成了00/00和01/01合同区2000 会计年度联合账簿和会计报告的审计工作。

现送上 00/00 和 01/01 合同区 2000 会计年度联合账簿的审计报告。

我们对贵公司人员在审计期间给予的合作与帮助表示由衷的谢意。

如果有什么问题，请您在方便时与我联系。

我期待着您的尽早回复。

国家石油公司审计部总经理________（签字）]

2. Joint Account Audit Report

AUDIT REPORT

Contract Area: 00/00, 01/01 South China Sea

Operator: International Oil Co.

Fiscal Year: 2000

1. General Introduction

In accordance with Article 19 of Petroleum contracts and their Annex II – accounting Procedures, an audit of financial statements and Joint Account records for 2000 of the above reference contract areas has been conducted and completed by the SPC Audit Team at the Operator's office in Shekou China during the period from May 6, 2001 to June 10, 2001.

The Opening Meeting was held on May 6, 2001 and the Close – out Meeting was held on June 10, 2001 between SPC Audit Team members and the Operator's representatives.

2. Audit Objective and Scope

The objective of the audit was to examine and verify the correctness, reasonableness and equitableness of all costs and expenses charged to the Joint Accounts of the contract areas mentioned above were in accordance with the Petroleum Contracts and their Accounting Procedures as well as the generally accepted practices in joint operations of the petroleum industry.

The scope of the audit was designed to cover all the Joint Accounts related matters with the emphasis on the examination of all the expenditures charged to the Joint Accounts of Contract Areas 00/00 and 01/01 for the year of 2000.

The total expenditures charged to the Joint Accounts were USD 86, 000, 000. 00 for the year of 2000 which were broken down by contract area and phases as follows:

Contract Area	Exploration Cost	Development Cost	Operating Cost	Total Cost
00/00	10,000,000.	58,000,000.	0	68,000,000.
01/01	6,000,000.		12,000,000	18,000,000.
Total	16,000,000.	58,000,000.	12,000,000	86,000,000.

3. Audit Summary

Twenty (20) Preliminary Findings (audit exception) and eight (8) Information Requests were issued during the audit with a total credit request in the amount of USD 6, 200, 000. 00 against Exploration, Development Costs and Operating Cost charged to the Joint Account in the year of 2000.

The Operator has formally responded to all audit memos. The credit requested in the amount USD 3, 800, 000. 00 has been accepted by the Operator, and in the amount of USD 1, 200, 000. 00 has been resolved with no exception after the Operator providing reasonable explanation and sufficient back - ups. As of the date of this report issued, fifteen (15) Preliminary Findings and six (6) Information Requests are closed and five (5) Preliminary Findings and two (2) Information Requests are open with the claimed amount of USD 1, 200, 000. 00 which are going to be further investigate and reviewed by both Parties. The detail status of Audit Memos, the Operator's replies and the auditors' comments are summarized and described in the Attachment I and Attachment II of this Audit Report.

4. Auditor's Opinion

Based upon the audit performed, the auditors are of the opinion that the Operator's annual financial statements and Joint Account records for the above referenced Contract Areas for the year of 2000 are basically in compliance with the Petroleum Contracts and their Annex II - Accounting Procedures as well as the generally accepted accounting practices in joint operations of petroleum industry, and they properly reflect all transactions incurred in the year of 2000 except those items outlined in the Attachment of this Audit Report.

We would request the Operator to further respond to the open Preliminary Findings and Information Requests as soon as possible. And the Operator is also requested to process the mutually agreed audit exceptions by sending us the copies of the adjustment vouchers at your earlier convenience. The auditors would reserve the right to issue additional audit exceptions resulting from the Operator's final responses to the audit exceptions in due course.

Finally, we would like to greatly appreciate your cooperation and professional assistance extended to our auditors by your staff during the audit.

Sincerely yours
Peter Zhang (Signature)
Lead Auditor of SPC Audit Team

Attachment I: Status of Audit Memos
Attachment II: Summary of Audit Memos
[2. 联合账簿审计报告

审计报告

合同区：南海 00/00，01/01）
作业者：国际石油公司
会计年度：2000 年
1. 概述
根据石油合同第 19 条及其附件 2 会计程序的规定，国家石油公司审计组于 2001 年

5月6日~6月10日在作业者中国蛇口办公室，对上述00/00，01/01合同区2000年度的联合账簿和会计报表进行了为期四周的审计。

首次审计会议于2001年5月6日，现场审计结束会议于2001年6月10日在国家石油公司审计组和作业者代表之间进行。

2. 审计目的与范围

审计的目的是审查核实计入上述合同区联合账簿的全部成本与费用的正确性、合理性和公正性。并确认其是否符合石油合同及其会计程序的规定，以及公认的联合经营石油作业的惯例。

审计的范围包括所有计入联合账簿的会计事项，主要是审查2000年度计入00/00，01/01合同区联合账簿的全部投资支出。

计入2000年度联合账簿的全部投资支出为86，000，000.00美元，分合同区和分阶段的明细如下：

合同区	勘探费	开发费	生产作业费	合计
00/00	10，000，000.	58，000，000.	0	68，000，000.
01/01	6，000，000.		12，000，000	18，000，000.
总　计	16，000，000.	58，000，000.	12，000，000	86，000，000.

3. 审计总结

在审计期间，审计组共提出审计异议书20份；资料查询单8份。要求从计入2000年度联合账簿的勘探、开发费用和生产作业费中剔除共计620万美元。上述审计异议书和资料查询单全部都得到了作业者的正式书面答复，作业者已经同意从联合账簿中剔除的金额为380万美元；还有要求从联合账簿中剔除的120万美元的审计异议，由于作业者进一步提供了足够的依据和合理的说明，审计组不再要求剔除，并做结案处理。

截止到发出本审计报告，已经有15份审计异议书和6份资料查询单的问题得到了解决，并做了结案处理。还有5份审计异议书和2份资料查询单的问题没有解决，要求从联合账簿中剔除的金额为120万美元，需要由合同各方做进一步调查和审核，并作为待处理审计异议遗留问题处理。

所有的审计异议书、资料查询单和作业者的答复，以及审计组的意见，均在本报告附件I和附件II中做了详细说明。

4. 审计结论

通过审计，审计组认为：除了审计报告及其附件I，附件II中所指出的审计异议项目以外，作业者2000年度的会计报表及会计记录基本上符合石油合同及其附件2会计程序的规定，以及石油工业联合经营石油作业的惯例，公允地反映了作业者2000年度计入联合账簿的会计事项。

审计组要求作业者对本次审计中尚未解决的审计异议和资料查询尽快给予答复，并对双方已经一致同意解决的审计异议问题，尽快做出调整处理，

并将调整处理的会计记录拷贝件送交审计组。

审计组保留在作业者对审计异议的最终答复后，进一步提出审计异议的权利。

最后，审计组对作业者办公室人员在审计期间给予的热情帮助和合作，表示衷心的谢意。

附件 I：审计异议汇总表

附件 II：审计异议处理情况总结]

3. Status of Audit Memos（Attachment I)（审计异议汇总表）

No.	Description	Credit Requested	Accepted by the Operator	Resolved with no Exception	Further Review Needed	Status Closed	Status Open
PF 01	Revenue distribution	2,000,000.	2,000,000.			Closed	
PF 02	Salaries and bonus	186,000.	115,000	71,000.		Closed	
PF 03	G&A Allocation	690,000.			690,000.		Open
PF 04	……						
Total		**6,200,000**	**3,800,000**	**1,200,000**	**1,200,000**		

4. **Summary of Audit Memos**

PF 01 Revenue Distribution

Auditors' claim:

The revenue distribution of the Contract Area 01/01 oil & gas field was not in accordance with the Article 0. 0. 0 of Petroleum Contract which states that the recovery of the Pipeline investment is prior to the exploration costs of the Contract Area. Therefore the production revenue should not be used to recover the exploration costs in the amount of USD 2, 000, 000. 00 for the year of 2000. The Operator is requested to redistribute the production revenue and make an adjustment accordingly.

Operator's reply:

The Operator accepted auditor's interpretation of the claim regarding the Pipeline investment recovery and should make an adjustment of production revenue for the year of 2000 in the 2001 annual reconciliation process.

Auditors' comments:

We agree to close the Audit Memo No. PF 01.

PF05 Donation fee USD 7, 800. 00 was charged to Joint Account

Auditors' claim:

The donation activities to the hospital and disabled person's federation were not related to the Joint Operations, which activities should be 100% for International Oil Co. Own itself and not be charged into the Joint Account.

Operator's reply:

The Operator thinks that they are certain necessary expenses of doing business in China although they are not directly related to the Joint Operations. The Operator proposed that the donation would be allocated 50% to the Joint Account and 50% to the Non – Joint Account.

Auditors' comments:

In reviewing the Operator's reply, we disagree with the Operator's proposal. The donation fee does have noting to do with the Joint Operation. Therefore, we still request the Operator to make a credit of donation fee in the amount of USD 7, 800. 00 to the Joint Account.

PF 06 Technical services provided by Operator's parent company

Auditors' claim:

The auditors found that the general service fee provided by finance, legal departments etc. of the Operator's Home Office in the amount of USD32, 500. 00 has been charged to the Joint Account. The auditors are of the opinion that legal, finance and administration services provided by the superior organization of the Operator should be included in the Overhead and should not be charged to the Joint Account according to Annex II – Accounting Procedure of the Petroleum Contract, and also the Work Orders for these services were without approval by JMC.

Operator's reply:

The Operator Accepted USD 21, 500. 00, and disagreed with USD 11, 000. 00 which was technical services provided by the Exploration Department of the Operator's Home Office. .

Auditors' comments:

We agreed to resolve USD 11, 000. 00 with no exception and require that a credit of USD 21, 500. 00 should be made to the Joint Account as soon as possible by the Operator.

IR 09 The basis of day rate calculation of the technical services provided by the Operator's parent company

Auditors' claim:

Auditors request the Operator to provide the basis of day rate calculation of the technical services for the year of 2000 which would be provided by the Operator's parent company.

Operator's reply:

The Operator has requested this information from the home office and will forward this information to the auditors as soon as it is available.

Auditors comments:

This IR 09 would be closed after receiving the requested information.

[审计异议处理情况总结

PF 01　关于产品收入分配问题

01/01 合同区油（气）田产品收入分配不符合石油合同的规定。审计组认为，输油气管线投资的回收，应先于勘探投资。因此，2000 年产品收入中，分配用于回收勘探费用的 200 万美元是错误的，建议作业者对 2000 年度的产品收入分配做出适当调整。

作业者答复：

作业者同意接受审计组关于输油气管线投资回收的审计异议，并将在 2001 年度的产品收入调整计算时，对 2000 年度的产品收入分配做出适当调整。

审计组意见：

审计组同意将 PF 01 审计异议问题结案。

PF05　关于捐赠费用 7，800 美元计入联合账簿的问题

国际石油公司对医院和残疾人联合会的捐赠费用与联合石油作业无关。这是属于国际石油公司本公司 100% 的公司费用，不应计入联合账簿。

作业者答复：

作业者认为，这些费用中有些虽然不是直接为石油作业服务的，但其中有些费用对开展业务是必要的。因此，作业者建议，对这些捐赠费用的处理：50% 计入联合账簿，其余 50% 从联合账簿中剔除。

审计组意见：

审计组考虑了作业者的答复意见，但我们认为这些捐赠费用确实与联合石油作业毫无关系，因此，我们不同意作业者的建议，仍然坚持要求作业者把这笔捐赠费用 7，800 美元从联合账簿中剔除。

PF06　关于由作业者母公司提供的技术服务费用

审计组发现，由作业者母公司财务、法律事务等行政管理部门提供的一般服务费用共计 32，500.00 美元计入了合同区联合账簿。

审计组认为，根据石油合同附件 2 会计程序的规定，由作业者的上级管理机构对石油作业提供经营管理的一般服务费用，应包括在“上级管理费”之内，不应再计入合同区联合账簿。而且，该项工作订单费用也未经过联合管理委员会的批准。

作业者答复：

作业者同意从联合账簿中剔除 21，500.00 美元，但还有 11，000.00 美元是作业者母公司勘探部提供的技术服务费用，应计入联合账簿。

审计组意见：

审计组同意作业者的意见，由作业者母公司勘探部提供的技术服务费用同意计入联合账簿；其余 21，500.00 美元，作业者应尽快从联合账簿中做出剔除处理。

IR 09　关于作业者母公司提供技术服务的计算基础

审计组要求作业者提供其母公司计算的技术服务费日费率的计算依据。

作业者答复：

作业者已经向母公司提出了提供该数据资料的请求，将尽快提供给审计组。

审计组意见：

当收到该数据资料后，本资料查询要求结案。

第四节　做好联合账簿审计的后续工作（Follow Up）

按照国际上联合账簿审计的惯例，对作业者联合账簿的审计是没有后续审计，或者是复审的作法，但实际上还必须做很多审计的后续工作，而且是保证审计成果必不可少的环节。多年来的实践证明，作业者往往对审计组提出的审计异议是不可能全部接受同意的。当提交审计报告之后，作业者还要对审计报告中有不同意见的审计异议问题进一步申诉理由，尽量进一步提出依据，不同意审计组的意见。因此，审计组还要继续对不能取得一致意见的未解决的审计异议问题［即所谓审计遗留问题（Outstanding Audit Issues）］，进一步做好核实、审查，提出更深入、更充实的审计异议依据和说明文件等后续审计工作，还要与作业者不断磋商，直至审计异议问题全部解决为止。其他各个作为非作业者的国际石油公司也有此同样工作，西方审计师们称之谓跟踪审计工作（Follow up）。

联合账簿审计的后续工作主要是：

（1）首席审计师应对“作业者对审计报告的答复”中处理审计异议的不同意见进一步调查核实，并做出分析、评价和结论，写出最终处理意见的建议。

（2）首席审计师应负责与作业者联系，进一步会谈磋商审计遗留问题；对涉及双方经济权益较大而且又有争议的问题，应由双方高一级主管审计和财务部门的负责人参加，共同协商，寻求双方都能接受的处理审计异议问题的适当解决办法和处理意见。

（3）审计组应全面系统地整理所有的审计工作底稿、审计查询通知、作业者答复和审计报告，以及其他审计文件、审计资料等，按规定的要求立档归卷。

（4）审计组应在下次审计工作中复查核实上次审计中作业者已同意接受的审计异议的处理情况。

第十六章 海洋石油对外合作的审计成果及基本经验

海洋石油是我国石油工业对外合作启动最早的行业，自20世纪80年代初开始，20多年来海洋石油的全体审计工作者，在邓小平理论和“三个代表”思想的指引下，在国家审计署的指导下，在中国海洋石油总公司党组的直接领导下，勤奋学习，努力工作，成绩斐然，取得了丰硕成果。

第一节 主要成果

（1）维护了国家和企业的合法经济权益，直接经济受益巨大。据不完全统计，20多年来通过审计直接经济受益八千多万美元。

根据1999年9月出版的《中国海洋石油总公司志》的详细记载，自1981年起至1997年末，国家石油公司两级审计部门，共对17个会计年度34个作业者（集团）103个石油合同和协议的联合账簿进行了208次的年度例行审计及各类专项审计。通过审计，提出各类审计异议共2，388项，涉及金额12，689万美元，其中，外国石油作业者同意接受的已从联合账簿中剔除的金额达7，447万美元，占对外合作石油合同区投资支出总额的1%；作业者（集团）根据我方提出的审计异议进一步提供了详细资料和解释，证明是合理开支而不予剔除解决的金额共5，058万美元；结转遗留的审计异议，尚待合同双方进一步磋商解决的问题为192万美元。从联合账簿中剔除金额的内容涉及广泛，其中，行政管理费用2，387.8万美元，占32%；各种服务费用1，426.9万美元占19.2%；人员费用846.3万美元，占11.4%；设备、材料费用485万美元，占6.5%；其他2，301.4万美元，占30.9%。作业者同意接受的审计异议已从联合账簿中剔除的金额包括了两个内容的涵义：一是作为合同者的外方不能回收的石油勘探开发投资；二是国家石油公司不予负担的油田开发投资和生产作业费用支出。这就有效地直接维护了中方（包括国家和企业）的合法经济权益。

（2）建立完善了既能与国际接轨、符合惯例，又适合我国石油工业实情的外资审计制度。

20多年来海洋石油对外合作审计工作，从无到有，从弱到强，在实践中不断探索，不断学习国际石油行业审计专业管理的惯例与经验，不断建立完善了一整套既适合我国石油行业对外合作的实际需要，又能与国际接轨符合国际惯例的对外合作的审计制度、审计程序，以及审计的准则和方法，为国际石油公司所接受、认可，并给予了较高的评价与赞赏，树立了较高的审计权威，促进了海洋石油的对外合作。

（3）基本建立完善了促使外国石油作业者严格遵守《石油合同》进行各项经营活动的审计监督机制。

为了维护作为主权国开发海上石油资源的经济权益，监督外国石油作业者严格遵守合同规定进行石油作业，海上石油对外合作从一开始在《石油合同》中以法定的形式规定了每个石油合同区必须建立派驻有中方代表参加的联合管理委员会的管理机构和一套对《石油合同》的执行行之有效的监督机制，合同中对联合账簿的定期例行审计的规定是这个监督机制的重要部分。虽然这种审计属于事后审计的性质，但实践证明，对监督作业者按合同规定有效地、经济地进行石油作业已起到了有效的控制和监督作用。不仅是对外国作业者，对监督合同执行的联管会的中方专业代表也同样起到了对监督者的监督作用。如在某合同区作业者同时进行几个合同区油气的勘探开发和生产作业，有些中方的专业代表填写工时记录时为图省事，把实际为几个合同区（包括新区勘探工作）服务工作的时间都简单地全部填写为一个进入开发生产阶段的合同区，岂不知多填写一个小时的服务时间就要使中方多分担行政管理费200多美元。一个会计年度就使中方白白地分摊了几十万美元根本不应分担的行政管理费（G&A，这是按照雇员为每个合同区服务的时间比例分摊的），而且如按实际服务对象填写，这本应是由外国石油公司分担的勘探风险投资。审计人员发现后向联管会中方首席代表做了汇报，说明了要认真填写工时记录的重要性，中方首席代表立即向全体中方的专业代表做工作，使大家明确如实填写工时服务对象的利害关系，很快得到了改进，使今后国家石油公司减少了这类不应分担的财务支出。

（4）培养造就了一支思想作风过硬，业务素质较高的外资审计队伍，积累了比较丰富的外资审计工作经验，基本上适应了海洋石油对外合作发展的需要。

做好海洋石油对外合作审计工作最关键的是要有一支政治思想品质好、

业务素质高的审计队伍。国家石油公司的各级领导十多年来始终充分重视以人为本的思想政治工作，不断加强对审计人员的职业道德教育，倡导敬业精神，热爱审计工作。海洋石油对外合作开始，我国石油工作的功勋创始人之一原国务院副总理、石油工业部长康世恩同志就告诫全体海洋石油职工要发扬"出污泥而不染的荷花精神"，要经受住对外开放后资本主义思想侵蚀的严峻考验。针对海洋石油对外合作审计工作的特点，制定了《审计人员守则》和《审计人员职业道德规范》，把勤政廉洁和严守外事纪律作为选拔合格外资审计人员的基本条件和考核审计干部的主要内容，不断强化审计人员的勤政、廉政意识。海洋石油审计人员20多年来，到外国石油公司进行审计三百多次，并先后到美、日、法、英和意大利等国的作业者母公司审计几十次，他们一方面勤奋好学，努力工作，圆满完成了审计任务，一方面牢记发扬"荷花精神"，严格遵守外事纪律，在国内和国外从未发生过违纪事故，为国家石油公司树立了良好形象和审计权威。可以说是一支经得起考验过硬的外资审计队伍。

第二节　基本经验

归纳起来，二十多年来海洋石油做好联合账簿审计工作，有以下几条基本经验：

(1) 领导重视，选拔人才，加强培训，是做好联合账簿审计工作的根本保证。

80年代初，海洋石油乃至全国的对外开放与对外合作刚刚开始，国家尚无审计机关和审计制度，外资审计工作从未开展过，海洋石油企业一无专业审计队伍，二无实际经验。可以说，对外合作审计工作是一张白纸，从零起步。然而，海洋石油对外合作全方位的展开急需这项监督外商、维护中方经济权益的重要手段，形势紧迫。当时，运筹我国海洋石油工业发展的领导者们，以他们开拓、敏锐的远见，在海洋石油对外合作工作起步的同时，就已决策从全国各大油田企业中选拔培训一批外事财会、审计人员，以适应对外合作发展的需要。先后在石油大学、厦门大学、石化研究院等有关大专院校举办了六期200多人次的外事财会、审计的培训班，请美国、挪威等国际石油公司的外国专家来讲授，强化外语，培训专业业务；同时还选派有实践经验和外语好的财会人员，先后8批20多人次到外国石油公司和会计公司进行岗位培训会计和审计业务。短短三、四年的时间，使一大批经过专业对口、有效培训的财会、审计人员相继走上了急需的对外合作工作岗位。这就为做好对外合作审计工作打下了坚实的基础。

随着对外开放合作，海洋石油工业的迅速发展，各合同区勘探、开发和生产等石油作业的同时交叉进行，联合账簿审计的范围、内容不断增加，审计人员的业务知识和业务水平也必须不断充实、丰富、提高，因此不断加强对审计人员的培训和补充人才是十分重要的。中国海洋石油总公司的历届主要领导都十分重视和支持这项工作，一贯强调要把做好联合账簿审计放在审计部门头等重要的位置，并一再强调，对外合作审计中一些深层次的问题（如作业者母公司的服务费率偏高的问题）要加强调查研究和学习，做好控制和监督。近几年，中国海洋石油总公司审计部门通过举办与外国石油公司审计专家的研讨会、与国际石油公司的审计专家一起联合审计，以及到作业者母公司进行专项审计等办法，与外国石油公司的同行们互相交流、切磋，更新专业知识，籍以不断提高我们的审计业务水准，跟上形势发展的需要。

（2）审计人员必须加强学习，以邓小平同志建设有中国特色的社会主义理论和“三个代表”重要思想武装自己，解放思想，转变观念，提高素质，全心全意为石油工业的改革开放和对外合作服务。

海洋石油对外合作审计工作涉及知识面较广，一方面要学习研究和熟悉《石油合同》，协议等繁多的条款，联合经营石油作业的国际惯例和公认的会计原则，以及我国有关的财经法规；另一方面还要熟悉众多外国石油公司各个不同的财务管理和会计核算制度与程序，以及作业者母公司的会计政策；并且除了财务会计、审计专业知识之外，还涉及石油地质、钻井、油田建设工程和油田生产，以及采办等方面的专业业务知识；此外，由于按照惯例，会计核算和会计记录等使用的工作语言一般都是英语，因此还必须要求英语好，起码是专业英语要过关，并能熟练运用。更重要的是要学习邓小平同志的特色理论，解放思想，转变观念。总之，要不断地加强学习，努力提高审计人员自身的思想和业务素质，适应改革开放和对外合作的形势所需。根据十多年来的实践，审计人员应解决和处理好以下几个方面的关系：

1）开放合作与维护中方权益的关系。

国际合作是当今世界经济发展的总趋势，国际合作实质上也是国际竞争，与国家石油公司合作的外国石油公司既是合作伙伴又是竞争对手。搞国际合作既要强调合作双方战略选择的优势互补性，我们海上有石油资源，但需要利用外资和引进先进技术和管理，加快我国海上的油气资源的开放建设，不能互补就没有合作的必要；同时还要强调利益追求的互惠性，不能互惠，也就不会有合作。正如小平同志讲的“你要别人来投资，就得让他赚钱。”因此，既要坚定地维护中方作为主权国的正当经济权益，也要充分尊重合作伙伴的合法经济权益，维护他们合理的投资利益回报。我们在对外合作审计工作中正是一贯坚持了这条互利互惠的原则，在审计中不但对作业者计入联合账簿中不合规、不合理的支出提出审计异议，坚持要求从联合账簿中剔除；而且对发现作业者错计漏入联合账簿的费用也要求其更正补入。如1996年度某作业集团由于计算基础的错误，少计合同利息265万美元（其中外方占75%。中方只占25%），审计组发现后，主动提出给予补计更正，使客观公正、平等互利在对外合作审计工作中得到实实在在的体现。

2）依法审计与尊重国际惯例的关系。

国家石油公司的对外合作伙伴大都是有上百年、几十年以上历史的国际石油公司，如埃克森（EXXON）、莫比尔（MOBIL）、德士古（TEXACO）、雪佛龙（CHEVRON）、壳牌（SHELL）、BP、西方（OXY）、阿莫科（AMOCO）、阿科（ARCO）等。为合作签订的石油合同模式、石油生产作业和企业管理、会计核算，以及投资的回收和产品的分成模式等都是按照国际上通行的惯例进行。一句话，一切按国际惯例办事。要对外开放就要与国际接轨。审计工作当然也不例外。《石油合同》中的审计条款就是完全按照通行的惯例而规定的。依法审计是联合账簿审计必须遵循的总原则，但我国的财经、审计法规与经过国家主管部门批准具有法律效力的《石油合同》，对联合账簿审计的有关规定条款，不可能十分具体和面面俱到，在审计中又难免双方对一些审计异议问题发生争执，各持已见，但又无具体依据作为评判的准则。我们在多年的实践中参照了石油工业国际合作已形成了的惯例［如北美石油会计师协会（COPAS）发布的联合账簿会计程序、审计程序和英国与挪威北海油田的会计程序等］结合我国的有关法规的原则规定，制定了联合账簿的审计程序与实施细则，在征求各作业者意见时，都表示理解和支持，很多年来已在实际工作中参照、施行，取得了较好的效果。另外对一些有争议的间接费用问题，我们根据COPAS的有关惯例的规定，与作业者交涉，不仅解决了审计异议问题，还签订了备忘录（Meetint Resolution），为今后制订了实际执行的依据。如某石油公司在南海当作业者，审计师们在连续两年的审计中，发现作业者把其母公司转来的应属于上级管理费范畴内的一些服务费用。按合同规定这些母公司发生的属于预算计划、财务会计、劳资关系等共同性的间接服务费用，已经包括在作业者按固定的滑动比例计提的“上级管理费”中，但其母公司又作为提供的直接服务费用转来结算收款。实质上，这是对联合账簿的重复计费。审计人员根据其母公司的结算账单和最原始的工时记录，提出了近200万美元属于上述间接费用性质的支出，要求从联合账簿中剔除。作业者的财务经理对这样大问题作不了主，专门把其母公司主管财务的副总裁和会计专家请到中国来，与国家石油公司的审计主管部门进行会谈磋商，尽管他们提出了很多特殊理由，但由于我方根据COPAS发布的关于上级管理费范围的惯例规定，并且数据完整确凿，只好同意我们审计师提出的剔除意见，并由双方签署了备忘录，明确规定了其母公司属于上述性质的几个管理部门发生的间接费用不能再重复结算计费，确保以后不再发生类似情况。

3）原则性与灵活性结合的关系。

在联合账簿审计中大量的工作是要与作业者磋商、谈判如何解决和处理审计组提出的审计异议。在审计谈判中应始终坚持“有利、有理、有节”的指导方针。所谓有利，就是所提出问题对中方，包括国家和企业的利益，明显的直接利益和可能产生影响的间接或长远利益；有理，就是提出的审计异议，证据确凿，依据和理由充分；有节，就是对解决审计异议的纠正意见处理适当，不拘泥于对非原则性的一些开支问题抓住不放，要有对合作伙伴富有诚意的灵活性。处理审计异议问题合情合理，达到双方都能满意接受，促进合作的目的。例如：1986－1989年连续几年的审计中审计人员发现某作业集团外籍雇员的人员费率出奇偏高。在中国缴纳的个人所得税重复入账；计入联合账簿的雇员工资又超过实际应支付数额，作业集团的各家母公司利用其作业者的有利地位从中渔利，这是明显违反合同规定的。但是作业者的财务主管百般抵赖，“死不认账”，一拖几年，争议不决。对这样的问题，我们的审计师就是坚持原则，一分不让，利用自己的优势，汇集南海、渤海几个合同区同类外籍人员费用的数据，对其结构、组成内容、费率标准和历年的实际水平进行了详细的分析对比，做了大量的调查研究工作，在掌握充分依据的前提下，首先与作业者的财务主管摊牌，迫使其不得不承认原来结算的人员费用是已经含税的工资，在中国缴纳的个人所得税共207万美元，再计入联合账簿，是重复计算，做了纠正剔除；进而又迫使它的几家母公司的主管领导来华对人员费率偏高的问题进行专门谈判。由于我方提出的详细分析对比数据，有理有节，列举出种种不合理的因素，最终使外方不得不把人员费率下降近14%，使这个合同区每年至少节减人员费支出50万美元以上，为国家节省了不合理的外汇投资支出。

再如：在对某外国作业者的一次账目审查时，发现有一名外国厨师和一些家用电器等无预算的费用支出近10万美元。对此，作业者做了比较客观的解释，考虑到合同区作业初期，合同各方忙于组建，漏了一些预算项目是难免的，外方人员初到中国，生活不习惯也是可以理解的。审计人员在要求作业者不能成为惯例的情况下做了让步，不再坚持要求从联合账簿中剔除该笔费用。作业者也因此认识到中方尊重和照顾外方的生活习惯，树立了中方审计人员通情达理的形象。

（3）联合账簿审计必须从严从细，过细地做工作，才能有效地完成审计目标。

联合账簿审计的最终目的，是通过审计核实确认石油作业支出，关系到外国合同者能够从产品收入中回收多少投资，又关系到中方要分担多少投资支出，直接影响到国家和企业的经济权益。中方审计人员必须把好这最后一关，要核实支出和收入，就必须查清作业者的账目，弄清每笔财务支出和收入是否合规、合理。因此，联合账簿审计的性质就决定着审计人员必须十分过细地工作，慎之又慎，不能有丝毫马虎，必须严谨扎实，严格按照合同和有关法规以及国际惯例办事，不能有半点偏差。

海洋石油的审计工作者们，正是遵循了上述准则，严格要求，二十多年来从上百亿美元的石作油业支出和收入，上百万笔的会计事项中，通过细致的审核、查对、统计汇集、分析、对比等，从中找出线索到最后把问题落实，由作业者确认同意纠正，就是这样扎扎实实、一步一个脚印走过来的。

例如在对某合同区联合账簿审计中发现，作业者财务部门有意涂改发票的收到日期，把部分支出跨年度提前入账，其目的是为了提前多计合同利息，据此，审计师们全面仔细地核查了上千份原始发票，把用修正液涂改的发票收到日期恢复本来面目。结果共查出115份发票是提前入账的，共计588万美元，他们一方面对其财务部们提出这是违反公认会计原则的错误作法，以后不得重犯的意见；一方面又要求作业者纠正当年度的合同利息计算，从联合账簿中剔除14.3万美元。

1988年针对某合同区转入开发阶段，由作业者母公司及其关联公司提供技术服务的数量越来越大和劳务费率偏高的突出问题，在审计中作为一项重要专题，做了大量的调查研究工作。审计人员通过与其他作业者母公司提供劳务费率的详细分析对比，写出审计专题分析报告，并提出加强控制和降低费率的具体解决方案，引起了国家石油公司和地区石油公司两级领导的重视与关切，迅速责成审计、财务和联管会中方代表等有关部门与作业者专题会谈，迫使作业者三家母公司的财务主管接受了降低技术服务费率的意见和改进管理的措施，达成协议，形成纪要，使技术服务费率下降了25%，每年节省开发投资50余万美元。

再如某外国石油作业者没有按照合同规定的投资程序分配油气产品收入，使中方少得200多万美元，而且一旦形成先例，还直接影响中方以后年度投资回收和利润回报，直到合同终止，涉及中方重大经济权益。审计人员经过详细审查、核实发现后，与国家石油公司销售、条法、财务管理等有关部门及时研究商得一致对策，与作业者母公司财务、会计等主管部门进行了反复沟通和磋商，做了大量艰苦细致的谈判工作，最终作业者同意做了纠正，挽回了不应有的损失。

(4) 做好联合账簿审计，必须狠抓投资控制的薄弱环节，围绕影响中方经济权益的重大开支，选准审计重点。

海洋石油的审计师们根据多年积累的实际经验发现，在石油勘探开发作业中有些重大的作业费用开支，外国石油公司往往利用其作为作业者的有利地位，采取一些违反合同规定或惯例的不合理作法，为其母公司谋取单方利益，尤其在一些合同区进入油（气）田勘探、开发和生产并进的交叉阶段，更为突出，使中方遭受不应有的不合理支出或损失。审计人员在每次审计中就紧紧抓住这些投资控制的薄弱环节，作为突出重点，进行全面的专项审计，深入分析，反复核实，充分揭示作业者的一些不合理的作法，监督作业者在联合账簿中给予纠正，使国家和企业尽可能地避免这些这些不合理支出，少遭受或不遭受损失，例如：1986 年在对某海域两个合同区块的联合账簿审计中，针对这两个合同区进入勘探、开发和生产三个阶段作业交叉进行的特点，审计师们抓住了三个阶段前后发生的主要共同费用，包括人员费、奖金、退职准备金等三个方面的支出，详细分析研究了作业者对这些共同费用支出的三个阶段之间的分配方法和计算程序，结果发现分摊程序和方法不合理，使中方多支出了开发投资和生产作业费共 56 万美元。这项审计异议数对作业者的母公司来讲，如同意纠正不合理的分配计算办法，就意味着要退还中方这笔款，利害关系十分明显。当然要求作业者接受这项审计异议是很困难的，中方审计师们采取了耐心说服的办法，一方面坚持要求共同费用合理分摊的原则立场；一方面分类解剖说明了各项费用的性质、发生的时间和各阶段作业的受益程度，以及最佳最合理的费用分配方案，经过反复磋商、交涉，结果使作业者母公司的各级财务主管人员都心悦诚服地接受了我方审计人员纠正的合理办法。

1987 年中，针对某合同区按照双边补充协议规定，为开发阶段准备打的探边井由中方承担，数额较大并一再超出预算的实际情况，国家石油公司就组织了精干的审计人员，集中力量，强化对两口探边井的审查分析，结果发现作业者为了减少其本身负担的勘探费用支出，有意违反合同规定，突然改变经营管理费用的分摊办法，使中方多支付探边井费用近 110 万美元。中方审计师们坚持按照合同规定执行的原则，明确指出了作业者一反常例，违反合同规定的错误作法，迫使作业者接受了审计异议，调减了两口探边井成本，从而使中方避免了不应有的支出，减少了由中方出钱的投资数额。

再如，1992年，抓住某合同区油（气）田开发项目签订开发总协议的契机，针对几年来联合账簿中作业者母公司本身应承担的，而且又不得回收的既往开发费用等不合理支出近1000万美元的问题，先后四次与作业者母公司反复交涉会谈，取得了中外双方均能接受和满意的合理解决办法，最终使合同者从联合账簿中剔除不合理支出725万美元，不但减少了外国合同者应回收的勘探、开发投资，还减少了国家石油公司应承担的开发费支出，并且为签订该合同区油（气）田开发总协议作好了必要的准备。

（5）要不断认真学习国际石油公司的先进管理经验，使海洋石油对外合作审计在实践中不断发展提高。

事物总是向前发展的，随着海洋石油对外合作开发事业的迅速向前推进，对外合作审计工作的要求越来越高，审计内容必须不断深化，审计方法需要不断改进，审计技术和质量需要不断提高，审计成果需要不断扩大。内部审计是一个现代企业中属于较高层次的内部控制和科学管理的工作。我们没有经验，更何况面临的对手是具有几十年合作经营石油作业的国际石油公司，我们科学管理企业的水平与外国公司相比差距还很大，这是现实。我们的审计人员深知这里面的内涵，心里想的只有一条，为了国家的权益，就必须虚心认真地学习，拼命的钻研，以达到“以其人之道，还治其人之身”，在经济权益问题上不致于吃大亏，上大当。

在对每个合同区的每次审计中，审计人员为了真正弄明白搞清楚石油作业从勘探到开发，从开发到生产不断发展着的各个外国石油公司不同的会计核算程序和方法，成本、费用的开支标准，预算管理和成本控制的程序，共同性管理费用的分配办法与依据，以及各项服务费用合同的管理程序等，不管名目再繁多，头绪再复杂，总是以加倍的时间、加倍的努力来弥补这个难以赶上的差距。20多年来的审计结果的数据表明了这点，据目前国际上联合经营石油作业审计的一般水平，提出审计异议的成功率为40%，经过审计从联合账簿中能够剔除的数额一般占总投资支出的1%。海洋石油外资审计自1981年起至1997年末，共17个会计年度累计平均分别达到58%和1%。

1990～1992三年间，对某合同区联合账簿审计中，审计人员发现作业者的伙伴（作为非作业者的另一家外国石油公司），把其为本公司评估决策的平行作业费也计入了联合账簿，构成将来油田开发投产后可以回收的勘探投资。这对作业者来说并无利害关系，但对中方来说是极不合理的，就是要给外方多拿走不该有的投资回收油。中方审计师们主动向作业者财务主管人员了解和学习这方面国际合作的惯例，确认这种作法是不符合惯例和不合理的。审计人员通过多种渠道，在长达两年的交涉过程中，耐心做作业者的工作，最终使作业者召集其伙伴同我们的审计师们谈判磋商，使作业者说服其伙伴从联合账簿中剔除了102万美元，并达成协议，今后不再出现此类违规事例。

总而言之，随着石油工业对外合作的迅速发展，石油工业对外合作审计工作任重道远，中石油、中石化和中海油三个石油集团公司的审计工作者要继续共同努力，向着更高更深的领域迈进，为祖国石油事业的发展做出更多更好的新贡献。

参考文献

1 王彦主编．海洋石油对外合作实务．北京：中国言实出版社，1999年3月

2 罗汉主编．双赢互利论－对外合作油田管理初探．北京：改革出版社，1997年6月

3 罗明主编．中国海洋石油总公司志．北京：改革出版社，1999年8月

4 王选汇，刘国良主编．中国涉外税收纳税指南．北京：经济日报出版社，1993年3月

5 焦力人主编．当代中国的石油工业．北京：中国社会科学出版社，1988年8月

6 《百年石油》编写组编．百年石油．北京：当代中国出版社，2002年9月

7 John E. Jolly, Jim Buck. Joint Interest Accounting – Petroleum Industry Practice. USA, 1988

8 Rebecca A. Gallun, Jhon W. Stevenson. Fundamentals of Oil and Gas Accounting. USA, 1983

9 John C. Norton, Donald A. Rowe. Accounting and Auditing Giude for United Kingdom Oil and Gas Exploration and Production. UK, 1978

10 Clorval A. Cook. Joint Interest Accounting. USA, 1978

11 Horace R. Brock, John P. Kilngstedt, Donald M. Jones. Accounting for Oil and Gas Producing Companies, Part 1: Exploration, Acquisition, Development and Production. USA, 1981

12 Stanley P. Porter. Petroleum Accounting Practices. USA, 1965

13 R. D. Langenkamp. Handbook of Oil Industry Terms and Phrases. Norway

14 Charlotte J. Wright. Oil and Gas Accounting. June 2006

15 Overhead – Joint Operations. COPAS Bulletin No. 16

16 Accounting Procedure – Joint Operations. COPAS Bulletin No. , 1985

17 Accounting Procedure – Offshore Joint Operations. COPAS Bulletin No. 25, 1986

19 Joint Interest Audits in the Petroleum Industry: Guides to Protocol and Procedures. COPAS Bulletin No. 03

20 Expenditure Audits in the Petroleum Industry: Protocol and Procedures Guidelines. COPAS AG – 19

21 Overhead Negotiation & Calculation. COPAS AG – 23

22 Guidelines for Contractor Audits in the Petroleum Industry. COPAS AG – 9

23 Financial Accounting and Reporting by Oil and Gas Producing Companies. SFAS No. 19. published by AICPA

24 Accounting for Suspended well Costs. No. FAS 19 – 1. published by AICPA

后　记

中国海洋石油的对外合作财务管理、会计核算和审计监督工作，通过20多年的对外合作的实践，已经产生了很多生动、现实的案例，收集和积累了很多联合经营石油作业国际合作有关的惯例、程序和公认的准则、规定，同时也积累了很多与国际接轨的丰富经验。把上述这些实际案例、执行《石油合同》实际形成的惯例和经验，以及公认的会计和审计准则，从理论和实践的结合上加以系统的整理、归纳和总结，是中海油的一笔财富，汇集编写成一书应是一个极好的培训教材，也是今后加强对外合作财务管理和会计核算工作，以及审计工作的指导性的学习材料。这个教材对于培训新参加海洋石油的财会和审计人员来讲，入门快，可操作性强，具有较高的实用参考价值；对于在对外合作岗位现有的财会、审计人员来讲，可以深化理论，增加与国际接轨的知识面，扩展思路，进一步提高业务素质。对于中石油、中石化等兄弟石油工业的同行也是很需要的培训教材。

为此，2005年8月5日中国海洋石油总公司（以下简称总公司）以海油科字［2005］19号文发出《关于成立<石油工业对外合作会计和审计实务>编写组的通知》，该《通知》中指出：“为了更好的总结中国海洋石油总公司成立以来在对外合作中财务管理、会计核算和审计的理论、方法、国际惯例与公认的准则以及实际案例，提高在对外合作岗位工作的财会与审计人员的理论水平及业务素质，经研究决定编写《石油工业对外合作会计和审计实务》一书”。根据该《通知》的要求，由总公司科技部王伟元同志组织召集财务和审计等有关部门负责人和有关人员进行了专门研究，确定由中国海洋石油有限公司（以下简称有限公司）财务管理部牵头，于2005年9月6日成立了以高一鸿为组长（兼主要执笔人），李飞龙为副组长等共11人组成的《编写组》。随即，本书的编写工作开始启动。

本书在上述《通知》中原先起名为《石油工业对外合作会计和审计实务》，经《编写组》讨论研究，考虑到本书只涉及石油工业的上游，石油资源的勘探开发的国际合作范围，因此，定名为《联合经营石油勘探开采会计与审计实务》（Joint Interest Accounting and Auditing for Oil and Gas Exploration and Production）。

《联合经营石油勘探开采会计与审计实务》的编写工作经历了座谈讨论，征求意见；调查研究，收集素材、信息资料和实际案例；梳理汇总和编写等三个阶段，2007 年 11 月 8 日交出初稿，历时两年零三个月。

《编写组》成立之后，得到了总公司领导的大力支持和关心，总公司审计监察部和销售部等有关部门，有限公司财务管理部、发展规划部、审计监察部和有限公司各个分公司的计划财务部门等等都提供了大量的素材、数据和有关资料，为编写本书给予了一切方便；有限公司各个分公司的计划财务部门还专门组织了财会专家座谈会，为编写本书提供了十分宝贵的意见和建议；总公司的已经退休了的一些老专家、老同志也为本书的编写给予了热情指导；我们无法仿照一般“后记”的惯例，一一列举对本书的编写与出版提供宝贵资料和做出贡献者的大名。在此，我们向为本书的编写与出版提供素材、资料并付出辛勤劳动的同志们，向所有关心和支持本书的编写和出版的同志门、朋友门表示最衷心的感谢！

本书作为石油工业对外合作财会和审计工作者的培训教材，我们对编写工作缺乏经验，时间上也有些仓促，没有能更加广泛地收集实际案例和资料，加之，编写的水平所限，难免会出现一些疏漏和错误，希望我国会计和审计界的专家、学者和石油工业的同行们、朋友们提出批评指正。

《联合经营石油勘探开采会计与审计实务》编写组

2007 年 11 月